Time, History, and Narrative

時間・歷史・敘事

李紀祥 ◎著

新編自序

　　本書舊版原只收九篇論文,這本由華藝所新編的《時間‧歷史‧敘事》則為十一篇,新增了兩篇:〈中國史學的兩種實錄傳統:興式實錄與鑒式實錄〉、〈《春秋》中的「空白」:「闕文」與「不書」〉。細心的讀者將可發現,本書的內容一如書名所示,為了將歷史中的時間屬性與敘事屬性呈現,一方面依著視域所見而蒐集史料,另一方面也藉著蒐集史料,因其史脈而調整自己的視域。本書中的許多部分皆融入了西方的理論思考,但未必皆於書寫中彰顯,蓋作者以是為讀書過程而非書寫過程之一環也;《孟子》述孔子《春秋》之書寫方式,云:「其文則史,其事則齊桓、晉文,其義則丘竊取之。」明夫子為文不以空言為說,凡有發義皆融入事中。這不僅是一種史家敘史的調性,將作者隱沒;也是文家敘事的調性,假借「角色」與「敘述者」說話。「現實」永遠是「實現」可能性的場域,「事件」則是史家筆下觀點出場的所在。作為表象的世界必須要被描繪,史家之筆往往係通過「事件」的組裝與聚合而成為情節,情節與情節的串聯便被勾勒成一時代的歷史場景與歷史事件。筆者當然也受到西方敘事學與文本理論的影響,甚至是時間的形上學與存在論的影響,一如許多成長於文史學科的從業人員一般;但筆者認為世間本無所謂的「現成理論」,當代所詬病的「套理論」現象,所以出現在大量的論文行文中,不僅來自於彼等之師門訓練不夠嚴謹,也是因為行文者自身未能將視域中所見的理論消化使然。過去受到時代新裝風華之影響,行文者將本人閱讀過的理論之書於正文中過度呈現,失

去焦點與主軸，不論是一手、二手甚至三手論著，皆求其儘量明顯化，此種心態每個人都必然在其年青時經歷過，待為學深入有成方知其浮華短淺；小儒以章句成其套式而破碎大道，蓋指此也。筆者則以為問題的核心並不在於治學者個人有無追求西方理論的一段歷程，問題的核心當在行文者自身生命有無因之而成長，有之，則亦無須再藉他人新裝成己風華。義例與書法，從來就不是一蹴而幾的，昔在漢季，鄭玄與何休一稱經神、一稱學海，所以然故，讀書不窺園，以案几為世界也。是故能治學者，必已歷千山雲頂，諸種典籍早在平日便已汲取內化，一旦運於筆尖，隨所治讀資料中的意韻一起流動，無須再談理論之套式，而只有下筆之風格。詩人之風、史家之筆、經師之義，文體或不同，然風格皆如是。

　　一時代有一時代之學問精神，若能據各時代所擅者而發明經義微言，則不負所生當世矣。本書增入之二篇論文，一釋《春秋》中之「空白」與「敘述」關係、一釋史學中「實錄」之分型；尤其前者，自書寫學進路闡釋經書文本中所呈現的「空白」之書寫，何以古人可以運「空白」於筆下以書寫，並作為「微言」之符，「空白」何以有「義」，後世「讀者」又何以能「讀」出此意！孔子曰：「吾猶及史之闕文」，「及」字實不可輕輕放過。

　　本書新版承蒙老友邵東方教授之引薦，華藝范雅竹小姐之用心，方得以出書，謹致感謝之忱。尤其要感謝孫康宜教授，願將書序置於新編本中。末了，仍將本書獻給我在華岡就學時的兩位恩師：

宋　晞教授、馬先醒教授

鹽城
李紀祥
謹序於 2013 年 3 月 10 日

介紹一位新一代的歷史學者

孫康宜

李紀祥教授告訴我，麥田出版社將再版他的大作《時間‧歷史‧敘事》一書。我能為他寫序，感到十分榮幸。

我第一次遇見紀祥是二〇〇〇年的一個八月天，地點在台北南港中央研究院的咖啡廳。那次我專門到台灣去開漢學會議，想順便認識一些新朋友，所以熊秉真教授特地把紀祥請來——那天老朋友王德威教授和王璦玲博士等人也在場。記得，我們每個人都叫了一杯冰咖啡，就天南地北地聊起來了。我正巧坐在紀祥的身旁，就開門見山地問到：

「李教授，你平常除了教書之外，還有什麼嗜好？」

「啊」，他微笑道，似乎對這個問題很感興趣。「我的嗜好就是咖啡和寫作……。」

他的回答頓時令我感到驚奇，因為我知道他是一個專攻歷史的傑出學者；在我印象中，一般的歷史學者都不會如此回答。然而，也正因為他這個不尋常的答覆，引起了我的好奇心。我發現，他的文學功力很深，頗有「文人」的氣質。在短短的兩個鐘頭之內，我們從明末陳子龍談到吳梅村，再從清朝的文人袁枚談到龔自珍。我們同時也互相交換了個人讀書和寫作的心得和計畫，覺得許久以來已經沒碰過這樣有「趣」的學者了。

紀祥的「趣味」使我想起了晚明文人所提倡的風氣——那是一種「才」和「趣」融合在一起的非功利的人生品味。張潮就曾在他的《幽夢影》一書中說過：「才必兼乎趣而始化」。意思是說，一個人的才華

一定要兼有率真的「趣味」才能達到「化」的高境界。

另一方面，我發現，紀祥對咖啡和寫作的愛好幾近於「癖」。我告訴他，這樣的偏好也很有晚明的特質，因為當時的文人相信，唯其有「癖」，一個人才有真性情。張岱曾說：「人無癖不可與交，以其無深情也」；其實那個「癖」字也是「癡」的意思。因此，我提醒紀祥，他既然對寫作有那麼大的興趣，就必須努力堅持下去。有很多人以為研究歷史就不能從事寫作，但我認為那是錯誤的想法。能用生動的筆調把歷史再現出來，並能寫得引人入勝，才是高明的歷史家，我特別舉出我的耶魯同事史景遷（Jonathan Spence）作為範例。

不久之後，我和紀祥成了筆友，也隨時交換寫作的成果。第二年春天我們又一同在加州史丹佛大學開過一次學術會議。散會後幾天，我就接到了他的來信：

「會議結束後，一個人在舊金山又留了三天，天天喝咖啡，看來往行人，寫行遠筆記；街邊也喝，陽光下更是不能少，晃到海邊，遙遙對著惡魔島、天使島，也不能不喝；喝了就可思可想可念，懶洋洋的筆下，隨著年紀，天空的藍也多層次起來⋯⋯望著天使島，竟不知不覺想起您文章中已表出的華人華工華史，中間已是多少映照⋯⋯。」

後來紀祥轉往佛光大學執教，在學術上進了另一個階段。接著，他又來了一封信：

「今紀祥已至宜蘭，小朝在山，心可以遠，意可以收，可以望海，可以依山，可以細思量⋯⋯於是知人之生命經歷，皆是文章筆下自返而原心之運動⋯⋯。」

這些年來，我發現紀祥是我所認識的新一代歷史學者中比較富有文人氣息的人。我特別欣賞他把學問和生命融合在一起的態度。他曾說：「無論是那一門學問，如果與自家不貼切，也終是枉然」；「唯有生命的『躍出』自己，才能『呈示』自己，才能在大化與時間的遷逝之流中，繼續領略文字與書寫。」此外，他在信中時常談到歷史形上學，也談到亞里斯多德的「詩學」；不但有議論，而且字裏行間總是充滿了詩

意。我特別喜歡他這種富有「詩意」的人生觀——對他來說，詩即人生，人生即詩。但他絕不是一個把自己關在象牙塔裏的人，他廣泛涉獵，充滿了好奇；而且對於所讀到的新理論和形象思維，總是設法用自己的語言再現出來。他有關這一方面的想法，有時流露在學術文章裏頭，有時流露在信件中。作為一個文學研究者，我一向精讀海德格（Heidegger）、呂格爾（Paul Ricoeur）、托多洛夫（Todorov）、傅柯（Foucault）、高達美（Gadamer）、哈伯瑪斯（Harbermas）等人的作品，總覺得這些理論大師的聲音有如磁鐵一般地吸引著我。現在看見新一代的歷史學者李紀祥居然能用一種富有詩意的語言把這些理論和生命銜接在一起，怎麼不令我感到興奮呢？

在紀祥著手撰寫《時間・歷史・敘事》這本書的那段期間，我有幸先看過其中的幾章，因而特別感到欣慰。我認為，他書中的章節，不管是內涵或形式都相當突出，為歷史的「書寫」寫下了一個重要的里程碑。其中他一個最大的成就就是把「歷史敘述」和「文學敘述」的關聯作出了深刻的探討，此外還把傳統意義上所謂史實之「真、假」進行了令人十分信服的「解構」。記得當初剛接到〈趙氏孤兒的「史」與「劇」〉那一章時，我就衷心佩服紀祥的功力，覺得那是重新檢視「歷史」定義的一篇難得的佳作。這篇文章主要在討論歷史上「趙氏孤兒」的故事之演變，全篇寫得十分生動而有趣。原來根據《左傳》的記載，這個故事本來只是有關趙氏家族由於私通亂離而產生的流血事件。一直到太史公司馬遷的筆下，該主題才漸漸涉及趙氏孤兒的復仇故事。但最後真正把焦點變成「趙氏孤兒」，而又開始關注女性角色趙莊姬者，卻是元代的劇作家紀君祥。可以說，「趙氏孤兒」的故事後來之所以在中國民間占有如此重要的位置，實與紀君祥的《趙氏孤兒》劇本不斷被搬上舞台一事息息相關。（請注意，這裏存在著一個有趣的巧合——李紀祥的名字與元代劇作家紀君祥頗為相似。）重要的是，紀祥在此利用了「趙氏孤兒」的故事演變來說明歷史「真相」的無法捕捉——事實上，任何敘述都是一種更動，一種新的解釋。即使作為第一個「文本」，《左

傳》並不一定比《史記》來得更接近歷史真相。所以，其關鍵「並不是史實真假的問題，而是本事與新編的對待」。換言之，既然歷史都是由人一再敘述出來的，它已經無所謂真假了，歷史本來就充滿了某種「詩性」。

我認為紀祥的書中所處理的主題就是今日西方文學批評界裏最為關切的「representation」（再現）和「performance」（演述）的問題。本來，「再現」和「演述」既然都涉及到語言的敘述，它們就無可避免地會產生歧異和「漏洞」（gap）。據著名文學批評家米歇爾（W. J. T. Mitchell）所說，這種「漏洞」其實說穿了就是所謂的「文學」。

在這裏，我必須強調的是：紀祥一直希望做到的，就是把這種充滿「漏洞」的文學敘述性推廣到歷史的研究領域中，而這也就是他撰寫這本《時間・歷史・敘事》的主要目的。有趣的是，這本書的緣起涉及到作者個人的一種「困惑」，一種對歷史研究本身的困惑。於是他就把書寫本書的經驗形容為一個「惑史的心路之旅」，他希望他的書能終究「貫穿其間之『惑』，撐開來說其所惑之世界。」

紀祥以「不惑」之年而能進行他的「惑史」之旅，也算是性情中人了。盼望讀者在閱讀本書的過程中，也能以充滿情趣的心懷欣賞本書中的言外之旨。是為序。

2006 年 10 月 26 日
寫於耶魯大學

（本文收入孫康宜教授新著《孫康宜自選集：古典文學的現代觀》中，題為〈介紹一位新一代的歷史學者〉，故本書亦援用新名。上海，上海譯文出版社，2013 年 3 月，pp.355-358。）

舊序

　　這本論集中的九篇文字，記錄著筆者十年來治學歷程之一端，主要集中在歷史與理論兩層。由〈何謂歷史〉始，以〈歷史與不朽〉終。隱約仍可看出一個主軸居於其間，筆者自名為「惑史之旅」。這種以「惑史」為軸的治史歷程，說來容易，但也實有機緣。照說人的知識成長本來就是以「疑」為始，以開開心心得「解」為終。但如果是先以「解」而始，設定了一種方法訓練，那麼，即便填塞了再多，也只是記誦之學。

　　無論是那一門學問，如果與自家不貼切，也終是枉然。對筆者而言，如果不是在華岡甫得博士便留校任教，擔任「史學導論」課程，因「導論」而迷途於「史學」的「林中路」，而致支唔，不能言、不能思，墜入林中茫茫的霧，恐怕至今都還在自以為是的一塊地基上，安然地以「方法」為「路標」，為切近「歷史」乃至「得到歷史」的不二之途；原來就算「歷史」換成了任何異文："History" 或 "Historie"，也不能證明你已進入「歷史」！那麼，「歷史」應當如何貼切於自己而終於能展開一條眼前成學之途呢？筆者在教了一年的「導論」課之後，逐漸覺得「躲在講桌之後」，也是一個可以存在的世界，正是在那裡，對「何謂歷史」、「史學是什麼」，產生了大有疑之惑問？如果講桌之前的口耳宣講及攤開在課堂之中文字呈現的講義——但靠著幾本書肆中方法、導論書剪輯而成，就能導論歷史、傳達學問、傳述「歷/史」的古註今義，那麼，著實是一個時代歷史學/史學的大悲哀了。誠如筆者在〈何謂歷史〉一文的結尾所言：在門檻外者輕聲一問中，已無立足之

所！與其自欺欺人，不如從「躲在後面」中「走出」，承認自己確實原來在史學園地中，是一個門外漢、未了漢；尚未挑柴擔水，也尚未上山下山。如果自己都不能心安，又如何能在己、在人，「史」能是一個「自家貼切」後一番輪轉的「實存」呢！更何況書肆中的「史學」書，多是以「社會科學」之方法及意識移植而來，對與不對，筆者無由置喙，（這九篇文字中無一是論及社會科學的。）但筆者至少一種感覺，來自於雅不願一個好端端的人文世界，就此被「方法」方塊其間，書房內與書房外，也好端端地竟是兩個世界，尤其是長年在華岡晨起依山夕暮望海的世界中，更能體會圖書館的內與外，始終是一個共濡的場景。

當吾人起始便在視野中只能看到司馬遷的「如何蒐輯史料」時，又何嘗能想到〈太史公自序〉的作者自安排一場戲劇對話體──史公與壺遂，以及《昭明文選》中收錄的〈報任少卿書〉之「人間悽怛」，也是史學身世之一環呢！筆者對自己的不安雖還不至自貶，但對自己華岡史學系畢業的「史學」二字之身分，則確實敏感，既愧師門，也有負於據說是由陸王心學而轉手的浙東史學之一縷傳承。章學誠曾譽邵念魯之史文為五百年來浙東僅見，而邵念魯之史文之大者卻是〈劉宗周傳〉、〈王門諸子傳〉、〈姚江書院傳〉與〈王陽明傳〉。史學從來未與「文章」分離，也未與「行動意義」分離，在時間中綿延的事件，仍然還是有著「選人入傳」與「自承前人」的系譜觀與敘事聯結在其中；這樣的一種起源於自身所在的自覺，正是史學是為己之學的起點。於是，捫心既不能自安，「何謂歷史」就要重啟其「惑」，重啟其「思」之旅；而唯一的地基，就在自己腳下，在講台之後那一隅方寸的佇足之處！

在這十年的惑史之思的歷程中，要感謝「人文講會」及「人文書會」的一些朋友，前者不僅讓我知天外，也知道學海乘舟，繫乎一心；後者則伴我共讀了許多喫苦的書。如無道上學侶，切磋磨砥，相互辨難，那些我認為奠下經典基礎的學力，是不可能在長期迄今的週復一週積累的。今日回顧，早已分不清是「過去」還是「現在」的生命感受與回憶，在回憶裡，為了〈自序〉而調出的片斷情節，竟都因此聚攏，成

了某一版本的小敘事、個人生命中的小故事，有人會認為這「回憶」就是私人性的「歷史」麼？

在切磋問學中，西方的文學批評及美學理論是不可少的聲音，自「講會」及「書會」的科際中冒出而貫通著，形成了主旋律，沒有人敢在自己的專業之外輕乎它的成色與銖兩。尤其是籌辦「重讀中文研討會」的那一年，「中文」與「重讀」對我們都構成了沉重的威脅，對於我們所使用於書寫的「母語」，已不敢再貿然與胡適的「白話文運動」再作出率爾的聯繫與歷史的承諾，「白話文」彷彿更加模糊；正因為這樣的茫然，疑惑又為我們重啟了一扇門，我的〈言與文〉之寫作背景資源實來自於這段經歷，也為爾後的「近代人文的形成」之小型座談會有了一番構思。我們更會因著某些閱讀與討論理論文本中的議題而藉題發揮，激辯在其中所瞥見的文、史之爭，文、哲之爭，詩、史之爭。「詩」的界限可否「清楚地」標界，「歷史中的世界」或者「史傳」中的人物是否就是羅丹的塑像，是否就只能是一幅印象派畫作；赫塞（Hermann Hesse）筆下的人物典型重要，還是一場戰爭中的車馬之數重要？究竟有無「史傳」，在以「文」為「學」中的「文體」與「文類」之外？經由敘事而出的「情節」與「場景」，竟真能讓我們──讀者產生對古聖賢的景仰，英雄慷慨悲歌的崇拜？還是那只是一縷輕煙的情緒，是「文字」與「心理」聯繫的一種「意象」？歷史的知識論是如何構成的？起源於何處？詩的成分又是何來？歷史世界中的角色（活動）真就能呈現「古人當下人生」的「真」之精采與「俗」之實諦麼？還是只是經過「知識化」的「脈絡」之處理，生產了另一個世界，我們正困難地與它「聯結」，又懼怕在身後偷偷窺笑著的，正是「真理的洞穴」與「上帝」；一旦啟蒙可以「知識化」我們的世界，歷史主義與解構主義只好相繼說「不」！一旦進入了「時間」，一切已必然能稱之為「古」，因為已然是「今」。你只能「看」到一橫一豎符號的入目，這符號便是蹤跡，用力銘刻、濡墨、書寫的人所為何來，那一股驅動生命之源的？這一問，究竟是否還是支撐「何謂歷史」的形上學或認識論？

如果說十七、十八世紀是啟蒙時代哲學的世紀，而十九世紀是歷史主義啟動「存在即歷程」之歷史式思維的時代，則二十世紀以來，文學批評與理論顯然在這個時代中正開啟我們人文的視野，不時促使我們的反省具有深度。（這又如何呢！歷史學必定必須要有學科種族主義來保障自己，拒斥與認定文學中的思想性、創見性是一種「浪漫主義」的種族之邦，只能生活在湘水之畔唱歌的感性種族？）文學不再是自居於古典時代的「文學」，它可以改稱為「哲學」。大衛・卡耳（David Carr）在《時間、敘事與歷史》（Time, Narrative, and History）書中，回歸到胡塞爾（Edmund Husserl）來平議海德格（Martin Heidegger）「行動性」的不足，這是哲學論述，他用的是文學理論的章法。保羅・呂格爾（Paul Ricoeur）的《時間與敘事》（Time and Narrative）更是回溯自亞里斯多德（Aristotle）的《詩學》（Poetics）起章，融合了奧古斯汀（Aurelius Augustinus）的「時間」再穿透至晚近的敘事學；托多洛夫（Tzvetan Todorov）《批評的批評》（Critique De La Critique）中隱藏性地針對「海德格」，讓我們窺見了「文、哲之爭」的「歷史」，爭的正是解釋與呈現人類歷史穿透力度的有效與正統。或者說，過去的哲學章法還只是草稿的階段，必須要待文學時代的來臨，哲學才正式回歸正位；過去的歷史學也只是取得普通閱讀訓練的憑證，必須要到文學閱讀與書寫的階段，人類歷史的意義才真正在人生諸面向中得以展開真正的「寫史」。這不禁讓人想到宗教時代的創世紀說中有關人類意義的起源論述；以及克羅齊（Benedetto Croce）區分「自然史」與「人類歷史」的寫作想法；中國的王船山所承襲的「三代史觀」，「孔子」居在人文的轉折點上，開啟了人類歷史，也正是這樣的一種意涵。人類歷史總是在回顧中找尋某個支撐起整個意義的支點，而意義的地基之找尋也總是以某個時代文體承載了書寫了義之責。

　　一種企圖進行歷史記憶重窺的建構，也早已悄悄展開，一切的歷史都是「文學史」，文學願意改稱「歷史」也無妨。在二十世紀以來，他們已是昂揚自信、遼闊澎湃深邃的一群。加諸於自己身上的，已不再只

是限於「文學」,「文學」顯然已經發現了自己對人類世界還可有更多的（或是過多的？）職責。如果人類歷史的知識心靈在西方已走至此，我們還有什麼理由去拒斥，然後說：十九世紀的歷史學系譜才是自我的身分認同，那也只不過是「歷史家族」的「族譜」版本之一支而已；學術的血緣豈是 DNA 的，傅柯（Michel Foucault）就能告訴我們這點，而單就這點，他那話語辨讀與考古系譜學的斷層觀看就足讓人眼下為之一亮，擊節稱道。歷史學不正以多種選擇及獨特的智慧共業來照亮世間為志，而自詡為掛在殿堂上的明燈明鏡麼！（「鏡」與「燈」的思考及若干以此為書名者，在文、哲領域皆有。）還有什麼是「歷史學」冀望企及的大業，它與宗教、神學、哲學與文學，能有什麼不同！

　　如果歷史學的寫史大業就是文本流傳的身世，如果「寫史」就是「寫作」，那麼誠然一切的歷史皆為「文學史」，更精準地說，一切寫史皆為「文學」。如果一切「寫作」皆為「寫史」，那麼，又有什麼理由文學理論家與文學批評家以及他們所用以為文本者，不是「歷史」的另一版本。容裝「真相」的歷史舊瓶，已顯示出某種貧乏，我們應當深懔此點，「真相」一詞的狹隘使我們早已遺忘了坐懷母抱中起源話語的感覺，失落了何以在記憶中「逝水年華」特別令人滋味萬端？緊擁著「真相」，將「虛構」與「真實」對立起來，生怕離此一步便無「歷史」，又豈是「文史之爭」的真諦。我們正在這一代人類的舞台上攜手共促人之為文，人文因為合作而分工，而分工卻未必儘是專業之底蘊。

　　如果「歷史學」已經遠離此，那是在「獨佔性」中遮掩著自身，也遮蓋了其他可能；如果亞里斯多德《詩學》中的「可能性」指的是「過去」與「未來」之遭遇會聚於「現在」之演出的話，那麼任何「可能」總是「已然在」某種形式之中寓存著了。現在，文學的聲音不斷自理論與批評中冒出，我們必須聆聽其中的「歷史」，小心聽、側身聽，「歷史」的聲音與情懷正在耳目與心府中響起！我們必須再度學習，一個鎮日坐在案前、以學術為志業的人，他要怎樣才能經歷一種意義上的安坐與安住。太陽總是每日自東方地平線升起，「史權」並沒有使我

們壯大,唯有生命的「躍出」自己,才能「呈示」自己,才能在大化與時間的遷逝之流中,繼續領悟文字與書寫。當羅蘭・巴特(Roland Barthes)努力闡述著一種不可能的零度／透明之書寫時,不正看來像是十七、十八世紀哲學認識論上針對「物自身」「萬物客體」如何「認識」之可能與不可能般,是一個二十世紀的文學再版。

當皮亞杰(Jean Piaget)與普里高津(Ilya Prigogine)都已相繼在「心理學」、「熱力學」的不同領域裡相繼處理了康德(Immanuel Kant)的問題時,歷史學界仍然捧著史學程序法則的書,泰然地奉著蘭克(Leopold Ranke)及其後學為師法,還不能意識到種種「知識」與「人文」的推進與反省已在身邊發生。從各個方面以它種語詞論述了我們的課題。「過去」是什麼?是一個客體?這個問題如在康德,則顯然是「不可知」的;更何況是從傅柯看來,由「過去」到「歷史」,中間尚有多少斷層被深埋;或者如某些學者所觸動的書寫之弦,「過去」與「歷史」之間,有的只是書寫,理論與文本似乎成了「文字」所能升起的煙嵐之最大滿足的歡愉境界(我說的不是 Derrida)。當我們盯著文字時,想的是什麼?做為一個使用漢文的閱讀者,首先映入的,是版本:明本、宋本,甚至是唐卷、漢牘?當「漢牘」與「明本」加上新式標點本一齊並置在一個閱讀者的案頭,能有什麼從彼處也從此處升起?我們能意識到這批人所帶來的挑戰與省思之文化生命的力道嚜!

近年來,筆者已逐漸意識到歷史學作為文化、教化承擔的一種危機,便是在於它那始終與人文及心靈的氛圍之不貼切。但是「歷史」——中國傳統中沒有這個漢語詞彙時,我們要怎樣才能以形似之「史」,去銜接「古今」,銜接以「史」為「學」與以「歷史」為「學」呢?當帶上了「歷史」的眼鏡重新觀看世界與文本之後,我們要怎樣才能成立立說:《太史公書》的「垓下之戰」是「歷史」?《史記》中的「垓下之戰」也是「歷史」?《史記》中記載的都(應)是「歷史」?司馬遷、班固記載的都是「歷史」?所有的史料與文本中都有「歷史」?「甲骨」與「北京人」不是「骨頭」,不是現在,是「歷史」?是千年萬年以前

的「現在」？但是現在,「頭蓋骨」失蹤了,它正在演出著它自己的敘事而尚未著出末章——謎一樣的末章,彷彿我們的未來,有誰能將「歷史」的「敘事」擱筆!

當一種「近代史」切入了我們的生活世界,形成了我們生存的場域時,就已經表示,是「近代史」構成了我們與古人之間的聯繫,我們能否意識到,當生存場域與世界在實質上已變得小時,其實也與此有關!本書中的另一種聲音便是:在已邁入二十一世紀的今天,一種「近代史」的「觀」與「近代史」的「館」,似乎它的使命,也當隨著民族的激情與對立而逐漸消歇息止。「中國」未來的境界不當只停駐在「近代」的歷史建構中,否則,「近代史」自成一格的「一代大典」,上限與下限都是無主體的「他者」之介入,終將構成了一個虛構、神話、天啟的反帝、反霸、反自身之牢籠;反過來說,次殖民、被壓迫、自卑、去中心的心態,也仍將在一個心理治療的虛影之前,運轉著我們的教育、歷史、文化。一切終將只是「近代式」史觀下的生產消耗格局,這真是生命的虛耗。

要將「歷史」與「史」聯繫起來,構成當代所謂的「歷史學」,或「史學」,可行之道一端便是經由主體的自覺而「重演」,不管是西方文化經典的原文還是譯本,抑或自家文化中的古典今籍。知識分子、學者,或是士大夫、讀書人,在文字、書、典中所進行的,便是「重讀」,在重讀中古今相互映照的意識因而重演出歷史文化意識,在其中,因主體自覺而融鑄當代精神,當代精神能夠累積,便能蓄為具有能量張力的一代風氣。不嫌重覆地,筆者仍認為「中國」未來的境界,應當是明朗健康的大調,而不是沉重陰鬱的小調。

本書中的九篇論文,皆曾在研討會或期刊發表,現列之如下:

1. 〈何謂歷史?〉《史學專業課程教學研討會論文集》(台中,中興大學歷史系,1994.5)。
2. 〈以「史」為學與以「歷史」為學〉,《華岡文科學報》第 23 期 (1999.12)。

3.〈時間・歷史・敘事〉,《華岡文科學報》第 22 期（1998.3）。
4.〈言與文〉,《慶祝王恢教授九秩嵩壽論文集》（1997.5）。
5.〈趙氏孤兒的「史」與「劇」〉,《漢學研究》第 18 卷第 1 期（2000.6）。
6.〈劉知幾的史體論與備體觀〉,《史學彙刊》第 17 期（1995.11）。
7.〈「編年」論述〉,《宋旭軒教授八十榮壽論文集》（2000.11）。
8.〈袁樞《通鑑紀事本末》與「紀事本末體」〉,《第二屆宋史學術研討會論文集》（1996.3）。
9.〈歷史與不朽〉,《歷史：理論與批評》創刊號（1999.3）。

　　論文編排並未依發表時間先後為序，而略依其性質結構。由「原史」而「認識論」、而「敘事論」、而「語言論」、而「史體論」，最終以論述歷史意義的一隅所見殿焉。〈何謂歷史〉、〈時間・歷史・敘事——可逆性、可斷性、轉述及其他〉都是自根本的提問而致思考，由時間與敘事思考歷史如何可能的問題。〈以史為學與以歷史為學〉亦然是如此，對自家學科之身分，作一回顧與辨識。「我是誰？」「教歷史的！」這樣的話語太不起眼，不能令人生起意義感受，看不出還有更多的「有為者亦若是」可以述出，所以要對自我身分作燈火闌珊向來處的回首。

　　〈編年論述〉、〈劉知幾的史體論與備體觀〉與〈袁樞《通鑑紀事本末》與「紀事本末體」〉三篇，主題正好涵蓋中國史學中的三種主流史體：編年、紀傳、紀事本末。在〈紀事本末〉一文中，筆者適度地嘗試以敘事學中的若干觀點帶入紀事本末成體的脈絡之中，析論「年本末」與「事本末」在體裁上的原型與結構意涵，章學誠的「因事命篇」及道通《尚書》體的講法，雖然理與論俱深遠雅典矣，但他的確忽視了「事」之古義及其在後來承載「歷史」的內容之演變，也輕忽了「年序」與「事敘」間的區別異同；在究原處，尚有餘地。〈言與文〉則是歷史學上必須觸及的語言問題，劉知幾也正好在其《史通》中〈言語篇〉深度地討論到「寫史」與「語言」的關係，這篇文章便在於觀照劉

知幾的理論思考。《史通》是中國第一部系統論述「正史敘述」各方面的著作，其中可以重讀致思之處甚多；其文在古不難，在今則澀，所以讀者較少，流布不廣。筆者曾任「史學方法」課程兩年，嘗將《史學方法（論）》之書換成《史通通釋》以課諸生，咸認可行。畢竟《史通》仍是一部中國史學中的經典之作。〈趙氏孤兒〉則係筆者企圖重新審視歷史、小說、戲劇三者間所涉「文史關係」的嘗試，並尋求其間的灰色地帶，也呼應著史學理論中「虛構與客觀」孰為「真實」的議題。「原」與「元」在這裡已經重新使用，在歷史客觀還原論與文學理論之間，正好自「趙氏孤兒」在「史」與「劇」中的流傳與書寫，考察其文述與演述。這篇文章的另一個值得一記者，便是因此而結識了孫康宜教授，在文字往來中，筆者因此而得到許多教誨，不論是來自「詩」與「情」的學術研究或是映照自身的散筆書寫，一種沈從文式的淡然與幽深之文中才慧，常迫使筆者在寫作間必須停筆佇思，又開始跌宕入文史的深淵之中。

　　關於本書的書名，《原史》是多年蓄積的構想，所以以〈歷史與不朽〉一文殿終，後來既恐與懷特之 *Metahistory* 中譯相混（劉世安教授譯為《史元》，麥田出版社），也懼不足以撐起此二字之精神真義；在中國，「原」是不輕易用的，劉勰《文心》中有以「原道」一篇為名者，置為首篇；韓愈與章學誠也都各自寫過〈原道〉，以「原」為名而究道書志；近儒唐君毅先生論中國哲學，「性」、「道」、「教」一系列專書也都是以「原」為名；因此，也曾考慮過更名為「以史為學與以歷史為學」，欲以「史」與「歷史」述近代中一種史學上的「古今消息」也，也反映出這本書中的九篇文字之某種共同趨向之窺管。但最後，幾經商議，還是接納了麥田諸先生們的建議，改定為《時間・歷史・敘事》。但實則它是一本見證作者十年學史與惑史的心路之旅，貫穿其間之「惑」，撐開來說其所惑之世界，即是以「時間・歷史・敘事」為核心，則亦可一貫而道之；唯如此一來，雖一貫而成系列，但作者在此方面之不充足、不滋潤處又明顯曝出，則只好請讀者及學界方家見諒並

批評指教了。

　　最後，感謝我在華岡的老師們，在成長的路上所給予的許多提攜與教誨。筆者也謹以本書，獻給

　　宋　晞（旭軒）及馬先醒（啟眾）兩位老師。作為他們的華岡門下，始終身受濡潤。

　　感謝麥田出版社出版此書，感謝麥田編輯部陳毓婷小姐在編輯過程中所付出的心力，也感謝「歷史與文化叢書」主編盧建榮教授的審議及諸多建議，使這本集子得以成輯問世，饗於讀者。接受理論、效應歷史及讀者反應論都將在此展開「書」的啟程，作者之事已畢，爰為此序以為誌念，是為記。

李紀祥　序于華岡
2001 年 8 月 13 日

目　次

新編自序 i
孫序：介紹一位新一代的歷史學者 iii
舊序 vii

何謂歷史：「史學導論」之教學與提問 001

以「史」為學與以「歷史」為學 019

時間・歷史・敘事：可逆性、可斷性、轉述及其他 037

《春秋》中的「空白」：「闕文」與「不書」 059

「言」與「文」：《史通・言語篇》中的歷史語言觀 115

「編年」論述：時間之鏤刻 131

趙氏孤兒的「史」與「劇」：文述與演述 153

中國史學中的兩種「實錄」傳統：
「鑒式實錄」與「興式實錄」 187

劉知幾的史體論與備體觀 217

袁樞《通鑑紀事本末》與「紀事本末體」 269

歷史與不朽：在時間中的「在」與「逝」 311

何謂歷史：
「史學導論」之教學與提問

本文在中興大學的「史學專業課程」研討會提出。所謂「史學專業課程」，是指「史學方法」、「中西史學史」、「中西史學名著」，及較為晚出的「史學導論」課程。為了反映新的學術動向，因此對筆者來說，應當如何喚起「何謂歷史」的注意與思考，便成為行文的脈絡與重點。文中分為兩部分進行。一是文、史關係在「故事」與「敘事」上的交涉，一是史、哲關係在「主觀」與「客觀」上的認識論課題。前者觸及了「真實」與「虛構」間的灰色地帶；後者則以「視者」與「視點」來說明「歷史」的呈現不能只從單一面向來考量；「歷史」是複雜的。

一、「何謂歷史」的提問

　　在本文中，筆者將謹就最困惑自身的一個問題——何謂歷史？略抒一己之淺見。照說一個任教於歷史學系的史學從業者，什麼是歷史應當不成問題，我們已經接觸了那麼多的歷史，秦代的、漢代的、近代的、西方的。但是，很奇怪，這個不成問題的，在筆者任教「史學導論」課

程之後,反而最成了問題。什麼是歷史?這一個乍看極易的提問,自教學以來,每每對筆者極構成威脅,生怕學生問此一問,我就要答不出來了,因為他們不是問秦始皇做了那些事,而是問何謂歷史?這已經是指向了一個歷史知識的來源及構成問題。這個問題在以下的質問中尤其明顯:「垓下之戰」是我們所謂的歷史事件了,設若我們問到,「垓下之戰」是《史記》中的歷史,還是太史公筆下的敘述,抑或真的可以直指一個遙遠的過去被稱為楚漢之際者。無論是那一個,它們所反映的歷史觀及其求得此歷史的史學觀均不相同,前述中的後者是實證式的,過去可以再現,再現者,即以「歷史」形式出現,因此歷史幾乎等同於過去。而前二者則有類於「歷史作為一種敘述」的觀點,因而史學家的工作就是將文獻轉成為史學家的敘述。[1] 這樣的回答無論是否滿意,卻均有其道理。看來,「歷史」是什麼,的確是個問題,如此在教學時,如何能求其心安,於是「何謂歷史」遂有必要在學生發問之前,自己先行提出。

二、歷史是故事嗎

許倬雲先生在《歷史月刊》創刊號上曾說了這麼個經歷:

一般的人一旦發現我是歷史教授,總是對我說:「我對歷史沒興趣,我記不住那些年代。」也有人說:「歷史很有趣,有那麼多故事。[2]

---

[1] 海登・懷特(Hayden V. White):《元史學:十九世紀歐洲的歷史想像》(*Metahistory*),轉引自安克斯密特(F. R. Ankersmit):〈當代盎格魯・撒克遜歷史哲學的二難抉擇〉,收入陳啟能主編:《當代西方史學思想的困惑》(北京:中國社會科學出版社,1991),頁99。

[2] 許倬雲:〈什麼叫歷史〉,《歷史月刊》創刊號(台北,1988年2月),頁15。

許先生說的實際上正是一般人對歷史的反應,然而,此一問題你我多多少少也曾遭遇到,學生們亦然。當外系的學生或大學裏的同業,這樣子問道:「學歷史是不是要記很多事?」或是,「講個歷史(其實是故事)來聽聽吧!」他們總還是認為歷史有點像故事。

　　歷史是故事嗎?如果我們說歷史中主要的構成體是歷史事件,那麼除了「真、假」層次上的區別,歷史還有別的因素使它看起來不像是一個故事嗎?或者說,歷史雖然是敘事的,也還有分析的。但是,如果「分析的也是敘事的」,[3] 則歷史仍然在「敘述」一個事件,而這個事件正是一個「真」的發生過了的故事;或者我們用年鑑學派的講法,歷史中不只是事件,它還有結構,但如果結構,或者是規律,也調整為一個「事件」的觀點呢?特別是結構,布勞岱(Fernand Braudel)運用「長時段」的視角,批判了傳統史學上的「事件」觀,並且與它對立起來。[4] 但是,事實上,這種長時間角度的深層結構史學觀,不僅並未打破傳統的事件觀,反而應當從一個新史學的角度,將布勞岱的「結構—長時段」觀,看成是一種「新」的「事件」觀點,正是在傳統「事件」屬於一種「短時段」式的基礎上,布氏走得更遠的即是他的結構——長時段事件觀。這種新的視野,帶動了新的研究方法,也拓深了歷史的深度;但這種超越個人生命時間節奏所展開的社會的歷史、總體的歷史、結構的歷史,也仍然是一種時間節奏的歷史。在它節奏變幅之間去掌握時間不變性及深度結構的方式,並未離開歷史構成的底層——時間,正是在時間進行下,才能現出這種持續、穩定的歷史相或歷史節奏,雖然有別

---

[3] 陳啟能:〈從「敘事史的復興」看當代西方史學思想的困惑〉,《當代西方史學思想的困惑》,頁 31-52。

[4] 布勞岱著,劉北成譯:《論歷史》(*On History*)(台北:五南圖書公司,1988)第一部分「歷史的時間」。高承恕:〈布勞岱爾與韋伯:歷史對社會學理論與方法的意義〉,收入黃俊傑編譯:《史學方法論叢》(台北:台灣學生書局,1981 增訂再版),頁 121-156。

於傳統短時段的、節奏較快的、以個人生命為旋律的時間度量，但它仍然是「事件」。也因而通過統計、分析……等社會科學方法所出現的描述、解釋或說明，便仍然是一個「敘述」，如保羅・呂格爾所說的：「再長的時段，也不應該掩蓋時間的存在。因此，強調長時段不應當變成否定時間，相反，應當被理解為是在呼喚社會時間的多元性。」[5] 這樣，結構的、分析的，或許便只成為解釋上的手段，增加了我們「敘述」一個「真的故事」時的說服力及深度，即「通過故事裏更多的細節來回答任何事件中『為什麼』的問題」。[6]

歷史當然不只是故事，但它卻必須是「敘事」的，因為敘事總是歷史表述的根本方式；在一個敘述層的線性時間中，敘述時間或歷史時間皆是具有可斷性的，最簡單的講法，就是一個作家或史家在寫作時，可以暫時中斷而離開一下，再回來繼續寫作，接上原有的敘述時間，因而敘述時間是可中斷的，但此時自然時間仍在繼續，自然時間是不可斷的。因此作者或史家也就有了可斷及可擇之權，在任何可斷及可擇的兩點作出之後，在這兩點之間的聯結，就成了一種敘述，所敘述出來的就是史事。因而史事的上限、下限或因果，是作者所賦予的一種敘述斷限及脈絡，這也就是中國傳統上的正史或斷代史書可以經由作者而完成其「斷代」的原因，再加入些意識形態的東西，就構成了傳統上稱為「正統論」者。在這個層面上講，史事或史事書寫，本質上當為「敘述」的。舉例而言，今日考古學在史前人類上之重大發現，雖然較諸其他時代史料仍顯得如此之少，但已可為我們勾勒出一幅簡單的史前圖像：先民演進之歷程，乃由人猿而古人而真人，由茹毛飲血而用火熟食而漸知

---

[5] 保羅・呂格爾（Paul Ricoeur）著，王建華譯：《法國史學對史學理論的貢獻》（上海：上海社會科學院，1992），頁 42。

[6] 路易斯・明克（Louis Mink）：〈歷史的哲學和原理〉，收入伊格斯（Georg G. Iggers）主編，陳海宏等譯：《歷史研究國際手冊》（北京：華夏出版社，1989），頁 26。

農業，但這是一幅大的長時間圖像，其間仍可以有短時間圖像，如北京人的一天。堪注意，上述兩者皆可以表現出歷史的陳述性，以及歷史時間或敘述時間在其中之綿延性，何以如此，這即是因為歷史時間具有可斷性及可擇性，斷了以後，再選擇兩個點來銜接聯結，使其具有連貫性、時間序列性，此種銜接或聯結，即為「敘述」。在這樣的一種觀照下，前述分析的、規律的或結構的探討歷史及呈現歷史的方式，便皆可視為「歷史」作為一種「敘述」時敘述狀態的插入語，這個插入語的形式是夾注的，本質上是說明的，它有助於我們更深一層地展開敘述，但卻是不能在本質上與敘述並列對立的，因為它是靜態的、停格的，所以不是歷史之本質層上的。[7]

如是，剩下來的問題就是「歷史敘述」與「小說敘述」的「真、假」層上的一線之隔，這樣的區判也仍然有很多東西值得探討，例如：如果歷史敘述或小說敘述的本質皆是敘事的，那麼，兩個點之間的聯結，不是故事的一大敘述，便是史事的一大敘述，其間的差別，便在於史事的點必須由「史料」來規定，這是它與小說之間「真故事」與「假

---

[7] 電影理論學者彼得・吉達爾（P. Gidal）在〈結構／唯物主義電影的理論和定義〉（1975）一文中曾云：

> 在電影中（在銀幕上）說明主題，就否定了做為基本電影結構的時間延續。電影說明蒙蔽了真實的電影關係；於是，這樣的基本構想乃是幻覺主義而不是表現性符碼的解構，後者在復原為故事時是被構成的。

彼得・吉達爾的敘述與我在正文中的概念相近。縱然他談的主要是「電影敘述」。同樣地，歷史中主要的節奏進行是「敘事」，任何在敘事中分析、說明，或是把主題「非事件化」（結構、規律、量化……等等）的，本身就已經否定了「歷史──敘述」（在時間進行中的敘述類型）的基本性格，因此，為了要把類似「事件──結構」、「敘述──分析」的分裂統一起來，採用一種「新敘述」的觀點是必要的。這樣，分析的方式便不是對傳統敘述方式的顛覆，在「新敘述」觀點下，它是一種敘述狀態的插入語，是夾注的，是綱目體之「目」的部分。至於正文與夾注的內容孰為重要則不是重點，譬如在正文中我們引用了牛頓的文字來加強說明或佐證，牛頓定律也依然比我們正文為要。彼得・吉達爾的文章收在李幼蒸編譯：《結構主義與符號學電影文集》（台北：桂冠圖書公司，1992）。

故事」的差別。或者，兩者之間其實並無區分，歷史不過是文學寫作形式中的一種；這樣的觀點，也存在於中國文評傳統中，例如《文心雕龍》中列有〈史傳〉一篇，便反映了這樣的一種觀點，今日文評界的「史傳文學」一詞，也是借用了劉勰此一標題而來。至此何謂歷史？似乎已被「故事」一詞指向了一個模糊而有待開發的領域，有無必要去否定「歷史為一種故事」，或在什麼情況下，歷史是或不是一種故事，也都成了一個不應率爾作答而且尚須經過研討及反省的一大問題。

魯迅在《漢文學史綱要》中曾經以「史家之絕唱，無韻之離騷」[8]來描述《史記》之成就，特別是「無韻之離騷」一句，指向了《史記》文學屬性，注意魯迅的書名，以及《史記》在四部分類上向來列屬史部「正史」類。這樣的情況在中國還有很多，如《左傳》、《戰國策》、《漢書》，都曾以其敘事性格及描述文筆而受到文學家之注意。唐代劉知幾著《史通》，極力抨擊文人修史，以為史與文不同。雖然，據近人的研究，《史通》還是相當程度地受到了《文心雕龍》的影響。[9]在《昭明文選》中，則已將「史」文劃出，只留論、贊。那麼「正史」中的「論」與「贊」究竟是「史」？還是「文」呢？魏晉四部分類成立後，史部與集部分開並列，史家之文與文士之文不同，此一界限分明，但《史記》仍然被古文家奉為圭臬，迄今各大學中文系中，也多還有開授《史記》的。這是什麼原因，是《史記》中本來就有著類似「小說」般的「講故事」的文學本性，還是僅僅因為載史筆之文的美學效應而已。試舉一例以察之，在《史記‧趙世家》中所記載的趙氏孤兒事件，由於《左傳》、《國語》的俱在，表明了《史記》的傳述並非「虛構」，它確是文徵有據的，因而是歷史的；但是《左傳》與《國語》中的相關記載的的

---

[8] 魯迅：《漢文學史綱要》，收入《魯迅全集》（台北：唐山出版社，1989），卷5，頁67。

[9] 許冠三：《劉知幾的實錄史學》（香港：香港中文大學出版社，1983），台北，仲信出版社翻印。

確確與《史記》有所出入。《左傳》成公八年（583 B.C.）載：

> 晉趙莊姬為趙嬰之亡故，譖之于晉侯，曰：「原、屏將為亂。」欒、郤為徵。六月，晉討趙同、趙括。武從姬氏畜于公宮。以其田與祁奚。韓厥言於晉侯曰：「成季之勳，宣孟之忠，而無後，為善者其懼矣。三代之令王皆數百年保天之祿。夫豈無辟王？賴前哲以免也。周書曰：『不敢侮鰥寡』，所以明德也。」乃立武，而反其田焉。[10]

其中顯無屠岸賈其人，也無趙朔被誅事。《國語‧晉語》之記載亦然，所記韓獻子語尤簡。[11]《左傳》的記載「明確講的是一個趙氏家族內部由於私通亂倫而引起互相攻殺」的事件；到了太史公的筆下敘述，則顯然是從另一個角度，以公孫杵臼、程嬰、屠岸賈為主調，演成了趙氏孤兒的慷慨事件，在太史公筆下，主題已由《左傳》的亂倫攻殺而改寫為正義與復仇。[12] 清趙翼曾論此事云：

> 屠岸賈之事，出於無稽，而遷之採摭，荒誕不足憑也。史記諸世家，多取左傳、國語以為文，獨此一事，不用二書，而獨取異說，而不自知其牴牾，信乎好奇之過也。[13]

梁玉繩亦曰：

> 匿孤報德，視死如歸，乃戰國俠士刺客所為，春秋之世，無

---

[10] 楊伯峻：《春秋左傳注》（台北：漢京文化公司，1987），冊一，頁 838-839。

[11] 上海師範大學古籍整理組校點：《國語》（台北：里仁書局，1981），〈晉語〉六，頁 426。

[12] 王長華：〈《史記》傳記非史筆描寫及其文學效應〉，《文學理論研究》1992 年第 3 期（1992），頁 39-45。

[13] 瀧川龜太郎：《史記會注考證》（台北：宏業書局，1987），頁 672。

此風俗,則斯事固妄誕不可信,而所謂屠岸賈、程嬰、杵臼,
恐亦無此人也。」[14]

因而,《史記》在這件事上,是作了「添補」史實與「重塑」歷史人物的工作,類似這樣的例子還有很多,近人嘗稱之為「非史筆描寫」及「文學效應」,[15]果如是,那麼「歷史敘述」中的這一成分,到底是文學本性呢?還是歷史本性?過去我們稱這一層面為「歷史想像」,歷史想像在史家敘述歷史時為一不可或缺之質素,「史家追敘真人真事,每須遙體人情,懸想事勢,設身局中,潛心腔內,忖之度之,以揣以摩,庶幾合情入理。」[16]但從文學角度看來,這一部分實類似於「虛構」,無論我們說「合理的揣測及想像」,總是一個「虛構」上的程度問題,那麼,《史記》中的「故事」成分及文學效應,究竟是不是「史筆」呢?錢鍾書先生曾譽《左傳》在文學中策勳立碑足顯史有文心、詩心者,為其記言之體,何則?「《左傳》記言而實乃擬言、代言,謂是後世小說、院本中對話、賓白之椎輪草創,未遽過也。」[17]而《史記》則繼其成就,尤為「筆補造化」。[18]如此,凡史策中載有記言對話者,半屬史家自揣之言,宜乎可以樹幟於文學地盤。錢鍾書先生續云:

> 此類語皆如見象骨而生象,古史記言,太半出於想當然。馬
> (祥案、指司馬遷)善設身處地、代作喉舌而已,即劉知幾
> 恐亦不敢遽謂當時有左、右史珥筆備錄,供馬依據。[19]

---

[14] 同前註。

[15] 同註 11 引文。

[16] 參錢鍾書:《管錐篇》(台北:蘭馨室書齋翻印),冊一,《左傳正義・杜預序》條,頁 166。

[17] 同前註,頁 166。

[18] 周亮工語,引見錢鍾書:《管錐篇》,冊一,〈項羽本紀〉條,頁 278。

[19] 同前註,頁 276。

又云:

> 夫私家尋常酬答,局外事後祇聞大略而已,烏能口角語以至稱呼致曲入細如是?貌似「記言」,實出史家之心摹意匠。此等處皆當與小說、院本中對白等類耳。[20]

羅蘭‧巴特(Roland Barther)在這點上實際是走得更遠,他不但認為史事描寫中有創作成分,而且根本上,史書撰述就是一種類同於現實主義小說撰述的活動。[21] 去除了這一環節,史事敘述就幾乎只能剩下「大事記」,《竹書紀年》或《春秋》式的記載文體,是不是就可以讓史述形式停駐在這裡?而《左傳》比《春秋》走得更遠的,究竟是什麼?劉知幾在《史通‧申左篇》中明確地說:是「敘事」。換句話說,《左傳》比《春秋》走更遠的,是文學性還是史學性,劉知幾自然是屬於後者的觀點,所以《左傳》是史體中的典範,從《春秋》之編年大事記發展到了編年之敘事。但另一方面,「講故事」又使得許多文評家認為這一部分是文學效應造成的,而不是歷史敘述的本質成分。[22] 作為向來與文學在形式上劃清界限的史學家而言,我們在這方面應如何面對這樣的論調?是堅持原來的文史界限,努力將史學活動擴大其效應層面;還是要鬆動自己:文史之間,在「說故事」上,並無所謂其界限,並且擷取文學批評在敘事學上的成果。但即使是後者,照我的看法,史學還是應與文學有其分界,至少在作者之創作態度上以及選擇事件上(故事之組合方式),史、文是不同的。

史家向來以能反映過去為自己當仁不讓之職責,也不認為在這方

---

[20] 同前註引書,〈魏其武安列傳〉條,頁347。

[21] D.C.霍伊(David Couzens Hoy)著,陳玉蓉譯:《批評的循環》(*The Critical Circle*)(台北:南方出版社,1988)頁193。

[22] 參《史通釋評》(台北:華世出版社,1975),〈六家〉、〈敘事〉、〈申左〉諸篇所述。

面有別門學問能取代自己,但是,照尼采所說的,「詩,是比歷史更多一點『歷史』的。」似乎也增加了另一類人的「反歷史」之勇氣,[23] 響應者似乎也不少,依照海登・懷特(Hyden White)所列出來的名單,如紀德、易卜生、托瑪斯曼……等長達數十人之多,多半是一些文學家[24]——或許他們本來就是個文學家,因而不會也不必去採用歷史形式,或努力去使歷史面對「反映過去」與「聯繫現在」的挑戰,同時,這一支隊伍也不客氣地表明了立場:文學可以比歷史更能反映一個事件。對少數文學批評家而言,《史記》也反映了這個現象,即以文學筆法來敘述時,更能使《史記》生動鮮明地反映一個歷史事件,如垓下之戰、鴻門宴、荊軻刺秦王等。因此,《史記》中若是抽去「本紀」、「書」、「表」,其「世家」與「列傳」,可能更像是一本說故事的書。吳汝煜《史記論稿》云:「李斯廁鼠之嘆,有誰當場筆錄?」[25] 這一質疑是疑難歷史真實性呢?還是說歷史想像之不可避免?或者說,這一部分本來就不是歷史構成的關鍵,因而想像也好,虛構也好,或者是如「鴻門宴的坐次」般有憑有據也好,[26] 都可以憑藉之而涉入歷史,表出歷史。在提出類似吳氏的質難時,我們不可忽略了在中國史學傳統上,除了「當時之記」(當時簡、記注)外,還有另一種史筆,即「後來涉入」(後來筆、撰述),正是在後來筆上,使得歷史敘述得以豐富而且更具有深度及觀照性,既能進入事件之中,入乎其內;也能出乎其外,超越了當事人的見解,而行其「居今識古」(《文心雕龍・史傳篇》語)之

---

[23] 德雷(W. H. Dray):〈歷史主義〉(*Historism*),《哲學譯叢》1992年第2期(1992),頁74。

[24] 海登・懷特(Hayden V. White)著,蔡英文譯:〈歷史之負擔〉(The Burden of History),《食貨》復刊卷8第3、4期合刊(1978年6月),頁65-84。

[25] 引同註11引文,頁43。

[26] 鴻門宴的坐次顯然是有根據的,因而余英時教授的〈說鴻門宴的坐次〉(收入氏著《史學與傳統》頁184-195,台北:時報出版公司,1982)得以掘出其他史實。

活動。但也正因為此種後來筆的涉入中，充滿了移情、想像、模擬、解釋，甚或是虛構的情節，而使歷史充滿了說故事的色彩，文學批評家正是在這一層次上，從「歷史即敘事」角度，說歷史是故事之一種的。

王國維在《人間詞話》中的一段文字，很能道出歷史研究者的處境，有助我們體會何謂「歷史人」，其云：

> 詩人對宇宙人生，須入乎其內，又須出乎其外。入乎其內，故能寫之；出乎其外，故能觀之。入乎其內，故有生氣，出乎其外，故有高致。[27]

俞平伯在重印王氏此書時，為寫書序，曾引申觀堂此文，曰：

> 作文藝批評，一在能體會，一在能超脫。必須身居局中，局中人知甘苦；又須身處局外，局外人有公論。[28]

二位先生一談「詩人」，一談「文藝批評」，轉喻歷史研究者，亦當如是，但如何如是，則又為另一個大的問題。

三、主觀還是客觀：視者與視點

我們如何追求歷史？史學這一活動的目的何在？前者，歷史的稱謂可能並無單一內容及絕對設定，因為不同的史學活動，可能產生不同的歷史觀，甚或是極為分歧、對立的歷史觀，例如歷史相對論（historical relativism）與實證論的歷史觀點；敘事史學與客觀史學的歷史觀點。後者，則製作出一套史學操作活動，去追求已經被規定了的對象，這是

---

[27] 王國維：《人間詞話》（臺北：臺灣開明書店，1955臺二版），頁39。

[28] 余序見1926年樸社所刊之王國維《人間詞話》（北平：樸社，1926），頁1。又見孫玉蓉編：《俞平伯序跋集》（北京：生活•讀書•新知三聯書店，1986），頁39。

預設了歷史為一個已然有其共識的對象,例如客觀主義者,即認為歷史是客觀的、共信的、已在的,問題只在於怎樣的史學活動可以致之。

歷史中布滿了各個點,每個點都是一個存在,然而如何讓它「呈現」、「現出」呢?是誰讓它呈現、現出呢?是「史料」?抑或是「人」?它會自動現出?還是得透過敘述?敘述能否客觀公正因而使「歷史」可信呢?在歷史中,存在著各種殊相,這些殊相,可以是一個事件,是一個結構,一個人物,也可以是悲歡離合,亡國易代,更可以是典章制度,隨著人類所能了解的而現出它的殊相,當結構的觀念出現時,歷史上也會出現結構的相。這每一個殊相都有它的意義,都是我們要探討的對象,無論是那一個殊相,基本上它都是一個存在點,我稱之為「視點」,就每一個視點的「存在」而言,它是平等的,但是為什麼會有存在的差異性呢?由於每一個視點皆是獨特的,李凱爾特(Heinrchi Rickert)認為歷史是由兩種本性——「異質性」與「間斷性」所構成,與自然科學的「同質性」、「連續性」不同,這種「一次性」的本質,[29]便說明了每一視點的存在,皆是不同的、獨特的,這種獨特與不同,就是存在差異的根源,而差異性即能導致歷史能現出種種「殊相」。但是為什麼差異會有種種輕重、分別、不等,造成我們所以會在研究歷史時強調的是政治,有時又強調的是經濟、社會,或是思想。這種輕重、這種分別,並非差異或獨特的本質,差異的本質就視點的存在而言皆是平等的,所以輕重,所以不等,實緣於時代、環境的影響,也就是來自於另一個點,我稱之「視者」的點。由於視者來自時代環境的影響,遂造成觀看視點時政治的比重大於其他,因而出現了「帝王家譜」;由於馬克思史學的側重生產方式,所以經濟的比重大於其他;因為布勞岱側重長時段的結構,所以地理等自然因素被強調了。司馬遷體察歷史後仰天

---

[29] 李凱爾特(Heinrich Rickert)著,涂紀亮譯:《文化科學和自然科學》(*Kulturwissenschaft und Naturwissenschaft*)(北京:商務印書館,1991),頁 31-32。

問道：何以善人不得善終，惡人反可長命壽終，「儻所謂天道，是耶非耶！」[30] 歷史中究竟有無天理，歷史的本質與演進之理何在？司馬遷所以問天，實是由於他感受到了歷史中諸多之差異，甚或是一種不平，不平不僅是司馬遷感受到的歷史之特質，也是人間的特質，正是因為它緣於此種「殊相」存在的差異性之故。但是，這種差異之所以分別、所以輕重與不等，實在是來自於另一個點——視者的點。視點在本質上本無此種輕重不等，但我們在呈現視點時，這種輕重差異卻又不能避免，無視者不能成敘述，因此，凡一個敘述，一個歷史，當我們這樣用時，它必已包含了「視點」的存在，而又涉入了「視者」的色彩，這也是我們在描述歷史時，必得用某一種語言去涉及某一對象來描述之故，如果不用，那視點就無從現出。因此，如果不用「階級」，就只好用「士庶之別」；如果不用「革命」，也要用「政權移轉」、「改朝換代」、「禪讓」；如果不用「宗法」，如何指稱那個差序格局的商周社會；因此，「歷史」作為一個指稱用法時，它的指向，恐怕不是只在於歷史中的視點而已，也不是只在於視者的點而已，它應當是由「視者」與「視點」架構出來的，這兩點經由「流傳性」與「回溯性」架構出一史學活動，歷史便在這一活動中反映出來，顯示自身。

　　歷史客觀論者所提出的方案，便是側重在視點這邊，認為一種過去的歷史事實早就存在那兒，早就被完好存封在史料當中，我們只要能透過正確的方法，正確的態度，不主觀，無偏見，便能將之釋放出來，現出一種這樣的歷史——過去發生了什麼，現在我們就能描述出什麼，如實地、客觀地。正如 D. C. 霍伊所描述的：

客觀主義方法論的範例包含著一種結論，即，歷史的過去是自我存在的封閉的境域，它對於研究的目的來說是可客觀化

---

[30] 司馬遷：《史記》（點校本，北京：中華書局），卷61，〈伯夷列傳〉。

的。一個時代就是一種歷史學家在完全擱置了他自己當代的境域之後而將自己植入那境域。[31]

但是高達美（Hans Georg Gadamer）認為，人是不可能超越歷史的，人本身存在一個歷史性，人想要在歷史之中去追求一個可靠的歷史知識，就必須要面對這個挑戰，而不是一昧地以一種超越的立場來抹殺人的有限性，人的有限性正是人所憑藉的，人也是自這裏出發的，所以不但不應當排斥這種有限，反而應該正視這個事實，因為它就是一種存在。也因此，有限性不但不是一種「偏見」，反而是一種「先在」，人必須接受歷史所給與的——在自己誕生之前就已存在的——一切自我活動之能力，然後從這裏走出，去展開自己的理解認知之活動。高達美從「有限性—先在」批判了客觀論者的方案。當然這種批判是解釋學的，高達美式的，我並不是說他批判的一定正確，而只是想借用他的講法，讓我們知道客觀論有其侷限；反之，一個知識，必須有了客觀，才有公正的可能性，不致流於一己之私見橫溢，學術為天下公器，這當也是實證、客觀論者一心想要樹立的，實證、客觀派史學一心想要將「過去」框住，任何人從任何角度，都不能憑自由意志改變這個框，因之，「歷史」的真實、可靠、可信，便有了保證；他們所以要如此，因為他們相信，歷史知識可以達到如此，這便是「客觀」的信念，這樣，知識才令人放心，歷史才令人放心。

歷史相對論者的方案，則是企圖批判啟蒙以來已經被實證化了的客觀信念，強調的重心落在「視者」這一端，企圖將已被貶抑的「主觀」一詞，賦予合法化的地位，宣稱：「一切歷史皆出自於視者」，「視點」並無其客觀自足性。作為一名相對論者，貝克（Carl L. Becker）即認為我們所謂的歷史應有二種，一種是實質的歷史，即是過去真正發生過的

---

[31] 錢鍾書：《管錐篇》，冊一，頁185。

「過去事實」;第二種即為史家的歷史。前者絕對已無法存在,而現在我們所能得知的,只能是一種「史家的歷史」,它是由史家間接得自往事的遺痕所拼貼重組的「歷史圖像」,是史家的產物。畢爾德(Charles A. Beard)則以為:雖然「史料」層的過去歷史可以有其可信度,但是,歷史家所使用及擁有的史料,無論其數量多少,必定是不全的,因此史家在重建過去時,便須運用到想像、假定、選擇等,才能重建一個過去的歷史,畢氏將這些出於史家想像、選擇……等者稱為「指涉架構」,認為它來自於史家及其所處的時代背景。[32] 貝氏、畢氏兩人的論調可用克羅齊的一句話來概括:「一切歷史均為當代史」。[33] 因此,相對論者事實上已移情「主觀」,側重在「視者」這邊,以「當代性」為歷史的本質,從而主張:歷史是在歷史家所根植的當代情境中所生長起來的,不可能有一個座標純然存在「過去」的歷史。相對論者的方案確實突出了「視者」的位置,至少把歷史重新交到史家手中,照貝克所論述的,這個實質上在過去發生過的歷史,事實上已是不存在的,這個「在」應是「現在」,那麼,有沒有方法可以讓它再現、重演,或「在」呢?貝克的答覆是「沒有」,因為往事已「逝」,一切已不回頭。如果有,那真正是喚作「歷史」,而「歷史」是史家的。

但是相對論也有它的問題,如前所言的,哈伯瑪斯(Jurgen Habermas)便憂心忡忡,權力及知識的暴力、宰制是不是正來自於「主觀私見」之橫流呢![34] 貝克恰巧便著文名曰〈人人皆為自身之史家〉。[35]

---

[32] 有關歷史相對論的詳述,參考江金太:〈歷史相對主義之研究〉,《政治大學學報》第 36 期(1977),頁 117-148。黃進興:〈歷史相對論的回顧與檢討〉,《歷史主義與歷史理論》(台北:允晨文化公司,1992),頁 159-192。

[33] 克羅齊(Benedetto Croce)〈歷史和編年史〉,收入張文杰等編譯:《現代西方歷史哲學譯文集》(台北:谷風出版社,1987),頁 353-369。

[34] 哈伯瑪斯對相對主義是頗為擔心的,參 D. C. 霍伊著,陳玉蓉譯:《批評的循環》(*The Critical Circle*),頁 19。

[35] 貝克:〈人人皆為自身之史家〉,收入弘文館出版社編輯部編譯:《西洋現代史學流

我們常常不相信官方的歷史造論,是否即因其常逃逸學術的遊戲規則之外呢?再者,相對論者宣稱「一切歷史皆是現在之產物」時,是否已經把自己的「宣稱」丟入了在將來任人棄置且不可信的「歷史」之中,從而解消了自己呢?「歷史」是由「史家」製作出來也即是「現在」的產物,但當這個「史家」過去了之後,這個「在」,何在呢?史家當時的現在性既已經成為過去,那他所建的「現在之歷史」呢?我們對他以及他所處理的「過去」,此一雙重過去,又如何來解決?由於現在性也具有歷史性,也會成為過去意義下的歷史,因而斷然宣稱歷史只有現在性的本質是危險的,如果我們斷然作此一宣布是因為自信,則在相對論的方案取徑下,後人是永遠也無法相信我們的自信的(參下圖及說明)。

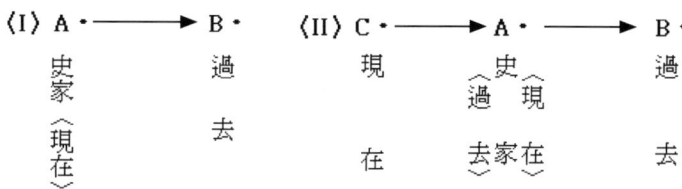

說明:如果「歷史」皆為「史家」之現在性,那麼,當史家成為過去之後,他們的「現在性」也將渺不可得,A→B 與 C→A,甚至 C:A→B 都是一樣的,而如果當時「史家」的「現在性」仍可為「後世」所得,則同理,當時被史家所處理的「過去」也應是可得的。

因此,所謂的「歷史」,應當不是只存在於「視點」而已,也不當只是僅僅存在於「視者」而已,每一個史學家——視者,所選擇的「在歷史中」的視點不同;同樣,同一個「在歷史中」的視點,經由不同的視者,也會現出不同的樣態與相貌。「視點」既有其存在價值,不因視

派》(台北:弘文館出版社,1986),頁 288-311。

者選擇任一其他的視點而泯沒,「視者」也有其自由意志,可選擇自己的研究路向,不全為視點所規定。因此,歷史即是存在於這兩點之間者。假如照愛德華・卡爾(Edward H. Carr)在《什麼是歷史》(*What is History*)一書中的講法,就是「歷史是現在與過去之間無終止的對話」,是「歷史家和事實之間不斷交互作用的過程」;[36] 這樣的講法已意謂著要走出客觀論或相對論的格局,而去照應天秤之兩端。事實上,史學活動的本身,便已經意謂著同時兼含有過去性與現在性之兩造;被我們稱之為「史料」、「遺跡」、「歷史敘述」者,也是如此,它同時向兩個世界敞開著:過去與現在。「歷史敘述」的成文——書寫活動的本身,便已標明了:同時包含著所寫與被寫的時間。做為作者寫作的時間而言,歷史的被書寫,表明歷史敘述的現在時間,任何一個歷史敘述,都不可避免的有一個相對於過去的現在時間,這就是本文(歷史敘述)的現在性;而同時它即將成為過去的可能,又表明了本文的歷史性;因此,歷史敘述必然包含兩種時間,即指明的主題時間與書寫時間。一方面,因為遺跡(史料)已然在一個現在情境,所以會流失若干當初的情境,同時遺跡的現在性也是它存在的一部分,而這也就肯定了讀者、史家能夠以現在的語境來進行理解的釋義行為;另一方面,遺跡(史料)也確然是過去流傳下來的東西,正如我們本身就是歷史的產物,根植於歷史當中,因此,遺跡(史料)的主題時間也蘊涵著它的「當時性」。一個遺跡(史料),從過去存在到現在,它之中存有原初的情境與現在的情境(在每一個流傳過程中的現在情境),被它結合起來,是歲月的痕跡與累積,一方面通向過去,一方面聯結現在;因此,如果史學活動是從「史料」那裏而展開的,那麼,史學活動的本身就已兼含著二者,兼具著兩個向度:流傳與回溯。在筆者看來,進入歷史以及表出歷史,

---

[36] 愛德華・卡爾(Edward Carr)著,王任光譯:《歷史論集》(*What is History*)(台北:幼獅文化公司,1988),頁 23。

從一開始就是互相牽涉的（intertextuality），在方案上不應先二元化。

　　以上這種照應天秤兩端的講法與理解歷史的態度，雖然在客觀論、相對論之後出現，但是否會比兩端之任一者探討得更深或者竟只是一種美其名的兼顧，而其實並未在理論、方法上拓得更深，也都還是問題。無論是卡爾的史家式講法，或者布洛克（Marc Bloch）的「由過去了解現在」、「由現在了解過去」,[37] 抑或是從哲學立場上對歷史發表意見的解釋學。畢竟，這些觀念上的重大變革，都是由「歷史是什麼」為知識核心而引起的史學效應，因而「何謂歷史」也就成為史學家或史學域內的從業者所必須考量的一個問題。否則，很可能在一個歷史門檻之外者的輕聲一問：「歷史是什麼」中，便已無一己立足之處。

---

[37] 馬克・布洛克（Marc Bloch）著，周婉窈譯：《史家的技藝》（*The Historian's Craft*）（台北：遠流出版公司，1989），頁 43-50。

以「史」為學與以「歷史」為學

現行新制學堂中,既有「歷史」為名之學系,亦有以「史」為名之學系,稱名雖異,唯其課程卻實同之現象,正反映一深值探索之敘事已蘊其中。本文擬欲就近代意識入手,揭視「近代史」原為一種中西與古今座標失衡下之產物,在此之外,更可以有他種敘事之可能。不同之起源論述,總是見證著不同之現在;而觀自我之過去狀態,亦非僅只有一種「歷史」版本。因之以「史」為學與以「歷史」為學,總是須反省自己是否已在某種版本牢籠之中。

　　「近代」一詞的本身就是一個「故事」,它的出現本身就蘊有「近代」何以構成的「故事」。為什麼「近代史」的敘事情節中不斷出現的是與「西方」有關的「事件」?是「歷/史學」編製了「近代史」,還是「近代史」產生了「歷/史學家」?這個「故事」似乎可以一說再說。
　　人不是自己決定要來此世的,也不是自己決定要落在那一個歷史言說中的朝代、國家或處境中的。人是被拋入的。拋入之後的狀態,也常

不是由「自覺」先開始展開認知；而是由「歷史」論述成其第一次知道自己在何處的處境。雖然「被拋入」的狀態不能自己抉擇，但對此世的再一次「世界」意義、「歷史」意義及「存在」意義，卻能經由學問、生命體悟及心靈境界而重新展開建構。在這「再一次」的「歷史—存在」意義上，人是自由的。

一、前言：台灣地區的學科現象——歷史學系與史學系

梁啟超在《中國歷史研究法》中曾述及，每遇青年學子叩問治國史應讀何書，輒沉吟不能以對，胡昌智認為這是傳統文化價值已呈現認同危機之故。[1] 同樣，執教於「歷／史學系」中，亦常遭莘莘學子質問：何以台灣各大學中，有「歷史系」，有「歷史學系」，亦有「史學系」，其有差異無？又，為何其系稱名不同，但卻有著相同的學科架構與近乎雷同的學群課程：中國通史、西洋通史（世界通史）、各斷代史、專門史、國別史，以及史學方法（論）……等等？此一問題，筆者認為，反映了一種質問式認知上的迷惘；或者說，對於被視為常態的認知之不易，與不能掌握其理解的對象。何以歸類於同性質的學科，其稱名有異？抑且其學程的結構與課程設計、稱名，竟至大同小異乃至本質上完全相同！

在上述的學科稱名中，「歷史系」當為一簡稱。但為何「歷史學系」不簡稱為「史學系」而要簡稱為「歷史系」，顯然已反映了「歷

---

[1] 梁啟超的說法見《中國歷史研究法》（台北：里仁書局，1994），其言云：「吾生平有屢受窘者一事，每遇青年學子叩吾以治國史宜讀何書，輒沉吟久之而卒不能對。」（頁74）對此，胡昌智的解釋是將其指向一種深層的文化價值認同之行將崩潰的危機意識。見胡昌智：〈由鑒戒式的歷史思想到演化式的歷史思想〉，收入中興大學歷史系主編：《第一屆中西史學史研討會論文集》（台中：中興大學歷史學系，1986），頁141-179。

史」作為一個主體性用詞的存在。在「歷史學系」中，這個「學」是大學中的系名通用字，與「大學」的「學」之意涵一樣，標誌著一種西方式的學術傳統、大學傳統，不僅反映於文字之中，也佔有著空間場域，築成一座座建築的殿堂，覆蓋著以其為蒼穹的學子。這個「學」字，就我的理解，是「知識體系」之義。而在「史學系」的稱名中，這種「知識體系」意涵的「學」字則不見了，否則，「史學系」就應當稱名為「史學學系」方是。因此，「史學系」這個稱名中的「學」，應當是有意識的自覺取名，用著傳統上的「史學」之名目而為系名。但傳統上的「史學」之「學」，其意義是什麼呢？是《論語》中的「學而時習之，不亦說乎」之「學」，朱注為「效」嗎？還是章學誠《文史通義》中「推明大道、綱紀天人、通古今之變」的「史學」之義？但是，關注「章學」，成為一門學問，本是近代以來受到日本影響而成的因緣傳統，而不定然有著更大的、與西方「知識體系」之「學」義對抗的「學」之自覺。否則，「史學系」的課程為何與「歷史學系」的課程幾乎一模一樣，而且似乎還更少些！什麼才是以「史」為「學」？什麼又是以「歷史」為「學」？就憑著現在經由過去流傳下來，但「學者」卻不明所以的「現行課程」，就足以啟動了「歷／史學」的訓練「人」的工程麼！

二、「近代意識」與「新史學」

「近代意識」是「近代」的產物，又反過來滲透了「近代」，成為構成它的基石之一。或者說，構成了「近代」的「近代性」特徵，這個特徵，正是在構築「近代史」的工程中產生的。如果「近代」一詞的本身即蘊就有「論述」性格，則也就正好解釋了「近代史」教科書中的主軸是一種「進化」性格的「現代化」進程，則也就不難理解「近代史」的幾個關鍵敘事的情節編制，是由與「西方」有關的「事件」所串敘

而成——鴉片戰爭、自強運動、戊戌變法、辛亥革命、五四運動；一直到今天，「現代化」的意識仍然在串聯我們的現在與過去，而通向「未來」，而其實是通向「西方」——一種有特定意識或模糊的西方。[2] 如果說，「自我」的處境認知，與「歷史性」的「先在」有關，則此種經由「近代史」論述出的「先在」意識，是經由一種模式上是橫向聯繫的中—西之座標所設定出的，則為什麼是中—西關係模式架構出了「自我」與「歷史」？如果是古—今關係架構下的模式呢？「自我」如果「處」在與「古代」的關係軸上的「近代史」中呢？譬如說，與堯、舜的關係，與周文的關係，與孔子的關係，則會不會有著不一樣的「近代史」論述與話語製作呢？這正是歷史學這一學問可以前去探詢的課題，首先便產生在這樣的問題意識中。譬如說「古代」的章學誠在論述他的「六經皆史」時，不僅將孔子與周公作了位移置換，而且以「周公」為中心，論述了不同的「道」在「禮樂文化」中的「歷史變易觀」；同時也言說著自身的「六經」觀，一種與戴震不同的六經觀。[3] 他的這種古—今模式，不僅重新論述了「古」，同時也言傳著「今」；無怪乎以「中—西」為思考模式的胡適，不能理解他的「古—今」模式下的「六經皆史」之言詮，而要釋「史」為「史料」，而不言其為「道」了。我們也可以這樣設想，當「自我」處在一個「古—今」與「中—西」的時空座標，如果天秤設定的是傾向於「古—今」的關係縱向軸，而非「中—西」的橫向關係軸，那麼，「近代論述」下的「近代意識」及「近代」，

---

[2] 關於「西方」是什麼，其實可以成立一種薩依德（Edward W. Said）式的考察取向，對在中國產生的「西方」意識進行「西方主義」的回溯認知，或「後西方主義」式的反省。但是，這種以「西方」為「對象」的反省，最後還是必須透過胡賽爾式的現象學之括弧、懸擱與還原，成為了一種對自身意向性主體情境的反省，而最後又必走向海德格式的存在與詮釋之揭示在場與不在場。

[3] 參考章學誠《文史通義》〈易教〉、〈書教〉、〈原道〉、〈經解〉諸篇。關於胡適對「六經皆史」理解之不諦當，見錢穆、余英時的評論。但胡適以理解「史」字義為「史料」，則實有著「近代」的意識與關切上的焦慮。

會不會有著不一樣的狀態、走向及自覺;處在「近代」之下生產出的「歷史」及「歷／史學」,也亦當如是。反之,歷／史學所生產出的「近代史」,由於「近代意識」的轉化,「近代意識」也就言說了不一樣的「近代」敘事,這就呼應著本文的偈子之一:「近代」是一個「故事」,正被述說著。

何謂「近代」?通常,我們透過教科書而來的記憶,知道「近代」的「歷史」是由「鴉片戰爭」而發生的,儘管還有著明末清初、自強運動的內部歧異。而「鴉片戰爭」是由中、西遭遇而引致的,因此,「近代」作為一個「新」語詞,自然也就有了「新」語義,從起點開始,這一詞的生產,就有了中—西聯結下的意識形態,而且,非常的不平衡,我們稱之為「自我」的病癥或邊陲化。

而「歷／史學」上的「近代」——即「新」此一意義下的「新」之起點,則一般咸定位於梁啟超的〈新史學〉作為「新史學」。[4] 雖然我們已經知道在「梁」的前後,不論是經由日本「東洋史學」的轉口,或直接取道於西方,有一段「新」的較長時段歷程。[5] 但還是習慣上以〈新史學〉作為「新史學」的一個標籤,用來標誌著「近代史學史」上的一個

---

[4] 此點,似乎不必我再多費實證筆墨徵引,在現時的歷史／史學系教與學的氛圍中,以梁的史學作為一種「新的史學(new history)」或「新史學(New History)」,已是一種學習上的共同語境(context)。雖然關於梁的「新史學」之「新」究是什麼,以及在什麼視野之下,可以構成一種共同論述的史學史上的「事件」標題,似乎還可以再行重新理解。為什麼梁是一個「起源」,以及為什麼梁必須作為一個「起源」,來支撐著今人的自我回溯及認宗的系譜?這些都必須認真對待與重新反思,而不是僅存在於史學教科書中作為常識便已停止。

[5] 這一方面的研究,參考林正珍:〈晚清知識分子引介西洋史的若干問題——以梁啟超史學思想為中心〉,《台灣師範大學歷史學報》第 16 期(1988),頁 1-25。亦參余旦初:〈簡論十九世紀後期的中國史學〉及〈二十世紀初年中國的新史學〉,收入氏著《愛國主義與中國近代史學》(北京:中國社會科學出版社,1996),頁 1-43、44-106。林文的研究呈現了梁啟超那個時代的複雜變動,以及精英分子在意識上的波動與自我「解構與建構」的觀「處境」之態度。也可以顯示一種單一化的事件標題,如何在「視野」的取向中形成及被賦予。

「轉折」，或是「里程碑」，作為一種「史學史」上敘事的「標題」，就像傳統「紀事本末」體的敘事製作所用的「標題」一樣。

但是，在這兩者的敘事之間——前者發生在道光年間，後者在1902年行世，我們注意到，何以有一段時間差，此一現象，值得探究否？至少，本文或可一問：為何「『新』史學」要在1902年才開始標誌著「新」。如果說，「歷史」是「歷／史學」生產製作的「文本」——瞧，本文已用著「今」在述「古」而使「古」成為我所敘事的「文本」了——則「近代」發生迄「新史學」發生這段時間中，有沒有「歷史」，如果有，那麼製作它的「歷／史學」是什麼，會不會它的年代就正在〈新史學〉以後？在這個時段中，有沒有相應的「近代史學」？如果有，是否「歷／史學」反倒是在「近代」中發生，因而「歷／史學」與「歷史」的關係，反而要倒過來理解：「歷／史學」也是被「生產」的，而這場域，正是在「歷史」之中。——這不似正是一個高達美所謂的「詮釋學」上的「循環」麼！但至少，吾人已經讓本題行文論述，進入了「歷史性」中，切近「歷史」與「自我」的關係，是互為存在的、是互文性的；正如同前文所揭的「近代意識」與「近代」之互為文本、互為發生場域然。或者說，因此關於「歷／史學」生產「歷史」的理解，至少我們還可以有著其他理解模式與思考取向，因為「歷／史學」作為一種生產、製作、論述「古」與「今」的文本類型，從來就不是只有一「家」，也不是只有一種「學」，甚至也可能並不是以「歷史學」為名，譬如說以「考古學」，以「人類學」為名。我們可以藉由不同的回溯方式觀己起源而後再順下返觀自身的存在，「歷史」之所以有意義，其意義之一也正在其是由一種「為己之學——以『史』為『學』」而供與的。凡是用什麼眼光去看待「古」的，自身也必定召喚著自身所處的時代之見在。是故當「近代」人滲入「近代意識」去看待「中國歷史」、「古史」、「舊史」、「國史」時，也就同時顯示著自身的言說。當梁啟超研究「中國歷史」而寫出《中國歷史研究法》，或是更早的〈新

史學〉時，這個「歷史（研究）」與「新」，是什麼呢？是滲透到了「古代」，發現了古人們所不能言的「歷史（真相）」；還是言說著自身的「近代」復且是「西化」烙印的「歷史」呢？當馬敘倫與黃節談論著中國有「史」無「史」時，這個「史」字含義，所指是什麼呢？是「史學」，是「歷史」——指向「民史」，而非「朝廷」、「專制」、「封建」、「帝王」及「滿」之「史」，抑或是自身已陷入「近代意識」，以「國民」為「國家」主軸的那種「國史」？[6]

若說「近代」迄「新史學」之間——在教科書的定本中，也有「歷史」，而其實正係反映著我們自認為已受到西方影響後的「新」的「歷史」，故而我們稱之為「近代史」，其實是一種「近代展開的歷史」，因而「近代史」的讀法就成了「約」字為訓的讀法，顯然這種讀法不同於「中國近三百年學術史」或「清史」的近代記憶之建構與歷史之教育、流傳。不僅吾人自束髮受教者，為「近代史」這三字語詞所建構而出，知自身與時代，所從何來；抑且，「近代史」這三字及此三字之中的「歷史／內容」，也正是由「近代史」意識之下所成立的「歷／史學系」所建構。

如果說，梁氏具有莫大影響的〈新史學〉或後來所謂「史料學派」或者再來之「馬克斯主義史學」中，皆有一重要的概念基地是進化論、發生學、演化觀，則這種觀念下的「歷／史學」或「歷史」之「觀」，早就出現並生產在康有為的《孔子改制考》中，康氏不正是在進行一種以「新」觀點言說「舊」孔子事件的工作麼！康氏實是用著「古—今」的模式來言說著自身時代的現身，他的這種言說方式及《孔子改制考》可不可以是一種「新史學」與「新歷史觀」呢？康有為以「古—

---

[6] 關於這一論述，可參考王汎森：〈晚清政治思想與新史學〉，「邁向新學術之路：學術史與方法學的省思」研討會發表論文，台北：中央研究院歷史語言研究所，1998年10月22-24日。

今」模式來思維、包裝他的變法中的西方思想,但是,為什麼要用「改制」這個語言呢?當何休用「三世」說時,有沒有想到「進化」這個語言及語言指向呢?當康有為言說「歷史」上的「孔子改制」時,這一「敘述歷史」的「事件」卻在「近代史」上被放入「政治」性格的區域中,有沒有可能他不僅在錢(穆)本《中國近三百年學術史》中是一種「學術」,抑且在另本《新史學九十年》中作為「第一章」出現為「新史學」的姿態呢?[7]這樣,「新史學」就聯繫上了「公羊學」,「新史學」就不再只是純粹客觀、科學求真的那種「新史學」性格,也非「整個國故」的那種言說;《孔子改制考》、《大同書》與被稱為《史記》的原《太史公書》,是不是皆是一種「素王式」新史學的著述立言形態呢?我們如何確認我們——歷／史學系及歷／史學家的身分必然是「真」的,如何去辨識我們自身的系譜淵源:「歷史學」必然是一門純粹學術的知識建構,「歷／史學」的系譜必然是追求「歷史」這門學問的行列。即便是「史料即史學」這樣的語言,也召喚著傅斯年自身一生的勇氣,擺明了一種非象牙塔中與時代氣息的相脈動的性格。即使是「整理國故」,也言說著胡適的為時代把脈之請命性格。更何況舉出「新史學」者也未必能證明自身就真是「歷史」之製作者。則「新史學」的「新」,若是一種「古—今」模式下的「維新」時,被我們讀為「中—西」模式的那種「新」,究竟是「新」在何處呢?張蔭麟便曾認為這種整理國故學風的「新」未必是「新」,而只是一種「新漢學」;[8]而「古史

---

[7] 錢穆的書名是《中國近三百年學術史》,其冊下第十四章即是「康長素」,顯然是作為「學術史」敘事的一個環節而存在著。而《新史學九十年》也恰巧是以「人」為事件標題的學案變體,其中則未列梁氏之師康有為,顯然其意在將〈新史學〉與「新史學」結合敘事,於乎便有了不同於錢本敘事的主軸,顯然作者意在自視自身為一種「新史學近代傳統」下的繼承者,因而在上溯其源時,作為「系譜宗主」者,既選擇了梁啟超,同時也就摒除了「梁之外的可能性」。

[8] 張蔭麟:〈跋梁任公別錄〉,《張蔭麟先生文集》(台北:九思出版社,1977),頁 1-22。

辨」中的史學風氣，陳寅恪認為也只能是一種類乎清代今文經學的學問，徒以「不知以縱貫之眼光，視為一種學術之叢書，或一宗傳燈之語錄，而齗齗致辯於其橫切方面。此亦缺乏史學通識所致。」[9] 雖然他評的是「古史」考證，又何嘗不深切於評價當代言說自身存在的方式，以及評論了在他們的思維裡，欠缺的是什麼！[10] 陳寅恪被人視為史學家，他自身也自認為是史學家，所以他用的「通識」一詞在其上加了「史學」二字，但「陳寅恪」三字真的可以被訓詁為「隋唐史家」或「歷/史學家」麼！還是它其實言說了一種與眾不同的存在方式，在那個舉世滔滔的時代中，他早已打破了「中—西」模式的盲點，批判了「古—今」模式的弱點；點出了「不中不西」、「不古不今」之「學」的思考。時至今日，「陳寅恪」三字的意義正經由「歷史」的傳遞召喚著我們（今人）前去探求他與他的當下處境，如何在互動中傳達了他的如何自覺、如何體會、如何思考的存在式言說，「隋唐史」是他言說的場域，播散著他的思想，讓吾人重新以「古—今」與「中—西」的座標模式來回顧「歷史」中的「陳寅恪」。[11]

因此，昔日「新史學」的系譜，至少在發生點、原點上，還能僅

---

[9] 陳氏評云：「今日吾國治學之士，競言古史，察其持論，間有類乎清季誇誕經學家之所為者。」引文出於陳寅恪：〈陳垣西域人華化考序〉，《金明館叢稿二編》，收入《陳寅恪先生文集》（台北：里仁書局，1981），頁238-239。正文中之陳氏引文則出自〈馮友蘭中國哲學史上冊審查報告〉，《金明館叢稿二編》，頁248。

[10] 陳寅恪對當時諸多史學思潮，有其自身獨特的看法，對各種思潮及主張，也有其評斷；說他獨特，是因其已能超乎外來潮流的震盪與影響，而更能以一種「古—今」式的「歷史式」思維觀之入微，而常能不受「西」式之「新」的左右。關於陳氏這方面更深入一層的研究，其詳可參陳弱水：〈現代中國史學史上的陳寅恪——歷史解釋及相關問題〉，「邁向新學術之路：學術史與方法學的省思」研討會發表論文，台北：中央研究院歷史語言研究所，1998年10月22-24日。

[11] 「陳寅恪」在此的意涵是一種「歷史性」的符號學意義上的，作為「能指」而涉入「歷史」中，無論是「隋唐史家」、「近代史家」或感時憂文的「詩人」，均是不同面向中對「陳寅恪」指向意義的理解。

僅溯源自梁啟超麼？它是一個「標題」，呈示著先後變動脈絡的「紀事本末」，而不是一個宗主，一如《新史學九十年》的第一章所為者。我們說過，製作歷史者必定也言說著自身，因此，《新史學九十年》的作者貫穿全書軸心的主張，也就必然地昭示了「實證史學」的進路。甚而如江藩《國朝漢學師承記》般，以「吳派」為主，將「顧（炎武）、黃（宗羲）」置入於篇末——一種貶義的敘事筆法；[12]《九十年》在前言中貶意地（以文字說出地）將錢穆視為落後、官方的史學，正是來自於「實證史學」的自家認知及歷史製作。同時，《九十年》中也不可能有「康有為」這一章，因為「史料—歷史」式的「實證」觀點中，《孔子改制考》不可能被編製在「近代歷／史學史」的作品中。藉著「歷史」，《九十年》言說著自身的系譜與故事，從第一章到末章，在每一場次的「角色」登場中，都有著「作者」現身的烙印，而每一段引文，都是情節編製的細節處理。[13]

三、中—西與古—今之座標

向來以「古—今」為座標模式來設定自身存在的傳統模式，在「鴉片戰爭」後，產生了一種「變局」，這個變局就是「西方」的出現，同時也使得「中—西」模式逐漸嵌入自我的存在意識中，使「自我」的存在意識，成為「古—今」與「中—西」兩種模式的匯聚場，而且有著天

---

[12]《國朝漢學師承記》其「漢學」之名，其實已經呈示了敘事傾向上的聚焦所在。「師承記」則顯示其確立敘事進行的主軸——「宗譜」模式的。將顧黃置於篇末，如相較於同時代其他學者將考據學源於顧黃的認同，顯然江藩正在意圖確立一種與其自身學術相關的「故事」版本，以「淵源—系譜」模式，呈現於其敘事之中。

[13] 目前中文世界中，以「新史學九十年」為書名的，似只有香港許冠三的《新史學九十年》上下二冊，其第一章正是以梁啟超的「新史學」作為標題，從而標誌了起源與自我的雙重論述，「實證式話語」的迭現，及編敘的主軸，烙印著「新史學」之「故事」向著「歷史」之生產與接受的過程。

秤性格。「近代意識」顯然使得在這兩種座標模式中,是傾向於「中—西」模式的加強;同時,在「中—西」模式中,天秤也顯然有向「西方」傾斜的狀態。這種向「西方」傾斜且逐漸加強的「近代史」,就是「近代進化論」的「進化史」。「進化意識」不是只有在「近代」才出現,但是以「西方」為「進化論」的標準,卻是「新」出現的模式——中/西模式。鴉片戰爭後,幾乎所有帶著「新」之字詞的語境,其意指皆指向「中—西」模式中的「西方」。如果說,在「近代史」的故事中,「鴉片戰爭」隱喻著一種受傷與震盪,「中國」正像是一部「近代史」故事中的「主人翁」,一個受傷的病人,在「中—西」思維模式中療傷並訴說著喃喃的自身往事,此種藉由「中—西」模式敘事性格下的往事,一再呈現著一個「心理病癥」,且不斷複製與代代相傳。即令主人翁的下一代已經「遺忘」了「鴉片戰爭」,故事中仍然繚繞著主人翁當年所自覺的創傷與震動,以「歷史/近代史」的方式迴響在子孫們的記憶建構中。「近代」的故事正以「近代史」的方式向未來訴說,下一代總是認為:自己出身在一個「有病的」家庭中,必須要服用解藥,而這解藥,必須「不斷地」調配,而且還不能不假外求,必須去尋求——從「中—西」模式的思考方向上去尋求,才有可能痊癒及「富強」。這種以「西」為藥,以「西」為強,以「西」為中心的逐漸「歷時」傾向,逐漸形成了一部情節愈來愈整合、完整的「記憶」,成為「認識」,成為「常識」,成為「近代史」。在這個「近代史」的「回憶錄」的情節中,當然也偶有著「神話」製作,而不僅是「發生的事件」之取向觀察的問題。譬如說:蘭克(欒克)。蘭克對大多數的歷/史學系的學者、學生都不陌生,而且大大有名,是一個「神話」中的人物,出現在中文世界裏。學子們對他的記憶與印象,就是他是西方的近代史學之父,而且對中國的史學影響極大。但是,中文世界中,有關蘭克的著作文字,總是片斷的、極少的、降三格成為「引文」狀態的;愈是這麼

少，他的神話性格也愈強，在學術性格如此自覺強烈的歷／史學系中，沒有一本蘭克的中文譯著，卻廣泛流傳著蘭克的神奇。

有位外國學者以為：歷史學就像心理分析，把記憶的故事重新組合，以便使得病人得以藉著重新敘事來重新活過，因為，活在不同的記憶／往事狀態中，可以影響現在的自己。「歷史」也是如此，一部這樣的近代史，或一部那樣的近代史，就可以使「病人」或「這樣、那樣的人」成為不同的「下一代」，在不同的「往事」上產生不同的「認知」，而「生活」著。「歷史」與「往事」的「回憶／記憶」，可以「重組」，可以產生「現在」的不同的生活心態與處境認知。[14]「歷史」之所以重要，正復如斯。

在「近代史」的論述過程中，極具關鍵性的一點便是如何看待中、西文化上的「遭遇」問題。此一「遭遇」不僅是「中—西」的，對「遭遇者」而言，同時也是「古—今」的。誠然中、西的文化遭遇是一個發生事件，但「如何看待」這個事件則是更具意義的。「遭遇」引出了二重性「處境」：它既是「中—西」的，也是「古—今」的。這樣的二重歷史性，如何理解，如何看待，既牽涉到當事人如何看待，也牽涉到後來人如何看待，從而形成「歷史」之論述與製作。有可能在看待的天秤上，傾向於「中—西」的座標，反之如前文所述，也有可能傾向於古—今的座標。

我們可以這樣來設想，「中—西」是一個「異質性」的「差異」，「古—今」是一個「同質性」的「差異」，但當存在的天秤，在意識上傾向於「中—西」模式中的「西方」時，它也會牽動著「古—今」模式的看待方式。以「中—西」模式為主的「近代意識」，當其「近代」是自覺在「西方化」時，便會產生出「今」與「古」的斷裂性，亦即

---

[14] see Hayden White, "Historical Text as Literary Artifact," in *Tropics of Discourse* (Baltimore, Johns Hopkins University Press, 1985), pp. 86-88.

「今」與「古」是一種「異質性」的「差異」，從而「今」的展開，不僅要與「古」劃清界限，對立起來，而且其態度是批判性的；因此，「傳統」、「舊學」、「封建」、「專制」、「古代無史」這類的語詞便會向「古」覆蓋，而「今」之製作此種語詞的立足所，便是「新」——一種「以西為新」的「新」之意識。這種「中—西」模式的思維形態，顯然是與洋務運動時期的「中體西用」的語詞所顯出的思維形態是不同的。後者雖曰「中學為體，西學為用」，提出了以「中」為第一義的說法，但其實是一種「古—今」模式下的運作與對「西方」的看待。這是兩種不同看待「遭遇」的方式。「中體西用」反映的，正是「古—今」模式下的想法。雖然「中體西用」在嚴復以及後來的發展中，被批判為一種錯誤的想法，而這也還引出了一種向著後來五四時期「西化論」強調式語言出現的「中—西」模式之登頂，意謂著「文化遭遇」已被看成是「近代意識」上的軸心與第一議題。因此，五四時期北京大學的兩份重要刊物，便不約而同皆有個「新」字，無論是《新青年》與《新潮》，皆標誌著與「古」絕裂而通向於以「西」來論述自身存在的「今」，這正是「中—西」模式的極至，遮斷了「古—今」模式在「處境」上的實存。但是，儘管如此，仍然斷續出現著「古—今」模式的言說，如南方的《學衡》。「衡」者，就是以「古—今」模式來作為主導，處理著中、西的「遭遇」；而這個「學」字，顯然就是「中體西用」式的「學」，以此「學」來「衡」中西，「衡」古今，而成就「今」。陳寅恪自謂「湘鄉、南皮」，自況身處「咸、同之際」，就意謂著「不古不今」正是一種反諷，反諷「中—西」模式之思維為一種「不古不今」的「今—古」式思維之變相。而錢穆在〈如何研究中國史〉中，云：「欲意研究中國史的第一立場，應在中國史的自身內裡去找求，不應站在別一個立場，

來衡量中國史。」這篇比《國史大綱》中「引論」還要早的文章，已經提出了「網球場與足球家」的「中體西用」之「古—今」模式之思維。[15] 在這兩種模式中，認知導致了天秤座落的傾向，前者，從「歷／史學」上來說，會使用「歷史」與「歷史學」的詞彙，並逐漸環繞此二詞以展開「中—西」間之翻譯，以重述「古—今」，並不是沒有原因的。同樣，以「史」之舊詞來論述／包裹著自身，也表達著「中體西用」論的模式之繼承的意願。儘管「歷史」與「史」仍常不自覺地替換、代換使用著──我們若以梁啟超之《中國歷史研究法》為例，從書名及內容上皆可以看出思想變遷中的語詞之今、古互生性──用「歷史」者也不全然能一新「舊史」，用「史」者的文脈語境也常充斥著「中—西」思維模式。[16]

復次，無論是「中—西」模式或「中—今」模式，都不可免地有著「近代意識」，儘管通過上述，以「中—西」為主軸或以「古—今」為主軸是兩者間的差異，但也有其類同。如兩者不約而同地想要重新論述出一個「中國通史／中國歷史」，這意謂著要以「歷史」論「中國」，以「中國」論「歷史」，而「中國」與「歷史」皆為「新詞」，「通史」

---

[15] 錢穆的這篇文章〈如何研究中國史〉，最早係發表於 1937 年 2 月的《歷史教育》第 1 期上。本文所徵引，則已收於《史學探源》（蔣大椿主編，吉林：吉林教育出版社，1991）中者，頁 802-809。

[16] 在梁啟超的《中國歷史研究法》一書中，書名用的是「歷史」，但是在正文的標題中，則「史」與「歷史」互參，而在內文中，則更是「史」與「歷史」交替使用，顯然梁氏並無自覺地使用此新舊二詞；但在意義指向上，卻是極具自覺地指向作為新義的「歷史」一詞之所指。如第三章標題為「史之改造」，而內文中則多處用「歷史」以言「史」，復言此「改造之史」。其自序中，更是出現了具有同義指向的「中國歷史」、「新史」、「史」，此一現象，顯示的若不是諸詞向書名「歷史」一詞的匯歸，就是作者尚無自覺，意識到新詞的出現與使用可以反映甚麼。又，在其《補編》之中，更是如此，如第一章之標目為「史之目的」，而內文中卻云：「什麼是歷史的目的？簡單一句話，歷史的目的在將……。」

則為舊語新用,「通史」也有其「新義」。[17] 儘管在「中國歷史」的論述中仍然存在著「中─西」與「古─今」各有偏重的差異。但「近代意識」的滲入,「古─今」模式中,仍有著「演化論」的論調,或者說,錢穆《國史大綱》的「國史」二字應如何讀,是不是「新＝西」的含義,而非舊「國史」僅為一「史類」的意指;[18]「中─西」模式中,也有著「中國沒有民主」的論調,無論「民主」是什麼,是「德先生」或是別的什麼,「沒有」一詞倒是一個中肯的言說,「古─今」式的言說。

在中國過往的傳統中,「斷代」為史與為前代修史,是一個重要的「史學傳統」。一個王朝所建伊始,為「前代」修史便是為自己作合法論述,及建構自我存在的重要工程之一。但是,很明顯地,在辛亥年之後,雖然仍在北洋時代,由「遺老」負責此一工作──修「清史」及其成品《清史稿》,但幾乎這批人在「近代史」中,不是被蔑視就是不存,或者是打上「封建史學」的烙印,代表著「舊」與「過去」。在較有影響的新文化諸人中,不論北、南,甚或是擁清之康、梁,或自稱

---

[17] 最明顯的就是何炳松在1928年寫下序言,以「通史新義」為書名的《通史新義》。何氏於自序中略言其旨,云:「吾輩生當後代,耳目見聞自當有補前人,益以今日中外交通,萬國庭戶;則西洋史家通史義例之或能稍補章學誠輩之缺憾者,其可不稍負介紹之則乎?此著者所以不揣固陋有本書之篹述也。」又云,「總而言之,著者之作此書唯一宗旨在於介紹西洋最新之通史義例,蓋因其依據各種最新人文科學研究而來,較吾國固有者為切實而適用,足備國內史家之採擇,初不敢因其來自西洋,遂奉之為金科玉律也。」

[18]「國史」一詞,於六朝時期,是在經史子集中「史部」之下,作為一種史類而存在。阮孝緒《七錄》於「紀傳錄」下列有「國史」一類,這是「史類」的讀法。「國史」一詞以「國家」或「民族」式的近代閱讀,正是在與「西方」對稱意識下返觀自身而成立的,如班雅明・艾爾曼(Benjamin A. Elman)〈中國文化史的新方向:一些有待討論的意見〉(《台灣社會研究季刊》第12期,1992,頁1-25)一文,在其對「現代化敘事」的檢討中,就數度提到了「國史」,作為「歷史敘述」的一種意識取向與烙印,特別是與「外國」區別開來的「國」史。這種用法,相較於「古」之「國史」的語言,自有不同。則「國史」一詞在今日映入眼簾之時,究係何者向吾人召喚而見於文字之中。

「清遺民」的王國維,也不見其入民國後有關於「修清史」的意見;北方的胡適、傅斯年、李大釗,南方的吳宓、柳詒徵,莫不皆然。這些人或關注於「中國通史」,或「中國文化史」,而非前代之史。[19] 顯然地,對傳統「史」之關注,「通史」大於「斷代」。分析其故,應在於一個意識之潛存,即中—西之衡量的天秤在其「學」中,在其自我重新定位的存在感受中,是大於過往的「斷代」模式的。因此,為了比較中與西來作自我定位,而將「中國」視為一個「整體觀」,為了明瞭此一整體,以便比較於「西方」之「秤」,而有「中國／通史」之思考進程。在「通史觀」中,不論充滿著對「傳統」的「整體式」情懷,而對「國史」進行「新」的編製;或者為了援引「西學」,建構「新」的「近代意識」,而對「傳統」抱以「整體式」的抨擊情結;[20] 正、反雙方的「情結」皆源自於一種「中—西」模式下的「西」。「通史」顯示著中—西模式,對「清」的定位與關注,已不如對整個「中國／傳統」來得急切。這可以解釋為何出現的是「通史模式」,且必須加上「中國」二字之因,「中國」二字,表面上看來,是對「古—今」的注目,實際上,已召喚出自身對中—西模式的投入。而「斷代史」之所以在今日「歷／史學」的學系中占有重要地位,曾是歷／史學課程的主要構成成分,乃是因基於「中國通史」之製作而來的「西方模式」下的「分期研究」,在此研究中,昔日「斷代為史」的「一代大典」,已成為「新斷代史」之下的主要史料,而不是在「閱讀」上達到「鑒往知來」、「自我定位」

---

[19] 或許實際並非如此,但筆者疏聞,所知見僅有時任北大史學系主任的朱希祖有這方面的、且是一系列的論著,後輯為《史館論議》,由其婿羅香林謀付梓,並請錢穆作序,時間與場景已是1949年之後的九龍(錢氏作序的時間是1953年。)其中極有意味的是在錢序中所記一段錢氏與章太炎有關「草新史」的對話。而朱氏正為章氏之門人。

[20] 不可否認,「整體」一詞來自林毓生的研究,見其收在《思想與人物》(台北:聯經出版公司,1983)中的幾篇文章,但更源自於直接閱讀梁漱溟著作所得的印象。

的歷史效用之「定論歷史」。「唐史」與《唐史》、「漢史」與《漢史》、「宋史」與《宋史》，前後兩「史」字上之含義是多麼地不同。在「近代意識」下，要談「以『史』為學」與「以『歷史』為學」，談何容易！

四、結語：遭遇與存在

「自我」的座標由於「歷史性」而深嵌於「中西」與「古今」之中，任何一種路向的思考建構，其地基皆深植於此。此種認知，刻劃著一種「存在」的深刻屬性。但並不保證「現實」必定被此種「歷史性」的深刻與自覺所規劃，如是，則「訓令」與「教誨」更有可能提前登場。「歷史」之以「現實」為場域，正是其有不可規劃之本性，但亦有其可能之可能性。[21] 但「可能性」也有「可能」被「規劃」為「歧出」；更要者，我們有時也無能無力無為而知其為「歧出」：在「歷／史學」中，無論是以「史」為學或以「歷史」為學，其地基或皆在此。因此，沒去「古—今」性而只以「中—西」為考量的天秤方案，無論是保守主義的「體用論」或以「西」為準的「西化論」，都有可能要訓練一批「歷／史學」的人力工作者，並進而在大學中成立學科，規劃學程。反之，也可由此出發，由「歷／史學系」的存在而出發，把「既存」者降為「零度」之地基，「自覺」、「反省」之「自由意識」或焉亦可重新開啟。一旦我們要開始反思自己存在的位所與處境，「歷史性」的存有底

---

[21] 俄國的巴赫丁（M. M. Bakhtin）認為：「複調敘事」正足以顯示，任何一個敘事文本都顯示有一個敘事主軸，不僅作者製作文本，而文本中的角色也同時制約著作者（或讀者），唯一可能打開此種相互制約的途徑，就是溝通；不斷地與敘事文本中的諸角色溝通對話，而不再宰制角色的走向於作者一人之身的獨攬寫作大權；這樣，敘事文本中的世界才有可能敞開諸種可能，及各種真正不同聲音的釋出──此即巴赫丁所強調的「複調性」──於讀者之閱讀中。

蘊便將浮現上來，成為理想／可能性向未來期待、籌劃的地基。這時，一種察覺，對現實上「西化」傾向的如何理解如何洞察，以及現實上「中體」的傾向如何理解如何洞察，也就成為自我的「存在開顯」於「理解歷史」的過程中，也會成為「現實」。我們對「史」與「歷史」之為「學」的探討，亦復是如是。

時間・歷史・敘事：
可逆性、可斷性、轉述及其他

為了探究時間與歷史、時間與敘事之關係，本文嘗試引入熱力學時間箭頭的概念，以論述「歷史」與「敘事」中的「時間」。在不可逆的自然時間中，具有可逆性的歷史箭頭A與歷史箭頭B何以能成立？敘事時間何以具有可斷性？何謂「轉述」？何謂「不可共現性」與「畫面並置」？這些均是歷史敘事學上的重大問題，本文嘗試自「時間」角度切入，在敘事論研究上，有其推進。

　　時間有一個箭頭，而且是不可逆的。歷史箭頭則有兩個：歷史箭頭A與歷史箭頭B，前者依自然時間而成立，後者則具有可逆性；前者表現為流傳、逝去，後者表現為回溯、回憶等特性。

　　為了要解決牛頓（Isaac Newton）的問題，所以要引入「時間之箭」的概念，並證明它，而這個證明，主要是在熱力學中發展的。

　　伊里亞・普里高金（Ilya Prigogine, 1917-）想要解決的問題是：「如何在不可逆性中形成可逆的生命現象——人的存在。」普里高金提出了為他得到諾貝爾獎的實驗，並且在科學論述中嘗試注入哲學課題。

對我們而言，則是為了解決：「既然時間是不可逆的，那我們怎麼會有歷史？」

一、自然時間：不可逆性

當人們考察「時間」時，在前進與後退之間存有非常大的差別，而這差別便基於如下一個非常簡單的事實發問：為何我們記住的是（一定是）過去而不是將來？為何我們的生命是在長大而不是童年化？為何人必定向著死亡而不是再生？

在牛頓力學中，時間前進或後退之間的差異是不存在的，因為牛頓力學只從空間運動來看這件事，物體之運動，從左至右或從右至左，其定律皆適用。因此，過去的科學陳述便忽略了在時間上向前或向後的差異。現在，科學家們注意到了這個事實：宇宙間確實存在著這麼一個時間現象，而且時間必須有個方向的時間箭頭之現象。

用我們的話來說，便是：鑑定「次序」是否必要──必須成為一個問題而提出；因為，如果必要，則「時間」不僅是成立的，而且是在第一義上成立；「時間」不僅顯於「存在」之外觀──如「存在物」的變化，時間有形態；同時也是「存在」的內稟特徵。

以下的幾個例子，是科學家們在書中常用的，皆表明宇宙間的確存在著時間箭頭的現象，而且已經可以用熱力學、量子理論等科學論述來解釋，這表明這個現象的確不簡單，它不但穿透了理論科學，而且還橫涉及心理學、文學、歷史學、哲學等，它不僅是一個抽象世界，也是一個實在世界，古今世界，你我所在的世界。[1]

---

[1] 科學中已有大量的研究論文以「時間之箭」（the arrow of time）為主題，有一些用語甚且已成為該領域的常識，為了行文結構及論述上的考量，本文不避重複之嫌地引述了若干證例及闡述。筆者所參考引用的論著主要是下列數種：

（1）伊里亞・普里高金（Ilay Prigogine）著，沉力譯：《混沌中的秩序》（Order

（一）在日常生活中，想像一杯水從桌上滑落至地板上摔碎。如果你將其錄影，你可以容易地確知影片中事件進行的方向；如果將其倒帶，你會看到碎片忽然集中到一起離開地板，並跳回桌上形成一個完整的杯子。這時你完全可斷定錄影帶是在倒著播放，因為在日常生活中這種現象從未真正發生過。

然而，我們卻確實在錄影帶中可以看到倒帶、倒放的現象這點，意味了什麼？錄影帶是依據什麼原理而能進行反方向倒帶？因為歷史箭頭B。只有歷史箭頭B的存在，我們才能倒帶，我們才能看到碎片變成杯子。然而歷史箭頭B並不是一個具有不可逆性的自然時間箭頭，它是歷史箭頭。所以倒帶的反方向在自然時間之箭上不可能出現，這就是為什麼人生只有一次，具有「不能倒帶」的一次性本質，而生命皆在成長，花必須開才能謝，人必須向死。但在歷史時間中，正向、反向皆可能出現；在倒帶中，過去可以出現；在影片中，過去可以重演；在回憶中，生命再一次映現。

（二）在日常生活中，牛頓方程式並不能告訴我們是變老或變年輕，因為牛頓力學（Newtonian mechanics）並不能區別這兩個不同的時間方向。牛頓力學表明，在其方程式中，如果我們把前進的時間（正的時間）替換為倒退的時間（負的時間），這些方程式的解值並不會改變。

---

　　　 out of Chaos）（台北：結構群，1990）。
（2）史蒂芬・霍金（Stephen W. Hawking）著，許明賢、吳忠超譯：《時間簡史》（*A Brief History of Time*）（台北：藝文印書館，1990）。
（3）彼得・柯文尼（Peter Coveney）、羅傑・海菲爾德（Roger Highfield）著，江濤、向守平譯：《時間之箭》（*The Arrow of Time*）（台北：藝文印書館，1993）。
（4）米歇爾・達波特（Michael Talbot）著，潘家寅譯：《神祕論與新物理學》（台北：台灣中華書局，1983）。
（5）H・K・庫希耶夫著，穆志強譯：〈協同學：新領域〉，《哲學譯叢》1992年第3期，頁43、44-48。

40　時間・歷史・敘事

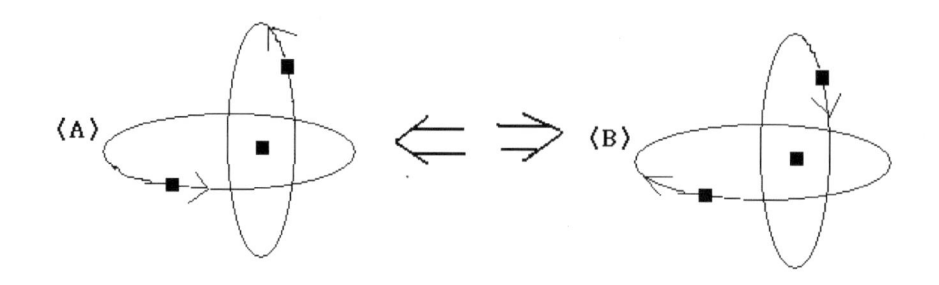

〈A〉 ⇐ ⇒ 〈B〉

　　圖 A 表示圍繞太陽運轉的兩顆行星。如果把記錄圖 A 的影片倒放，我們就會得到圖 B。但是，不論影片如何播放，都不能告訴我們，那一種情況代表了時間的真實方向，牛頓的方程式描述的是一個完全可以逆轉的世界。[2] 但是在下面的一個圖例中，放到真實世界來，倒轉誠然可以出現在倒帶播映中，但卻會變得可笑及不真實。這表明固然有歷史箭頭 B 可使其倒轉，但自然時間箭頭仍使其在真實生活中變得可區判：只有一者為唯一。自然時間是不可逆的。[3]

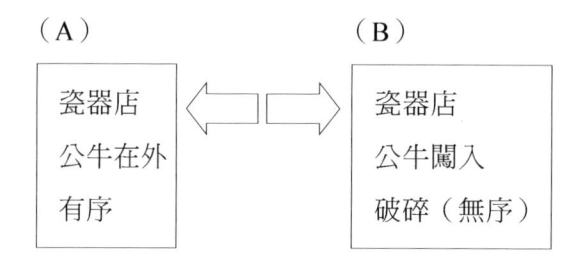

（A）	（B）
瓷器店 公牛在外 有序	瓷器店 公牛闖入 破碎（無序）

　　在真實世界中，我們絕不會遇到完全可逆的系統，日常發生的一切都是不可逆的，圖中所顯示之公牛闖入磁器店的情況，從未見到由圖 B 至圖 A 的實況，有之，必在倒帶中呈現，也即在歷史箭頭 B 出現時才有可能出現。

---

[2] 彼得・柯文尼、羅傑・海菲爾德：《時間之箭》，第 2 章，頁 40。

[3] 同前註，頁 41。這個公牛闖入的例子，在許多書中皆有出現，筆者無法得知這個引例的史源是出自何處，為了使其看起來就像是科學家的行文，筆者並未更動這個例證。

還有許多其他的例子,例如:我們從來沒見過一杯茶會自然地變熱——它總是自動變涼;我們只見春、夏、秋、冬的四時變化,而從未見秋天之後為夏天;還有像生命一樣的現象,它總是出生、長大、衰老、死亡,這種種的不可逆現象,說明了時間有一個流逝的方向——時間箭頭(the arrow of time)。

(三)熱力學(Thermodynamics)把時間與有序性、無序性的概念聯繫起來。奶茶的例子:為什麼牛奶倒入茶中會形成奶茶?為什麼一杯奶茶不會自動分開為奶與茶?奶茶本身就是奶與茶時間化了的結果,用熱力學來說,在任何孤立系統中都有一種「毫不留情」的傾向,使得有序性程度降低而無序性增加。如果往紅茶裡傾倒牛奶,奶分子就會與茶分子混合並擴散,最後,奶茶顯出特有的濃褐色,當混合過程「完成」之後,不會再有進一步的變化發生。但我們不禁要問:為何「完成」在熱力學中是一種耗散、無序而不是有序,因而生命的完成只是一堆耗散、無序、死亡的枯骨,但在人的一般用語中,「完成」意味著人生意義之有序、達成;是否人的生命本身另有文章,可以看到時間箭頭中內稟的其它特質?[4]

在奶茶所達到的最後狀態中,分子的無序性——或者用熱力學術語準確地說,熵(entropy)達到了一個極大值,這是一個平衡狀態,熱力學上稱為之「熱寂」,奶分子和茶分子在混合中分布均勻,不再具有任何進一步混合的能力。我們從來沒見過相反的過程,即奶茶會自動分開,因為要這樣,我們就要倒帶,而在有時間箭頭的自然時間中,顯然不存在「倒帶」中所見的狀況:奶茶自動分離。顯然,「倒帶」的意義在於「倒帶」的本身,而不在於它的內容;亦即「可逆性」確實是存在

---

[4] 關於生命是「熵」還是「序」的本質的爭議,形成了兩種型態的論述體系之相互擷抗,這種觀點,見王兆強:《序和熵——系統主從律》(廣東:廣東教育出版社,1995)一書,其實就是系統/結構與演化/過程之爭,雖然王氏傾向於「序」的主調未必讓人認同,但將「序」與「熵」對立起來的構想,頗具勝思。

的，問題在於它怎樣與自然時間的時間箭頭——不可逆性相容。

　　熱力學中引進了「熵」的概念來證明時間有箭頭，從而把可逆過程與不可逆過程加以區分。熵這個量，它只有在耗散的情況下才不停地增長，當所有進一步做功的潛力都已耗盡，它就達到了極大值。在可逆過程中，熵的改變值是零。而在不可逆過程中，熵總是增加的，熵的引入，使得時間箭頭明顯地出現，而且熵的數值之增加，正好與時間的前進一致。但是，這樣的學說遭遇到難題——即宇宙本身可以視為一個系統，當宇宙的總熵是在朝著極大值增長，因此，最後宇宙會抵達熱力學平衡態，熵和無序性都達到最大，所有生命也不復存在。但是，《時間之箭》的作者以為，這種「熱寂說」忽略了引力和黑洞的作用，如果包括引力，宇宙必定會愈來愈偏離熱寂的平衡態，而當一個體系遠離熱平衡態時，就會出現一些自發性的有序行為，例如生命。因此，宇宙作為一個體系，是既含有熵的極大值在內的從有序到無序的向死過程，又因為引力，會使宇宙遠離熱平衡而產生有序，自發性地產生有序行為，而產生星系、星雲、生命之類的有序結構之物。至少，如我們所見，由宇宙初始的有序到無序，隨著熵的量值之增加，我們還能見到行星的誕生，星系的形成，以及生命的出現；反過來說，凡生命誕生後，必依循著熱力學第二定律：熵的極大值——無序——向死過程在前進。宇宙是特別的，單純而簡單地用熵及熱力學第二定律還不能解釋它的「生」之現象——有序行為，這就是普里高金的研究（在 1977 年）得到諾貝爾化學獎的意義，顯示出宇宙中有一種現象，既不違背熵的概念，又能解釋為何有自發性生命的誕生、有序行為出現的現象。在時間箭頭的方向中，耗散了能量，但卻能換來記憶行為，而記憶行為是逆向的，能記住過去發生了的事，如杯子摔碎之後，我們還能知道在破碎之前，杯子是好的，且在桌子上的，這樣，記憶行為顯示，人類的「歷史」，顯然是一種有序行為，它在時間箭頭的不可逆性中成立。

普里高金的博士論文在 1947 年發表，題目就是〈不可逆現象中的熱力學研究〉，它包括有最小熵的產生定理。所謂最小熵的產生，實際上就是有序狀態的產生，本來它在熱力學第二定律中是不可能的，因此，普里高金的論文事實上在解釋：不可逆現象中的可逆現象，無序性過程中的有序性之產生原因及其結構。普里高金所研究的是非平衡態熱力學，可以分為兩個分支：「線性」分支描述接近平衡的系統行為，「非線性」分支處理系統遠離平衡態時的狀況。非線性非平衡態熱力學的提出是重要的，它可以用來處理在熵的增值過程中所出現的種種「非平衡」現象，問題還可以這樣說：「當混合物被加熱時，它會變得無序，更傾向熱平衡，如何才能防止它達到平衡？」根據普里高金〈在時間與無窮無盡之間〉中的實驗所述：

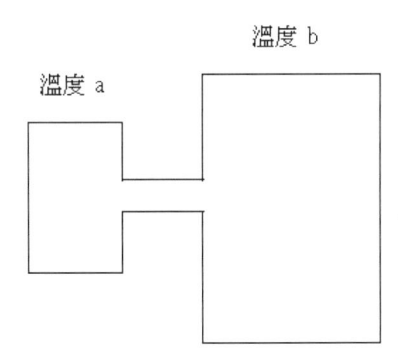

溫度 a　　　溫度 b

　　熱擴散實驗。相對於熵所顯示的熱力學耗散（熱寂）現象：加溫→出現六角形泡沫形→有組織蜂巢結構。

問題：加溫後分子應當更亂，為何反而出現「有序」、「自發性組織」現象？

回答：加溫之溫差使其遠離平衡態，只要使容器兩端保持一個很小的溫差就行了。[5]

---

[5]　彼得・柯文尼、羅傑・海菲爾德：《時間之箭》，頁 170。

儘管熱力學第二定律顯示了「熵就是無序，就是朝向熱平衡」，但上述實驗證明：熱平衡——終極無序是可以被遏止的。因為有序的組織可以自發地從無序狀態中形成。同時這個實驗也提出了一個例證，說明在不可逆、非平衡態的過程中，可以產生出有序性。也就是說，自「混沌」中出現「秩序」是可能的，否則，人類永遠處在一個向死、向無序的過程，我們如何能解釋並作出一種史觀及信念：人類能產生文明，能從原始、渾沌狀態中向著有序及有意義發展，因為人類歷史從無序到有序是一個歷史方向，但它和熱力學第二定律的時間箭頭之方向相反？

對「科學」來說，如何調和牛頓力學（牛頓力學本身就是一個「反熵」事件）、量子論、相對論和熱力學，是一重大課題。亦即如何解釋在熵的極大值→無序→向死性的不可逆中，有回憶、倒帶以及歷史學中的歷史箭頭 B 之存在。如果能在科學中恰當地研究此點，其研究成果對我們透過「時間」來研究「歷史」是有意義的。處在一個不可逆的世界中，我們如何能得知出生狀態、民族的原始狀態（集體記憶的問題以及超越個人記憶的界限問題），或不可逆中有序的誕生、生命的誕生、行星的誕生、「昨天」上午好心情的誕生……等種種非平衡態中不斷出現在物理世界、實在世界及心理世界的現象；也就是說：如何能解釋一個更根本的歷史箭頭 B 的現象——在不可逆中的可逆性原理何在？

普里高金的實驗之意義就在於解釋並證明：非平衡態居然能使得箭頭指向無序平衡態的宇宙中，出現有序的生命，這就是一種相反於熵——時間箭頭的方向，[6] 也就是史蒂芬‧霍金（Stephen W. Hawking）所言的「記憶與耗熵同步」：一方面，記憶是一種有序及非平衡態的現象，故而與時間箭頭之方向相反；另一方面，「記憶」所消耗的能，正是使熵值增大的能，「必須在熵增加的順序上將東西記住。」[7] 因此，歷

---

[6] 參考普里高金的《混沌中的秩序》整本有意義的陳述。

[7] 史蒂芬‧霍金：《時間簡史》，頁 132-135。

史箭頭 B 也是一種非平衡態及有序，卻又同時從屬於熵值增大的方向——自然時間的方向，它必須在自然時間進行的過程中，進行它的反方向之記憶行為，因此，在歷史時間的本質中，除了歷史箭頭 A 為一種與自然時間箭頭同向者之外，還有一種能使我們回溯過去的反向之時間箭頭在，此即歷史箭頭 B。

二、歷史時間：歷史箭頭 A 與歷史箭頭 B

既然時間是不可逆的，那我們怎會有「歷史」？為了解決此一問題，提出歷史箭頭 A 與 B 的概念，或許有用。可以看到，歷史箭頭與時間箭頭有關，也與可逆性及不可逆性有關，更與熱擴散實驗的「自組織」（Self-organization）及薛丁格之貓實驗的「人的揭視／參與」有關。

在一個撞球檯中，白球向黑球撞擊，用影片記錄下來，會出現兩種可能性：影片是向前進行的，且白球撞擊黑球；影片朝後退進行，黑球撞擊白球。在這兩種情形中，牛頓方程式均有效，這說明了事件進行的方向前進或後退是無關緊要的，可逆性的發生無法顯示有一個「播放影片」（無論前進或後退）所須要的時間值及進行之方向，只有把自然時間放在最底層，「播放影片」成為一個事件，影片播放是與自然時間同向（前進）或反向（倒放）才有意義，可逆性才有意義。因此，在自然時間之上，影片播放是屬於人為操作的，操作其為正向播放還是反向播放，都是人為的。因此，人為的影片時間之向有兩個，自然時間之向只有一個，前者稱之為歷史時間，後者為自然時間。歷史時間與自然時間同向的，是歷史箭頭 A；與自然時間反向的，是歷史箭頭 B。不論 A 還是 B，正放還是倒反，用的都是「熵值之加大」，亦即「向死／無序」的自然時間之方向。歷史箭頭 B 顯然證明可逆性是存在的，但它必須存在於底層為自然時間的基礎之上，即存在於一個不可逆的唯一內稟特質中，否則歷史箭頭 A、B 將一個都不存在。

回到影片的論述中。很顯然一般對影片播放的前進或倒放所形成的方向感，是：

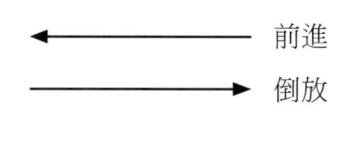

←——————— 前進
———————→ 倒放

圖 A

但這是錯誤的認知，因為圖 A 不能把「倒放」與「正放」的一個同質性表出，即無論正放還是倒放，它們均耗去自然時間，均在熵值的增大中進行播放。所以，應當換成圖 B 之示例：

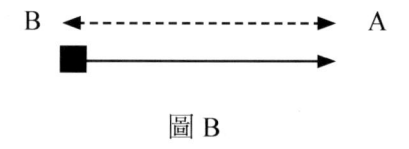

B ←- - - - - - - - - -→ A
———■———→

圖 B

圖 B 係一種可能性呈二相，圖中之「點」即「在者」。因此，歷史時間之箭頭有二個，即歷史箭頭 A 與歷史箭頭 B，A、B 同構成歷史時間之時間性。德懷特（Bryce Dewitt）認為：「過去為未來的鏡中所反映。」[8] 從歷史／時間觀點上看，其真義當為如此。因之，圖 B 才是解釋上述白球──黑球影片的圖例，圖 A 的謬誤在於它把「倒帶」視為一單獨存在，視為自然時間的可逆性。而事實上，倒帶及其所佔用的時間，仍是在佔用向於未來之自然時間，因此底層時間仍為唯一，只有一種：自然時間。因此，用圖 B 即可解決上述黑白球例的「二種可能性」之時間呈示問題，二種可能性其實只為一種提問：即時間有無箭頭？時間確實有一個箭頭。然則何以有歷史箭頭 A 與 B？則可用黑白球影片

---

[8] 米歇爾・達波特：《神祕論與新物理學》，頁 56。

之例來說明:假定實為白→黑,但在影片播放中則白→黑、黑→白均可出現。由於「影片播放」本質上已是一種「重播」,在「重播」中,白→黑、黑→白均成為一種方向,即便是重播影片中的白→黑符合實際發生的白→黑,也仍然是「影片」「重播」。因此,重播影片中的白→黑之方向就相當於歷史箭頭 A,而反方向的黑→白就相當於歷史箭頭 B,同向的歷史時間 A 不能被視為就是自然時間。不論 A 或 B ——尤其是與自然時間同向的 A,堪注意其特質:都具有人為構成性。這在播放「影片」作為一個「事件」中,特可以顯示出來。既然「影片」可以呈示出兩個方向,則在「歷史」中也有兩個方向:歷史箭頭 A 與歷史箭頭 B。用中國史學的術語來說,就是「當時簡」(歷史箭頭 A)與「後來筆」(歷史箭頭 B)構成了「歷史」敘述;只要模擬出來的「自然時間」為唯一即可。

我們將「播放影片」稱之為一個「事件」,是事件就有「歷史性」,一如「影片」一般;歷史性就是由流傳／回溯——即歷史 A 與 B 構成。「存在」可以「流傳」至「未來」,可以被未來的人以「今／現在」之立場「回溯」。同時,未來的人以「今／現在」為立足所「回溯」之同時,也必定參與了「過去」之「參與流傳」而構成「歷史」;這未來人之回溯的「參與」,也就是在薛丁格(Erwin Schrodinger)的貓之實驗中所證明的:人的「揭視」行動,本身就「參與」了「貓之死活」的結果呈示。[9] 而上述之黑白球例所揭示的,是正反向的二種可能性統一在只具唯一性的「自然時間」中,這個道理與薛丁格的貓之實驗同一原理,即在方程式中,二個解值——貓死、貓活均有可能,但在人的揭示行動中,只有一種存在。

當一個事件發生之後,其向未來的可能性——在時間向度上——

---

[9] 有關薛丁格的貓之著名實驗,幾乎與海森堡(Werner Heisenberg)的「測不準原理」同時,倆人雖各自獨立從事科學研究,但對人的參與／人擇性皆有突破性的結論則一。參柯文尼與海菲爾德:《時間之箭》,頁 134-139。達波特:《神祕論與新物理學》,頁 55-62。

是無窮的，有無窮的可能正在發生，至少也是一支以上，薛丁格的貓實驗由量子力學證明了此點，當我們湊近實驗箱打開蓋子觀看時，貓死／活中只能有一種與我們的觀看結合，這說明了在無窮可能性之中，只有一支能因「現在」的選擇、參與而結合「出現」在「現在」，這意味著「現在」的「存在者」之「當下決斷性」能決定／選擇與那一支由過去流向未來的線索結合；換言之：「現在」的我們也參與了「歷史」，也選擇了「歷史」——箭頭 B 的作用在這裡清楚地昭示出來。

三、敘事時間：可斷性

自然時間是不可斷的，但自然時間可被引入歷史書寫中而轉化為歷史時間 A，所以在史書中被恢復的或呈現的自然時間，實際上均已是歷史時間 A。因此，史書中的時間序列，是具有可斷性的，也因為具有可斷性，所以我們才得以進行種種敘事活動，如斷代、事件序列安排（選擇事件、用序列性來呈現一種人為選擇構成拼圖的歷史形貌、圖像）、銜接（呈現連貫性，而實則為可斷性的銜接）、聚合、重組……等，這是從歷史時間上來說明這一類史學活動成立的基礎。質是之故，表現在史書中的敘事、故事、事件之序列，給予我們的感覺，固然好像仍是自然時間性的，而實則已是一種歷史時間 A 的性質（更精緻地說，是已經歷史時間 A 與 B 作用的結果。）

舉例（一）

作者在小說敘事文本中，書寫一段故事，男主角由美國至義大利旅行，隨著時間之進行，男主角到了義大利，去了米蘭，進了博物館，正要看雕塑時，門鈴響了，作者去開門、泡茶、與訪客聊天，然後再返回續寫。

在上例中，自然時間一直未斷，而在作者回去續寫後，小說中的歷

史時間A也並未間斷，它必須仿照自然時間的不可間斷性而呈現時間，但所以能夠如此的原因，就是因為歷史時間的具有可間斷性，因而實際上，小說中的敘事時間我們知道在作者前去開門停筆之後是間斷了，何以間斷了之後可以再續寫？因為可間斷性，也就具有可銜接性、可安排性。

舉例（二）

中共選擇1919年——1920年（馬克思學會）——上海大罷工——1949年去呈現五四與現代史圖像；國民政府則選擇1911年——1919年——1949年來呈現五四及現代史圖像。你不能說他們選擇的「點」為不真，但是卻完全可看出選擇性背後的選擇企圖，再加上意識形態的介入兩點之連線，而呈現了不同的歷史圖景。

在柯文（Paul A. Cohen）所著的《在中國發現歷史——中國中心觀在美國的興起》一書中，所抨擊的，正是一種以「回應西方」為主軸的現代史論述，透過柯文的抗議，正可以顯示，我們所熟悉且習以為常的「中國」近代史、現代史，原來其實只是透過時間之可斷性後所生產的連線圖景，而其實還可以有其他不同的點、不同的連線與不同的歷史圖景；柯文在書中所致力與批判的，正是在證明其圖景並非「唯一」，可以有其他可能之圖景，我們必須解錮出來，去嘗試其他之可能，並且為嘗試找到理論依據。其想要提出的，也正是一種關於「清史」與「近代史」的區別，貫穿了中國「近代式」的歷史認知的那種模式，其實是一種可以被解構／批判的「西方中心觀」認知模型，還可以有另類解釋模型，而且，更為有效、正確——即「中國中心觀」（China-centered approach）認知模型。[10]

---

[10] 柯文（Paul A. Cohen）著，林同奇譯：《在中國發現歷史——中國中心觀在美國的興起》（*Discovering History in China: American Historical Writing on the Recent Chinese Past*）（北京：中華書局，1989）一書中所敘述行文的脈絡主調，應當就是

因此，由歷史時間之可斷性，作者可介入歷史時間中進行操作，殆已為任一歷史／敘事的成文製作所不可免，「寫作」這一術語所顯示的正是任何歷史／敘事文本所蘊涵的作者性及人為建構性，表現出為一種「在世性」行為──在世界之中的「活動義」。

今日，一般被我們稱之為結構主義（Structuralism）或解構（Deconstruction）標籤的那些論述，都有「反歷史」（ahistoricity）或「不提」歷史（anti-history）的傾向，而新歷史主義（New Historicism）則在此基礎上向舊歷史主義回歸，[11]但在「什麼是歷史」的認識上，顯然繼承了後結構主義者把「歷史」視為（1）碎片（2）不連續的看法，而認為歷史中含有「人為的」──而非如舊歷史主義之視為「本然的」──之連續性與聚合性之手法。這些說法，反映出對於「歷史」為何在本質上是不連續性的根本原因，尚未能從「時間」角度上去說得更為清楚。我不是認為從「科學」上探討「時間」──熵觀點會在層級上比另一個範疇（歷史或文學）更高或更好，而是，如果能夠把科學關於「熵」的研究成果，就看成是「時間論述」，並視為同行，似乎反能解決某些人（至少是我）的困惑，即何以「歷史」是「人文的」，或「人為的」，或「作者性的」，在這點解釋上，科學上的時間論述好像比較能給我們較為昭然的啟示，因而我們能夠由其啟示中，提出關於「自然時間」、「歷史時間」、「敘事時間」的觀點，去更根本地解釋歷史與時間的關係，以及由敘事時間的「可斷性」上來論述歷史或歷史時間及敘事上的「不連續性」何以而來，及「敘述」（可續性）何以能成

對美國學界在過去數十年的史學傳統中，對中國近代史研究特徵所作出的反省。

[11] 我對美國的新歷史主義之認識，主要來自海登・懷特（Hayden White）等著，張京媛編譯：《新歷史主義與文學批評》（*New Historicism and Literary Criticism*）（北京：北京大學出版社，1993）及 H. Aram Veeser 所編的 *The New Historicism*（New York: Routledge, 1989）二書，也許不足，但意不在此。

立等等新歷史主義及後結構主義未能在「反歷史」性格上講清楚的所在：為什麼「歷史是不連續性的」，就足以構成其反歷史的立足之所？

四、轉述

　　一般對於小說中敘事時間之基本分型，有區別為「演述時間」與「情節時間」者；[12] 在筆者看來，情節是一個空間結構，它雖然具有結構的性能並提供演述的線索，但卻不是時間，也不足以作為敘事時間的基本分型之形式。在我初步之見，敘事時間只有二種基型：即單一線性時間與兩條以上的線性時間（複雜線性時間）；及由此而來的二種基本敘述方式：敘述與轉述。

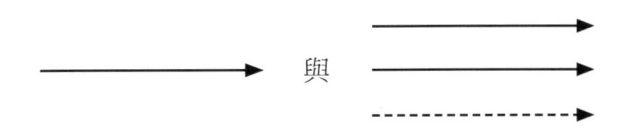

$$\longrightarrow \quad 與 \quad \begin{array}{l}\longrightarrow \\ \longrightarrow \\ \dashrightarrow \end{array}$$

　　敘事的進行，基本上，必在時間之流中，這是敘事成立的先在，儘管史事之敘述或小說之敘述，可以有跳接、停格、倒敘、穿插等手法，但到最後，它仍要在讀者心目中形成一個有序的圖象，否則「敘事」便不成立，因為時間箭頭是我們一切理解成立的先在基礎。以此為思考的起點，我們說，「敘述」（不論是「敘述」本身，還是被敘述的敘事）必須在時間中進行方得成立，這個「時間」就是敘事時間的基型，也是歷史／小說敘事所倚賴的第一時間原理，筆者將之稱為「線性時間」。

　　線性時間，這是一種「數學幾何」式的術語與說話，當然，我們仍

---

[12] 如陳平原在其《中國小說敘事模式的轉變》（台北：久大文化，1990）一書中便採取此種分型，見該書第 2 章，頁 33-36 所述。關於「情節」是什麼，還可以有更進一步的探討，筆者將在別篇論文中提出拙見。

可以說，兩點之間除了「線」之外，還可以有曲線連結、螺旋狀連結、反覆連結……等，但，在筆者看來，這些都可以在理論上幾何化，即兩點之間，要麼無聯繫，要麼就是一種「線性」聯繫。當然，在實際上，無論是人生中、歷史中、小說中──也就是在敘事中，均看不到一個單獨存在的單一線性時間，而只有複性時間；但是，成立一個單一線性時間是有必要的，也才能讓複性時間有其意義可說及可成立。

因此，敘事時間成立的基礎，基本上即是一條線性時間。推演之，一部史書或小說中的敘事至少有二條以上的線性時間並存，最明顯的例子，即是「情節」。情節是同一時間點上發生的不同人物或角色之活動的有機聯繫。例如：在「鴻門宴」上，范增、樊噲、張良等各種角色的活動、對話；或是在廣武楚、漢兩軍對陣的場面，項羽對劉邦說：「天下洶洶數歲者，徒以吾兩人耳，願與漢王挑戰決雌雄。」（此際除劉、項外尚有千軍萬馬共此刻）劉邦一陣沉默，即笑謝曰：「吾寧鬥智不鬥力。」這皆是一幅活生生的情節。在情節中，至少有二個以上的角色擁有這個相同的線性時間（情節中的線性時間，為諸角色所共享），A角色與B角色固然擁有同一共存的線性時間，但在作者敘事時，卻必須要在筆法上分開來呈現，先述A再述B，或是先述B再述A，這樣，就會出現敘事時的兩條線性時間；更何況還有C角色、D角色……。因此，敘事本文中敘事時間的另一型態，應當即是：由二條或二條以上的線性時間所構成的「複雜線性時間」（複性時間）。現在，問題是：在一個史書或小說的敘事中，如何可能敘述出二條以上的線性時間？問題必須重回到敘事時間的可斷性上，由於敘事時間之可斷性，我們才能將某一線性時間在敘述時將其敘事予以中斷、暫停，而轉移至另一線性時間上來敘述；依此，在敘事中，不但能敘述單一線性時間，而且能不斷增至二條以上……，並且更複雜化，如穿叉、細密、放大描寫、倒敘……等。這種打斷再至另一線性時間的手法，在敘事型態上，我們稱為之「轉述」。因此，敘事時間之兩種基型，我們也可以成立兩種相

應而來的敘事型態:「敘述」與「轉述」。

$$\longrightarrow$$

將一條的單一線性時間的事相呈現出來,是「敘述」;

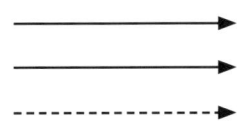

$$\longrightarrow$$
$$\longrightarrow$$
$$\dashrightarrow$$

將二條或以上的線性時間之事相呈現出來,也是「敘述」。但由前者到後者,卻非得成立另一種敘事型態不可,此即「轉述」。

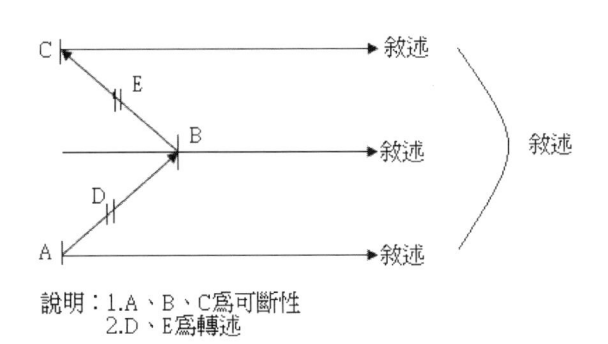

說明:1. A、B、C為可斷性
2. D、E為轉述

因為「轉述」,在史書與小說之敘事中,我們才能敘出一複雜事件,才能敘出二條以上在複性時間中進行的史事及情節。從線性時間的角度來看,「情節」所具的時間因為牽涉多個單一角色的線性時間,因之,敘述情節時,必然要用到二條以上的線性時間,情節的時間因而是屬於複性時間的範疇。這樣的「情節」,必然要不斷地用「轉述」來處理,才能呈現好幾條以上的線性時間;「轉述」的成立之基,正是來自單一線性時間的可斷性,然後銜接至另一線性時間,如此方能對多次元的人物、事件、心理等關係網絡進行描繪。論者為「情節」所成立的「情節時間」仍然應當被分解為線性時間,並沒有所謂的「情節時間」之單元,「複性時間」才是構成「情節」的時間基礎。

五、剪接與畫面並置

敘述者在敘述時，會遭遇到敘事的「不可共現性」，緣於敘事在文字敘述中的不可共現性。這時就要靠「轉述」來補救，「轉述」在敘事中雖然呈現了兩個以上角色的共在時相，但在作者敘述時間上，卻又呈現了分離，在作者所置身的自然時間中有了先後。而在電影敘述中，卻可用「剪接」將文字敘事的「不可共現性」克服，筆者稱之為「畫面並置」。[13]

由於「敘述」與「轉述」概念的成立，許多在電影敘事中發展出來的敘事語言，我們也可以一併得到相應的理解。例如「停格」，其實便是可斷性之「斷」，只是還沒「離開」而已；因可斷，故「斷」時便是一種「停格」。又如「特寫」，便是敘事時間在節奏上的緩慢進行及局部之擴大描寫，是使敘事時間放緩速度的一種手段，為了加強敘述而暫緩敘事節奏，愈放大細部描繪，時間進行便愈緩，細節也愈多，就像是「分析」此一語彙所意謂的意涵。而「蒙太奇」（Montage）與「長鏡頭」，雖然在古典電影學傳統上有著美學路線的對立與分歧，但無可否認，兩者還是有其共性，即兩者皆有「作者」，皆為「擬自然」（無論巴贊〔Andre' Bazin〕如何強調他的再現／真實論）；在作者一人

---

[13] 當然，在文字敘述中，也有「剪接」之例，特別是「詩」的文字，一樣有「蒙太奇」（Montage）的效果，如馬致遠的〈天淨沙〉：

　　枯藤　老樹　昏鴉
　　小橋　流水　人家
　　夕陽　西下
　　斷腸人在天涯

將兩個或兩個以上的視覺形象，透過「剪接」聯繫起來，形成一幅極為特別的意象畫面，新的成品—畫面—曲，不僅只是畫面而已，而且已經有了極為深沉蒼涼的「意境」，作者注入了「寫意」。但在本文此節則重在「敘事」性文字敘述，強調由「敘事」時間而來的「轉述」，在電影語言中因為「剪接」手法的出現，而有了獨具風格的顯相特徵。因此，本文實是以歷史、小說敘事為主，來對談電影語言中的「剪接」，本文暫不談「詩」。

為性上，並無本質上的差異。又如「剪接」，本質上「剪接」就是一種由可斷性而來的銜接敘事手法，但是因為「剪接」還牽涉到兩組畫面的敘事並存，所以牽涉的更為複雜。表面上，電影的此種畫面，因為並存，似乎打破了在文字性敘事文本中的複性時間之敘述方式，因為複性時間之敘述，必須要用到「轉述」。而在電影敘事中，兩組敘事畫面的並置，會形成一種新的一次性敘述，這種一次性敘述得以成立的重要原因，來自於「剪接」的技術。而「剪接」就是一種敘事時間之可斷性而來的敘事語言，斷了之後再銜接，就是「剪接」。因此，由線性時間的角度來看，剪接就是轉述，除了轉述要分二次（或多次）完成而剪接只須一次就能造成「畫面並置」外，在本質上兩者似乎並無不同。但我們還是注意到了「剪接」與「轉述」之間的差異，關鍵在於剪接所造成的「畫面並存」的解釋。$\boxed{A}\boxed{B}$剪接→並存，不僅並存可以將 A、B 兩組畫面並置，而且並存就是一種新的一次敘述，新的語言、新的事物之生成，而且 AB 兩組畫面的敘事時間仍存留著自己單獨的屬性時間，這種由剪接而來的畫面並置，顯然已超出了史書或小說中為敘述同一時間點上不同角色之分述而成立的「轉述」一詞之意涵，我們如何來解釋電影敘事中由「剪接」而來的「畫面並置」？筆者認為電影中「畫面並置」的語言並未超出我們的理解之外，而且它與上述我們為解析文字性敘事文本所成立的「情節」一詞正有相通之處。前面曾經提過，「情節」基本上是同一時間點上的不同人、事之空間分布，這意謂著：不同之人物角色或空間可以「共有」一時間相，如果沒有這個「共有」的「時間共相」而「共在」，「情節」便不能成立；正因為人與人之間能有一「共有時間」，所以人與人之間有關係，因為人與人之間有關係，所以能形成一個世界，而這也就是情節。同樣地，電影敘事中不同時間之畫面能夠並存，就是因為它們透過「剪接」之後能「共有」一「時間共相」；要解釋電影敘事中由「剪接」而來的「畫面並存」，「共有」一「時間共相」應當就是使「並存」能夠存在的存有之基；因此 A+B 的畫面並存，就是「情節」，A、B 兩組畫面可以各自擁有不同的時間，但在剪

接之後，成為一個新的 C 畫面，C 畫面是一個新的敘述，擁有自己的一次性時間，這才是 C 真正的時間，A、B 已溶入到 C 中，共有 C 時間，故 A+B 的畫面並置，仍然是情節。

由對電影中「畫面並置」之理解，我們也能夠認識到：小說中的「情節」能夠成立，關鍵便在於不同的人物能共有一個時間共相，因並存而共在。同樣，與我本科有關的「歷史敘述」能夠成立，便係因為「歷史敘述」本身就是一種令古—今並存的活動，而古—如果古—今共時間性是可能的，那麼歷史敘述就為古—今共在提供了場域。

因此，電影中的畫面並置，可以由剪接而出現如下的 A、B 畫面之敘事，是毫不足為奇的：一方畫面是男主角在冰天雪地的踽踽蹣跚，一方畫面是女主角在撒哈拉沙漠的烈日當空下。或者是；一方面是秦始皇的揮軍東向，李斯籌謀，王翦用兵；一方面則是民國時代的西安皇陵之秦俑出土，盜者竊墓不小心撞到大將軍俑上的配劍。

六、結論

本文處理的是一個「歷史認識論」的問題，更確切地說，是有關文本間可通約的敘事學論述。歷史是如何可能的？敘事是如何進行的？當晚近科學家已自古典物理學轉向，重視到時間之箭（the arrow of time），從熱力學第二定律出發，結合到量子力學、宇宙力學時，普里高金諾貝爾獎的實驗已不純然是十九世紀「自然科學」的意義，他的企圖已經具有某種人文關懷：在不可逆的時間之矢中，何以會有「有序」生命的誕生？

如果人之有序，是立基於時間之箭，則人何以能有「歷史」？因為「歷史」顯然是一種在時間向度上指向「過去」的維度，這樣，「人有歷史」這句話，或，所呈示的方向，就與時間之箭的不可逆性有了矛盾。因此，普里高金的問題與困惑，一如我們的問題與困惑：如果在不

可逆性的「逝」中會有「生」命及有「序」，它是如何發生的？如果人是存活在不可逆向度的時間中，那麼，人的記住過去、人有歷史，是怎麼來的？

在第一、二節中，吾人憑藉晚近科學研究「時間」的成果，倚之以重新提出問題，意圖重新切入「歷史與時間」的論題中，論述一些新的可能，這便是歷史箭頭 A 與歷史箭頭 B 的提出。並試著論證：自然時間誠是唯一且不可逆的，但歷史箭頭有二個，二者均在自然時間為唯一之基礎上成立，前者表現為流傳、綿延，後者表現為回溯、回憶、記憶；因而，人的過去，或曰人的歷史，從時間觀點看，便有了可成立之基。

文中進而論敘事時間。在第三節中，吾人提出了敘事時間之「可斷性」，並用了最切近日常生活現象的例子：作者寫作小說，來作說明。憑藉可斷性，作者得以進行文本敘事，從事歷史敘述、小說敘述的寫作。

第四節中，吾人繼續從可斷性去闡明小說寫作中的敘事運作，提出了單一線性時間及複雜線性時間的觀點，以對應於敘事中的兩種基型之揭示：敘述與轉述。敘事中有「情節」，本文中用了《史記》文本中劉、項的例子，來說明情節具有諸角色共享的「共時間相」之性質，但緣於作者敘事時受到自然時間之限制，而產生敘事先後上 A 角色與 B 角色的「不可共現性」，而解釋了「轉述」產生之所由。正文中吾人雖未明說，但明顯的，「共時間性」的概念受到海德格（Martin Heidegger）《存在與時間》（*Sein und Zeit*）中的「世界」（Welt）義之啟示，海氏述「世界」義時所提出的「共在」（Mitsein；Mitdasein），就是本文此概念之隱據。

最後，本文認為：「歷史」實際上是「今―古並存」的，是「今」人據以認知「古」人的一個所在，但「今古並存」如何可能？吾人在第五節中則從電影敘事中的「剪接」及由之而來的「畫面並置」，從存有學論述其在「時間」上的「共時間性相」；也解釋了「並存」、「畫面並

置」、「蒙太奇」之所以可能。並證明「歷史」確是今古並存性的。借用劉勰最警策的話語:「居今識古」,或馬端臨的語言:「古今咸在」;「歷史」顯然是一種人類進行「古今並存」性的活動或存在;換言之,「歷史」揭示著人類存在的「今古並存」與「古今共在」之本性,而「歷史敘述」則為其提供了場域。

《春秋》中的「空白」：
「闕文」與「不書」

本文將「闕文」與「不書」視作是《春秋》中「空白敘述」的兩種表述形態。前者係一種「待書寫」，後者則是指向「空白」的「已書寫」，而非「未書寫」。「待書寫」、「已書寫」、「未書寫」，作者實已對《春秋》本文進行出對於「空白」三態之區分。

「闕文」語出《論語》，被孔子用來指稱史官、書寫與傳統的關係；「不書」則係出於三傳，用以解釋《春秋》中的「賦義」何以與無形之文的「空白敘述」有關。因此，《春秋》中的「空白」狀態是可以被解釋的，三傳後學能在「不書」與「闕文」之間進行「空白」態為「待書寫」或是「已書寫」的意義認知轉換，就是最好的例子。

作者認為，本文自書寫學上對《春秋》本文中「空白」態的研究是重要的，不僅是對「空白」三態的區分，尤其是對「闕文」與「不書」的區分，它暗示了早期有一種書寫行動，在這行動中，有一種「空白」意識之察覺，但卻沒有訴諸於「文字」之有形。它更是一種特殊的「書寫」的立場：一旦我們在《春秋》「上下文」間揭示出一種「空白敘述」

時，「空白」也就與有形符號一樣，也是一種書寫符號，必須加以閱讀及解讀。

一、前言

（一）《春秋》與 "annals"

波蘭學者托波爾斯基（Jerzy Topolski）曾從內容上的時間性，將歷史敘事（historical narratives）區分為三種理想型（ideal-type）：年鑑（annals）、編年史（chronicles）、及一種更為嚴謹的歷史敘事──編史學（historiography），托波爾斯基其實仍認為年鑑是較初始的，它在結構上由單一事件（isolated event or single record）構成；相較於此，編年史便具有條與條之間的因果相續性質，關鍵在於年與年之間的相互為序，使編年史更具敘事性。雖然托波爾斯基也強調這僅是一種韋伯（Max Weber）義下的理想型區分，實際上這三種型皆是互存的；但是，明顯的，他確實將年鑑視為僅是記錄的單純屬性，在型態上較為原始。[1]

顯然地，如果我們用他的觀點來嘗試觀看《春秋》這一部現存的文本，並且將《公》、《穀》、《左》的經傳析離，將經文的部分稱之為孔子的《春秋經》，那麼，在表象上，《春秋》確實「長得」像極了這位學者所謂的年鑑（annals）。但是，這個中國的古老文本，在面對西方近代歷史學的理論分析時，卻讓我們警惕到，在這個「長得像」的表相之後，支持「長相」的歷史性卻極為複雜。首先，對《春秋》稱呼的文本屬性我們必須有所了解，這一詞固然可以作為一個單純指涉，用來

---

[1] Jerzy Topolski, "Historical Narratives: Toward a Coherent Structure," *History and Theory* 35 (1996), pp.75-86.

稱呼那個「孔子的」書寫文本；但在許多場合，它指涉的是一個經與傳的合成文本。正是因為有「傳」，才有被「傳」據以依托其存在的來源——「經」的稱呼之出現；或者相反，是在發生的順序上，先有孔子的《春秋》，才有《傳》的出現；有了「傳」的稱名，《春秋》才能相對於「傳」而稱之為「經」。其次，在當今的現實上，傳與經的現存性是合成文本；但是，顯然在中國古代傳統上，傳與經不必然要在刊印或抄寫上合為一冊，至少在漢代，經與傳確然是分別存在的單行本。這已意謂著：不論是單行本還是現存的合成本，經與傳的稱呼都使得《春秋》不再只是如其長相般，只被單純地視為是單條紀事的編輯本。這也說明在經、傳、注、疏的互文系統與脈絡中，今日所見的宋代「單疏本」，即使沒有「注」印入其文本中，但它還是具有「疏以釋注」的互文本質，互文性使得單獨印行的單疏本也能連繫到經、傳的解釋性上。因此，單疏本不是單獨的文本——雖然它的外觀是一冊單獨的書本樣式。僅僅視其「長相如何」確實會使我們抽離歷史與文化的脈絡去作出錯誤的文本形式分析。總言之，《春秋》在形式上極簡到像極了初始的大事記，然而卻也複雜到出現了千年以來綿綿不絕的解釋傳統與足以在「圖書館」中「考古」一輩子的上千冊的「《春秋》學」遺典。古人並不比今人笨，如果我們願意隨著生命與年齡承認此點的話，那麼，古人顯然沒有認為孔子的《春秋》「長得像」一部簡單的大事記文本。

　　《春秋》在作為「經」上，有著三「傳」來詮釋的歷史學術現象，使我們必須面對《春秋》作為一種歷史文本的敘事，[2] 及作為「經」的文本時，探詢「義」之書寫，是否亦為一種「敘事」。然而，在表象上，

---

[2] 在《漢書》的〈藝文志〉中，係將《春秋》著錄於〈六藝略〉「春秋家」中，並且將之視為「古之王者必有史官」視野下的「古史記」，在左、右旁記的二體屬性中，屬於「記事」之體；唐修《五代史志》（後併入《隋書》諸志中，改稱〈經籍志〉）分眾籍為經、史、子、集四部，雖錄《春秋》於「經」部，然仍將《春秋》視為「史部」第二類「古史」的源頭，並以為其史體為「編年」。

如上述,《春秋》有類於托波爾斯基的年鑑型,亦即它是樸型的、初始的文本,然而,這並不能解釋何以一種年鑑的敘事能具有一種供需意義之「原」的「經」。我們認為,《春秋》的作者在「書寫」時,就已於年鑑的形態上有意識的注入了一種「賦義」的書寫;因而,「釋義」者才能探及於文本中所蘊有之「義」。孔夫子針對古代史官的《魯史》而進行了「再書寫」,並且在「其義則丘竊取之」的情況下轉變了原來史官的「敘事」層,使得《春秋》成為一部新的「再敘事」文本。也使得《春秋》從《魯史》的大事記之單條記錄性而轉成為具有互文性的文本,這一轉向,正是在孔夫子筆削時所進行的「再書寫」及其「賦義」行為中完成的,顯然《春秋》決非年鑑類型的「大事記」。孔門以降的後人,如果要探詢孔子書寫的《春秋》本文之敘事意義,皆必須依據三《傳》來進行——而不是依據古代史官書寫的書法。由於《春秋》與三《傳》的對稱,漢代以後兩者形成了的正是在經學體系之內的「經傳關係」,此即《春秋》之為「經」(賦義)、三《傳》之文為「傳」(釋義)此一文本對待關係的場域。

　　事實上,《春秋》作為文本的形式,固然源自於史官,「長得很像」年鑑或大事記,但卻不能以此理論來說明與判定它的內容「是」什麼與「有」什麼!

　　本文企圖自《春秋》中探求孔夫子的書寫,特別是其中有關於「未書寫」所形成的「空白」,如何是可能是一被孔子所「賦義」了的「敘述」,進行研究。《春秋》的作者——孔夫子,在進行一種自《魯史》而來的有意識的「敘事」與「書寫」,不再是如史官原本的書寫,每日每月每時依據著史官的書法傳統,條條的書寫與記錄。在《春秋》中,經過了孔夫子的「再書寫」與「賦義」的行動,《春秋》已然從「魯史」而轉變其存在之位所。《春秋》從泛稱各國之「史記」而至於專稱孔夫子所「賦義」的《春秋》,成為《漢書・藝文志》中「六藝略」

之「經」的源頭之一,顯然其初始行動正是緣自於孔子的「再書寫」。無論考證孔子「有無」刪作作為「魯史」的《春秋》,《春秋》之為孔門諸「經」之一的認知,卻的確是三傳或五傳成立的要件。[3] 經過孔子「再書寫」與「賦義」之後的新版《春秋》,內涵顯然已經轉變,若再用王安石式的「斷爛朝報」的觀點與說法以視之,顯然是類比於上述以年鑑的單條書寫來看待其形式的觀點,認為這種單條式的流水記載而且是斷續式的文本,在時間與意義上均不能趨於未來也不能涵蓋過去。但自漢代以下,或者我們如果能對春秋末期至戰國時期的儒家經典形成史有更多的了解,那麼從《春秋》的「史記」通稱到《春秋》之為「孔子的」專稱,顯然已是漢人的歷史認知。《春秋》這部文本經過孔子的再書寫之後,它的敘述意義已經轉換成為一個整體。在條與條之間已有其形成為整體意義下的相互性,不能宣稱它是無關係的條與條的編輯簡冊而已,年代較早、排列在前的經文,反而可能在「再書寫」上是較晚的「書寫」,因此《春秋》十二公的「公即位」,反而以年代上最早發生的隱公之「不書」來宣示其整體性,涵蓋到了其年代後發生的莊公、閔公、僖公等的「不書公即位」,這也就是為什麼《傳》在解說經文時會成立「經」的「義例」之故,因為對《傳》而言,《春秋經》是一部有互文關係的「孔子的」著作,而不是一部史官條條記錄的「現在敘述」。

---

[3] 所謂三傳或五傳,乃係根據《漢書・藝文志》中所錄,〈藝文志〉中共錄了五種《春秋》之傳。班固於《漢書・藝文志》中〈總敘〉言:

> 仲尼沒而微言絕,七十子喪而大義乖。故春秋分為五,詩分為四,易有數家之傳。

《漢志》所謂的《春秋》五家,係指:《左氏傳》、《公羊傳》、《穀梁傳》、《鄒氏傳》、《夾氏傳》。又曰:「四家之中,公羊、穀梁立於學官,鄒氏無師,夾氏未有書。」《漢志》此處的「四家」,則未包含《左傳》在內。漢人認知中的《左傳》,其初始便為書寫式的傳本,而《公羊》與《穀梁》則為口傳式的傳衍,在漢初「書於竹帛」之後,得以成為文字性的傳本;另外的夾氏與鄒氏則因無文本與無師說而失傳。

三《傳》的注家之解經傳，也是努力的尋求經文之間的互文關係以為解經傳的依據，而顯然許多注家的相異觀點便是源自於互文的差異性，這種情形尤其在《公羊傳》的何休注與《穀梁傳》的范寧注那裏特別明顯，很足以讓我們看到注家眼中的《春秋》之互文性與孔子的書寫之重要關係。而解經時常見的依據年代在前的前條之文以解年代在後的後條經文，其實，正是來自於條與條之間的這種作為整體意義下而成立的互文性認知。當然，互文性的關係，也包括了我們在本文中的主題，即看得到的有形經文與空白敘述之間的互文關係。

（二）「闕文」與「不書」是《春秋》中「空白」態的兩種類型

視《春秋》為有「大義」、有「微言」，視《春秋》為有「義例」，視《春秋》為「斷爛朝報」、「流水賬簿」；都是一個反映「怎麼讀」的問題。因而「不書」也就是對《春秋》在「這麼讀」之後，所提出的一種關於存在《春秋》之中的「原書寫」的問題之觀點。「不書」如果被提出來，就表示它曾被人「這麼讀」《春秋》過。本文即是認為，可以從「不書」的角度去「這麼讀」《春秋》，冀圖通達《春秋》中來自於孔子的「原書寫」；並會通存在於《論語》中被揭示的「闕文」觀點，視為「源」於孔子所書寫的兩種有關「空白」之表述。說「源」於，是因為不論從現存的三《傳》中的「經文」——《春秋》，還是《論語》，——前者是透過《傳》之傳主之「以文為釋」，後者則透過孔子之弟子（及再傳）之「記言」；雖然兩者皆有「子曰」或「仲尼曰」，都欲表示其所「記言」，就是「孔子的話」；傳《傳》者更認為，《春秋》不論是作或還是述，都來自於孔子。因之，上述兩種孔門之書——三《傳》與《論語》，便皆「源」於孔子而殆無疑義。「闕文」與「不書」雖非《春秋》中本有之詞彙，但卻被解經者用來指涉《春秋》中本有之行文狀態。兩個詞彙皆出自於孔門，前者首見於孔門弟子所編纂之《論語》，後者則見之於三《傳》與注、疏。在「闕文」與「不書」皆「源」

自於孔子的認知下,作為一種「書寫」的符號呈現,兩者皆涉及到了敘述上的「空白」問題。敘述上的「空白」,即是「空白欲述」。而「源」於孔門的認知,「源」於孔子的再書寫行為,「源」於孔子對西狩獲麟的一歎,《春秋》中有著孔子對於「空白敘述」的「原書寫」。「不書」與「闕文」,便是本文意欲自「書寫學」探究的主題:孔子在《春秋》中的「書寫」中,是什麼讓我們能前去辨識出他老人家所注入的「空白敘述」?

　　《春秋》這部文本在「書寫」意義上的特別處,正在於我們不能僅僅將閱讀的目光指向文本中可視見的有形書寫,而更應當注意《春秋》文本中不可視見的字裏行間之非有形處——如果一定要說可以視見,那麼便是在印刷成書時所未雕版成「字」的「空白」處。透過《春秋》的《傳》,我們已經知道這一部分是有意義的;而且作傳者也認為這正是孔夫子「書寫」——作、述、刪、削《魯史》的精義與微言所在。那些字裏行間的「空白」,並不能因為沒有「字／文」的雕版,就視為是一種「未書寫」,相反的,這正是孔子有意的「不書」。

　　《孟子》與章學誠均以「文、事、義」三者以言孔子的《春秋》。然而,兩人均未曾意識到「不書」與「闕文」的問題,故他們用了「文」一字,來與「事、義」作串聯時,在彼意識中反映的是將「文」字一義推向「有形」的符號書寫性格;而尚未意識到「無形」符號納入「文」的涉義意涵中。這樣就與「闕文」及「不書」成為一對立態,而不能括「闕文」與「不書」為言,即「無形之文」也是「經之文」、也有「事」與「義」。所以,雖然「事、義」一定要透過某種符號來呈現,但卻不一定是「文」——有形之文;而亦可以是「闕文」。「闕文」在此明顯地與「文」相對立。此一「闕文」的符號呈示樣態,也可以是「言」——即「口說」。這樣,就更不必是有形書寫的「文」。這些,都可以與孟子與章學誠的「文」對立起來,而為他們所談的「文、事、義」之「文」所不能涵括。也表示,在他們的「文」之外,也尚更有「文」——這就是本文所要談的「闕文」與「不書」。

「闕文」在此明顯地與「文」相對立。「不書」則與「書」形成了字面上的對立。既然如此,「闕文」與「不書」何以能是孔子的「書寫」?有其「敘事」呢?《孟子》談「文、事、義」處在〈離婁〉篇下,云:

> 孟子曰:王者之迹熄而《詩》亡,《詩》亡,然後《春秋》作。晉之《乘》、楚之《檮杌》、魯之《春秋》,一也。其事,則齊桓、晉文;其文,則史;孔子曰:「其義,則丘竊取之矣。」[4]

《孟子》此處的「文」義,趙歧注云:「其文,史記之文也。」孔穎達疏云:「故其所載之文,則魯史之文。」將「文」指向「史書」之「文」。朱子則注云:「春秋,魯史記之名。」又云「史,史官也。」不論是史官還是史記,然則孔子所以為「義」者,在於憑取「舊史之文」或「史官所記」,以成其為另一個文本的「再書寫」與「再敘事」。只是,《孟子》的「文事義」之「文」,無論是史官之文還是史記之文,都還是限制在可視見的「有形之文」,而尚不能「及」於不可視見的「空白敘述」。

(三)「文」之書寫與「空白敘述」

孟子所謂的「文」,以現代的觀點而言,實應有三種「書寫」狀態

---

[4] 在《孟子》的〈滕文公〉篇中,有另一段對於孔子與《春秋》關係表述的文字。其云:

> 世衰道微,邪說暴行有作,臣弒其君者有之,子弒其父者有之。孔子懼,作《春秋》。《春秋》,天子之事也。是故孔子曰:「知我者,其惟《春秋》乎!罪我者,其惟《春秋》乎!」

在此段文字中,可以看出孟子對孔子與《春秋》之關係,乃是從「賦義」行動,也就是從對魯史的「其義則竊取之」來理解孔子的「知我與罪我」。

可以指出：一是「已書寫」的「文」。二是以「不書」為「已書寫」，此種「文」係不可以「有形」視見之「文」。「已書」與「不書」皆是「已書寫」。三是「史之闕文」之「文」。這三種「文」均與早期史官之書寫學有關，不論是「書」、「不書」、「未書」，皆是「書寫」之「學」。尤其不書與未書，更是涉及史官之專門之學的傳統，故孟子曰：「其文則史」。孔子則曰：「其義則丘竊取之」。蓋史官之書寫學，自孔子以下，發展成為以《春秋》為典範與源頭的經傳之學，成為另一條不同於史官傳統的學術路線與學問體系。

然而，無論是史官之書寫，還是孔子之書寫，依孟子之言，其書寫當具有「事與義」，其「事與義」在「文」，「文」則在於「書寫」。「文」之「書寫」有「有形」——即「書」；亦有以「無形／空白」而「書寫」，則是「不書」。而「空白」之敘述除了「不書」之外又另有一種，即「待書寫」之「闕文」。故自「書寫」言，有二焉：「已書」、「未書」；「已書」有二種：「書」與「不書」，此二種皆是「已書寫」。自「空白敘述」言，亦有二焉：一是「不書」，一是「闕文」。前者為「已書寫」，後者為「待書寫」，即「傳疑」或「闕疑」之義。

二、論「闕文」

「闕文」一詞出自《論語‧衛靈公》篇，曰：

子曰：吾猶及史之闕文也，有馬者借人乘之，今亡矣夫。

《論語》中提到「文」字之處實多，唯以「文」、「史」相並提者，僅有二條，除「史之闕文」條外，尚有〈雍也〉篇所云：

子曰：質勝文則野，文勝質則史。文質彬彬，然後君子。

先說此條，依朱子注解，「文勝質則史」一句意謂「史掌文書，多聞，習事，而誠或不足。」朱子係以「誠」與「質」等義來釋「史」，無論是否原意，似乎仍算是講得通；因此，依朱子之釋，徒「誠」也是不足的，因為要能成為君子，還是要有「文」；「史」若要上達為「君子」，就必須「文」、「質」兼備，方能「彬彬」。以「書寫」而論，其掌文字及記事之工夫，不僅須有「文」，亦須有「質」，兼備方為是。而或者孔子意味方今之「史」，徒「文」為多，而「質」卻不足；此即包咸注所云「史者文多而質少」之意。[5]

上引前一條中的「闕文」依近人胡適、周策縱、沈剛伯的解釋，是「闕『文』」，即是「文勝質則史」之「文」，其「文」義等同，上述諸人均有自傳統上漢儒之注的主流——以「字」訓「文」——而轉向以「文飾」訓「文」。[6] 因而「史之闕文」照周策縱的看法，簡單的說，就是「史官的闕少文飾」；沈剛伯氏亦斷其義為「文飾」，而非「文獻」之「文」。「史之闕文」在沈氏看來，就是「史」已闕少那種「文

---

[5] 何晏：《論語集解》（台北：新興書局，校永懷堂本），卷6，雍也篇，頁29，包咸注。

[6] 胡適的論文〈說史〉本為「釋史」而作，屬於晚清以來吳大澂、章太炎、王國維、朱希祖、勞榦等學者脫離許慎《說文》「釋史」的另一個近代脈絡。惟其中因有引證《論語》之言「史」處，而提出了「我以為『史之闕文』的『文』字，也應該作『文采』『文飾』解」，又曰，「現在流行的『史』，都是那華文多過於實事的故事小說了。」胡適關於「史文」的解釋，再明顯不過了，充滿他近代性的烙印，以致於從「文」想到「華文」想到「故事小說」，與他釋章學誠的「六經皆史」正好可以相參。周策縱繼承了胡適的「文飾」新解這一方向，雖然他對於胡適的古典功力稍有批評，但畢竟近代新解的提出而且與舊解「以字訓文」相抗，周策縱還是推尊並繼承了胡適；周氏進一步的將「有馬者借人乘之」這一未能徹底解決的舊題再度與「史之闕文」聯繫起來，意圖在新解上釋清；接下來的沈剛伯氏，很明顯地，儘管他在論文中完全沒有提到胡適與周策縱，但他仍是繼承著意圖重解《論語》中「史之闕文」這一條軸線上的後繼者。參見周策縱：〈說「史之闕文」〉，《大陸雜誌》37卷4期（1968年8月），頁4-22。及其文中提及引述胡適〈釋史〉的部分，頁14-16。

飾」之書寫工夫了，因此是「質勝文」之「史」。沈氏顯然意在通釋二者之「文」而作句意會通。[7] 則在沈氏，「質勝文」句實可轉換為「闕文（飾）」一詞，然轉換中，「闕文」一詞用一「闕」字以表，殊為奇特不倫；且「質勝文則野」一句，亦不似孔子言「吾猶及史之闕文」之嘆詞。「吾猶及史之闕文」既是一嘆詞，表示其有意義，然斷不會言其「野」。「史」與「野」當如何連繫，方能喚起孔子之歎：「吾猶及史之闕文……今則亡矣夫！」在孔子之歎中，「闕文」當有其意義，要之，沈氏以「文飾」與「野」所作之相對連繫，實難「及」於孔子之歎。

上述胡適、周策縱、沈剛伯等諸氏所提出之近代新解，實與漢儒多釋「闕文」之「文」為「字」，意已有不同。要之，「史之闕文」被釋係史官為文時之「闕文飾」，自然是視其為一種「史官」之修辭的學問，修辭的學問也就是敘事與書寫的學問，史官要能「文飾」，自然必須要實踐到「書寫」才能成就其「敘事」；而「書寫」又自必涉及「文／字」，是故從這個角度來說，先不論「史之闕文」的「文」之確解為何，「文字」與「文飾」在「書寫」與「敘事」上有其可以相通之處。因此，「文飾」如果不強聯繫到「文勝質則史，質勝文則野」的話，胡適與周策縱等人確實已提出了一個研究「史之闕文」的書寫／敘事學的新看法。

「文」的解釋遂與此有相互關係，漢代注家大體上皆是訓「文」為「字」。「文」若訓指「字」，則「闕文」實有兩義可說：其一，係以「闕文」為「不識字」之意，亦即「書寫」上的「闕疑」之義。如何晏《論語集解》所引包咸所注云：

包曰：古之良史，於書字有疑，則闕之，以待知者。[8]

---

[7] 沈剛伯：〈論語上所說的「文」、「史」與「文學」〉，《大陸雜誌》48卷2期（1974年2月），頁1-4。

[8] 何晏：《論語集解》，卷15，頁69a。

皇侃《論語義疏》亦曰：

> 史者，掌書之官也。古史為書，若於字有不識者，則懸而闕之，以俟知者，不敢擅造為者，孔子自云，己及見昔史有此時闕文也矣……當孔子末年時，史不識字輒擅而不闕……故云：今亡也矣夫。[9]

此即訓「文」為「字」，由是主張「闕文」乃是因「不識字」而「不書字」，「懸字」而「闕」之，以謹守史官在「書寫」上的「闕疑」原則。其二則為「闕字」之義，注意「闕字」與「懸字」之不同。前者乃是緣于史官在書寫上的「不識字」，因而不敢下筆書寫以「待知之者」；後者則是緣於史官對傳統文獻的閱讀有了「不識字」，因而闕之，亦以「待知之者」。

尚有一種情形，亦可歸類為閱讀上的不敢擅讀，因而謹守「闕文」的原則與傳統。此即在已經完成的文字作品中，有「字」因「殘闕」而呈現出一種在閱讀上的無法辨識，此種狀態亦復可以解釋為「闕文」，良史在閱讀時，若遇有此種狀態，則亦不敢「擅識」而「擅釋」。如漢代石碑，凡遇殘片剝削，而無法呈現原本文與字之狀態時，亦即「殘闕」時，則「闕字」，在校讎登錄上便以「□」表之，「□」正是一種「闕字」的狀態之表示符號。今傳漢代石經拓本《公羊傳》中，便因殘片剝削無法辨識，或是其字已脫落，而皆以「□」表之。待有人識或得它本漢代本文足能證時，便能補之，是故「□」為一有意義的符號，可以表達「闕文」之狀態。[10]

---

[9] 皇侃：《論語義疏》（台北：廣文書局），卷 15，〈衛靈公〉篇。

[10] 近人呂振端撰有《漢石經公羊傳殘字集證》（新加坡：新加坡文化研究會，1985 年 12 月）一書，卷 3 為〈漢石經公羊傳部分復原圖〉，其中不可識者，則以「□」表之。在卷 3〈校文〉中相對於公羊殘片圖影，釋文（校文）對於殘片所「闕」的部分，則直以空白來表示。

由上述,「闕文」之「文」若訓為「字」,則「闕文」可以有兩種緣於史官之書寫與閱讀而來的「闕疑」之狀態,兩者所緣均在於史官的不識與不足,然而不識與不足並非所當批評與感嘆的重點,重點在於不能「知之為知之,不知為不知」的「闕文」。在孔子之時,「識字」顯然為一種「文化」上的大事,「史」則與此有關,故後來終於發展為漢代以「史」為「文字官」、為「掌書令」的官與職司,如太史、蘭台令史之類;「史書」則為「識字之書」。孔子此語,從何晏與皇侃所注的脈絡來理解,意謂史官識字水平已不足,遇有書寫上的不識之字,則逕隨自意轉換為其它能識之字或當今用字,造成認知上之懸差,影響了書寫的品質。包咸與皇侃所談的均是史官的「書寫」之「不識」所必須的「闕文」守則;筆者則更進一步認為:史官所司,不僅為書寫之職,也更在經由文本的閱讀而成為傳統的解讀,孔子所談的「史之闕文」顯然涉及的是古今傳承與轉換間的「文字」掌控能力與詮釋能力以及其中所累積出的書法規則之智慧。此所以孔子主張要「闕文」,涉及的正是文化傳統的保存與傳承,不僅在「文」中,也更在文本的「字」中,「闕疑」正是遇有「不識」之「字」時,所應當遵行的有關「書寫學」的學識與學養。包咸、皇侃所談的是孔子主張中書寫的一面;而尚有閱讀的一面,如此方能構成史官在傳與承的職責上對傳統與文化的承擔。遇「字」不識,應當「懸之」,解「闕文」為「待書寫」的「闕疑」;同時,在面對傳統傳下的寶書與文本時,史官必須解讀之,在閱讀之際,遇有不識或不能通之字,史官也同樣必須要能遵守闕疑的原則,不敢擅為釋之,作當代語言文字的隨意轉換,以待知者。而「闕字」則為另一種由「已書寫」而至於「殘闕」,以是必須要以「□」表之的「待閱讀」以「補之」。於是,我們乃可以了解「史官」進行「書寫」或是對「古書」的「解讀」時,必須有一種「闕文」的謹慎與認知,傳統已經在其手上,無論是對於「古」之「解讀」或是對於「未來」之「書

寫」以流傳，一字之異，都有可能牽涉到其所承擔的責任，史官的書寫學於是在「不識」或是「不足」時，皆應當以「闕文」的態度來面對：或「闕疑」而「懸字」，或「闕字」以「□」表之，以待後之識者與足者。清初顧炎武《日知錄》中即有〈春秋闕疑之書〉一條，即以為「闕文」係因夫子「闕疑」謹守之故。[11] 其云：

> 孔子曰：吾猶及史之闕文。史之闕文聖人不敢益也。史之所不書，則雖聖人，有所不知焉者……而經生之論，遂以聖人不知為諱。[12]

綜上述，則此條之解，似有二種取向可以判讀出：(1)「史」為文書或文字，(2)「史」為史官。無論是前者或是後者，「闕文」均指向「書寫」、「書寫者」及其「書寫成品」之關聯。若此，則「史之闕文」一句，誠或可以以《論語・八佾》篇中孔子所云的另一句話聯繫與理解。孔子在此篇中所云為：

> 夏禮，吾能言之，杞不足徵也；殷禮，吾能言之，宋不足徵也。文獻不足，故也。足，則吾能徵之矣。[13]

孔子所云，道出了三個階段的程序：文獻——足「徵」——能「言」。足與不足，皆與文獻有關，「文獻足」，方能為「徵」[14]。這裏的「文獻」，依注家之解，是「文」與「獻」各有所指。朱子注云：「文，典籍也；獻，賢也。」前者指可以透過「閱讀」而得到「能言」的對

---

[11] 顧炎武：《日知錄》（台北：明倫出版社，1970），卷 4，頁 83-84。

[12] 同上註，頁 84。

[13] 何晏：《論語集解》，卷 3，八佾篇，頁 15b-16a。

[14] 何晏《論語集解》注引包咸曰：「徵，成也。」朱熹：《論語集注》，收入《四書章句集注》（北京：中華書局，2001 年 1 月）則注為「證也」，頁 63。

象;後者則指可以透過「口頭探詢」而得到「能言」的對象;兩者皆指向「探詢」的所在則一。通過「文獻」則能「徵」之的意思,依朱子所注之意,是孔子認為在「夏禮」、「殷禮」那裡原有的「空白」處因「文獻」的「擁有」而能「徵之」,亦即「空白」透過「文獻」而填補上了。夏禮與殷禮也遂「能言之」矣,「能言」乃成為真正的「能言」。[15]

---

[15] 這樣的解讀乃是依朱子之注的解釋,是故朱子注「徵」為「證也」。與包咸注的用字頗不同。若是依漢儒之注解,則可能更有主體性的意義,尤其「文獻」二字的解讀,與近代對「文獻」成其為「詞」的印象,有著相當的差距。在校永懷堂本與阮元校勘注疏本的何晏《論語集解》中,上引文本的章句係分為二,即「夏禮,吾能言之,杞不足徵也;殷禮,吾能言之,宋不足徵也。」為上句;「文獻不足,故也。足,則吾能徵之矣。」為下句。上句何注引包咸之注以為解,下句何注引鄭玄注以為解。何晏《集解》對注所放置的位置,很顯然是將孔子所言作了上述的章句之分。何晏的集解本後來為皇侃的《論語集解義疏》與宋代官定本邢昺之《論語注疏》繼承,由是,我們認為,古義遂沒。何晏的章句未必為古義,我們所持的理由即在於其與何氏所自引的鄭玄之注義相悖。案、鄭注云:

獻,猶賢也。我不以禮成之者,以此二國之君,文章、賢才不足故也。(何晏、邢昺,《論語注疏》,阮元校勘本,台北:大化書局,卷3,頁5b。校永懷堂本何晏《論語集解》,卷3,頁16a。)

明顯地,「文獻」一詞並未如朱子與馬端臨《文獻通考》般那樣的使用,並具有自足意含,更遑論近代意義下的「文獻」一詞。鄭注中的「文獻」,必須要聯上句為讀,「文獻」一詞才見生命上的主體性,而且此詞決不指「學問」,乃指「杞」、「宋」二君的治國能力與成效。由於杞、宋二君在「文(章)」、「賢(才)」上的不足,使得「杞」、「宋」二國雖為夏、殷之後,卻無法「成/證」孔子的「能言夏禮」;如果此二國的「文章」、「賢才」皆「足」,那麼就能「成/證」夫子「吾能言之」的「夏禮」了。由鄭注看來,他以為孔子之意仍然在討論「夏禮」與「治國」之關係,而且此一有「文」有「獻」的「夏禮」,孔子是能言的,顯然孔子對「杞」、「宋」二國的「文獻」有一份失落感,遺存在鄭注中的孔子對弟子的言談中。由是,筆者以為,依鄭玄之注,「文」與「獻」應有一個主格,鄭玄注即以為此主格當為二君,二君無文章亦無賢才,則自然不能「成就」其所治之二國。是故這一段本文的解讀應當是上下兩句聯讀,「文獻不足故也」也應當聯上句而不應斷開。「文獻」與「杞宋」、「足徵」的關係其主體性應在具有實踐可能的「杞宋二君或二國」在當時孔子所視見的情境中呈顯其義,而不在「文本」型態的「文獻」之中來「證明」孔子所能「言之」者的正確與否。朱子與馬端臨的讀法,正是以「文章」與「賢者」為一具有自足性與對象性的客體而可待他人來探問者。

朱注云：

> 徵，證也。文，典籍也。獻，賢也。言二代之禮，我能言之，而二國不足取以為證，以其文獻不足故也。文獻若足，則我能取之，以證君言矣。[16]

鄭玄則注云：

> 獻，猶賢也。我不以禮成之者，以此二國之君，文章、賢才不足故也。[17]

這種說法，頗令人聯想到近代史學的「史料觀」，無論是書寫式史料或是口述式史料，得到史料便能進行研究上的徵實工作，從史料那裏展開「歷史」的擁有過程。惟這種看法，雖然頗符胡適釋章學誠「六經皆史」的以「史」為「史料／文獻」的觀點，卻全然不符漢儒對於「文獻」的理解。

《論語》中的「文」與「獻」，有分解、有合解。大體上自漢儒迄宋乃至近代，「文」與「獻」之解的趨向乃是由「分解」而向「合解」演變的。在漢儒那裏，是分解；後來自南宋朱子、馬端臨《文獻通考》以下，尤其是近代以來，漸轉成為一個同義詞藻，有專指「書寫成品」的意思。朱子雖仍知古義，分解「文」、「獻」，然在「徵／足」之論上，「文獻」已是作為取證的合詞，而覺無鄭玄的「杞／宋」二君的主體性。馬端臨雖也區別「文」為「敘事」，「獻」為「論事」，但已專指「文獻」——「書寫成品」的意指則一。逮至近代，受西方影響，「文

---

[16] 朱熹：《論語集注》，收入《四書章句集注》（北京：中華書局點校本），卷2，頁63-64。

[17] 何晏、邢昺：《論語注疏》（台北：大化書局，阮元校勘本），卷3，頁5b。校永懷堂本何晏《論語集解》，卷3，頁16a。

獻」即「史料」、「史料」即「文獻」,「文獻」仍為一合詞之義,而與「史料」一詞可通。無論是梁啟超的〈新史學〉這篇具近代里程碑標誌性的文章,還是他在清華國學院授課的名著《中國歷史研究法》書中所用的「史料」一詞之出現,或是傅斯年創辦《史料與史學》期刊之〈發刊辭〉中所述的「史料」之義;在我們看來,都與張舜徽的《文獻學》或是其它尾隨著作的「文獻」一詞可以相通互用,顯示著「文獻」一詞在近代以來仍為一合詞,通過外來新語彙「史料」來成就其新的內涵所指,但仍保留著「書寫性成品」的特性!這樣說來,從近代性的意義下去解讀《論語》中的「文」與「獻」,必然就是「合詞式」的「文獻」之解,並且還是一種「史料」同義詞下的解釋。因此,從近代性的讀法切入,則「文獻不足徵」,既是「文獻不足」的「史料不足」;也是文獻/史料之「不足徵」;「不足」的意含相當明確,都是「書寫品」,與漢儒鄭玄之指向以「二君」為主體,顯然不同。則漢儒意義下的「史之闕文」與「文獻不足徵」之聯繫,與宋儒解注中對此二句的聯繫,及近代學人對此二句從「文獻」合詞以及「文獻即史料」來定意「足能徵之」的聯繫,若從「闕文」的「不識則闕」與「文獻」的「不足/足徵」之解義以觀,則恰好反映的是源自「《春秋》學」而來的「空白」態的「闕文觀」與「文獻觀」的聯繫大要史略。顯然是如此,近代史學中的「史料/文獻觀」皆可在解讀《論語》的「闕文」時仍然反映出一種被近代學人不曾言說過的有關「空白」存在的問題,被「蘊藏/遮蓋」在「足徵/不足徵」的討論中,近代學人尚未意識到它與《春秋》中「書寫學」的聯繫。

進一步為言,既然孔子的慨嘆來自於「杞宋」之「不足徵」;那麼,「吾能言之」的「夏禮」,又是如何而得其所能言呢?應當還是來自於「文」與「獻」。「杞宋」之所乏與「不足徵」,正是孔子之所能言及其能言者之所從來的「足徵」:「文」與「獻」之於孔子所能言之的

「夏禮」，無論如何，畢竟已是一其所慨嘆「不存」，由是在與弟子談到「杞宋」之「不足徵」時，其失落益深。而「夏禮」既然已非孔子時代的當下實存，則無論是「杞宋」的「文與獻之足徵」，或是孔子取以為「能言」之所從來處，畢竟都應當還是源頭於已經非實存的「夏禮」。這樣，「文獻」一詞的意義轉化，從鄭玄的「杞宋二國」至於朱子的「文獻」，而更至於馬端臨的以「文獻」為「敘事與論事」，便有了孔子慨嘆中的「文獻」成其為「文本化」的必然性，畢竟「歷史情境」的移轉已在孔子的慨嘆中發生與面對。

在《漢書‧藝文志》中的一條資料，也可以作為佐證吾人由「文獻足徵」此一條通達於「史之闕文」理解的進路。〈藝文志〉「小學」類述云：

> 古制：書必同文，不知則闕，問諸故老。至於衰世，是非無正，人用其私。故孔子曰：「吾猶及史之闕文也。今無矣夫！」蓋傷其不正。

此處極為明顯，班固〈藝文志〉中論及小學，以為《論語》中的「史之闕文」，「文」當為「字」訓，故屬列小學類而論之。而「問諸故老」以求之，正是引述與聯繫了《論語》中的「文獻」一詞，可見班固對「文獻」與「徵」的解釋，尚不同於後來的包咸與鄭玄，仍是從「史」與「闕文」的角度來解，而使得「闕文」與「文獻」皆可以在〈藝文志〉與〈七略〉的體系中，自「小學」的角度來解。許慎《說文》亦云：

> 書曰：予欲觀古人之象。言必遵修舊文而不穿鑿。孔子曰：吾猶及史之闕文，今亡也夫！蓋非其不知而不問「闕」；人用己私，是非無正，巧說衺詞使天下學者疑。

可見許慎亦以為如果「不闕」，便會造成「亂書」——即「穿鑿」。許

慎的理解是一種「闕疑不識」的路子，與〈藝文志〉的「不足則闕，問諸故老」之不同略可以分辨出：後者實是一種「文獻不足有闕」的路子。但無論是前者的「闕疑」或是後者的「闕文獻」，兩者皆是譏評一種「不肯闕」的態度；一如胡適解「闕文飾」，指的也是一種「不肯闕」態度的缺乏，致使「書寫」成為益趨華而不實的「小說」而非「史書」，也仍然是在「書寫」與「敘事」上談「闕」！

關於《春秋》中的「闕文」，我們可以幾個比較為人所熟知之例以為闡述。其一為「夏五」。魯桓公十四年，《春秋》經載云：

十有四年，春，王正月。
夏五。

先看《左傳》及其注家。《左傳》於此條經文無傳。杜預於經文之下注云：

不書月，闕文。[18]

明白以「闕文」為注之解。可見杜預極為明顯的以「夏五」為「夏五月」之「闕」。值得注意的是杜預在表達此一「不書『月』」的「闕字」之義時，用的正是從《論語》那裡傳出而經漢儒在前述脈絡中使用著的「闕文」一詞。

《公羊傳》云：

夏五者何？<u>無聞</u>焉爾。[19]

---

[18] 杜預集解：相臺岳氏本《春秋經傳集解》，卷2，頁64b。
[19] 校永懷堂本《公羊傳》，卷5，頁33a。

《穀梁傳》云：

> 立乎定哀，以指隱桓，隱桓之日遠矣，夏五，傳疑也。[20]

傳文反映的，正是過去與現在的時間距離已經久遠，因此，所傳當有其「闕」處，故以「經文」乃是一種保存「闕文」的「傳疑」筆法。范寧更注云：

> 孔子在於定哀之世，而錄隱桓之事，故承闕文之疑，不書月，明皆實錄。[21]

范寧此注，不僅表明了《春秋》經文「是」孔子所書、所著的一種注解經傳之態度與位所，抑且，注文中還用了傳統上相承的「闕文」之辭，及其與「闕疑」之關係。更者，六朝時在「史學」中興起的「實錄」一詞，也被范寧用來與「闕文」、「傳疑」作了直接的聯繫。

其次為經文莊公二十四年冬書「郭公」之例。三《傳》於「郭公」之經文斷句實異，是經文之異而有傳文之異。《左傳》依杜預「集解」本，此條經文書為：

> （經二十有四年。冬。）赤歸于曹。郭公。[22]

《公羊》與《穀梁》之經文則同，同斷句為：

> （二十有四年。冬。）赤歸于曹郭公。

案、此條經文之書「郭公」，《左傳》與《公》、《穀》最大之歧異，在於杜預使「郭公」為單獨一句，並不聯上「赤歸于曹」為句。以是杜預

---

[20] 校永懷堂本《穀梁傳》，卷4，頁26a。
[21] 同前註。
[22] 杜預集解，相臺岳氏本《春秋經傳集解》，卷3，頁78a。

將「郭公」視為經有「闕文」。杜預於經文「郭公」下注云：

> 無傳。蓋經闕誤也。自曹羈以下，公羊、穀梁之說既不了，又不可通之於左氏，故不采用。[23]

可見在經文「郭公」此處，《公羊》與《穀梁》是作了與「赤歸于曹」的聯讀，因而不僅經文無闕亦無誤，反而皆發傳言釋其意義；而《左氏》則無傳，杜預之注則將經文視之為有「闕文」之誤。這是一個只有杜預與《左氏》視《春秋》經文有「闕文」而《公》、《穀》不與之同的可對照之例。由於涉及的不僅是傳文對經文的解釋差異，而更因此而「及」於三《傳》所據以「發傳／不發傳」的「經」本身之差異。或反之是先由於《左氏》與《公》、《穀》之「經文」的差異，而後始有三傳及注家在傳釋與注釋理解上的差異。

第三個例子，為桓公五年春正月的「甲戌己丑，陳侯鮑卒」經文何以出現了兩個「日」？據《穀梁傳》傳文發傳所釋，云：

> 鮑卒何為以二日卒之？春秋之義，信以傳信，疑以傳疑。陳侯以甲戌之日出，己丑之日得，不知死之日，故舉二日以包之也。[24]

是《穀梁傳》主張此處是夫子的「闕文」與「傳疑」之筆，故為「闕疑」之書寫；且將其「傳疑」之「闕文」從時間性上縮限在甲戌、己亥兩日之間。故曰：「舉二日以包之」。范寧在此所下的注文，又復以「實錄」一詞來作為傳文「信以傳信，疑以傳疑」的同義詞，故注曰「明實錄也」。

而《公羊》則發傳云：

---

[23] 同前註。
[24] 校永懷堂本《穀梁傳》，卷 3，頁 20a-b。

曷為以二日卒之？怴也。甲戌之日亡，已丑之日死，而得君子疑焉。故以二日卒之也。[25]

何休注曰：

君子，謂孔子也，以二日卒之者，闕疑。[26]

《公》、《穀》二傳所釋，其實無異，皆以「闕文」之「闕疑」、「傳疑」義釋之。《左傳》與杜預所釋，則以「再赴告」為事實，故有二日之書，再赴之故，則以陳亂也。顯然所視與《公》、《穀》二傳不同。[27]

三、論「不書」

「不書」一詞並未出現在《春秋》經文中，但並不能就此而下論斷曰《春秋》中沒有這個關於書寫學上的現象，否則三傳包括注家便不會成立一個「不書」的詞語，來揭示這個書寫學上稱之為屬於孔子書法的「空白敘述」。如果《春秋》與孔子的書寫／再書寫無關，那麼《春秋》中便不存在所謂的以「空白」為「不書」的書寫學專門詞彙，而只能歸類為一種史官或流傳過程中的「闕文」。是「文獻不足徵」的「文

---

[25] 校永懷堂本《穀梁傳》，卷3，卷4，頁26b-27a。
[26] 校永懷堂本《公羊傳》，卷4，頁27a。
[27] 《左傳》載云：「傳。五年春正月。甲戌、已丑，陳侯鮑卒。再赴也。」杜預注云：

甲戌，前年十二月二十一日，已丑，此年正月六日。陳亂，故再赴。赴雖日異，而皆以正月起文，故但書正月。慎疑審事，故從赴兩書。（相臺岳氏本《春秋經傳集解》，卷2，頁58a、58b。）

杜預以為經文書兩日之故，為陳亂故有再赴。然杜預復又推曆以為兩日實不同月，則夫子何以將不同月之兩日，同書於五年正月之下，杜預所釋，似不能盡解經文。但以「慎疑審事」為說，實無「闕文」與「闕疑」之義，故與《公》、《穀》兩傳不同。

獻學」問題，而不是經學上的「不書／書法」的「書寫學」問題。

顯然因為《春秋》本身沒有這個「不書」的詞彙之出現，而被稱之為「不書」的書法與義例，又只能是一個「空白」狀態的現象，要將遍佈於有形字彙書寫之外——而又隸屬於《春秋》之中的「空白」狀態之現象，轉成為一個可以辨識的「已書寫／不書」，——不僅不是古史官的「闕文」，還得是出自於孔夫子的有意圖的作者行動——「不書」，三傳面臨的，正是這樣的挑戰，要將「空白」納入經文之中，並與有形經文合成為《春秋》的意義整體。三傳與注家必須成立一套論述，反對者亦然。

「不書」一詞雖未出現在春秋經文之中，但在三傳的傳文中卻皆有此一詞彙，或是近似的「不言」、「不稱」等。[28] 由三傳之傳以釋經的性格，「不書」顯是後起，由傳主使用之而指向經中以釋其義。前節中筆者曾謂「空白」何以能「及」？則三傳之言「不書」，正是為了成立《春秋》中之「空白」有義可釋、有意可言所成立的一個詞彙，用此詞彙來通達夫子於《春秋》中之「空白」處有「已書寫」之「在」的表述語言。換言之，在筆者看來，《傳》中「不書」一詞，正是為了在語言

---

[28]《公羊》與《穀梁》之傳文雖皆有「不書」之詞，然多是出現在「不書葬」之傳釋脈絡中，未見有以「不書為書」之用法。兩傳中以「不書為書」義之用詞，多以「不言」出現。此隱、莊、閔、僖四公之下傳文所用詞皆然。推其故，或與兩傳之「口傳」性有關，與書寫性文本的「不書」義，似可以相照。

其次，《左傳》傳文中所使用的「不書」一詞，也未必皆是本文中所謂的「空白敘述」之意涵。有時指「史所不書」，與孔子無關，孔子並未以杜預所謂的「即以為義」去承擔轉化。這種「不書」，對孔子而言，就是孔子的「不書寫」或「未書寫」。《左傳》傳文中許多「無經之傳」的傳文中，都出現了「不書」之詞，但並不能視為是經文中之「空白敘述」之「不書」義。如隱公元年經文無「夏四月」，而傳則有之，曰「夏四月，費伯帥師城郎。不書，非公命也。」傳文所言「不書」雖是釋經文何以「不書」夏四月事，然實是經文之「未書寫」義，與本文中所謂夫子以「不書」為有義之「空白欲述」者不同。又如隱公元年經文亦無「八月」之書事，而傳則云「八月，紀人伐夷，夷不告，故不書。」意同。

上能「及」於夫子之「空白」狀態所「書寫」的意義。有了「不書」一詞，三傳與注家便可據此以言諸「空白」處的因「書寫」而來的「敘述」之義。晉代杜預於〈春秋左氏經傳集解序〉中云：

> 其發凡以言例，皆經國之常制，周公之垂法，史書之舊章；仲尼從而脩之，以成一經之通體。其微顯闡幽，裁成義類者，皆據舊例而發義，指行事以正褒貶。諸稱「書」、「不書」、「先書」、「故書」、「不言」、「不稱」、「書曰」之類，皆所以起新舊、發大義，謂之變例。然有史所不書，即以為義者，此蓋春秋新意，故傳不言凡，曲而暢之也。其經無義例，因行事而言，則傳直言其歸趣而已，非例也。

杜預撰有《春秋釋例》，今有輯本，[29] 顯然杜預調和了今古之說，而歸「例」於「經」，然又不謂《春秋》每條經文皆有其義例，故曰「因行事而言，傳直言其歸趣」。在其言《春秋》經文有義例之處，有意思的是他對孔子的「賦義」，從書寫學的角度作了一次歸納，此即將「書」、「不書」、「書曰」、「先書」、「故書」等皆曰「之類」，統視為是孔子「起新舊、發大義」的「變例」；而「史所不書」的部分，亦有孔子的「即以為義」，稱之為《春秋》「新意」。「變例」與「新意」，皆是孔子的賦義，杜預之所以特在〈序〉中分別言之，正是為了表明「變例」中的「不書／不言」與「新意」中的「即以為義」，兩者雖然皆是隸屬於孔子的「空白敘述」，但從書寫的角度，卻仍有其區別，前者乃是孔子

---

[29] 案、杜預專治《左傳》之學，故其解經之書則題名為《春秋左氏經傳集解》，是現存合「經」與「傳」為一以成「經傳集解」文本之始，迄今莫能廢之，清儒雖欲回復其前經自為經、傳自為傳之獨立狀態，終不能成，故阮元刊印十三經暨校勘記，仍以杜預本為左傳之代表。其「釋例」之書，則有《春秋釋例》，由孫星衍與莊述祖自《永樂大典》中輯出，此書題名「春秋釋例」，自是由《左氏傳》入手而以釋《春秋》之「經例」。

自為的「不書」，後者則是來源於所憑藉的「史所不書」之文本，不去進行「不書」的「書寫」行動——如刪、削等，而是直以文本中的另一種「空白」態轉換成為自己所修《春秋》本文中的「空白」態：前者即是史官的「闕文」或是史官的本就「未書寫」，孔子將「未書寫」轉成了「不書」的「已書寫」，但在這個孔子的轉換與賦義過程中，孔子並未動筆——包括增字的「書」或是減字的「刪削」，杜預特別標出這一點，視它為「春秋新意」。杜預雖然在序中分別了兩者而言之，一置於「變例」為言，一置於「春秋新意」為言，以成立他的「發凡」之周公「舊章」與「不言凡」的孔子之「新意」；然而，杜預既然以「之類」為孔子的《春秋》中之「書寫」作了「類聚」，則「變例」中的「不書／不言」與「新意」中的「史所不書／即以為義」從書寫學的角度來看，其實是相同的「經文狀態」——即皆為《春秋》中的「不書」之「空白敘述」，「舊章」或「新意」皆然，皆須向「空白」處求之。

因此，杜預序中的諸「書」字皆可以通「書寫」為訓，惟「不書」一詞為特例，在其文脈中不可以「書寫」訓，否則即不通矣。杜預並未將「不書」直接歸屬為孔子之「未書寫」，而以為係史官之「未書寫」，孔子的行動在其用詞則為「即以為義」，這是一種間接型的賦義，與《公》、《穀》之直接將「不書」視為孔子的「筆削」行動，顯然有著直接與間接的不同意會。

在杜預《春秋釋例》中，彼實已知「闕文」與「不書」之區別，其云：

> 去聖久遠，古文、篆、隸歷代相變，自然當有錯誤，亦不可以拘文以害意。故聖人貴聞一而知二，賢史之闕文也。今左氏有無傳之經，亦有無經之傳；無經之傳，或可廣文，無傳之經，則不知其事。又有事由於魯，魯君親之而復不書者。

先儒或強為之說，或沒而不說，疑在闕文，誠難以意理推之。[30]

「闕文」之疑，「事」不可見，則「義」亦難推通；故杜預遂以「經有闕文」視之，以闡釋經中之「空白」態，其一即為「闕文」，有此義與例，故可以闕疑以釋經，而不必曲為附會，強生其義與強為之說。此其故曰「疑在闕文」，無文獻可為徵，「誠難以意理推之」也。其二，經有仲尼「不書」之「新意」。杜預於《釋例》中曰：

> 仲尼《春秋》，皆因舊史之策，書義之所在，則時加增損，或仍舊史之無，亦或改舊史之有。雖因舊文，固是仲尼之書也。邱明所發，固是仲尼之意也。雖是舊文不書，而事合仲尼之意，仲尼因而用之，即是仲尼新意。[31]

一如杜預在〈春秋經傳集解序〉中所言，杜預仍以《春秋》中所出現的、且由舊史官所未書寫而留下的「空白」態，經歷了由孔子所承擔的「再書寫」此一程序而方始能稱之為「孔子的《春秋》」或「孔子的經」；因此，雖是舊史所不書，而卻已在《春秋》中轉成為孔子所賦義的「新意」——即是「不書」。

在孫星衍與莊述祖所輯校的《春秋釋例》十五卷中，並無「經闕文」例之名目，但在《春秋正義》中，孫、莊二氏自《正義》所引用之

---

[30] 孫星衍、莊述祖輯校：《春秋釋例》（台北：台灣中華書局，1980），卷末，〈終篇第四十六〉之〈諸雜稱二百八十有五〉，頁 3a。案、二氏於〈終篇第四十六〉下校注云：

> 案此篇永樂大典全闕其篇，目則見孔穎達集解序正義。

[31] 本文亦是孫、莊二氏自孔穎達《春秋正義》中所引述之〈集解序正義〉輯出。見孫星衍、莊述祖輯校：《春秋釋例》，卷末，〈終篇第四十六〉之〈諸雜稱二百八十有五〉，頁 3a。

杜預文字輯出了一卷〈終篇〉，專以言「諸雜稱」，此輯篇附放在二氏所輯《春秋釋例》的第十五卷之末。其中有一條與「闕文」有關。魯莊公二十二年，經文：

> 夏五月。[32]

《春秋釋例·終篇第四十六》云：

> 年之四時，雖或無事，必空書首月，以紀時變，以明歷數。莊公獨稱夏五月，及經四時有不具者，邱明無文，皆闕謬也。[33]

是杜預視此條經文為有「闕文」。此條既是《春秋正義》所引自《春秋釋例》者，或者《春秋釋例》中之「釋例」原即有「經闕文例」。此條經文三《傳》皆無「傳」，《公羊》有何休之注，《穀梁》有范寧之注，《公羊》何注云：

> 以五月首時者，譏莊公取仇國女，不可以事先祖、奉四時祭祀，猶五月不宜以首時。

范寧《春秋穀梁傳集解》注云：

> 以五月首時，寧所未詳。[34]

---

[32] 案、《春秋》經文中三《傳》皆以「四時」為一重要的必須記載，是故或謂「編年」、或謂「時變歷數」，而有「夏四月」、「秋七月」的「無事亦書」之書寫認知與傳統，惟此條經文為「以五月空書首時」，於《春秋》實中僅此一條，且三《傳》又無傳文，故有正文中所引述杜預與范寧的難以理解之說法。惟何休以「特義」為解途。則三傳之主要注家間，確實有著「闕」或「不闕」的問題，以及由此而來的「闕疑」還是「特義」的異趣！

[33] 孫星衍、莊述祖輯校：《春秋釋例》（台北：台灣中華書局，1980），卷末，〈終篇第四十六〉之〈諸雜稱二百八十有五〉，頁 3a。

[34] 范寧集解：校永懷堂本《穀梁傳》，卷 6，頁 40a。

由此可以看出，三傳之注家注義並不相同，旨趣大異。杜預以為係因「經」之「闕文」故無「傳」可發；顯然注家所理解的《左氏》、《穀梁》與注家所理解的《公羊》，在此剛好形成了一個對反：前者以為「經闕文」係來自「闕謬」或范寧所謂「寧所未詳」之「闕疑」；而後者則直以為此處之經文有值得發義言說之處，亦即不以此處為「闕謬」與「闕疑」，而以此處為「特書」與「特義」。吾人確實難知何以此處三《傳》無傳，然《公羊》之何注與《穀梁》范注、《左氏》杜注在其不同之注義的理解之下，「夏五月」在合成文本中顯示的是「注」與「經」的直接遭遇。杜預更是關注到了經文此處的不足為完整經文，認其中有「闕謬」，並置入「經闕文」例中。對於經文的「闕文」之釋，首先是認定此條非完整書寫，然後才能言說其「空白」處為「闕文」——「闕謬」或「闕疑」。如果有一天，我們對於中國古代天文及年代學及其書寫學的認識超過了三《傳》甚或以「春秋曆學」見長的杜預，有無可能「夏五月」就是經文的完整書寫，則此條也就不存在「空白」的「闕文」問題。返以觀之，則杜預之釋《左氏》的不發傳，或是《穀梁》范注的持以審慎之態度曰「未詳」，皆是傾向經文此處有著「空白」的「闕文」疑義。

　　《春秋》中最為明顯且較無爭議的關於「書寫與否」的「空白」，是十二公中隱、莊、閔、僖四公元年春王正月之下「公即位」的「不書」。此處無爭議處在於以常態而言新公即位之始必須書寫下「公即位」，因此於「此」處未見「公即位」之有形文字，則顯是一「空白」態的出現。有分歧之處則在於此處之「空白」態係：「不書」？「未書」？「闕文」？是孔子有意義的「空白敘述」還是僅僅是一「未書」的「空白」而已？

　　《春秋》經文「隱公元年」條書云；

　　　隱公。元年。春。王正月。

《左傳》云：

> 元年。春。周王正月。不書即位，攝也。[35]

《公羊傳》云：

> 公何以不言即位？成公意也。何成乎公之意？公將平國而反之桓。曷為反之桓？桓幼而貴，隱長而卑。……隱長又賢，何以不宜立？立適以長不以賢，立子以貴不以長。桓何以貴？母貴也。母貴則子何以貴？子以母貴，母以子貴。

《穀梁傳》云：

> 何以不言即位，成公志也。

傳文所云的「成公志」，「公」指的是「隱公」，而非「惠公」。故范寧注曰「成隱讓桓之志」。[36]

依杜預《春秋左氏經傳集解》之注說，杜預係以為經文所以「不書公即位」者，係因隱公即位，未舉行大典，故無策書赴告諸侯，故是史官所「未書」，國史本無，而非夫子之筆削。杜預注云：

> 假攝君政，不脩即位之禮，故史不書於策。《傳》所以見異於常。[37]

故依杜注解《左傳》，《左傳》是以為經文本就未書寫，這乃是因為舊史本無之故，所以舊史本無，自然是因為隱公既然「居攝」，未行即位禮，故「不必書」。杜預「以傳解經」的思惟在此條中解釋了《左

---

[35] 杜預：相臺岳氏刊本《春秋經傳集解》，卷1，頁42b。
[36] 范寧集解：校永懷堂本《穀梁傳》，卷1，頁5a。
[37] 杜預：相臺岳氏刊本《春秋經傳集解》，卷1，頁42b。

傳》傳文中的「不書」二字就是「不書寫」的意思，且以為是「史不書於策」；然而，當孔子面對「史所不書」時而又係「異於常」的隱公之「攝」時，「不書公即位」在《春秋》中的本文究竟是否能是「孔子的再書寫」呢？而《公羊傳》與《穀梁傳》則正相反，一曰「成公意也」，一曰「成公志也」，均以孔子在此有「筆削」之動作，以見「不書」之義。並在傳義文字上以「不言」來指涉這一「春王正月」之下的「公即位」之不可有形視見的「空白敘述」。我們知道，兩傳在「書于竹帛」之前，是以「口傳」為其形式，因此「不言」正好與《左傳》的「不書」形成一種對照，這種對照是「口說的／文本的」，此一對照正好呼應了它們對「空白敘述」的用詞之不同。從此條來說，顯然《左傳》的「不書」與《公羊》、《穀梁》的「不言」，對於《春秋》中隱公元年的「公即位」之「未見」，有著不同的理解。但是，我們認為，無論這一「空白」是「史所未書」所遺留的，還是係孔子所「不言」的，它們都已是《春秋》中被傳主所意識到了的「空白」，具有非常、特義性的敘述，以是三《傳》各自進行其理解與發傳釋義。

另一部在宋代之後方纔出現的《春秋》之「傳」，是胡安國的《胡氏傳》，胡氏認為，「公即位」在經文中是被孔子「削之」的。胡氏的觀點是：此條經文本在史官書寫時本有「公即位」，但孔子為了表達他自己特殊的「貶隱之義」，所以將「公即位」削去。換言之，胡氏仍然在「空白」態上企圖給予一個有意義的「空白敘述」，胡氏的語言是「削之」。在我們看來，胡氏只是想表達孔子的行動中有著「經文」與先前「史官文本」之間的關係，以及與三傳近似的指涉，除了在內容上他所賦予的解釋是特殊的「貶隱」之外，其「削之」的用詞與三傳的「不書」與「不言」並無不同；看來他仍是受到了三傳的誘導，在方向上仍然被帶入了「空白」場域去思考他的傳釋。

何休在《左氏膏肓》中曾駁斥了《左傳》的說法，而鄭玄又在《申

膏肓》中反駁了何氏的非難。可見何休與鄭玄亦在此一「空白」解意上有經學史上的爭鋒與對立，一方言係孔子之筆削，一方則言是史官未書。但關鍵是在於我們所談論的是在孔子的《春秋》文本上所進行的談論，如果要將何、鄭辯論的戰場移至「魯史」與《春秋》的關係，那是另外的一種學術與文化傳承的課題，也將會使何休與鄭玄之間的爭論成為不同棋盤的兩造，而產生「非關經義」的爭鋒；因此，如果兩造的爭辯是有意義的，那麼便是「《春秋》學」內部的三傳引據之爭，在這一個立足點上，則我們可以說，無論何休與鄭玄的爭辯如何，對於經文隱公此處均有因其「即位」與否而產生的「空白敘述」，則無異辭。異乎者在釋此「空白」為何種「敘述」之義。一曰「攝」，一曰「成隱之志」。無論「攝」與「成隱之志」有何敘述與內容上的差別，「攝」與「成志」均為知此處有「空白」的言辭，且均是一試圖通達孔子賦義書寫的釋義行為。兩造實均在《春秋》場域之內進行對「空白敘述」的理解。否則便不能稱之為爭鋒，更不能成立一「何、鄭之爭」的「《春秋》學史」之專門術語。[38]

《春秋》經文莊公元年：

　　莊公元年春王正月。

---

[38] 「何鄭之爭」或亦可稱「鄭何之爭」，原因是我們迄今尚不能全然理解何休對於鄭玄駁其三書的反應與回應，《後漢書》上的記載雖然有著何休「登堂入室」之嘆，但也決不能證明何休這一歎究係在歎什麼？是不予理會？還是不足反駁？抑或不欲與鄭玄競鋒。我們實難推究出一可能而合理之釋。要之，後世對於「鄭何之爭」的成為一課題，是從鄭玄入手，而「何鄭之爭」之爭則反是。發揚何休之學而企圖代何休反駁，這是清代學者的公羊學重點，以是乃有「三闕」之輯佚；至於認為《後漢書》何休之歎乃是漢末公羊學已衰之論，則至少應是後世一種歷史觀點，而決不能說是後漢之季的春秋史已被探討清楚，更不能說是何休本身各種經學言說的清晰實貌。參考朱生亦：《何休「三闕」之研究》（嘉義：國立中正大學歷史研究所碩士論文，2004年6月）中對此相關的論述。

《左傳》云：

　　元年春，不稱即位，文姜出故也。

「不稱」與「不書」，意同，皆指未見「公即位」之書寫文。《公羊傳》則云：

　　公何以不言即位？春秋君弒，子不言即位。君弒，則子何以不言即位？隱之也。孰隱？隱子也。（何注：隱痛，是子之禍，不忍言即位。）

《穀梁傳》云：

　　繼弒君不言即位，正也。繼弒君不言即位之為正，何也？曰：先君不以其道終，則子不忍即位也。

《春秋》經文閔公元年：

　　閔公元年春王正月。

《左傳》云：

　　元年春，不書即位，亂故也。

《公羊傳》則云：

　　何以不言即位？繼弒君不言即位。

《穀梁傳》云：

　　繼弒君不言即位，正也。親之非父也。尊之非君也。繼之如君父也者，受國焉爾。

《春秋》經文僖公元年：

　　僖公元年春王正月。

《左傳》云：

　　元年春，不稱即位，公出故也。

《公羊傳》則云：

　　何以不言即位，繼弒君，子不言即位。此非子也，其稱子何？
　　臣、子一例也。

《穀梁傳》云：

　　繼弒君不言即位，正也。

《穀梁傳》於《春秋》經文「文公元年春王正月公即位」下則釋云：

　　繼正即位，正也。

《穀梁》所釋「書」與「不書」之義，正可以參看。又《春秋》經文「宣公元年春王正月公即位」，《穀梁傳》曰：

　　繼故而言即位，與聞乎故也。

經文於「襄公」、「昭公」、「元年春王正月公即位」下，《穀梁傳》皆曰：

　　繼正即位，正也。

至此已可以見，不論是《左》、《公》、《穀》三傳之「不書」、「不稱」、「不言」者，欲以言說《春秋》中經文之「空白」處也。三傳所釋或有

其異辭,然其所以異辭之同者,在於彼等皆係緊扣「公即位」之未見其文而欲為之釋其何以未見。[39] 三傳得以察知此處有「異」,在於傳主們根

---

[39] 較特別者為「定公」,經文只書「元年春王」,是此條經文有「不書」者二:「正月」與「公即位」均未見其文字。杜預直接於經文下注云:

> 公之始年而不書正月,公即位在六月故。(相臺岳氏本《春秋經傳集解》,卷27,頁373b。)

其注蓋以「正月公即位」同一意義層之書寫詞,暗合《公羊傳》傳文所釋。值得注意的是:《左傳》在傳文中卻是書為「元年春王正月」。杜預於此傳文之下並無下注。
《公羊傳》於「正月」則云:

> 定何以無正月?正月者,正即位也。定無正月者,即位後也。

「即位後也」一句,已先預示了我們將在後面的定公經文中閱讀到有關定公的「公即位」。故何休於此處即下注云:

> 雖書即位於六月,實當如莊公有正月。今無正月者,昭公出奔,國當絕,定公不得繼體奉正,故諱為微辭,使若即位在正月後,故不書正月。

何休的說法很有意思。「實當如莊公有正月」與「使若即位在正月後」,已經明白說出了定公元年不書正月之故,乃是為了「諱辭」,故「移書」於「六月戊辰」之下。是「移書」的「使若」,而非「空白」的「不書」。
《穀梁傳》於「正月」則云:

> 不言正月,定無正也。定之無正,何也?昭公之終,非正終也。定之始,非正始也,昭無正終,故定無正始。

於「公即位」,則云:

> 不言即位,喪在外也。

《春秋》經文於定公此處未書見「公即位」,較為特別,與上述隱、莊、閔、僖之於首條未書見「公即位」不同,經文於此處並非「不書」之義,而係書見於它處,即書於定公之「元年夏六月戊辰」之下。此在《春秋》中決為一特例,當必有故。故三傳皆有說,《穀梁傳》之傳釋仍以「正」為義,且已釋及「何以書日」義,傳文云:

> (經)戊辰,公即位。
>
> (傳)殯然後即位也。定無正,見無以正也。踰年不言即位,是有故公也。言即位,是無故公也。即位,授受之道也!先君無正終,則後君無正始也;先君有正終,則後君有正始也。「戊辰公即位」,謹之也。定之即

位，不可不察也！公即位何以日也？戊辰之日然後即位也。癸亥公之喪，至自乾侯，何為以戊辰之日然後即位也？正君乎國然後即位也。（范注：諸侯五日而殯，今以君始死之禮治之，故須殯而後言即位。）沈子曰：正棺乎兩楹之間然後即位也。……此則其日，何也？著之也。何著焉？踰年即位，厲也。（范注：厲，危也。公喪在外，踰年六月乃得即位。危故日之。）於厲中又有義焉。（范注：先君未殯，則後君不得即位。）

案、上引《穀梁》之經、傳、范注所據為明校永懷堂本。若據清儒鍾文烝《春秋穀梁經傳補注》所言，則更有討論性，不僅是《穀梁傳》本身的問題，而更已涉及「經文」的文本理解下的版本問題，且亦發可以見出「定公元年」此條的「公即位」確實與隱、莊、閔、僖四公之「公即位」不同。依鍾文烝《春秋穀梁經傳補注》之經文，所形成的新版本為：

元年春王三月。
晉人執宋仲幾于京師。
夏六月癸亥，公之喪至自乾侯。戊辰，公即位。

由此看來，鍾文烝確實理解出了一個新的經文版本，在這個版本中，全然沒有「王正月」的書寫，然而首條猶存有「王」，是故首條之傳文只釋何以「不言正月」即可；換言之，在鍾氏的版本中，定公元年的「正月」，於傳、於鍾氏補注，都是一個經文之「不書」義的面對。其次，鍾氏將經文「三月」自經文「晉人執宋仲幾于京師」之上移至首條「王」字之下，使得原本夾在「王」與「三月」之間的傳文，成為「王三月」的傳文。同時也形成了一個新的「經文」與「傳文」的版本。鍾氏云：

舊本「三月」二字退在下「晉人」上，以「王」字斷句，與桓元年同誤。今改正之，並移下條徐（邈）注於此。《公羊》此年亦以「王」字斷句。孔廣森本改正。（鍾文烝著，駢宇騫、郝淑慧點校：《春秋穀梁經傳補注》，北京：中華書局，1996年7月，卷23，頁672。）

鍾氏又釋之曰：

正月所以不即位者，緣喪在外未殯也，明定實不即位，故不言即位，與莊、閔、僖不同，非謂此處有言即位之理也。傳申言此者，因以見即位之文，史所本無，君子更為去正月以著義。（鍾文烝：《春秋穀梁經傳補注》，卷23，頁672。）

其言「去正月」者，蓋以夫子以刪削而著「不書」之義也。

《公羊傳》云：

（經）戊辰，公即位。

據《春秋》經文其他處之書寫，成立了「義例」的依據，方得以曰此處有空白，空白處有敘述，敘述有義。不論是書或不書「公即位」，或是書或不書「正月」，均係如此。

孔子在《論語》中所曰「吾猶及史之闕文」，歷來注家於「及」字均無注解。「及」字之所以重要者，意謂「文」既「闕」矣，則吾人何以能「知其為闕」，換言之，「史之闕文」何以能「及」？若從三傳之說「空白」為「不書」或「闕文」為義以言之，則什麼是使「空白」能轉為「不書」與「闕文」為義的成立之基？以「闕文」與「不書」釋「空白」有義能成立的可能之基是什麼？孔子賦義「空白」之「書寫」是在什麼狀態下能以「不書」與「闕文」來表意所指？書寫乎？不書寫乎？不可以書見乎？此時，如果我們依三傳所說，「不書」是孔子所賦予在《春秋》中的「空白敘述」，則依三傳所言，在《春秋》中孔子所留下的現存經文中，不止是有形而可以視見的經文，而還更有無形的經文是孔子所留下的「空白敘述」之經文。果爾，我們不禁要一問：「不書」所意謂的未被書寫成有形文字的狀態是什麼？又何以能被傳主們「讀」出呢！我們又何能以一種語言來稱謂並且描述形容孔子給定在《春秋》中的「不書」之意義，說出「它」是什麼，以便讓後世人能掌握、能「及」呢？

「不書」固矣，即便是「闕文」，吾人也必須先「知」此處有「空白」態，方能進行一種語言的詮釋活動，言說此處之「空白」態為「闕文」與「不書」之為有意義的書寫與敘述。因此，「空白」之能「及」

（傳）癸亥之喪，至自乾侯，則曷為以戊辰之日然後即位？正棺於兩楹之間然後即位。子沈子曰：定君乎國，然後即位。即位不日，此何以日？錄乎內也。

是《公》、《穀》皆已於傳文中詳釋經文何以於「戊辰」之日下方書見定公「公即位」之故。顯然與隱、莊、閔、僖四公「公即位」之「不書」、「不言」、「不稱」者不同。

與能被「知」,「闕文」與「不書」之能成為一個課題被揭示並被言說出來,必定須是有某種能為其基且先於其存在而存在者,言說方有可能。也就是說,「闕文」與「不書」之可被言說,是因為《春秋》本文中有「空白」可言說。

當吾人敘述一歷史時,此一歷史總是被構想為是存在的,然而,「不在」之處呢?「不在」處亦有「史」,一如「史」中必有「空白」或「不在」。然而,你如何言說此一「不在」處的「史」呢?這個提問其實就是《春秋》中的「空白」如何可「及」的問題。《春秋》之為經的三傳,其所用的方式便是所謂三傳家法的方式,顯然地,無論是《左傳》或杜預之釋「公即位」之「未見」為「赴告所無」,或是「簡策未書」;還是《公羊》、《穀梁》之以「繼正」或「非常」以釋「公即位」之「未見」;均是依據了《春秋》本文自身所供與的書寫而成立了一種可能的依循,傳家、注家稱之為「義例」、「書法」。則「公即位」雖「未見」其文與字,卻能在傳注家那裡因「義例」而被其察知,也就是被傳注家「及」於該處之「空白」,而作出傳解、注解《春秋》該處之「空白敘述」,稱其為孔子之運筆書寫「賦義」,並於該處章句之下發傳、發注。

至此,成立「空白敘述」的概念,對我們從「不書」入手進行揭示孔子的書寫活動之意義,似乎是有用的,也為我們自書寫學所進行的「及於史之闕文」與「及於不書」的「及於空白」之可能性的討論,打開了一扇窗口。

四、結論——空白、敘述與書寫

顧炎武在《日知錄》中〈春秋闕疑之書〉條所欲表達者,乃在於聯繫魯史與《春秋》之間的關係,他認為凡是魯史之闕文,孔子《春秋》

則「闕疑」之。何以「闕」,「文獻不足徵」故也。這是以「闕文」來釋《春秋》中「空白」狀態的走向。其所云「舊史之所無者」,「未書寫」也;「不名者闕也」,則「待書寫」也;而「不書」之義,則「已書寫」也。這乃是自書寫學的角度而區分出的「空白」之三態。《春秋》所糾纏者,其一則在「孔子的《春秋》」與「史官的魯史」間有多大的關係。依照顧炎武或是顧棟高等清儒的講法,則本來在公羊、穀梁家學者那裏所認知的「不書」、「不言」之義係被彼等轉換成為「闕文」的認知。由此,我們可以知道,《春秋》中的「空白」狀態是可以被解釋的,三傳後學能在「不書」與「闕文」之間進行「空白」態為「待書寫」或是「已書寫」的意義認知轉換,就是最好的例子。我們仍然只能在「傳」的層次上進行對「經」的理解與傳釋,但可以確定的是:現存三傳或是四傳的學者,都承認孔子在《春秋》中確有關於「空白」態的「賦義」行動。顧炎武的用詞「舊史之所無者」可以看出他的認知,是傾向於孔子只能在「魯史」的舊迹上「承舊」,然而,「承舊史本無」而保留了「舊史所無」,竟也是一種與「書寫學」有關的「闕疑」或「闕文」,其實便是一種已隸屬於孔子所賦義的「空白」態之「待書寫」。這其實還是漢人的古義。

其次,解《春秋》者的爭議核心:《春秋》中的「空白敘述」之為何種意義被孔子所賦予了?其實便是「闕文」與「不書」——即「待書寫」與「已書寫」——之間的爭議,在「空白中有舊史」與「空白中為新經」上移動他們對孔子的「空白敘述」之看法。

在上述吾人對「空白」三態的區辨中,重要的是我們已認知到「不書」並不是一種「不書寫」,而根本上竟是一種「書寫」的完成態;因此,爭論究竟是「舊史之闕文」還是「孔子之不書」,仍然只能在《春秋》本文中進行,則「舊史」與「新經」的爭論表面上看來乃是一種今古學的爭議,爭議孔子究竟運「空白」為筆,在《春秋》中書寫了與否?孔夫子在此,究竟是「書寫」乎?「闕文」乎?而究其實,如果

「舊史」與「新經」只能在《春秋》中的本文處來進行認知的論述，則「舊史之闕文」與「新經之不書」便只能是《春秋》中的「闕文」與「不書」。「闕文」是三傳特別是左傳家所持的認知，依照此一認知，《春秋》中的「闕文」便係孔子依循的「史之闕文」傳統所保留下來的「待書寫」之「空白」，《穀梁傳》傳文的「疑以傳疑」一句尤能傳達出此種認知。而《春秋》中的「不書」，無論是「諱之」、「削之」、「即以為義」，均是傳達了孔子的以「空白敘述」為「書寫」的「已書寫」。換言之，《春秋》本文中的「空白」三態告訴我們的，即是除了「未書寫」之外，「闕文」與「不書」均是「孔子的書寫」，也只能是「孔子的」書寫。無論「舊史」與「新經」的關係有多密切，《春秋》只能是三傳的《春秋》，三傳必須遵／尊《春秋》為「經」，三傳方才能稱「傳」。儘管我們也能換一個稱謂詞：「史」，來替換或代換「經」，稱《春秋》為「史書」，或從「史體論」上視《春秋》為「編年體書」，均無礙於以上「《春秋》與孔子」的論述。正如劉知幾可以將《左傳》作「史」來看待，近代人也可以將《左傳》作「史料」來看待，但他們用的詞彙仍然是《左「傳」》。《左傳》「章句化」尤其是「集解化」之後，已經無法再溯源出它所已迷失的最初之真正身分，清代劉逢祿影響近代「公、左之爭」甚深的《左氏春秋》說，仍然要依附《公羊》與《春秋》才能成立他的「公羊何休學」之「一家言」。

　　我們在結論中，要再次強調本文自書寫學所進行的區分是重要的，不僅是對「空白」三態的區分，尤其是對「闕文」與「不書」的區分，它暗示了早期有一種書寫行動，在這行動中，有一種「空白」意識之察覺，但卻沒有訴諸於「文字」之有形。但沒有「文字」見諸簡冊之表面，並不代表「不書寫」的立場，相反的，它更是一種特殊的「書寫」的立場。當「空白」被「不書」而「書寫」於《春秋》經文的「上下文」時，一種意圖的「敘述」便可以被嘗試著揭示出來。一旦我們在《春秋》「上下文」間揭示出一種「空白敘述」時，「不書」也就成為表

意的符號指涉,指向「空白的書寫」,也指向「空白的敘述」。因此,「空白」也就與有形符號一樣,也是一種書寫符號,必須加以閱讀及解讀。

　　本文進行至此,似乎已可作出一個真正的結論:我們已可辨識《春秋》文本中的有意義之「空白」。事實上,<u>真正的問題似乎總在結論時才真正出場</u>!一旦我們作出結論式的追問:「空白」既已可辨識,並且以「闕文」與「不書」自書寫學上將之歸屬於《春秋》中的有意義之「空白」態,且賦予其類型之各有專名:「已書寫」與「待書寫」。那麼,「空白」是否已可排擯在《春秋》上下文之外?對此,我們的想法是:無論是「已書寫」與「待書寫」、「闕文」與「不書」,都已將之指向於《春秋》本文的「敘述」層,麻煩的問題仍在,此問題便是:什麼是「空白」的「無敘述」狀態?「不／未書寫」意謂著什麼?筆者意圖嘗試回應之。

(一) 從「編年」上來構想此一問題

　　以《春秋》本文中的經文而言,並不是「每年每月」均有「書寫」,譬如在魯隱公元年王正月之後,繼接的便是「魯隱公元年三月」,那麼,「魯隱公元年二月」呢?「元年王正月」與「元年三月」有沒有存在一個「之間」的「空白」狀態?我想我們只能說:在「隱公元年王正月」之後,是一個「未書寫」的「元年二月」,但既不是《春秋》中的「不書」,也不是它的「闕文」,而就是不存在的「未書寫」。對於《春秋》而言,它的書寫之序,就是「隱公元年王正月」、「隱公元年三月」,這就是經文的第一條與經文的第二條;並不存在——因為「未書寫」——「隱公元年二月」的書寫世界。至於何以如此,用杜預的理解語言來說,則是因為「常事不書」、或是「大事方書」。[40] 因此,「未

---

[40] 如《公羊傳》桓公十四年經文「秋八月。乙亥,嘗。」之下,《傳》云:「常事不

書寫」的「隱公元年二月」並不代表「本年無常事」，也不代表「本年無世界中發生的事」，但卻不是《春秋》中的「世界」、不是《春秋》中的「書寫世界」、也不是《春秋》中的「世界中的事」。這個意旨告訴我們，《春秋》之外仍有「史」、《春秋》之外仍有「世界」、《春秋》之外仍有「書寫」，正是因為如此，《春秋》才能成其為「《春秋》之為《春秋》」，才有「《春秋》中的書寫與世界」的成立，而這個成立，正與這部文本被一個文化傳統視之為「經」相符，意謂著《春秋》中的書寫與世界與其它的書寫與世界有其不同，而這種不同，賦予了孔夫子以重要的位置。因之，在「孔夫子的書寫」的《春秋》的「世界之為世界」或是「在世界之中」，「魯隱公元年二月」既是「不存在」、也是「未書寫」。

再者，無論是「常事不書」或是「大事方書」，或是公羊家何休所謂的「非常」與「可怪」，[41] 或是穀梁家所謂的「與正之義」[42]，都是牽涉到了書寫者的選擇與意識決斷，書寫者取決之外的「空白」，有無「史」、有無「敘述」、有無「世界／事」，顯然便纔是我們問此問題之意義的關鍵。劉知幾在《史通》中所云：「夫名列史冊，自古攸難，事列春秋，哲人所重，筆削之士，其慎之哉！」這句話所強調的，正是「大事方書」之「大」──書寫的裁決之權正與書寫者／筆削之士有關。「慎之哉」的意涵便指向了「書寫」與「不書寫」，後者尤指一種被排擯在「已書寫」與「待書寫」之外的「空白」，我們也可以去追問，「此」處有「史」耶？無「史」耶？不經此一追問，書寫者的裁

書，此何以書？」更是反映傳主認為夫子不書常事，書必有義的認知與理解。

[41] 何休〈春秋公羊傳解詁序〉云：「傳春秋者非一，本據亂而作，其中多非常異義、可怪之論。說者疑惑，至有倍經、任意、反傳、違戾者。」（校永懷堂本《公羊傳》，何休序。）

[42] 如「春秋貴義而不貴惠，信道而不信邪。」（校永懷堂本《穀梁傳》，卷1，頁5a），「春秋之義，諸侯與正而不與賢也。」（校永懷堂本《穀梁傳》，卷1，頁11b。）之類。經文「赤歸于曹郭公」下發傳云：「赤蓋郭公也，何為名也？禮，諸侯無外歸之義，外歸非正也。」（校永懷堂本《穀梁傳》，卷6，頁42a。）

斷及取決之權的成立,就無其意義。「未書寫」作為一個可以提問的問題,其意義之一,我們的構想與回應如上。

(二)從「書寫意識／世界」的邊界來思考此一問題

從這一個問題的角度上來說,無「史」狀態的「未書寫」,或「未書寫」的「空白」態,根本是書寫者的書寫意識已瀕臨邊界。舉個例子言,《史記・五帝本紀》是司馬遷推遠及於〈黃帝本紀〉的書寫與敘述,在考古學與考古意識未興尚乏的時代,「北京人的頭蓋骨」,根本就是一種書寫能力的邊界,也是意識的邊界。此種「未書寫」是未能也未曾意識到的「未書寫」。「未書寫」的「空白」處就是無「史」狀態。雖然這也是一種「空白」的「未書寫」,但卻不是上述那種經由選擇、裁斷與取決的「不書寫」,而是處在書寫者意識邊界之外的「未書寫」。同樣,以《春秋》經文的「隱公元年二月」之「未書寫」而言,「未書寫」並不代表本年之本月無「史」,不敘述與不書寫的「不在」並不能等同於「無史」。「不在」處也有「史」的意涵是可以被揭示的。因此,「隱公元年二月」的「未書寫」,向我們指示出的是一種「在《春秋》中」的「世界之為世界」的成立。在《春秋》「之外」,「隱公元年二月」或「周平王五十九年二月」甚或是「齊僖公九年二月」都仍然有其「在者」,也有其另外的「世界」被敘述、被書寫;但這並非「在《春秋》中」的「世界之為世界」,也並非「孔夫子的書寫——世界之為世界」之意義。

(三)從「書寫」本身來思考此一問題

與「書寫」同時存在的,是「未書寫」。在有形文字書寫「之中」,我們認為,仍然存在著一種「空白」,一旦「書寫」自筆端瀉下,也就一併而存。「未書寫」的「空白」,正是在「書寫」的有形處、上下文、行文「之中」,與之偕存。嚴羽《滄浪詩話》所謂「言有盡而意無窮」,

〈詩大序〉專家所強調的「詩有興義」，孔子所謂的「詩，可以興、觀、群、怨」，指的正是在文字之書寫有形處，原本便共作者書寫而並存在的「未書寫」之「空白」，一旦經「讀者／閱讀／接受」的行動而相觸相接剎那之際，便將「空白」轉成了「蘊」的可以言說、可以閱讀、可以脫離作者的書寫而存在於作者書寫的有形行文之中，我們承認確有一種「未書寫」之「空白」存在，且在作者書寫之際便已產生。這種存在於書寫之初便已存在的未書寫之空白，我們認為，不是作者的書寫所製作的，但卻是於作者書寫時，一種作者未書寫的空白在同時間便被生產出來，存在於作者的書寫有形之中。<u>只要作者「書寫」，「未書寫」便已同時存在，我們亦稱之為「空白」</u>。

這種「空白」，是使最初文本脫離作者之後仍能存在的重要質素。我們在版本學上稱之為傳本者，其所以能以各種版本的姿態傳世而存在，無非便是因傳本中的有形文字之中，存在著這樣的空白，以為其基，成其能轉換傳本印製成個個版本的樣態。或是漢簡殺青之本、或是唐卷寫本、或是宋元明清的雕版刊本、或是宋刊本的大字、明刊本的小字，作品一旦脫離作者，本身就展開了諸種版本的可能，我們稱之為傳本。傳本之諸版本其所以能將作者所書寫的文字成為諸傳本的形態與樣式見存於世，字或大或小、行或多或少、十行本的十行樣式、縮本的雙葉合頁樣式，不正是因為字裏行間的不書寫與空白之故！沒有此種不書寫的空白存在，諸傳本焉能成其為不同樣態的諸傳本！而正是因為此一空白的存在，方能使得諸傳本變形——或大或小、或多或少——而出現諸版本，諸版本之間又存在著相對應於作者書寫的互文本的關係，我們可以進行校勘、在比較不同、察其訛誤、考其正字，其學問行動的依據便在於諸傳本的版本學依據。但進一步的追問是：諸版本得以具有相互性且能指向於作者的書寫原始樣態，又何所從來而為其成立與存在的所據？我們認為，其存在便存在於「未書寫」的「空白」之存在。沒有此一「空白」，宋本便不能推其字與字間而成大字本；沒有「空白」，明本也不能縮其字與字間而成小字本；沒有「空白」，明本更不能插入圖

示而成插圖本；沒有「空白」，明代文家所用的五色圈點與評點本也無存在與出現的可能。這還不止是刊刻的問題，我們談的乃是使之能刊刻的形上追問與存在依據。在「書寫」處，「存在」著「未書寫」的「空白」，版本方有可能、脫離作者書寫而傳於世的傳本方有可能。一旦傳本經由閱讀的接觸，傳本方能是「活著」，同時也使被作者書寫的有形文字得與未書寫的空白於相互依存作用而存而在。傳本與閱讀，於是有了找尋作者書寫原意的意圖之可能，也更有了讀者意識解讀之說，或是詮釋其蘊，或是言其言有盡而意無窮。我們認為，一部文本的詩性，亦正是來自於「未書寫」的「空白」。

上述有關「未書寫」的「空白」之論述，指向了一個承載文本信息的傳本現象的揭示，便是：當人死後他的作品可以繼續留在世間，通過不同的版本狀態——傳本而流傳，「興」與「蘊」與「言有盡而意無窮」與「情境」，都在傳本與「閱讀／讀者」的接觸之際，「空白／未書寫」存於「已／待書寫」的上下文間，被觸動成為「空白」之為「空白」的存在。也由於「空白」的存在，各種傳本才能在脫離作者之後繼續使作者的書寫在諸傳本之版本中，繼續是作者的書寫存在於其中。

各種不同的版本可以有不同的諸版，在邊框與字與字、行與行間轉換著有形處的排版，傳本轉換間的謬誤之可以辨識談論、校讎闕文；宋版的大字與明版的秀氣行書楷體或是清抄本、學海堂刻本的字體，都是傳本內在的「未書寫」之「空白」結構化了其依舊是一傳本，傳本使得作者死後他的作品仍能在他死後因為他的「未書寫」的「空白」而將傳本賦予了活著的可能。「空白」使傳本中的文字繼續可以通過閱讀而再現其閱讀世界，可能性就在傳本與讀者接觸並在世間出現閱讀之時刻開始。從符號學來說，其間各個版本／傳本中存在的共同單位原素，便是與作者在有形書寫之初始便已與之偕存且在其脫離作者書寫之後仍然繼續存在的「未書寫」，也就是「空白」。

書影一

圖片來源：作者提供

書影二

圖片來源：作者提供

書影三

圖片來源：作者提供

書影四

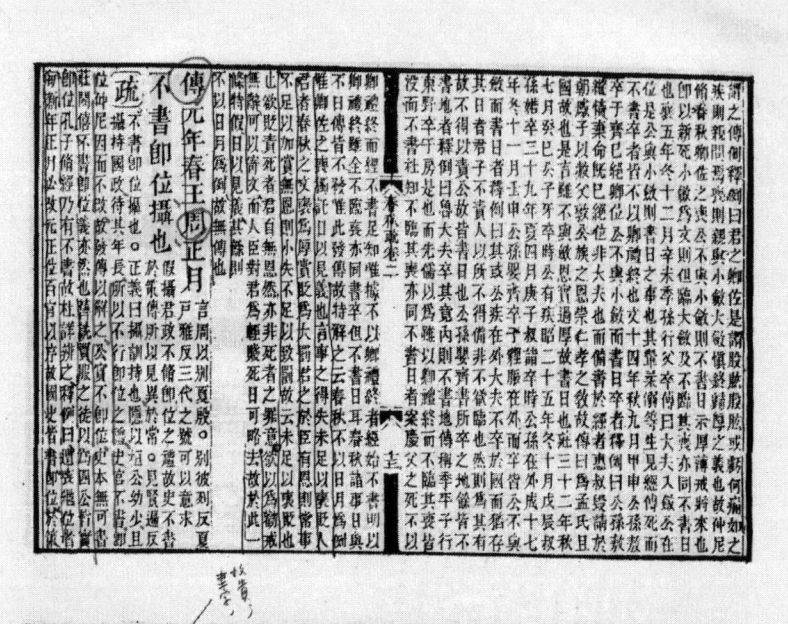

圖片來源：作者提供

書影五

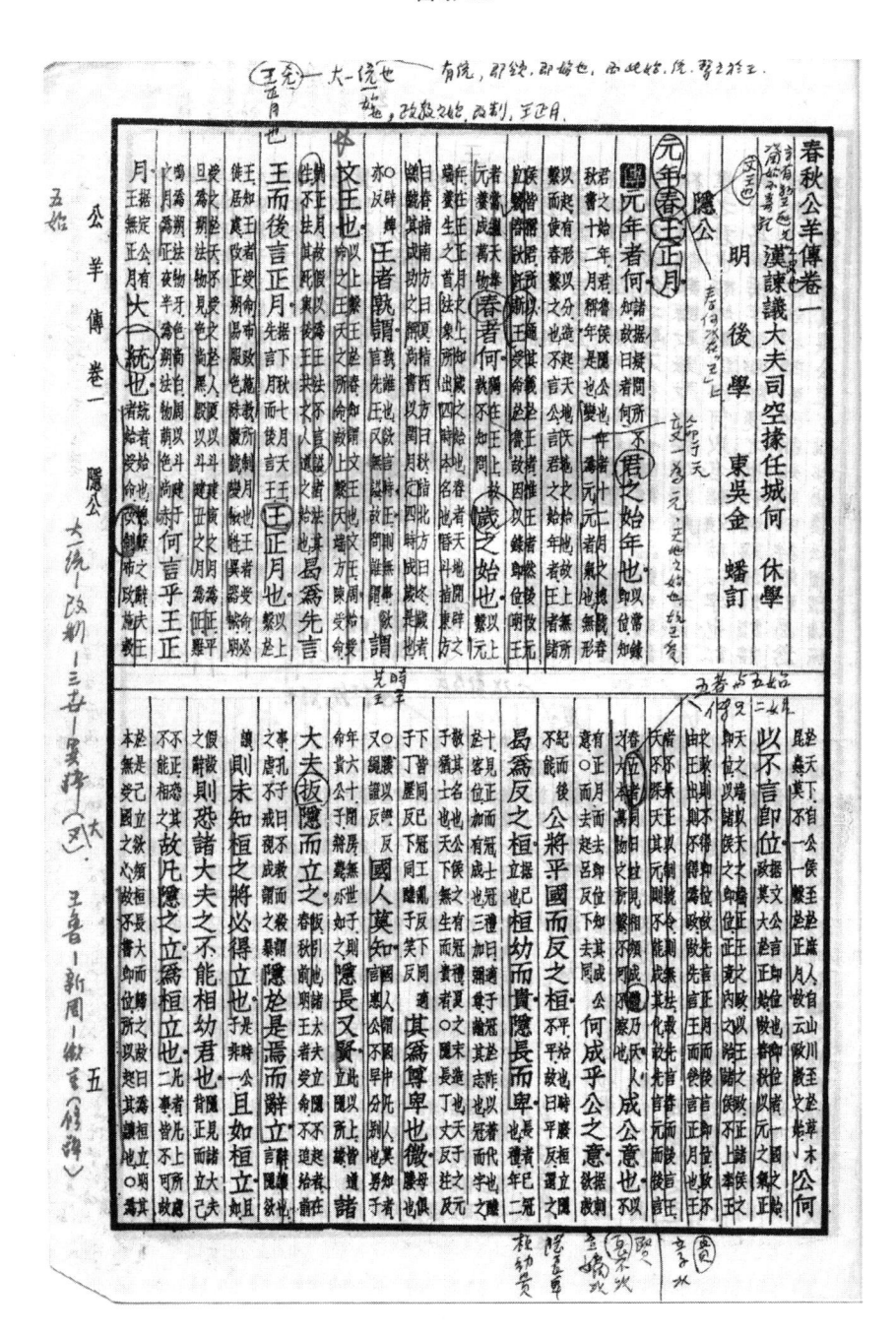

圖片來源：作者提供

書影六

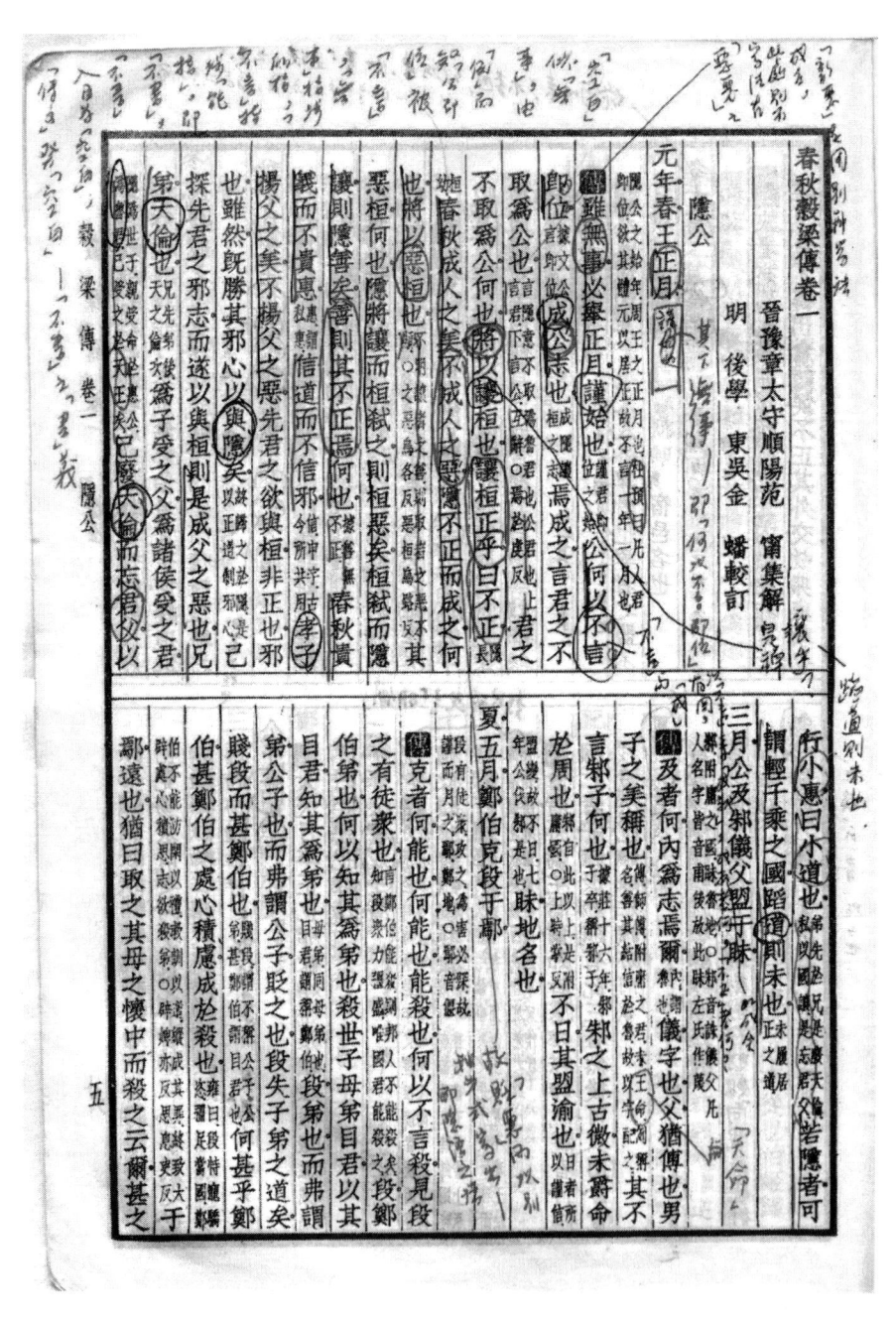

圖片來源：作者提供

書影七

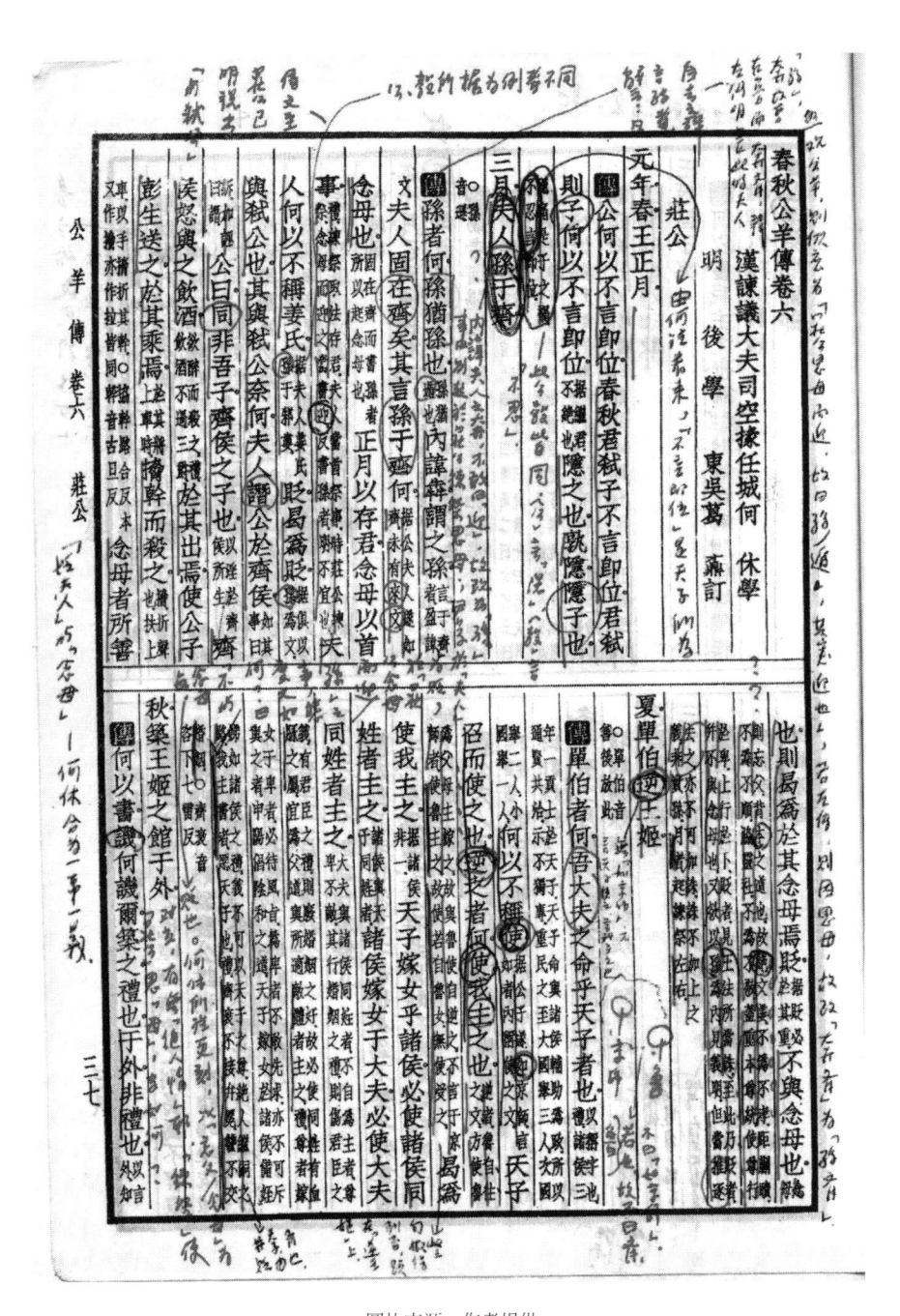

圖片來源：作者提供

書影八

(圖片來源：作者提供)

《春秋》中的空白：「闕文」與「不書」 111

書影九

圖片來源：作者提供

書影十

圖片來源：作者提供

書影十一

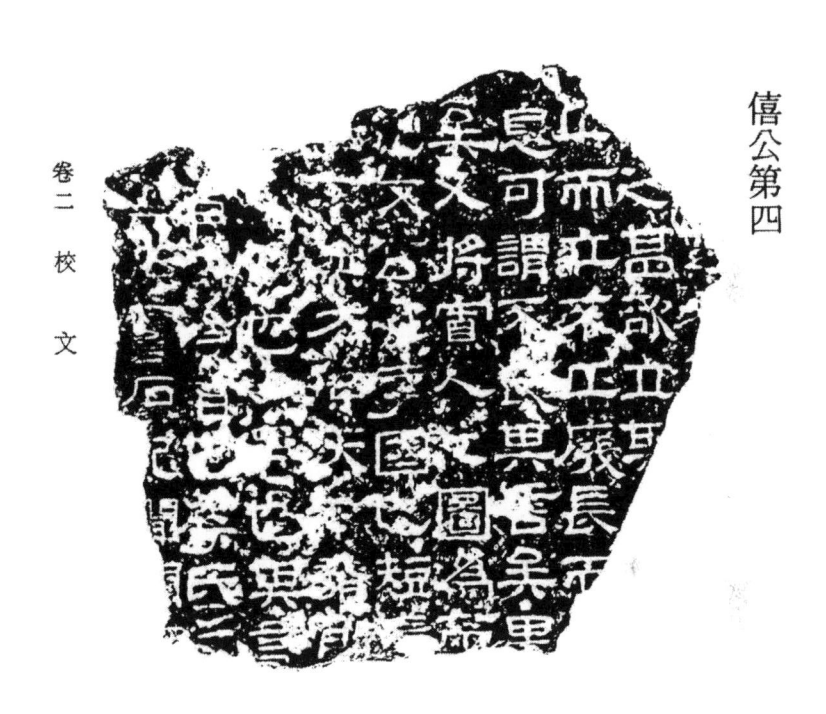

僖公第四

卷二　校文

圖片來源：作者提供

書影十二

WEI LING GONG *THE CONFUCIAN ANALECTS*   211

15.23 The Master said, "The superior man does not promote a man *simply* on account of his words, nor does he put aside *good* words, because of the man."

15.24 Zigong asked, saying, "Is there one word which may serve as a rule of practice for all one's life?" The Master said, "Is not RECIPROCITY such a word? What you do not want done to yourself, do not do to others."

15.25 The Master said, "In my dealings with men, whose evil do I blame, whose goodness do I praise, beyond what is proper? If I do sometimes exceed in praise, there must be ground for it in my examination *of the individual*. This people supplied the ground why the three dynasties pursued the path of straightforwardness."

15.26 The Master said, "Even in my *early* days, a historiographer would leave a blank in his text, and he who had a horse would lend him to another to ride. Now, alas! there are no such things."

15.27 The Master said, "Specious words confound virtue. Want of forbearance in small matters confounds great plans."

15.28 The Master said, "When the multitude hate a man, it is necessary to examine into the case. When the multitude like a man, it is necessary to examine into the case."

15.29 The Master said, "A man can enlarge the principles *which he follows*; those principles do not enlarge the man."

15.30 The Master said, "To have faults and not to reform them, —this, indeed, should be pronounced having faults."

15.31 The Master said, "I have been the whole day without eating, and the whole night without sleeping;— occupied with thinking. It was of no

圖片來源：作者提供

「言」與「文」：
《史通・言語篇》中的歷史語言觀*

發聲的口語與書寫的文字，均涉及到歷史敘述中的語言問題。晚近受到西方文論的影響，對於「書寫」與「語言」的關係，多所垂注。本文則藉著唐代史家劉知幾《史通》中的一篇文字，討論到歷史書寫如何才能「傳真」的問題。尤其「文」是「歷史敘述」過程中的最後的載體憑藉，使得劉知幾的「言」之「傳真」觀點，在「古今之時」的變遷性中遭遇到考驗。劉知幾是否已在理論上意識到這個難題？如果意識到，又提出了什麼主張？本文除了對此予以考察、分析外，也將其議題與「言與文」、「時與史」的課題聯繫起來討論。表面上，本文是對古典篇章的作者原意分析，實質上，已進行了一種「重讀」，並提供了當代文本中「言與文」的立論情境。

---

* 這一篇論文是專為王子廓（恢）師頌壽而作。身為他的華岡受業，雖然事隔二十載，但筆者仍能清楚記得　子廓師在為我們上大一國文時，講解周邦彥「斜陽冉冉春無極」詞的神采；以及大三「中國歷史地理」課程中，所展現的淵博深厚之史地兩學之功力。當然，他在課堂上對我的謬讚，至今仍覺春風拂過。

一、前言

　　史家所使用的語言，在他書寫往事時，必然會面臨此一問題：能否「再現」歷史？亦即，「語言」是史家書寫往事時所握有之「寸管」，它的功能是否足堪此任？在史家進行往事書寫此一工作時，應否意識到「語言」與「歷史」之關係？「語言」之「再現」歷史能力，是否有其限度？什麼樣的「語言」較適於歷史再現之書寫？抑或無關緊要，憑「才」即可以操控，一如陸機在《文賦》中所言，「文」之與否，在於「才」之能力。中國的史學批評家劉知幾在撰寫《史通》時，分析了各種問題，舉凡史著之體裁論、義法論、敘事論……等，彼是否亦曾意識到「歷史」與「語言」之間是一課題？其反省之深度如何，其思慮之方向為何？本文之撰寫主旨即在於此。易言之，本文想處理的是，從《史通‧言語篇》入手，考察劉知幾對「言／文」與再現歷史之關係上，提出了什麼樣的意見？這些意見，對我們重新思考「語言」與「歷史」時，有何啟迪。

二、《史通‧言語篇》中的歷史語言觀

　　當吾人讀竟〈言語〉篇全文後，所得到之初第印象，是此篇全文大意，提出了對「語言」與「歷史」傳真關係思考之兩個方面，其一，時間性。《史通》多是用「今」與「古」來談。其二，空間性。即「華」、「夷」之語言差異問題。關於後者，近人已有過專文處理此一問題。[1] 唯

---

[1] 參莊萬壽：〈劉知幾的實錄言語觀〉，中國唐代學會、東海大學主辦「第二屆唐代文化研討會」發表論文，台中：東海大學，1994年10月，頁5-7「關於劉知幾三個言語的問題」。另參筆者：〈論再現語義〉，中國文化大學歷史研究所、東吳大學哲學系、陳界華主辦「重讀中文研討會」發表論文，台北：東吳大學，1996年。文中對於「翻譯」及語言轉換的問題，也有一些陳述。

《史通》中是否已意識到此一問題中更為深刻的語言轉換及翻譯是否就是傳真原意的思考；在〈言語〉篇中，是將翻譯的轉換處理為「語言」的「直譯」，而且在「直譯」中，必須要能「存夷」之真味；任意替代以華語或華文，不僅失真，抑且失實；換言之，「史」之真諦也就喪失了。顯然劉知幾深刻地考慮到了在空間轉換中，「譯語」及「譯文」的問題。但其是否亦考慮到「夷語」抽離文化脈絡嵌入另一文化脈絡中所可能遭遇之問題，則尚有待探究。筆者在這篇論文中將從前者出發，也提出兩個問題來作為思考進行的方向，即（一）、「史」與「時」的關係。（二）、在「言」與「文」的關係中，被《史通》批判的「文飾」之「文」的「修辭性」問題。亦即：「文」是一個必要的書寫過程——我們稱之為「成文活動」，「成文」一詞意味著比「書寫」這一名詞，包含著更多的東西；還是一種「修辭性」的「失真」陷阱？

首先，吾人必須注意及《史通》中所使用的「言」之一詞，並非專指一種意指之「言」，至少吾人已可察見者，有三種：（一）、《史通》經常使用的「言為尚書」或「言／事」對稱之「言」，這種「言」出現在〈六家〉、〈敘事〉等篇。（二）、〈載言〉篇之「言」，用來作為史書體裁結構中與本紀、世家、列傳、書志、表曆平行的〈載言〉。（三）、言／文之言。此一言／文相對之「言」，正是《史通》在〈言語〉篇中所強調拈出之「言」義，即「口說」之言，浦起龍在正文夾注中稱之為「口語」，如「上古時口語一層」、「春秋時口語一層」、「戰國時口語一層」者是。[2] 必須要考慮到「言」之此種意指屬性，在下文中才能討論到此種意含上與它相對稱的「文」。其次，是「時」，《史通》中不時運用「今／古」、「質／文」的變易來強調「時」對「言／文」的影響，也就是說，由「時」之變易，方能將「言」與「史」牽連起來，深入討

---

[2] 見浦起龍：《史通通釋》（台北：九思出版社，1978），〈言語〉篇小字夾注，頁149。

論。前輩張舜徽氏在《史通平議》中認為本篇主旨在言「識時通變，務實而書」，所言不「虛」，[3] 然則如何是「實」？「時／實」又須如何相應？又如何在相應中成「史」？「史」本質又如何應「時」？此「時」之義為何？「時之實」時固為「史」，然「不時之實」時，又將如何？「語言」能將「實」固定下來嗎？這些都是劉知幾在〈言語〉篇中已然探觸到的問題，細讀它的陳述，我們似乎已然能夠大約地勾勒出劉知幾在本篇中思考的圖景。張氏用「識時通變，務時而書」八字來按本篇之旨，誠哉斯言，然而卻忽略了問題化劉知幾的思考與陳述，換言之，不能究原。

三、「古」與「今」：史之時也

在〈言語〉篇中，開宗即提到孔子之言，曰「言之不文，行之不遠」，則從「說完話」後轉錄為「文字」時，還要不要將「文字」再「文」一些？劉知幾似乎認為孔子的答案是肯定的，「言之不文，行之不遠」已在語意上肯定了此點。劉知幾〈言語〉篇原文為：

> 言之不文，行之不遠，則知飾詞專對，古之所重也。[4]

但此句也可另作解讀，即「言語」如果不轉化為「文字性」的「文」，就絕不能流傳得比較久遠。總之，這兩種「文」義的解讀及其與「言」的關係，在此是未被劉氏區別的。

接著，劉知幾碰觸到了「時」與「史」之間的關係，在此關係中

---

[3] 見張舜徽：《史學三書平議》（台北：弘文館翻印，1986）；《史通平議》，卷3「案語」，頁69。

[4] 浦起龍：《史通通釋》，〈言語〉篇，頁149。案：〈言語〉篇中所引，本出自《左傳》襄公廿五年「仲尼曰」，原作「言之無文，行而不遠。」見楊伯峻：《春秋左傳注》（台北：漢京文化公司，1987），冊二，頁1106。

——亦即在今古的差異「變」動中,「古」如何「再現」其「原」?劉知幾提出這樣的概念思考,其云:

> 夫天長地久,風俗無恆,後之視今,亦猶今之視昔。

這樣的思考,正是一種「史/時」的「變易觀」,劉知幾並希望由「言語觀」入手,去闡明此種關係。今古是不同的,因此,如果「今」不能將「今語」留下並流傳,則其成為「古」時,未來的「今」也就不能自「言語」上得到「古」之「真」,將會失真、失實。浦起龍清楚地引敘文字闡明劉知幾之意,其云:

> 案:元人採遺山史稿撰《金源史》,特載《國語解》一冊,謂其有古人尚質之風,不可文也。其得子玄之意者歟!子玄預拓拔、六渾、黑獺諸史,屢惜其遺落國語,掩覆本色,自此篇始。[5]

又云:

> 裴松之有言:凡記言之體,當使若出其口,辭勝而無實,君子所不取也。此語可概此下諸篇。
> 北平云:信史務在紀實。語從其實,史法也。[6]

其引黃叔琳之言「語從其實,史法也」為佐證;並提出「質/文」相對之思考,顯然意同劉知幾,隱含著一種「質」即「實」,「文」即「修飾」——所謂「辭勝而無實」的相對思考。「本色」可以紀錄「史」之「實」,而其關鍵,就在於「口語」的「照錄」。浦氏所用所引者,如「質/文」、「本色」、「紀實」、「若出其口」等,確乎是劉知幾的思考

---

[5] 浦起龍:《史通通釋》,浦起龍案語,頁152。
[6] 同前註,頁153。

特色：由「言」到「文」，由「文」到「史」，以及其間所關繫的「史實」之「傳真」度。劉知幾云：

> 驗氓俗之遞改，知歲時之不同。而後來作者，通無遠識，記其當世口語，罕能從實而書，方復追效昔人，示其稽古。是以好丘明者，則偏摸《左傳》；愛子長者，則全學史公。用使周、秦言辭見於魏、晉之代，楚、漢應對行乎宋、齊之日，而偽修混沌，失彼天然，今古之不純，真偽由其相亂。[7]

又云：

> 苟記言則約附五經，載語則依憑三史，是春秋之俗，戰國之風，直兩儀而並存，經千載其如一，奚以今來古往，質文屢變者哉。[8]

劉知幾在此的思考模式非常明顯，即「當時之語言」可以「傳真」，故「口語」不僅可以「入史成文」，而且應當成為原則，其關鍵則在於「照錄」，照錄方可得其語之原意，「原意」即能聯繫到「史之傳真」上來。是以其云「今古不純」，不純則失真，即「真偽相亂」，故談「口語」重視「天然」，此「天然」一詞即浦起龍氏之「本色」。劉知幾尤其批判那些欲將「史籍」文飾而傷直失實者，概皆由於其「錯亂今古」，不能由「時」知「史」；亦因以「飾」為「文」，終失「語」為「明鏡」之義，其云：

> 唯王、宋著書，高時事，抗詞正筆，務存直道，方言世語，由此畢彰。而今之學者，皆尤二子以言多滓穢，語傷淺俗，

---

[7] 浦起龍：《史通通釋》，頁150。
[8] 同前註，頁153。

夫本質如此，而推過史臣，猶鑑者見嫫姆多媸，而歸罪於明鏡也。[9]

故曰：

夫天長地久，風俗無恒，後之視今，亦猶今之視昔，而作者皆怯書今語，勇效昔言，不其惑乎。[10]

注意劉知幾批判將「今言」文飾後「入史」的書寫之依據，在於須以「時」視「史」，因而「史」之「質」必須有「今」、「古」之變遷者在，在歷史變遷中，沒有什麼是恆久的——天長地久，風俗無恆，也沒有什麼「語言」是「兩儀並存」、「千載如一」的，在「今來古往」、「質文屢變」之下，不須一味「彷古」，而應「及時」、「今語」。在「時」之中，「史」的「質」是流變性的，在「流變性」中要能「傳真」，就要能「今」、「古」相紃。注意劉知幾已考量到了「流變性」——即「變時」的視野。而與另一段〈言語〉篇中的文字相對照，後者卻又反映了另一種「定時」的觀點，在此段文字中，用的也正是一「時」字：

其於中國則不然。何者？於斯時也，先王桑梓，翦為蠻貊，被髮左衽，充牣神州。其中辯若駒支，學如郯子，有時而遇，不可多得。而彥鸞修偽國諸史，收、弘撰魏、周二書，必譯彼夷音，變成華語，等楊由之聽雀，如介葛之聞牛，斯亦可矣。而於其間，則有妄益文彩，虛加風物，援引詩、書，憲章史、漢。遂使沮渠、乞伏，儒雅比於元封，拓拔、宇文，德音同於正始。華而失實，過莫大焉。[11]

---

[9] 同前註，頁 151-152。
[10] 同前註，頁 152-153。
[11] 同前註，頁 151。

「斯時」意謂著有一個「固定時間」，這一區別的指出是饒富意趣的；在另一段前面引過的文字中，劉知幾也有類同的思考，即：

> 用使周、秦言辭見於魏、晉之代，楚、漢應對行乎宋、齊之日。[12]

這意謂著周秦是周秦，魏晉是魏晉，各有其「斯時」。上述引文表述了劉知幾關於「時」的兩類思考型態之並存，而其自己卻並未自覺到並將之區辨出來：即「流變」與「斯時」，一是今古不同之「變時」，一是「今」、「古」之為「今」、「古」的「定時」。「前者」我們稱之為「變時」歷史觀，而後者，我們則稱之為「定時」的歷史觀。對劉知幾的自覺而言，〈言語〉篇中顯然較多地偏向於「斯時」的思考模態。「言語」的「存真」性顯然是這篇文字所特別強調的，違背此就會導致「今古不純」，「不純」的意思意味著「真」是一種「當時時空」的「真」，而不是「流變式」的「真」，「史」之「實」究竟是變動的？還是固定的？「時」是變動的，因此，無論「史」是「定時」還是「變時」，都會在與「變」之「時」交涉時變得複雜。大體上，有兩種型態的思考處理「史」與「時」的關係，而劉知幾顯然在〈言語〉篇中呈現的，是一種較為傾向於以「定時」為「質」的思考型態。「今古不純」之「純」及「失真」之「真」的用語，顯然地就是這層意涵，由此而來的「真」，也將是今古之「純」的「真」。則「傳真」——歷史的再現論，也就成為一種討論如何在「史／時」是處在「變」之中，尚能夠以「定時」形態將其掌握住的思考。劉知幾透過〈言語〉篇論述，大談「方言世語」的「記言載語」之道，無非就是在言說一種他所認可的「再現」觀點。但是，這種「再現」觀點，在處理「言」與「文」之關係時，陷入了難題。

---

[12] 同前註，頁 150。

四、「言」與「文」：記言／成文的思考模式

在劉知幾，或許尚未覺察出此種困境及論述危機，因為，他將言／文關係，僅構想為「文」是一種「修飾」行為，對「錄言」、「載言」的文字書寫之「純」度有其傷害性；他僅將「文」放在「修辭」——他稱之為「飾詞」的修飾性義上來看「文」。但是，〈言語〉篇中開頭所引述的「言之不文，行之不遠」一句，無論是上述的那一種意義，都已經對他的「文飾」之「文」論述構成了挑戰，甚至已經是破綻。或者是顯示：他那種把「口語」視為主體（質），把「文」視為「過度」文飾的思維，顯得他對「言／文」之處理，在通向「史／時」的「再現／求真」之聯繫過程中，顯得過於簡單。以下吾人即將針對此點批評，作出解說。

首先，他並未闡明清楚，何以《尚書》之當時「口語文」，在後世被視為「古文」時，竟是一種典雅之古文；顯然這種歷史意涵，是一種存在即流變式的意涵。在當時為普通之口語者，在經歷時間變遷後，有可能在「變易」中「形成」為「典文」；這也就是說，時間能使得一些「流傳物」具有「歷史性格」而變得「古雅」。[13] 劉知幾仍僅僅以「口語存真」來構想其原故，就顯得未觸及其重點。以下圖所示為例：

```
              A        B
    三代 ←———— 漢 ————→ 唐
    今古      今古      今古
```

顯然在「今古惟純」的思維中，劉知幾忽略了 A、B 箭頭的本身也是構成「歷史」的一環，三代之「語」在漢為「文」，這也是「史」之

---

[13] 王國維：〈古雅之在美學上的位置〉，《靜安文集續編》，收入《王觀堂先生全集》（台北：文華出版社，1968），冊五，頁 183-189。

「實」之一環,則「漢」之為「古」時,從「唐」之為「今」去視「漢之為古」,是已經經歷並繼承了「尚書之文」的這一史實,「尚書之語」已經為「文」,這一點是重要的,否則「尚書之語」便不能成其為「尚書之語」。抑且,當「言」要成「文」時,如何找一個「文詞」去「記錄」「口語」之「真」,這本來就是一種「言／文」轉換的行為,陸機在〈文賦〉中云:

> 夫放言遺辭,良多變矣;妍蚩好惡,可得而言。每自屬文,尤見其情。恆患意不稱物,文不逮意。蓋非知之難,能之難也。故作〈文賦〉,以述先士之盛藻,因論作文之利害所由。[14]

「恆患意不稱物,文不逮意」以「文」去代「言」,將「口語」發音照錄／直譯為「文詞」,這只是其中之一種方式,但不是「言／文」轉換的全部／唯一方式。在口語上,我們固然可以在「語類」式的作品中書寫成「吃得亂七八糟」,但在「文集」中,卻有必要得寫成「杯盤狼籍」,「言」與「文」的轉換,不是只有「直直地照譯」才是「存真」之唯一模式;在互換行為中,還有許多「生成」及「遭遇」。劉知幾僅以「照錄」來說,便顯得與其自己引用孔子的「言之不文」一句矛盾而突兀,而且,「言之不文」也不盡然是指飾詞性而已。

吾人或可以將「言」與「文」之關係構想為一種 A — B 兩個點之間的時間性之關係——這也正是劉知幾用「今」與「古」所構想的模式。A 為言,B 為文,則 A 與 B 之間存在著兩種關係模式,一種是視野上的「向上看」,一種是視野上的「向下看」。隱含在劉知幾所構想的——在他以「質」、「文」為言說的——關係,似乎就是一種「向上看」的模式。將「言」視為一種「原意」,而「文」作為記錄「言」的形式,本身就反映出一種「向上看」其「原意」的思維模式。這種模式

---

[14] 楊牧:《陸機文賦校釋》(台北:洪範書店,1985),頁 1。

下的思考，必然會引起一個追問：即追問「文字」能否捕捉、掌握住「言語（口語、說話）」的「原意」？「記言」兩字，最初出現時的意指性不僅在劉知幾的使用中，甚且在古代漢語中出現時，就有著這樣的思維隱寓其中，否則為何不措其詞為「向下看」的「生文」，而卻使用著「向上看」的「記言」之措詞。劉知幾不僅在〈六家〉篇中，將「尚書家」視為一種「記言體」，抑且這個「記言體」的「記言」思維也充分反映在〈言語〉篇中。「記言」是一種文字書寫的行為，是一種文字使用觀，將「文字」作為「語言」的拷貝、副本、照錄。「文」追在「言」之後，「記」錄下來其原意的文字使用觀。因此，劉知幾實際上是在〈言語〉篇中，給予了「文」一種意思：當「文字」過度地逾越了它「寫實／傳真」的本分與職責時，就是「文」——飾文、文飾。「文」就是多餘的裝飾，稱為「文飾」、「飾詞」，這個觀點，其實也正是劉知幾的修辭學觀點。但另一方面，他卻又在〈言語〉篇之「文」中插入了另一個涵義，這個涵義是引用自《左傳》中引述的孔子對「文」的說法——即「言之不文，行之不遠」，這個涵義顯然不同於上述的「文飾修辭」之「文」意。但孔子的「言之不文，行之不遠」，其實還牽涉到了「文」的另一層涵義，即在「言／文」關係上，還有著另一種「向下看」的思考模式。抑且，劉知幾的〈言語〉篇，以書面型態出現，顯然也是一種書寫之文，在此「文」中，他引述了孔子在《左傳》中被「記言」下來的「語」時，顯然已經陳述了一項事實與自證：即「言之不文，行之不遠」能「行遠」而至於唐代，進入劉知幾〈言語〉中的文脈，而當劉知幾引用「它」時，「它」是「文」？是「言」？——照知幾的說法，應當至少是「記言」，但「記言」式的引文中，談的卻是「言之不文—言之將文」——此一質問毋寧是尖銳的，逼問出劉知幾實際並未處理到「文」、「言」關係的更深一層處。

　　在「言」↔「文」的時間性關係中，「文字」作為「記言」體時，是副本觀的思考，「言」是「原意」，這是「向上看」。但另一方面，由「言」到「記言」——就是一個「成文化過程」。用「向下看」的觀

點,當「文」(動詞)之後,「文」(名詞)會產生了變化,這種變化是一種很自然的在時間之中的生成變化,發生於由「言」到「文」的歷時(時間)過程之中,這使得「文」在生成後無論有別或無別於「言」,主體都不在「言」,而在於「文」;這也顯示:從「記言」思考來看「文」的觀點,只是生成變化中的一種觀點及可能性,卻絕非唯一及主導性觀點。反之,從「向下看」的生成變化義來說,與「文」互動互涉的就不只是「言」而已,還有著在「生成變化」——我稱之為「成文活動」——中與之互涉的諸多他者,包括書寫者、書寫文字本身的特色、書寫活動的本身等等,「言」的「語意」構成的「原意」觀已不是主導「文」之生成的唯一╱全部來源或要件因素。不論「文」能不能掌握「言」的「原意」,原意式的「記言」構思只能是由「言」到「文」的一種可能及一種思考向度而已;尚還有其他多種可能,例如前述遭劉知幾批判的「飾文╱文飾」;表面上看,它是脫離了「原意」——因而失真、失實;但換一種角度看,則脫離或偏離「言」之「原意」,歧義也正好是衍生義(衍義、演義)的開始;再一方面,我們對於「文」能否在「向上看」時掌握「言」的要求或質疑,本身就已陳述了一項事實:即「向下看」時,「文」是具有衍生或演生新義、新品種之能力的。而一個語詞或字詞的多義,正是在「向下」的不斷處於新語境、新的上下文中轉義生成的;「一詞多義」,甚或與「本義(源義)」相歧,就正是由「言」到「文」的向下生成之結果。這表明了「向下看」之相背於「向上看」,在「原意」與「脫離╱偏離」的尖銳對立中,「向下看」的「偏離原意」,可能也有正當性,正是這個正當性的擁有,「偏離」被我們視為——換一個措詞——多元╱創義╱生成的正面觀點。

因此,「向上看」的「原意」與「向下看」的「衍義」,正好形成兩種不同的思考觀。當我們處理「言」與「文」之間的關係時,「記言」的「文」觀,顯然屬於前者。這種觀「文」形態也適用於「古文」、「今文」,清代漢學家們對於「古典」義的觀點,顯然就是一種「向上看」的求「原意」之學;清學號稱「古學」、「樸學」,正好反

映了追求「古典」的一種原意觀,「向上看」的路向以及只有「一義」（而非歧義、多義）之觀。與此相對,他們反對的「宋學」,就正是一種「向下看」的「創義」形態之本質,尤其宋學重「自得」,正好反映了古——今之間,「自得」在時間上後起之「現在」的位置。回到〈言語〉篇內的言／文關係上,劉知幾顯然屬於「向上看」的「原意」觀,而他所植入篇文內的「言之不文,行之不遠」則是一種「向下看」的以「文」為主體的生成觀。劉知幾既然屬於前者之思考類型,則視「文」為「記言」屬性,因此,主張實錄、傳真式的照錄／直譯,並批評「向下看」的多義、衍義是一種「文飾」後失真／不純之「文」,也就不足為奇了。但由於其「文」中所引入的「向下看」之引文,使得〈言語〉篇的主調有了分歧、裂縫。

最後,還有一個第三種的「文」義,更是劉知幾所未能探觸到的。它並不是「言／文」關係組構上的「文」,而是在書寫形態中的「文」義,用來表達一種比較性的觀念,表達 A 的文／字／句／章／作品比 B 的文／字／句／章／作品更「文」之「文」義。這一層「文」的涵義,顯然已經是文學上的典雅之事。劉知幾表面上有批判到這層「典雅」之「文」義——在其批評北朝諸史用《詩》、《書》之文來譯當時之口語或夷語時,認為不僅失真,而且不倫,是「捐實事」而「飾虛言」。但這只能說是「翻譯」技術面的拙劣,或「記言」之拙劣,因而造成了「虛言」之史筆,而不能說一種追求這個「文」比那個「文」更「文」的「文」義之行為——我仍將之稱為一種「成文活動」——是一種不應有的「粉妝」、「修飾」之行為,因而便據以宣稱它仍是一種文飾、飾文,這種將修辭學之成文活動的本質等同於「文飾」的觀點,已否定了在「文」本身所具的一種層次意涵的要求,這也是一種「文」義。再一次提出「言之不文,行之不遠」,為的是要表述出「文」的此層涵義,應當就是一種層次屬性上的追求。正視這一層「文」義的追求,是有意義的,可以「向上」更精緻地掌握「原意」,使得一種陸機〈文賦〉所

謂「恆患意不稱物，文不逮意」的構思，成為一種精緻的苦思，在一個個可以被認為表述「原意」的文詞中，去找到或構思一個更好的文詞，這是一種「文」；或是「向下」生成更多新義的一種精緻的書寫的成文活動，在精心苦思出的文詞中，有了新的轉義生成，這也是一種「文」。

同樣地，劉知幾在處理華夷語言的問題上，就批評與理論層面而言，所陷入的也是可類比的困境。根據〈言語〉篇中所陳，劉知幾顯然只能從「閱讀」六朝史籍中去闡述「夷語」的「翻譯成文」，即從「漢文」與「夷語」的「記言」性中，去構想「翻譯」的妥當性應何在的問題。他的中心標準仍然在於「傳真」，而「真」的主體則是落在「夷語」的「原意」上，但問題是「夷語」已然（在歷史形成中，也是一種必然）成為「記言」的「漢／譯文」，即使是音譯的「夷語」，也還是在漢文書寫中所形成的新漢語，這種新譯生成的漢譯詞，如果要明瞭它的意義，也仍須加上漢文的注解，否則不能知其原意為何。可見即便是「夷語」，在「漢文書寫」下，仍然需要重疊加上譯注型態的「漢文／注」，否則仍然不能「傳真」——傳達出「夷語」之原意，這已表明，被劉知幾用以作例的諸北史不是「夷文之史」，而是「漢文書寫」的北史，再多的「夷語」也要「轉譯」成漢文狀態，劉知幾只是主張音譯而已，而無論是音譯還是意譯，包括劉知幾指為「用典不倫」的「意譯」，都無法脫離一個核心，即「夷語」的必然遭遇——遭遇到漢文轉換的翻譯行為；在翻譯行為的轉換過程中，「夷語」才能傳達出其為「夷語」——在漢文書寫的文脈當中。

五、結語

綜上所述，吾人已建構出劉知幾的「歷史語言觀」圖景，以及蘊涵其中的「向上看」之「記言」中心思考觀；並且也已展開了一些討論及批評。這些批評對劉知幾而言是否公平，不得而知，因為，劉知幾已

成其為「古」。但至少，劉知幾在自己的時代中，努力地建構了自己的歷史語言觀，這是他的「今」。當「今」已成為「古」時，誠如其所言「古今無恆」，「時」至「今」日，他的論述在歷史的流傳之中，已又經歷了更多的歷史生成，也有他所未睹的異文化之敘事論述及語言觀點輸入，出現在近代漢語華文中，如果執守於他的「純度」傳真論，則似乎忘卻了他的「史之時」義論；起碼在今日，我們已應有我們自己的語言論述，包括歷史語言觀。在劉知幾之歷史語言觀已成為「古」時，他的論述，歷經「時」之變遷，而成為「史」，在今日重新研討他在《史通》中之意旨時，如何求其「史之實」，也應當重新在一生成意涵中看待；甚且，對他批評的意見，有可能也竟是一種「還原」他「原意」的方式——當吾人「向上看」時，重新再閱讀，再思考他的「原著／原文」之時。

「編年」論述：時間之鏤刻

曆之進入史，是「編年」史述成型的關鍵。然而，曆之編序時間，又不能全然主宰著史述，「編」之一字，已道出了另有人間消息可窺。在「編年」成史的形態中，由「『編』年」而來的另一史述單元，正是「統」。「統」在史述中，布滿著人間現象，也在曆序中運轉著自身而建構了人類歷史。而在「編」之外，也仍然有著歷史。正是在此無形處，促使「統」以有形姿態現身，成為可被掌握與理解的史述要素。

一、編年：曆與史

曆，是一種人對天象、天體運行觀測後，得到此一「對象」在時間之中運行的節奏，用單位刻度下來，並用之於己者。能夠觀測，不僅是一個外在而恆在的參照系之故，抑且是因為「一體」之故，才能用之於己。作為參照系的對象，經過觀測後，能夠給予一定節奏的丈量刻度，而與其「一體」化——一種「天人合一」、「萬物與我一體」的體會——的我們，也能在感應中同其節奏而運行生命的進行；「參照系」與「一

體化」均是重要的。古人為「行事」（行此人間用此人身所行之事），而須知何「時」可／不可行何事，遂有「曆」來作為一種「天象」之時間性的「垂示」，而此則須先切割時間，切割之理，則由「天體」之作為參照系之觀測而來。各民族有各民族的參照系與參照之理，古代的天體運行、天象觀測，有「太陽曆」，以「日」為中心；有「太陰曆」，以「月」為中心；有陰陽合曆，有十月之曆，有十二月之曆；據近人考證，亦有「火曆」，以「火星」為中心。[1] 故天象垂示之事，顯在人間，人依天行之；如何依，即依「時間」與所「示」；所依之理，即是天象天體之運行與五行五星之交錯等種種，以成曆法，以遂曆事；故製「曆」自古即屬天官之事，凡人不可從事，「通天」是一種權力中心運作的表徵。

在中國，古代的史官一職，顯然與曆之製作相關，即「天學」之「天」事有關，此「天」也是「天人合一」的「天」，是故不稱「天文學」而稱「天學」。[2] 其職司執簡記事書寫，乃是後來的事。周代稱之為「太史」，職屬「天官」，一直到漢代仍是如此；司馬遷與其父司馬談在漢代皆署「太史令」一職，其職事之一便在於掌曆，漢武帝時著名之「太初曆」便是司馬遷、壺遂、公孫卿三人所一齊修訂的。《後漢書·百官志·太常》：

> 太史令一人，六百石。本注曰：掌天時、星曆。凡歲將終，奏新年曆。凡國祭祀、喪、娶之事，掌奏良日及時節禁忌。凡國有瑞應、災異，掌記之。丞一人。明堂及靈台丞二人，二百石。本注曰：二丞，掌守明堂、靈台。靈台掌候日月星氣，皆屬太史。

---

[1] 參龐樸：〈火曆鉤沈〉，《中國文化》創刊號（台北：風雲時代出版社，1989年12月），頁3-23。

[2] 參江曉原：《天學真原》（瀋陽：遼寧教育出版社，1991年11月）第一章之「術語與概念」一節所述。

司馬遷之祖先在周代便是顯赫的太史家族，世傳其職，一直到漢代仍是如此，司馬談云：

> 余先，周室之太史也。自上世嘗顯功臣於虞夏，典天官事。[3]

因此，古代的「史」義，其與「曆」之間本就有極密切的關係。時間湧現為形式在「史」中出現時，是以極為基本的型制而出現的，此即「年月日」，雖然根據地上與地下文獻，證明西周初年的周原甲骨文中，才出現了「年」的記時單位。[4] 據此考證，可知「年」、「月」、「日」成為「記時」的基本單位應有一段演進合成的歷程，而且牽涉到不同來源的太陽曆、太陰曆及陰陽合曆等純粹「曆」法的探討。[5] 先民曾有一段「不志四時」的「失年」歲月，馬王堆漢墓帛書中有載文一段：

> 大菫（庭）氏有天下也，不辨陰陽，不數日月，不志四時。[6]

「不志四時」，表示人們無法「記住」先民祖先的事跡，則「先人」在對「未來」也不能在此向度上產生「歷史」。因此，「曆」的出現，對「時間」之循環性編「時」，是「史」能產生的重要因素，「曆」之入於「史」中，正是編年性「歷史」產生的關鍵要素之一。在電影《黑暗之心》中，有一段對白，觸及到了「失年」、「失憶」與「消亡」、「消失」的關係；主角庫茲道及追隨他的非洲部落是一個「沒有歷史」的民族，這意味著他們將永遠地消失，也沒有人來「記住」他們，深刻地表

---

[3] 見司馬遷：〈太史公自序〉，《史記》（點校本，北京：中華書局），卷130。

[4] 參徐錫臺編著：《周原甲骨文綜述》（陝西：三秦出版社，1987）第三章第三節〈周原甲骨文中所反映的周初立法問題〉。

[5] 參陳久金：《陳久金集》（黑龍江：黑龍江教育出版社，1993年3月）一書中所收錄的〈論《夏小正》是十月太陽曆〉、〈天干十月考〉等諸篇論文及〈自序〉。

[6] 見馬王堆《經法》帛書，（北京：文物出版社，1976），轉引自黃河濤《禪與中國藝術精神的嬗變》（北京：商務印書館，1995年3月），頁76。

明了沒有「歷史」，會再一度面臨「消失」的「失憶」的恐懼。因此，不失年——即「編年」，便可以使「史」作為保存先民往事的「存在」意義及形式由此而成立；「曆」之入「史」，其重要可知。在中國的「編年」之「史」中，就是用「時間＋事」的形式來作為一種表述之根本形式而出現。目前所知合於此種形式的最早紀錄為商代的甲骨文，以後世眼光來看，甲骨文中的「卜辭」自是「歷史敘述」或「歷史記錄」無疑，我們也可以自其所「記」中知道殷事；但在記載者——殷人自己的意識中，其「記」是否即為了成「史」，則不無疑問，也更有可能是「卜」。要之，其已具一種「時間＋事」的記錄型態。甲骨文的記事中，雖已具「時間＋事」之雛型，如下引例：

癸亥王卜、真旬亡畎，在三月，肯祭上甲。

辛巳卜、大貞㞢自甲元示三牛、二示二牛。十三月。

貞御王自甲肦大示，十二月。[7]

其記事形式也漸趨程式，說明當時對「卜」或「事」的記載已初具定型，即日後記事，事尾署月份，但尚未署年。可見後世之「年日月＋事」的形式還未形成，但已具雛型。一直要到周代，此種「史」書形式，才逐漸成形，其文獻標誌便是《春秋》。《春秋》是古代成文文獻中，最早具有「年＋月＋日＋事」的典型作品，代表周代史官書寫的定格傳統，雖然《春秋》古經現已不存，但漢代仍存，《漢書・藝文志》：

春秋古經十二篇。存。此左氏春秋古文經也。

經十一卷。公羊、穀梁二家。存。[8]

---

[7] 引自郭沫若：《卜辭通纂》（北京：科學出版社，1983年6月），〈世系〉第303片、305片、306片，頁63-64。

[8] 顧實：《漢書藝文志講疏》（上海：上海古籍出版社，1987年2月），頁58。

晉代杜預對稱「春秋」的解釋，釋為「故史之所記，必表年以首事；年月四時，故錯舉以為所記之名。」[9]這種以「二時」為「四時」簡稱的解釋，近人也有提出新說駁議的，其證便在甲骨文中只有「春秋」之名而無「夏冬」，《尚書》也無冬夏之名，以「四時」作為劃分「一年」之名的出現，係在西周末期。[10]這也就是說，《春秋》作為書名及古「史記」之通稱的本身，就已反映出一種以「時」為名而來的「編年」本質，反映的是一種一年只有「二時」的編年古稱，而非杜預所謂「錯舉」之新解釋。這樣或許更好解釋了為何在《春秋》中「四時」俱具的情況之下，何以獨標「春秋」以為名。

《春秋》之書，雖稱名因「時」而來，但其後因被視為「經」書，而沒去了其因「曆」而被賦予的一種「時間」體裁上的稱名義；其再被視為「編年」之「史」，已是在劉勰《文心雕龍‧史傳》之後了。《文心雕龍‧史傳》云：

> 言經則《尚書》，事經則《春秋》。唐、虞流於點謨，商、夏被於誥誓。自周命維新、姬公定法，紬三正以班歷，貫四時以聯事，諸侯建邦，各國有史，彰善癉惡，樹之風聲。
>
> 然紀傳為式，編年綴事，文非泛論……斯固總會之為難也。

此為「編年」二字作為與「紀傳」相對之「術語」的首次提出。可見在《春秋》為「經」的意識遮蓋之下，是不易出現「編年」的「類」概念或「體」概念之稱名的；有此稱名，是因為把《春秋》當作了「史

---

[9] 程元敏：《春秋左氏經傳集解序疏證》（台北：台灣學生書局，1991年8月），頁11。

[10] 見于省吾的研究，《歷史研究》1961年第4期，關於古人由觀象授時迄四分推步製曆之演進，及其中有關月相、星辰、干支紀年，置閏之出現發展概況，參見張培瑜：〈西周年代曆法與金文月相紀日〉，《中原文物》，1997年第1期，頁15-28所述。

書」，由是在對《春秋》之重釋名義中，認知與表述出此一「編年」語詞。《隋書‧經籍志》將《春秋》編為「古史類」之首；劉知幾《史通》意於內篇首卷〈二體〉篇中將《春秋》視為「編年體」史書，皆代表了此類看法的官方及史官之共識。

二、何謂「編年」：「一次性」義

杜預在〈春秋左氏經傳集解序〉中云：

> 春秋者，魯史記之名也。記事者，以事繫日，以日繫月，以月繫時，以時繫年。[11]

劉知幾在《史通‧六家》篇亦引述云：

> 又案儒者之說春秋也，以事繫日，以日繫月；言春以包夏，舉秋以兼冬，年有四時，故錯舉以為所記之名也。[12]

歸納杜、劉二氏之言，可以得到一個編年紀事表述的基型，即「時間＋事」，筆者原以為此即編年型歷史敘述的基型，但後來這個觀點遭到質疑，此一質疑來自「黃曆」。黃曆是一種「曆書」，也可以稱之為「具注曆」，[13] 從這裡來看，編年之「史書」似乎也可以視為「具注曆」體裁之一種，至少在形式上是如此，「史書」正是在「曆」下有「具注」；但又不然，曆與史是有差異的，至少在此處「時間＋事」之論述中必須如此。黃曆在古代稱之為曆書，秦漢時則稱之為「日書」，新出土的地下

---

[11] 程元敏：《春秋左氏經傳集解序疏證》，頁 11。

[12] 浦起龍：《史通通釋》（台北：里仁書局，1993），頁 8。

[13] 關於「曆書」、「具注曆」之稱名釋義，參江曉原：《天學真原》第四章〈曆：它的性質、源流及文化功能〉。

資料中即有雲夢睡虎地秦簡《日書》與甘肅天水放馬灘《日書》；有與農事結合的，告訴我們什麼時節要如何農事；有與吉凶結合的，告訴我們什麼時日或時辰，何事吉凶祥煞等。黃曆的型制也是「時間＋事」，但卻可以肯定他不是「史」，黃曆之「具注」性質是一種預卜，而「史」卻不是——至少由今天的「歷史」或「史書」義來看待是如此；這也可以從王充《論衡》中對「日書」的一段批判中見出漢人對此種「時間＋示」的認知：

> 世俗既信歲時，而又信日。舉世若病、死、災、患，大則謂之犯觸歲月，小則謂之不避日禁。歲月之傳既用，日禁之書亦行。世俗之人，委心信之；辯論之士，亦不能定。是以世人舉事，不考乎心而合於日，不參於義而致於時……舉事日凶，人畏凶有效；日吉，人冀吉有驗，禍福自至，則述前之吉凶，以相戒懼。此日禁所以累世不疑，惑者所以連年不悟者也。[14]

但日書卻與「史」具有同樣的文字表述形式，因之，吾人遂可區分「時間＋事」之形式為二種，即「時間＋事」之「史書」，與「時間＋示」之「曆書」；在「事」的部分，可以區別為「事（史）」與「事（示）」之兩種不同時性質；在「時間」的部分，「曆」與「史」也有差異，這個差異就在於「一次性」的表述義上。吾人並不能確切說是曆先抑史先，因為，時間之刻劃意識雖是一種編年意識，而歷史意識卻可以存在於無編年處。但凡是以「時間＋事」之形式來進行編史的史書。則吾人可確切地說，是「曆」入「史」中，則「曆」在「史」先。

「時間＋事」開出的二種類型方向是曆與史。由曆書，可以讓我

---

[14] 王充：〈譏日篇〉，《論衡》，收入《新編諸子集成》（台北：世界書局，1972），冊七，頁231。

們知道的是,「歷史性」固然是一種存在的根本,但「歷史」的表現形式,當其以「時間＋事」為編年史述的基型時,其絕非一種真正的基型,杜預的表述中,正是作了此種基型觀提煉的陳述。但「曆書」告訴我們,「時間＋事」之形式並非「史」所專有,它仍是由「時間」加上某事、某物之記述形式推演而來。「曆」與「史」都是一種由「時間」而湧現的「存在」形式。這樣才可能解釋何以有些民族有時間觀、也有曆,但卻無「史」;也有些民族,有「歷史意識」,也有「史」(如口傳述史、刻木記號述史),但卻因為記憶中無法收編太多的過去／往事,「過去／往事」意味著一種「有序」,這即是因為未以曆入史中之故。因此,曆──時間之刻劃可以幫助我們以「有序／編年」的方式,「記住」發生與傳述中的往事。

曆書、黃曆、日書之「時間＋事(示)」不能被視為「史」,不僅是因為曆書中的「事」不被我們視為一種「已發生」的──而是「將發生」或是「會發生」的性質,它是一種預言或啟示;因之,是一種「卜」,是一種「示」。而且,照古人的說法,「史」尚有在「此」之外者,《史通・六家・春秋家》云:

> 逮仲尼之修春秋也,乃觀周禮之舊法,遵魯史之遺文;據行事,仍人道;就敗以明罰,因興以立功;假日月而定曆數,朝聘而正禮樂;微婉其說,志晦其文;為不刊之言,著將來之法。[15]

則有道／事、周禮／魯史、懲惡勸善、招聘而正樂之言,可見中國古「史」之「義」,與孔子所繼承的周禮或周文有關;此其一。其二,「曆」與「史」的差別,從「時間性」上來說,其差別在於「一次性」的給定,而且是不循環、不重覆的,這「一次性」就宛如一種「釘在牆

---

[15] 浦起龍:《史通通釋》,頁 7。

上」的日曆性格,一張張撕去的每日,標注已逝已往的不可替換性。「一次性」的語義,就是在昭告那被釘在牆上(釘在時間上)的「人事」,能擁有一個「一次性」的可識別之身分識別證,這個「證」的形式,就是時間性的「編年」。因此,看待一個「事」是否為「歷史」的,就看它是否擁有自身存在的一次性證明——「編年」正是其一。但「年、月、日」仍是一個「曆」,它仍是重覆而循環出現的,它仍然不具「一次性」,仍不能作為那種「釘在牆上」的一次性「身分證」,它要成為「唯一」的識別證,而非天象循環,其關鍵仍在於「一次性」的表述:「曆」如何進入「史」中,轉成為「史」;或者說:「曆」要如何為一次性的編年形式?關鍵便在於如何使「曆」在編年中被收編使用為一種「一次性」意義的符號。「本紀」的出現有其重大意義,我們如果在「本紀」中追問「何謂編年」?則其編年之形式便呈現出來,除了「年+月+日」之外,在「年」之上,還有個「人」的「編年/紀元」符號,如「漢高祖元年」、「漢武帝太初元年」、「唐太宗貞觀二年」、「民國五年」;因此,在此之前的《春秋》、《竹書紀年》等書的史官記事傳統便稱之為「編年」,其符號形式就不僅僅是在於「曆」的「編年」,而更在於「曆」之上還必須給定一個「一次性」的「編年」,如「周天子元年春王正月」、「魯哀公元年春」等。

　　「曆」有循環,此謂天道循環;人在「曆」所表達的「時」中,則是線性的,代代不同,歲歲年年均不同,無論曆或天道如何循環,在循環中的人,則皆是一次性的;這樣,「天時」與「人時」就有了不同。曆與史的差異,在「本紀」之中特別明顯地昭示出來,「本紀」中的「帝系」與「紀元」的意義,在於「年月日」之上再加上一個帝號——漢武帝太初元年、漢光武帝建武元年……等,這才是「史」中真正的「編年」之義。「編」,就是「釘在牆上」、「鏤刻於時間之上」,給予一個一次性的「身分證」;由此,人間有了刻畫;編年,是時間之從屬於

人的編制,有其符號編制。因此,編年之史的出現,就意味著人的「一次性」的本質已被揭出,並有了形式上的表現;而且也意味著人意識到了時間之流逝性的本質,必須要及時用「編年」之方式掌握與記憶。我們可以說,「史」中的「何謂編年」之義,是「人」的,是「一次性」的,是給定一個身分識別證的,是線性的,是不可重複的、不可易的;因此,「時間＋事」的形式,不僅在「時間」上因為「帝系／紀元」而絕無重複;即便在「事」（史）上,也絕無重複。「曆書」與「史書」的差異,在此很明顯地由「一次性」而區別開來。

三、野史:不願被「編年」歷史

在《莊子‧至樂篇》中有一則「髑髏」的寓言:

> 莊子之楚,見空髑髏,髐然有形,撽以馬捶,因而問之,曰:「夫子貪生失理,而為此乎?將子有亡國之事,斧鉞之誅,而為此乎?將子有不善之行,愧遺父母妻子之醜,而為此乎?將子有凍餒之患,而為此乎?將子之春秋故及此乎?」於是語卒,援髑髏,枕而臥。夜半,髑髏見夢曰:「子之談者似辯士。視子所言,皆生人之累也,死則無此矣。子欲聞死之說乎?」莊子曰:「然。」髑髏曰:「死,無君於上,無臣於下,亦無四時之事,從然以天地為春秋,雖南面王樂,不能過也。」莊子不信,曰:「吾使司命復生子形,為子骨肉肌膚,反子父母妻子閭里知識,子欲之乎?」髑髏深矉蹙頞曰:「吾安能棄南面王樂而復為人間之勞乎!」[16]

---

[16] 郭慶藩:《莊子集釋》（台北:貫雅文化公司,1991年9月）,卷6下,〈至樂〉第18,頁617-619。

有趣的是，對這段「寓言」的解讀有許多不同的「讀本」。在《當代》雜誌上，李建民是以「髑髏」反映了「復活」必須要有「屍身」的見解；[17] 這種解讀，深植於先民迄漢人對「屍身不朽」底層意識之讀出。但美國學者宇文所安（Stephen Owen）則顯然有不同的會觀，他將張衡的〈髑髏賦〉、謝惠連的〈祭古冢文〉、王陽明的〈瘞旅文〉與莊子此文並置於一起，弄了一個標題：「骨骸」，做了另一種「歷史詩學」式的闡述——他自己則稱之為「文學」。宇文氏既區分了兩個世界——生與死，又深刻地描述了在這些文章中生與死之間之千絲萬縷的關係，及「死」——骷髏對「生」的蔑然不顧而去；決然斬斷「生」與「死」的聯繫之儀式、行動。並指出：在「生」對「死」的態度中，最不安騷動的，來自於「死」是一種對「生人世界」所不能見容的威脅。反之，「死」對於「生」的「收編」反應中，認為最具影響於其「自在」的，就是「編年」——給「他」一個「活人」身分證；一旦收編，憑證對號入座，還有何死亡／解脫之「自在」可言？

筆者想從「歷史」作為「存在」的「型制」之一種的「編年」行為上，去論述及延伸宇文所安的意思，雖然他顯得對「歷史」懷有戒心。[18] 在《莊子》的寓言中，骷髏顯然不願回到「人世」，擺明了一種決

---

[17] 李建民：〈屍體、骷髏與靈魂〉，《當代》第90期（1993年10月），頁56。
[18] 見宇文所安著，鄭學勤譯：《追憶》（*Remembrances: the Experience of the Past in Classical Chinese Literature*）（上海：上海古籍出版社，1990年10月），頁9-10所云：「寫往事可以寫下它的來龍去脈（「本末」），寫歷史則是在對文明的集體記憶中擷取材料，就像回憶錄和自傳是從我們自身的記憶中擷取材料。歷史學家按自己的方式處理往事，他們想穩妥地左右其中的危險力量。這種把記憶變為歷史的方式固然有趣，我們卻沒有必要去做這樣的嘗試，去把我們自己的反思處理成歷史的幻象。過去楔入現實時，是完整的、未被分割的，當我們讓它就範於那些構成「歷史」的清規戒律時，這種真實的完整性就不復存在了。」但他竟然討論到了「記憶」，又擺出了「文學史」的敘述姿態，便不應因其源自於對自身文化中「實證史學」的反感，而將「歷史」僅僅當作一種「學科式」的「範疇」來加以「嘲弄」。我必須承認，我傾向於認同宇文氏的主旨或情旨，除了他將自己所述的「歷史」

然而棄。當然「死人」不會回答，不會與你交談，因此，這只是「活人」的工作。但莊子藉〈至樂〉篇中角色「莊子」之口，而說出了活人的努力，企圖將骷髏——已死者再度納入活人世界中的努力與勸誘。有趣的是，宇文所安立刻發覺了漢代張衡的〈骷髏賦〉與此則寓言的關係，而且呈現一種「舊瓶新酒」式的反諷立言，「新酒」表明了張衡仍以儒家的立場將「賦」的宗旨推向儒家，仍舊收編歸回「生」之世界。在〈賦〉中，張衡的「故事新編」將骷髏安排為就是那個向骷髏發問的「莊子」，這個〈至樂〉中引發「至樂」的「角色」被搬到〈骷髏賦〉中，並換成了他為「骷髏」；這回，發問者是張衡。張衡顯然站在「生」之世界，將「莊子」與之尖銳而深刻地對立，他在〈賦〉中銳利地說出，你假骷髏而曰「自然世界」之「好」，那是因為你仍「活」著，可以說「死」的「好」的道理；現在，你已「死」了，你還能「說」——再說「死之好」嗎？你現在真正換了一個「世界」——死／逝，現在，我給你一個可以「在活人世界中發言的你自己創出的『骷髏』的角色」，你再說說看，你現「在」的「感」「想」？這個〈賦〉，仍然延續著上一個「寓言」的主調：生與死的對抗。「死」不願被「生」所收編的主調，及「生」繼續要將「死」編入「生世界」的意圖；在〈賦〉之末，張衡祭「骷髏」，行禮如儀，暗示的就是將「古」收編、將「死」收編於的意圖。[19]

——追懷往事的詩學行動，認為完全不同於史學家的「歷史」這一點之外。

[19] 張衡的〈髑髏賦〉收入嚴可均輯：《全後漢文》，收入《全上古秦漢三國六朝文》（京都：中文出版社，1981），卷 54，頁 770。

另外，三國時的曹植，也做有一篇〈髑髏賦〉，大意也是謂不願返「生」，而寧歸「道」，道者，身以無形為主，故能與化推移，陰陽不能更，四節不能虧。是故亦拒絕「曹子」之求上帝、司命之請，曰「昔太素氏不仁，無故勞我以形，苦我以生，今也幸變而之死，是反吾真也。」值得注意的是曹植之結語：「夫存亡之異勢，乃宣尼之所陳，何神憑之虛對，云死生之必均。」延續了張衡的批判戰線，並且還抬出「宣尼孔丘」來，作為雙方的主將。〈髑髏說〉由嚴可均輯在《全三國文》，卷

到了謝惠運作〈祭古冢文〉及王陽明的〈瘞旅文〉,我們的解讀愈來愈偏向「歷史」,與宇文氏的解讀意趣略顯分歧。我們注意到的是〈祭文〉中的如下一段文字:

> 銘志不存,世代不可得而知也。……既不知其名字遠近,故假為之號曰冥漠君云爾。
>
> 追惟夫子,生自何代,曜質幾年,潛靈幾載,為壽為夭,寧顯寧晦,銘誌湮滅,姓氏不傳,今誰子後,曩誰子先?[20]

這裡顯示出的,是謝惠運立足於「生」世界中,仍然對「死」世界進行收編的工作,這裡,他已經用了一種「歷史」的「存在」形式,一種「編年」性質的收編,想藉著編年,將「死者」嵌入「活人世界」中的「歷史」中占有一個「點」,一個「歷史世界」中必須擁有的一個識別證——編年,上面註明了出生年月日。因此,當「銘誌不存」「世代不知」,或王陽明〈瘞旅文〉中的「荒山野骨」時,這就顯示出一種「編年」之外的「存在」,即是雖沒有「編年」,也還是有一股絲絲的哀戚湧現於祭文之中,這種收不進「編年」中的「存在」——當我們面對「荒山野骨」、「古塚枯骨」時,也仍然知道他們曾「活」著,因此,他們也必然有一段事跡、人生;換言之,他們也有一段「歷史」;但是,由於僅僅是一塊沒有編年的斷片、殘骸——「銘誌不存」,因此,他們是「編年」所收不進的「歷史」。同樣的,陶潛的〈五柳先生傳〉,是一篇傳記文了,但開頭他卻書寫「先生,不知何許人也,亦不詳其姓字」,[21] 顯然拒絕把「史傳體」的生年死月、姓誰名誰的基本資料報導出;但它仍然是一篇紀傳。這又是一種「失年」的「野史」,拒絕用

18,頁1152。
[20] 謝惠運:〈祭古冢文〉(並序),收入嚴可均輯:《全宋文》,卷34,頁2624-2625。
[21] 陶潛:〈五柳先生傳〉,收入嚴可均輯:《全晉文》,卷112,頁2101。

傳體、年體的型態來收編的「歷史」。這表明了「編年」確實是一種由「時序」而來的「歷史世界」，但卻不是「歷史世界」的唯一或一切。我相信，實證史學的極限／邊界就在這裡；由這裡，展開了宇文所安的另一個「歷史世界」的陳述及詩學，再《追憶》一書中嘲笑的「史」學，正是在這裡分界的。

由「無名」（棄屍、枯骨之「無名」）而來的懷舊傷感之「歷史感」，有時要比「編年」的確定明析之「有名」的「歷史感」，要來得更為深刻些。這就是辛丑條約／八國聯軍——有年有月、有名有姓的「歷史陳述」，可能比不上《孽海花》的原因，也就是《追憶》一書在第四章中所闡言的，還原了的歷史圖像之「複製品」，可能比不上「斷片」的追想式歷史感要深刻！明代馮夢龍曾闡述了「野史」的特質，其云：

> 野史盡真乎？曰：「不必也。」盡贗乎？曰：「不必也。」然則去其贗而存其真乎？「不必也。」……人不必有其事，事不必麗其人。其真者可以補金匱石室之遺，而贗者亦必有一番激揚勸誘悲歌感慨之意，事真而理不贗，即是贗而理亦真。[22]

在這裡，認同於「歷史感」——一種深刻莫名的戚戚情緒，更甚於認同被編制化的歷史世界；一種企圖對「編年」採取批判的姿態——不願被收編的「野史」。但是，無論是屬於分叉點右邊的「編年」：由「時」而「序」化的歷史世界；還是分界的左邊：反「編年」的「無名」歷史世界；我們由這幾篇祭文可發現，祭文的說者是作者，但「聽者」呢？是「死者」，還是「後人」——「讀者」？真正的聽者應當仍然是「活人」，特別是「作者」死後的活人。這表明了，任何形式的史傳文或碑

---

[22] 明金陵兼善堂本無礙居士撰〈警世通言敘〉，引自馮夢龍編撰：《警世通言》（台北：三民書局，1992 年 9 月）書前所附「書影」。

傳文、祭文，都是作者／我在「說話」或「寫作」，及「說」來給後世的活人「聽」，「寫」來給來世的活人「看」的本質，這一點是不變的。如果「死人」也能聽、讀，那麼莊子的「寓言」就失效了；就這一點而言，無論是分界的左邊還是右邊，都仍然顯出了一個共同的本質，一種「歷史世界」是用來作為「今古聯繫」的本質。莊子寓言之深義，我們也就可以回頭再一次切入：顯然在莊子寓言中，才有一種「得意忘言」式的「反歷史」——收編了就是歷史——之真「意」，「言」只是會留下「痕跡」，以及會被編述的「歷史」；這正是莊子〈至樂〉此一文本與其他三文不同之處。此一寓言，已經與以儒家為宗的「歷史世界」形成對立。莊子不僅「反歷史」——不願被收編，抑且更進一步拒絕作那分界之左邊——不願被「收編」的「野史」，反對一切被「活人」收編的可能。而張衡對莊子之「反」，及謝惠運、王守仁對無名、枯骨的祭文，就顯示了一種分界——處在歷史世界的左邊，還有一個「正史」所不達，而被宇文所安從詩學來論述進入的「文學史」，一種「反編年」、不願被收編的「歷史世界」存在著。這也使我們認清，僅僅以正史的「編年性」來獨攬「歷史世界」的觀點，是不全的，它必須遭遇到「野史」——歷史世界左邊的這一條線的質疑與挑戰。

四、編年論述

由於「史」中編年的時間是一次性的，每個人的編年時間也都是一次性的；雖然，同一時間內所發生的人事，仍只能共同編在一帝系紀元之下；當天下不一統時，就牽涉到了要用那一個「紀元」作編年的問題，或是作為「本紀」中編年的問題。這時，被選擇的「紀元」或入於「本紀」中的「帝系」，就是一種「論述」了。這也就是說，中國的紀年時間，在選擇那一個「一次性」的帝系上，同時也「論述」了「編

年」。選擇這個帝系而不用那個帝系來紀年,「歷史」就有可能呈現出完全不同的樣態,因為「編年」必須是「論述」的。我們以歷史上的「秦漢之際」作為例子說明,注意中國歷史上大部分的作者對這一段「歷史」的措詞性描繪,是以「秦漢之際」為詞出現的。但為何不是秦楚之際——《史記》中不就有〈秦楚之際月表〉?為何不是「秦楚之際」——陳涉、吳廣的「大楚」或「張楚」?為何不是「秦楚之際」——楚懷王(義帝)的「楚」?而是《史記》中以項羽為中心的「秦(西)楚之際」?為何在《資治通鑑》中的「編年」是「秦—漢」之編法:秦二世三年之後,即接以劉邦〈漢記〉之漢高祖元年?為何《史記》在〈秦始皇本記〉之後排列的是〈項羽本紀〉而不是立即接以〈高祖本紀〉?如果不是這樣而是那樣,「歷史」會有何種不同的傳述圖像?我們今天接受的,是哪一種「編年」的「論述」?堪注意,編年論述中,並未改變任何發生了的事,它只是排列法不同,但卻已傳述出了不同的歷史圖貌。

　　首先由《史記》談起。在《史記》中,其作為「本」的本紀,是以〈秦本紀〉、〈秦始皇本紀〉、〈項羽本紀〉、〈高祖本紀〉的次序排下,由秦二世三年,再接以漢高祖元年,在這「編年」之中,由「漢」接「秦」的「編年」旨趣已「論述」而出;但《史記》仍不只此,第一,它給與陳涉、吳廣一個「世家」的體例,將之排除在帝系「編年」之外;第二,它中間插入了一個〈項羽本紀〉,以描寫漢高祖元年至五年間的楚漢相爭,但《史記》如何以「編年」來「論述」這五年的歷史屬於「項羽」之「本紀」,而又不違背「秦—漢」相接的編年主軸呢?第三,它並未將「楚懷王(心)／義帝」列入「編年」。這裡可以看出,所謂的「編年論述」就是一種「統」之論述,由於一般人只把「統」當作了「正統」來解讀,而忽略了「統」也是中國歷史紀年中除了年、月、日及帝系之外,一個「編年」中無形的「時間」單位,如果能注意「統」之時間之特性,則「正統相續」或「大其一統」,就必須視為

「史」中編年的一個隱在的時間單位。有關「秦漢之際」這一段時期的編年論述，我們先看《史記》的〈高祖本紀〉：在〈高祖本紀〉中，是以劉邦受子嬰之降為「元年」的，如此，其相接之編年便被論述為「秦始皇—秦二世—漢高祖」的排列；在《漢書・高帝紀》中也是同樣的排列法。但在《史記・項羽本紀》中卻對漢高祖元年迄五年這一段時間，有不同的「論述」，在「編年」中呈現出來，在〈項羽本紀〉中，於二世遭趙高擊殺之後，所出現之編年，為「漢之元年、二年、三年、四年、五年」，然後是「漢六年」，竟隱微地表明了在〈項羽本紀〉中的編年仍是屬於「西楚」自身，只是藉用了「漢」之紀元，在紀元中用了一個「之」字，此「之」字在〈高祖本紀〉中則絕不見。因此，司馬遷給與項羽一個「本紀」的用意也就揭示出來，他的編年論述之真意在於：「秦二世—項羽—漢高祖」的排列方式。由於對《史記》此一排列法的不滿，因此，班固《漢書》所代表的是第二種編年論述：「秦二世—子嬰—劉邦」。由這兩種編年論述看來，漢人及後人所接受的自是後一種。在「歷史敘述」中，我們已習於稱「秦漢之際」，而少稱「秦楚之際」——尚不論有無辨析到此「楚」是「楚」、「大楚」、「西楚」。東漢末年荀悅的《漢紀》與北宋司馬光《資治通鑑》兩部編年史書，都將楚、漢相爭之歷史論述在漢高紀元之下，顯然即是跟隨了《漢書》的作法。

　　值得注意的是，新出土馬王堆漢墓帛書中，有一批資料被整理小組稱之為《五星占》者，卻出現了完全不同於前述二種——《史記》與《漢書》的編年排法。《五星占》是一份具有天文價值的史料，主要在紀錄秦始皇元年（B.C.246）迄漢文帝三年（B.C.177）的七十年間，歲星（木星）、填星（土星）和太白（金星）在天空運行的位置；它必須要用人世間的「編年」來記注這些行星在何時出現，它所用的「編年」頗令吾人訝異，原來在《史記》成書之前，也有如此型態的歷史樣態，被編年序列而出；也讓吾人訝異，原來漢初人對「陳涉」之評價如此之

148　時間・歷史・敘事

高，這遠非《史記》以一篇〈陳涉世家〉之表述所能給與的。茲以土星為例，對其帝系紀年之排列，依《五星占》之「附表」，其排列次序及所標帝系之名如下：[23]

土　星

〔相〕與營室晨出東方	元・秦始皇	一	二
與營室晨出東方	二	二	三
與東壁晨出東方	三	三	四
與奎晨〔出〕東方	四	四	五
與婁晨出東方	五	五	六
與胃晨出東方	六	六	七
與茅晨出東方	七	七	八
與畢晨出東方	八	八・張楚	・元
與嘴角晨出東方	九	九	二
與伐晨出東方	十	卅	
與東井晨出東方	一	・漢元	
〔與東〕井晨出東方	二	二	
與鬼晨出東方	三	三	
與柳晨出東方	四	四	
與七星晨出東方	五	五	
與張晨出東方	六	六	
與翼晨出東方	七	七	
與軫晨出東方	八	八	
與角晨出東方	九	九	
與亢晨出東方	廿	十	
與氐晨出東方	一	一	
與房晨出東方	二	二	

---

[23] 馬王堆漢墓帛書整理小組：〈《五星占》附表釋文〉，《文物》1974 年第 11 期，頁 37-38。

〔與心〕晨出東方	三	・孝惠元
〔與〕尾晨出東方	四	二
與箕晨出東方	五	三
與斗晨出東方	六	四
與牽牛晨出東方	七	五
與婺女晨出東方	八	六
與虛晨出東方	九	七
與危晨出東方	卅	・高皇后元

由上表，已大體勾勒出一幅朝代更替之圖景，為「秦始皇—陳涉—漢高祖—漢惠帝—呂后」，其中已將「秦二世」共三年之紀年替換為陳涉之「張楚」，是一種完全不同於司馬遷、班固之編年論述。試想，如果此一編年論述成為此下「歷史」敘述之主流，則吾人對此一時期之「歷史」將有如何之呈現？不一樣的編年就會論述出不一樣的「正統」，而此一「統」，也就是「歷史」呈現上，扮演了非「曆」所能編制化的重要基元；因此，「統」，是論述的，是選擇的，是相爭而對抗性的；「編年」，也就成了一種「論述」。

　　同樣地，我們再以西漢末年之「新莽」為例，透視「編年論述」所形成之「統」與「史」的關係。值得注意的是，西漢人絕不自稱為「西漢」，而只稱「漢」；會稱「西漢」之故，乃因後來歷史發展中，有了「東漢」；如果後來出現的不是「東漢」，而是其他王朝，則可以想見，「西漢」之名絕不會出現在其後任何一朝的歷史敘述中。當王莽——安漢公自孺子嬰手中「禪讓」而建立「新」朝時，一個新的紀年出現了：「新・始建國元年」；王莽於「始建國」之後，又相繼改元「天鳳」、「地皇」，而後遭遇「叛亂」，有更始帝、有劉秀、有隗囂、有赤眉、有綠林、有公孫述，每一個「起義」群雄在稱制後，對「漢」、對「新」以及對「自我」的態度、立場均因「統」而有不同，其中較有趣的是

「公孫述」與「劉秀」。公孫述所自建的朝代是「成家」,「德命」居「金德」,當時所用以論述「統」的表述法是「五行相生」,公孫述所以稱「金德」,色尚白,乃是因其自居承接「新莽」之「統」,莽德為土德,將衰,繼者為公孫述,則公孫述之編年統紀為「漢」→「新」→「成家」;可以看出,公孫述是承認「莽」的。而劉秀則不同,其打出之旗號為漢家之後,因此,國號仍為「漢」,其德仍為「火德」,劉氏德運並未易代,只是中衰,因此,劉秀自稱「中興」,曰「繼祖」,而不稱「革命」。這兩組對立「論述」中關鍵的是對「新莽」的處理態度及所置「統紀」位置之不同;由後者,就是今天的「歷史」呈現,「前漢」下來便是「後漢」;因此,光武一統之後,便與班氏父子合作,藉修編《漢書》而論述「新莽」之位置,將之編入《漢書》之中為一「傳」,成為「漢史」之一部分,藉此而取消了「新」,使莽成為一「叛逆」。我們可以設想,如果當初是公孫述取得天下,而後編述歷史、論次歷史呢?或許呈現於今日的歷史便是:漢(並無所謂的「西漢」或「前漢」)→新→成家。堪注意,這兩種論述都未更動什麼「史實」,只是因為「編年」的態度不同,「論述」出的「歷史」也就呈現出不同的形貌、圖像。所以班固編《漢書》是重要的,不僅要將自身的「現在」介入「過去」,在〈平帝紀〉中,在〈王莽傳〉中,去凸顯「新莽」的非正當性、叛逆性,也藉著論述過去,而將自身的「現在」,在過去的起源上,論述為一種合法性、正當性的起源——劉秀的起源是「中興」的,而不是「叛新」的。

在編年論述上,無論是在紀傳史書的「本紀」或是編年史書的帝紀繫年,由於大一統之書寫只能是一次性的紀元,因此,僅能選擇一種帝系。因而,一種於「編年論述」上不能被「曆」所涵蓋、編制的「統」,也就成了中國歷史論述上的「時間」之一種非編制化卻常在的單元——「統」,必須進入「編年論述」之中。「統」一般稱之為「正統」,但在

我們所進行的「編年論述」中,「統」仍然具有一種人為的歷史時間性格,是中國的「編年」中極為特別的時間單元,它與帝系紀元結合在一起而論述著「歷史」的呈現。

五、結語

在中國,由「統」而來的「編年論述」決定「歷史」的「圖貌」呈現,這樣的例子還有很多,以上僅舉兩例而已。其他如:在宋代初期,群臣曾經討論過宋王朝究竟應當自居為「唐」之「繼統」,還是「後周」之繼統?可以想見,如果是前者,新、舊「五代史」也就未必會被後世編史者視為「正史」編述。復次:今日我們皆認為宋、遼、金三者皆為一正式「朝代」,但這是元代人的「編述」——藉三《史》:宋史、遼史、金史之並存而傳述出;明人便不做如此之想,他們認為:應當只有《宋史》,而後亡於「元」,《遼史》、《金史》皆應入於《宋史》中做為一個「載記」而「論述」。如果此議成功,則中國近古史又將是唐→五代→宋→元→明的「編年論述」。

同樣的,基於編年論述,1911 至 1949 的「歷史」將會呈現出何種「編年論述」?在我們的「歷史」教育中,已經可以看見——並已閱讀了形形色色的各式「版本」,但吾人仍可以質問並提出:1911 迄 1949 它是一個「朝代」?還是只是一個「過渡」?或 1949 以後迄今的歷史,會被編年論述為一個「朝代」?抑或仍只是一個過渡?有一方將如同清順治、康熙之紀元般,只是「鄭成功」孤懸海外之外一章,仍被編年於順治、康熙年號之下?抑是獨立自覓另一個南島式的「起源神話」,重新論述一段「高帝紀」以脫離「1911 年」或「1949 年」?或者,將來有一個新興的朝代在開國之後,會用「編年」把「1911 年」以後的「歷史」全部「論述」為一個「清末天下大亂以來」的長時期(長達近

八十年，或百年），相爭動亂，加上外力介入，因而歷史的呈現便被論述成「清→X朝代」，因而現在正在相爭的兩個「正統」就都不成為一個「本紀」，而只是一段「群雄並起」的「過渡」？「歷史」尚未成形，「歷史」仍在繼續「編寫」，「重新編年」正在進行。無論如何，「統」的這個時間單元，仍將繼續扮演著重要的「論述」的關鍵。

趙氏孤兒的「史」與「劇」：
文述與演述

本文首先闡明「文述」與「演述」在「（歷史）敘述」上的分型意涵及理論依據。其次，以「趙氏孤兒」為敘事主軸，選取《左傳》、《史記》與紀君祥《趙氏孤兒》雜劇為文本來分析其「文述」中的敘事演變，考察其如何在起源文本——《左傳》中的編年敘事，而發展至《史記・趙世家》中的「下宮之難」，在「本事」與「新編」此二概念的對待中，一種事件的標題——即「趙氏孤兒」，是如何在歷史中發展形成，落於元紀君祥的雜劇中成為了「劇名」；一種敘事基調及主導意識，又如何影響著後人對《左傳》及《史記》之閱讀。再者，在「趙氏孤兒」此一標題言說自身成形的故事中，又如何地已顯現出了「歷史文本」間的「互異」及應當如何看待的線索。作為「演述」底本的雜劇劇本，其「劇情」在何處始為「劇」？其更動《史記》與《史記》之更動《左傳》有何不同？「文述」與「演述」的差異與同質何在？何處可以作為基點以進行探討？本文並考察「莊姬」——作為歷史的或角色的人物，出現在《左傳》、《史記》、《紀劇》及裴派搬演中的諸般不同之情節處理，以呈顯「書寫文本」與「影視文本」的對較。最後，在結論中，作

者嘗試重提「何謂歷史劇」的古老議題，藉由「挪用歷史」角度的考察，討論其「歷史」抑「劇」之屬性，以啟歷史理論新視域展開之可能。

一、前言：歷史敍述的三種類型

在前言中，筆者想先作一個有關「敘述」此一概念上的分型陳述。關於敘述（narrative）是什麼，已有相當多之論著在嘗試回答此一問題，本文也想將歷史敘述當成是敘述之一種，而將之區辨為三種型態：文述、講述、演述，這三種型態分別由「文」、「講」、「演」作為其特徵。固然，三者皆有文——亦即底本，但三種底本在為何而作的意義上卻的確並不相同。文述是為「文」而寫的走向；如史書、小說。講述是底本為「講」而寫的走向，中國歷史上曾出現過此種講述性作品，如先秦之《春秋事語》、宋代以來的話本。演述的底本則是為「演」而生產的走向，以戲曲而言，內容包括了科、賓白、曲的提示，元雜劇、明傳奇、今日之京劇等皆屬此種，通常其底本便稱為劇本。[1] 在後二者中，底本皆不是目的，講與演才是目的；唯有第一種方是以底本構成為其目的，活動特色主要在書寫／成文上，因為以書寫／成文為其敘述之特徵，故筆者將之稱為「文述」。而「講述」與「演述」，則係以「講」以「演」為其特徵，是故書寫並非其特徵，就算是沒有底本，它們也仍然可以進行以「講」、「演」為特徵的「敘述」，是故筆者將之稱為「講述」與「演述」。在此情形下，無論以書寫／成文為主的「文述」，還

---

[1] 《中原音韻》載：「悉如今之搬演南宋戲文唱念聲腔。」錢南揚認為「戲文」在後來演變中，已成為「南戲」、「傳奇」的專名，但照引文看來，有指底本的意思，因其上有「搬演」二字；正因「戲文」在用法上有此歧義，故本文用「劇本」、「底本」來表示其書寫文本。錢氏之說見氏著《戲文概論》（台北：木鐸出版社翻印，1988），頁1。

是以講、以演為主的「講述」與「演述」，都是一種敘述性本質。而如果其欲敘述者為歷史，那麼，歷史敘述就至少可以區辨為此三種類型，即歷史的「文述」、「講述」與「演述」。這樣，便擴大了歷史呈現方式上的視野，也讓我們知道一件事：「文述」之外，仍有敘述，也有歷史。

再者，本文雖已區分出敘述之三種類型為文述、講述與演述，但在論文之題旨與文脈上，將只討論文述與演述。在寫作方向上，文本的選擇將以《左傳》、《史記》及紀君祥的《趙氏孤兒》雜劇（以下簡稱《紀劇》）為主。所以選擇《左》、《史》、《紀劇》者，其一、《左傳》是歷史上最早出現有關趙氏孤兒此事記載的文本，是一個本事源出之所在；其二、選擇《史記》，是因為不論在古代、近代、現在，其皆被視為正史，是歷史書之典範，因而其敘事也被典型地與當然地視為歷史，比較《左》、《史》之不同，將有其意義。其三、選擇元代紀君祥之雜劇，是因《紀劇》乃第一個將「趙氏孤兒」事搬演上舞台而演其劇者，後來之南戲、傳奇、京劇、地方戲曲莫不自其源出，是以《紀劇》就演述而言，亦佔有一重要位置。

關於紀君祥的《趙氏孤兒》，王國維的評價甚高，曾在《宋元戲曲考》中將之與關漢卿的《竇娥冤》並列，許為元雜劇中二大悲劇作品，其云：

> 其最有悲劇之性質者，則如關漢卿之《竇娥冤》，紀君祥之《趙氏孤兒》。劇中雖有惡人交媾其間，而其蹈湯赴火者，仍出於其主人翁之意志，即列之於世界大悲劇中，亦無愧色也。[2]

雖然二劇是否為悲劇，迄今尚有異見，[3] 然劇中有悲則必也，君不見

---

[2] 王國維：《宋元戲曲考》，《王國維戲曲論文集》（台北：里仁書局，1993），頁124。

[3] 如張漢良即以為關漢卿之《竇娥冤》徵諸西方戲劇文類，應屬「通俗劇」。見氏著：

二劇之劇名中，一有「冤」字、一有「孤」字。明末卓人月於〈新西廂序〉中曾以悲、喜終局比較其優劣，云：

> 天下歡之日短而悲之日長，生之日短而死之日長，此定局也；且也歡必居悲前，死必在生後。今演劇者，必始於窮泣別，而終於團圓宴笑，似乎悲極得歡後更無悲也，死中得生，而生後更無死也，豈不大謬也。[4]

其言從悲劇角度誠是，然又不然，但凡以忠、奸對立姿態演劇者，常以陷害忠良始，而以陷害忠良者無好報終，此所以宣百姓之情、洩小民之不平也；忠良者，以忠（臣）可代良（民）也。是故以趙盾為忠，以程嬰為義，以趙武為孤，以屠岸賈為奸，遂演出交織一段「趙氏孤兒」之本事與新編。

二、《左》、《史》、《紀劇》中「趙氏孤兒」文述析論

（一）本事與新編

在有情節可言的歷史敘述中皆以敘事為本，而事是被敘出的，因之，事就是有情節敘述的核心，不論是文述、講述、演述，凡是敘事的，就會牽涉到事的構成問題；也無論其文本屬性是歷史的、小說、劇戲的，無論其事為真事、故事、劇事（戲），也都牽涉到事的構成；這就形成了從敘事論上可以談論的一個課題。關於歷史敘述之「歷史」二字的意涵，本文在此不打算自通行的客觀主義的那種看來唯一的定義：

〈關漢卿的「竇娥冤」：一個通俗劇〉，《比較文學理論與實踐》（台北：東大圖書公司，1986），頁 167-185。

[4] 卓人月：〈新西廂序〉，收入吳毓華編：《中國古代戲曲序跋集》（北京：中國戲劇出版社，1990），頁 298。

「原發生」的還原式概念入手；而寧繞一下遠路，從本事的概念入手。在此種指向下，首先看到的，便是一個起源文本與後繼文本之間異／同的聯繫，這種聯繫其實可以用「本事」與「新編」來作表述；在此一表述中，一個最初的、起源的發生，被描述在首先的文本中，成為被敘出的事件，而其實它可能只是因為是被認定為現存最早所能見到的一種首次文本的「元事件」，但經常被視為是一種發生了的歷史，因而承載這個歷史發生的文獻，便被我們稱之為歷史文本，在客觀主義運作下，這個歷史文本中的敘事就會被稱之為「歷史敘述」，譬如說本文中提到的「趙氏孤兒」之現存最早之文獻——《左傳》。

但是，依我們繞一下遠路的概念，這個被我們所見現存最早的敘事中之事件，其實只能被稱之為元事件——即本事，如果後繼的敘事是根據它而改編、填補、重塑、變化，甚至是考證、解釋、分析的話，那麼它更有可能是一種「本事」的概念。而所有對「本事」進行一種帶有差異性格的再敘述，便可成立為一種相對於「本事」的「新編」概念。

「原發生」是指客觀主義視野下的指涉，指向一種真正／原來發生了什麼的事件，但是「發生了什麼」卻總是牽涉到一種角度上的問題，即「敘」的問題，因而「原」就不是固定的；甚且，它總已是一種文本或紀錄，或是當時人的回憶。然而，即便是以回憶為基礎而構成的敘述，也不能宣稱記憶就是原發生的事件。在總是文本、總是敘述的情況下，就構成了一種不是「原（發生）事件」的狀況——只能是最早，被我們知道、發現，在「編年」順序之下，它是一個首次文本，也就是說，那種最初的、最早的、被我們發現的事件文獻、記、載、敘述，只能是一種元事件式的本事，而承載本事者，就是出現在首次文本中的原文。本文正是以此一概念，認為歷史往往僅是一種由原文衍生的東西，而對原文的再敘述，就是一種「新編」行為；當我們用「新編」一詞時，元事件的概念已轉指本事。在此意涵下，新編或重寫，往往便就是

一種對原文敘述的本事中之縫隙或結構所作的填補、更動行為。本文於此處刻意對「元」與「原」作出區分，意在表明：「元」只是一種編年次序上的首次文本之出現意涵；而「原」則是一種難以追求、不可復原的概念設定。

由於我們不能確定歷史意義下的原發生是什麼，因之我們也不能把《左傳》視為元事件，但我們卻可以把《左傳》視為本事，作為一種原文——首次文本中的元事件來閱讀。實際上，在此種理解下，《左傳》也只能作為一種元事件／本事，而不能作為一種原發生的原事件。因此，《史記‧趙世家》與紀君祥之《趙氏孤兒》劇便均成了相對於本事皆屬新編的一種敘述行為，不同者只在前者係為文而述，後者則為演而述。新編是歷史，還是本事是歷史？恐怕相對於「原發生」所欲揭示的「真實歷史」都還有一段距離。

在上述概念之觀照下，《左傳》中所傳述者自然是一種本事，值得注意的是，此種本事還尚須經過閱讀者從編年繫事中去提取再加以連綴，《左傳》才能成為此一本事的原文；而《史記‧趙世家》與紀君祥的《趙氏孤兒》則自是一種自原文／本事緣生而出的新編文本。對於《史記》通常我們視其為史，而《紀劇》則認其為劇，無論後者是或不是歷史劇，它總是劇。我們所據以判定《紀劇》是歷史本質的或劇戲本質的，其實僅係憑依著本事為標準，如果有人考證並宣稱《左傳》之敘事不可靠，且為非歷史的，則《紀劇》是否更不是歷史的？或者其更新本事的部分竟然就是歷史？這一理論層面的言說誠然令吾人驚奇，驚奇關於歷史的認知探尋仍然有許多待深入挖掘之處。更由於《左傳》相對於真實歷史（作為一種構想上的）還有一段距離，還有許多未曾「述」出者，因此，我們尚不能便遽然斷定《史記‧趙世家》所述者為虛構性填補；自然地，紀君祥的元劇，我們也就無法有所據地指稱其為「非法歷史」——當市井百姓欣賞雜劇、南戲時，是將其當作戲，也是當作歷史來看待的；在填補、異動性上，各人有各人的想當然意識層面，我

們稱之為「作者性」的合情入理性,包括被稱之為本事、元事件、原文、歷史的《左傳》之「文述」在內。因而,本題便又終將指向「歷史性」問題,以此重啟「何謂歷史」的多元性義,包括了在劇中演述歷史的可能性。

(二)《左傳》之敘事

關於「趙氏孤兒」成為一個事件,以及以此作為事件之標題,究其實,是在《紀劇》中才首次出現,因此,如果我們用「趙氏孤兒」的事件觀去閱讀《左傳》及《史記》,說實在的,表示我們已經受到了《紀劇》之影響,受到其「標題」之影響閱讀《左傳》,才會在《左傳》之分年記事的體制中去尋覓「趙氏孤兒」始末的線索、牽涉,以及來龍去脈。在《左傳》中,原本是沒有一個被寫就的事件喚作「趙氏孤兒」的。在高士奇的《左傳紀事本末》中,倒是有一個大標題:「晉卿族廢興」,在卷 31 中,屬列於「晉」事。然而,不僅「晉」事中共有 11 卷(卷 23—31),即十一個大標題,如本卷之前的「晉楚弭兵」,之後的「晉并戎狄」;抑且,在本卷「晉卿族廢興」中的有關「趙氏孤兒」這一段記事,也只是其中所載之片斷而已。[5] 顯見關注到這個晉國發生的種種事跡中,把焦點置於「趙氏孤兒」者,是元代的紀君祥;同樣是以敘事本末來閱讀《左傳》,清高士奇的閱讀就和紀君祥有著不同的取向。這種情形也同樣出現在《史記》的〈趙世家〉,在〈趙世家〉中,誠然已出現了有類於以「趙氏孤兒」為情節中心的敘事,但是,《史記》卻沒有任何關於這一大段敘事可以命名其為「趙氏孤兒」的暗示,有的倒是另外一個稱呼命名:下宮之難。凡三見,一出於公孫杵臼之口:「小

---

[5] 見高士奇:《左傳紀事本末》(台北:里仁書局,1981)目次。在馬驌:《左傳事緯》(濟南:齊魯書社,1992)卷 4 中,倒是有一個約略相近的標題〈晉趙氏之難〉。

人哉程嬰!昔下宮之難,不能死。」二見之於諸將之回復晉景公:「昔下宮之難,屠岸賈為之。」三見之於程嬰與趙武之對話:「昔下宮之難,皆能死。」這顯示出諸當事人對於事件的回憶有一個稱名:即「下宮之難」,不僅景公、韓厥、諸將,相信其餘的許多晉卿,甚至族人,也都知道「下宮之難」指稱的是一次事件,以及是什麼事件。因此,《史記・趙世家》中這一大段敘事文字,如果有一標題的話,應當叫做「下宮之難」。[6]

我們已經首先指出了一種存在於《左》、《史》、《紀劇》之間的差異性,以及如果貫穿《左》、《史》、《紀劇》間的聯繫的話,那麼在此三者中,的確有一個「趙氏孤兒」的故事正在逐漸發展成形,並且初步完成於紀君祥的劇本中,反映在他為此一劇本的標題取名上。如果沒有《紀劇》,吾人是否仍然會用「趙氏孤兒」之主題意識及事件觀去閱讀晉靈公元年（620 B.C.）迄晉景公八年（592 B.C.）時繫於《春秋》經下的《左傳》敘事,殆不無疑問。當然,用《史記・趙世家》的「下宮之難」之事件觀去閱讀《左傳》,也許正是後來會產生「趙氏孤兒」的緣由,這是毋庸置疑的。譬如劉向《新序》中的敘事,情節雖然雷同於（襲自）《史記》,但是重點卻落在程嬰、韓厥二義士上,所以劉向將此事繫於《新序》之〈節士〉篇;而另一著作《說苑》,則同樣的敘事係屬之於〈復恩〉篇。可見自《史記・趙世家》之敘事初步成形以來,仍然可以有不同之面向發展,包括了主題意識及所訂標題之事件觀,在此一縱向發展上,《紀劇》的「趙氏孤兒」顯然標題觀便不同於《新序》、《說苑》。反倒是繼紀君祥之後發展出的明清傳奇《八義圖》,

---

[6] 但在韓厥與晉景公稱指「下宮之難」事件時,本身的對話即參與著這次事件的延續與發展,因此才有了「復孤」——反其田、立趙武;也因此,站在事後的角度與韓厥、景公對話中的回顧,是不同的;因為,吾人之回顧顯然已將他們的回顧納了進來。

標出的標題及主題意識之取名,有類近於劉向〈節士〉、〈報恩〉取名之走向者。因之,今日我們凡言「趙氏孤兒」事件,無論其稱此名,是言「史」、言「故事」、言「劇」,也無論其指向《左》或指向《史》或指向《紀劇》,其實都已經混同了《左》、《史》及《紀劇》而為說,至少在稱名意識上——用「趙氏孤兒」反映了什麼,這一「歷史性」吾人必須先行指出。

關於《左傳》之敘事,正如上所言,無論其是否原為《左氏春秋》,至少現在吾人所見所用的本子是解經的傳本,因此,《左傳》之敘事特色,便是必須繫屬於「經」之編年下,而編年之下的事件則是成散狀碎片態的,必須要靠一讀法才能將之組合成一事件態,無論此一讀法是為了解經而成立,為了還原元劇、傳奇之本事而成立,或是為了構組成一始末而成立,云《左傳》以事解經時,須知即便是已被剪貼過的《左傳》,其事也仍然是可待重組的。因之,吾人現在所進行的所謂在《左傳》中有關「趙氏孤兒」的本事之閱讀,本身就已是一種有「先在意識」之下的主觀閱讀行動。

從「趙氏孤兒」的角度來閱讀《左傳》,自然最重要的一段文字是繫於魯成公八年(晉景公十七年,583 B.C.)下的一段敘事:

> 晉趙莊姬為趙嬰之亡故,譖之于晉侯,曰:「原、屏將為亂。」欒、郤為徵。六月,晉討趙同、趙括。武從姬氏畜于公宮。以其田與祁奚。韓厥言於晉侯曰:「成季之勳,宣孟之忠,而無後,為善者其懼矣。三代之令王皆數百年保天之祿。夫豈無辟王?賴前哲以免也。《周書》曰『不敢侮鰥寡』,所以明德也。」乃立武,而反其田焉。[7]

然後由此延展,或回溯,或旁及其他,漸次勾勒出一大致之輪廓概

---

[7] 楊伯峻:《春秋左傳注》(台北:漢京文化公司翻印,1987),冊一,頁 838-839。

圖。首先在成公八年下的繫事，由上引文明顯可見是一段反映了晉趙卿族兄弟間的失和及由莊姬之通趙嬰所引起的「下宮之難」，一般稱趙嬰與莊姬間之私通為「亂倫」，但是，仍然有一個閱讀上的問題，即：究竟「下宮之難」所述的是「莊姬」的復仇，還是「趙孤」的復仇。無論如何，《左傳》雖仍未明言趙武究係誰子——朔乎？嬰乎？[8]趙孤（武）確已出現。關於莊姬（趙朔之妻）私通趙嬰之事，以及趙嬰被趙同、趙括放逐於齊事，成公五年記載甚詳：

五年春，原、屏放諸齊。（原注：「謂趙同、趙括逐放趙嬰齊于齊國。」）嬰曰：「我在，故欒氏不作。我亡，吾二昆其憂哉。且人各有能、有不能，舍我，何害？」弗聽。[9]

因此，基本上，呈現於《左傳》中的事件，讀法之一，是一個以亂倫與立孤為基調的敘事，換言之，是「趙武（或趙孤）中興」之事件，但反映在此事件之末的，《左傳》其實重點放在韓厥之言，而並非詳述其中興之經過。讀法之二，是整個事件中，趙卿本身間有嫌隙，嫌隙產生的衝突中，趙嬰與趙莊姬顯然是主要角色，而初步歸穴於「莊姬復仇」，也許趙孤是趙嬰之子，則「莊姬復仇」與「武從姬氏畜於宮中」就更合理。總之，無論趙孤是趙朔抑或趙嬰之子，都無害於韓厥之建言：「反其田」與「立趙氏之後」。讀法之三，趙卿間不僅有內隙，同時與他卿尤其是欒氏更有嫌隙，故趙嬰方曰：「我在，故欒氏不作，

---

[8] 如果根據宋王應麟《困學紀聞》的說法，就更有意思，也更能貫穿《左傳》所述之圖貌，據王氏所言，魯宣公十二年（晉景公三年，597 B.C.）時，趙朔為晉下軍正卿，而成公三年（晉景公十二年，588 B.C.）晉作六軍，有趙括、趙旃而無朔，王氏遂推測「趙朔已死」，則魯成公四年趙嬰私通於莊姬時，朔已亡故。此說可能更為合理地解釋了趙嬰與莊姬間之背景，是因朔已不在人世，則趙武為孰之子，而其隨莊姬畜於宮中之故，以及莊姬何以進譖報仇之故，也就更能了然。

[9] 楊伯峻：《春秋左傳注》，頁 821。

我亡,吾二昆其憂哉!」果不其然,趙嬰亡後,助莊姬復仇的,正是「欒、郤為徵」。由此,吾人似已可見出,在《史記》與《紀劇》中,作為與趙氏一族興滅的主要對立者——屠岸賈,也正是一同為晉室公卿但與趙氏不和的人物或角色。從以上的讀法擴大而言,繼續由成公四年回溯,吾人將發現一更有趣之敘事,即真正主導趙氏族滅族興的,恐怕還不僅僅在於內隙與外嫌而已,而更在於趙氏與晉室從趙盾開始就已伏下的衝突。晉襄公卒,應立靈公,然趙盾以靈公年少,欲立長君,遣使至秦欲迎公子雍,然靈公生母穆嬴以先君之言責於趙盾,曰:「先君何罪,其嗣亦何罪?而外求君,將焉置此?」又曰:「今君雖終,言猶在身,而棄之,若何?」此一記載在魯文公六年(621 B.C.)的敘事反映的是晉襄公之託孤,與趙氏之專權到能另立他君,以及靈公生母的行動終於導致靈公得立,這也正是晉靈公與趙盾不合之因。因之,晉靈公二年(619 B.C.)秋九月所記,靈公安排酒宴伏甲及獒欲殺趙盾之事,也就不足為奇。而後來弒靈公者為趙穿,靈公被弒時,盾又適在邊境,至有董狐太史所書「趙盾弒君」事,以及孔子對趙盾及董狐兩邊俱揚的言談。[10] 但是靈公既與趙氏有隙,且欲殺趙盾,焉知趙穿之弒靈公,趙盾「不在」之意為何?董狐「書法不隱」,又焉知趙盾不是真弒其君之主導者,至少也是漠然不視或默而許之?因此,雖然成公續立,趙氏兄弟權勢仍大,但又焉知繼成公之景公不自親仇、政權兩方面對趙氏一族有所猜忌,則莊姬之進言與欒、郤氏之為徵所導致趙氏族幾滅者,至少有景公涉入默許之成分,此一推測,倒也不是不能成立的一種讀法。這樣說來,《左傳》將敘事結穴於韓厥之言,果是有意義的,因為韓厥之言竟然能由「懷德」入手,令景公思念趙氏扶立晉室功績,而復立武,反其田,可見其言之為《左傳》作者所重視。

---

[10] 見《左傳》魯宣公二年之記載。同前註,頁 662-663。

（三）《史記》〈趙世家〉之敘事

首先，關於「下宮之難」，《史記》中確有異說，分別出現在〈晉世家〉與〈趙世家〉中，前者承襲《左傳》為說；後者則究為異說，為太史公兩存異說之書例；抑或為訛；尚有不同意見。然所牽涉者，為〈趙世家〉所述無論為訛、為異說，反映的都已是一種以《左傳》為本事，〈趙世家〉所述為新編的閱讀。在〈晉世家〉中，其本事實源自《左傳》，歷來均無異見；唯後者──即〈趙世家〉中的敘事，則究竟其是否另有所本，抑或〈趙世家〉本身，即可視作一自為之本事？楊伯峻與范希衡顯然均認為〈趙世家〉係另有本事來源，源於戰國傳說，雖然楊氏復以《左傳》、《國語》為據，斷〈趙世家〉所載之「不足為信史」。唐張守節《史記正義》云：「今河東趙氏祠先人，猶別舒一座祭二士矣。」[11] 顯然這一說法，也反映了民間流傳，而且與《說苑》、《新序》的〈節士〉、〈復恩〉篇所述有所關聯，或者即反映其為同一來源。再者，根據高士奇的推測，「然考之《國語》，迎文公者，有屠岸夷，賈或即夷之子孫乎。」[12] 其次，如〈趙世家〉是自為本事，就表示太史公在《左傳》之外，獨立撰就了另一種版本狀態的敘事，而此一敘事之情節、立意、著眼，大有不同於《左傳》、〈晉世家〉者在。因為，既然〈晉世家〉及〈六國年表〉中之記事與《左傳》相符，就表示太史公確曾詳閱過《左傳》中之敘事，也表示太史公在撰〈趙世家〉時必曾認真考慮過如何下筆的問題，因而在已成的〈趙世家〉中，寧取所謂民間傳說以為本事，或者說寧自立本事、別作敘事，即反映了太史公在此或認為復仇立孤的事件較之《左傳》中「亂倫滅族」之事件更為「實錄」。

---

[11] 楊伯峻說見《春秋左傳注》，冊一，頁 839。范希衡說則見氏著《趙氏孤兒與中國孤兒》（台北：學海出版社，1993），張守節之說見《史記》（點校本，台北：宏業書局，1987），卷 43〈趙世家〉，頁 1785。

[12] 高士奇：《左傳紀事本末》，〈發明〉，頁 450。

關於太史公自為本事,古今學者多有自其敘事之虛構處著眼,提出年代不合、情節自創、人物假立等說,定其敘事之本質,為虛構,是小說、傳聞、劇,而非歷史。如孔穎達《左傳正義》即云其為「妄」:

> 史記又稱有屠岸賈者,有寵於靈公,此時為司寇,追論趙盾弒君之事。誅趙氏,殺趙朔、趙同、趙括,而滅其族。案二年傳,欒書將下軍,則於時朔已死矣。同、括為莊姬所譖,此年見殺,趙朔不得與同、括俱死也。於時晉君明諸臣彊,無容有屠岸賈輒廁其間,得如此專恣。又說云:公孫杵臼取他兒代武死。程嬰匿武於山中,居十五年,因晉侯有疾,韓乃請立武為趙氏後,與左傳皆違。馬遷妄說,不可從也。[13]

宋洪邁《容齋隨筆》之評斷亦常見引:

> 春秋於魯成公八年,書晉殺趙同、趙括,於十年書晉景公卒,相去二年,而史記乃有屠岸賈滅趙氏,程嬰、公孫杵臼共匿趙孤十五年,景公復立趙武之說。以年世考之,則自同括死後,景公又卒,厲公立八年而弒悼公立,又五年矣。其乖妄如是。嬰杵臼之事,乃戰國俠士刺客所為,春秋時風俗無此也。[14]

清趙翼云:

> 以理推之,晉景公並未失國政,朔妻其姐也,公之姐既在宮生子,賈何人,輒敢向宮中索之,如曹操之收伏后乎?……

---

[13] 見孔穎達,《左傳正義》(台北:大化書局影印,阮元十三經注疏本附校勘記),卷26,成公八年傳,頁21-22,正義曰所云。
[14] 洪邁:《容齋隨筆》,收於《四部叢刊續編》(台北:台灣商務印書館,1966),卷10「程嬰杵臼」條,頁8-9。

區區一屠岸賈，位非正卿，官非世族，乃能逞威肆毒一至此乎？且即史記之說，武為莊姬所生，則武乃趙氏嫡子也。而晉世家又以為庶子，……則其一手所著書，已自相矛盾，益可見屠岸賈之事，出于無稽。而遷之采撫，荒誕不足憑也。史記諸世家多取左傳、國語以為文。獨此一事，不用二書，而獨取異說。而不自知其牴牾，信乎好奇之過也。[15]

以上諸人言論，其實已意在懷疑太史公此事之不為史，而為訛，為虛構；換言之，是與主張太史公為「異說兩存」之例者對立的，後者尚存有其為「史」之可能性，可供後人進行再比對、考證，而前者則確已論斷《史記》中存在著「非史」性敘事了。但此處可予補充者，為有關人物虛構方面，今人亦有說，意欲納虛為史，試圖提供真有其人的可能憑據，如針對屠岸賈、程嬰二人，便有學者以班固《漢書‧古今人表》為據，認為此二人名即出現於表中，證明為一歷史人物，而非烏有；雖然〈古今人表〉上，屠岸賈作屠顏賈；但是，此點確實已足啟後人對〈趙世家〉作出可能的反虛構之認知，即以為在「史」還是「妄」上，大有餘地可再商。[16] 總之，無論〈趙世家〉是相對於《左傳》本事的新編，還是自立本事的以虛為史，太史公在〈趙世家〉中的敘事，確實已將《左傳》以來的敘事，帶出了一個可能的「趙氏孤兒」朝向元劇之走向。

在〈趙世家〉中，確實是已出現了託孤、救孤、撫孤、復孤為主軸

---

[15] 趙翼：《陔餘叢考》（台北：世界書局，1960），卷 5「趙氏孤之實」條，頁 8-9。

[16] 見班固：《漢書‧古今人表》。以〈古今人表〉為據而提出「兩存異說」為「史」之可能性者，見李興國：〈趙氏孤兒的故事及其他〉，收入《司馬遷與史記論文集》第一輯（西安：人民出版社，1994），頁 424-433，其副標題即為〈史記記事兩存異說釋例〉。案：高士奇亦主太史公為兩存異說，見註 12 引書。而楊秋梅：〈趙氏孤兒本事考〉（《山西師大學報》1987 年第 2 期，頁 75-78）則力駁兩存異說之妄，以《左傳》為本事，證明〈趙世家〉所述為訛說。

的敘事,雖然還未稱名為「趙氏孤兒」,但是已經有了一個以「趙孤」為中心的情節貫穿,自「下宮之難」後朝向以「復孤」為中心的發展。特別是「託孤」,講的是趙朔託孤給韓厥之事,這是在《左傳》中未曾交待清楚的一個人物,〈趙世家〉中則已認定趙朔為「孤兒」之父,〈趙世家〉對此事之記載為:

> 賈為司寇,將作難,乃治靈公之賊,以致趙盾。遍告諸將,曰:「盾雖不知,猶為賊首,以臣弒君,子孫在朝,何以懲罪,請誅之。」……韓告趙朔趨亡,朔不肯,曰:「子必不絕趙祀,朔死不恨。」韓厥許諾,稱疾不出。

如前節所言,《左傳》中對「趙朔」的下落是交待不清的,如據王應麟所考證,早在莊姬與趙嬰私通之前,趙朔即已亡故;如是,這樣的結果與〈趙世家〉顯然造成了真正的對立,因為兩種版本中決定了趙武之生父為嬰或朔,從而也就使得環繞在武周邊的人物產生了不同的意義。〈趙世家〉顯然作了趙朔、莊姬、趙武三者間為一家庭關係的處理,因而也就刪去了莊姬與趙嬰私通的情節。但晉景公發動族滅趙氏事件的動因呢?因此,屠岸賈的登場也就扮演了一個反面人物的重要角色;屠岸賈是在〈趙世家〉中出現的人物,「屠岸賈者,始有寵於靈公,及至於景公而賈為司寇,」不知是屠岸賈與趙氏的嫌隙,還是以替靈公復仇為因。總之,將趙盾視為靈公之死的禍首,是在〈趙世家〉中屠岸賈發動諸將滅趙的理由,而這個理由,看來也很正當;然而,屠氏又何能成其事,令擅諸將,甚至極有可能是得到景公之默許,此即「假替靈公報仇」之所以重要也。靈公固然不道,然「弒其君」也像是一個罪名,因此,《史記》增加了屠岸賈此一重要人物,在整個情節性上,不啻是取代著《左傳》中的莊姬,同樣扮演著發動事變者的位置。這樣,《左》、《史》兩種版本,如果吾人由《春秋》來看此事,便當更為清楚。《春秋》所載有關此事者,僅兩條:(1)宣公二年,「晉趙盾弒

其君夷皋。」（2）成公八年，「晉殺其大夫趙同、趙括。」《左》、《史》所展現的，各是由前到後的本末因果，各透過其敘事呈現出來，而在這兩種敘事版本中，又各自有著不同的著眼、立意、主軸、情節與人物登場。[17]

更者，〈趙世家〉中「復孤」之後，太史公以其史筆（或文筆）所述程嬰下報公孫杵臼之情節，確實感人：

> 及趙武冠，為成人，程嬰乃辭諸大夫，謂趙武曰：「昔下宮之難，皆能死。我非不能死，我思立趙氏之後。今趙武既立，為成人，復故位，我將下報趙宣孟與公孫杵臼。」趙武啼泣頓首固請，曰：「武願苦筋骨以報子至死，而子忍去我死乎！」程嬰曰：「不可。彼以我為能成事，故先我死；今我不報，是以我事為不成。」遂自殺。趙武服齊衰三年，為之祭邑，春秋祠之，世世勿絕。

顯然太史公又發揮了其所擅長的將人物之血肉情感面淋漓繪出之特點，將恩、義、情、仇點染得極為感人，也顯出其側重的，是環繞在趙孤的這一群人物上。也因此，程嬰等這群歷史人物，到了宋元之時，還有著後續發展，突顯了《說苑》、《新序》這一脈絡的〈節士〉、〈復恩〉之「義士」情節。

（四）《紀劇》之文述

關於元代紀君祥之雜劇劇本，現存版本中，以元刊及明刊本為主，其中最大異處在於四折與五折。元刊本是四折，明刊本如以明臧晉叔之《元曲選》為據，則係五折本，但仍題名為紀君祥所著。後者之五折

---

[17] 關於這一由《春秋》經文提示敘事的觀點，參余為民：〈南戲《趙氏孤兒》的本事與版本考跡〉，《宋元南戲考論》（台北：臺灣商務印書館，1994），頁 240-241。

本,究竟來源如何,則不得而知。[18] 元刊本的四折,青本正兒認為原劇可能是五折,只是僅以賓白交待,故元刊本不錄,而《元曲選》的第五折則完全是後人添加之蛇足。[19] 但也有可能是四折,因為元雜劇多以四折為體制。[20] 四折本的劇情敘事,全以「搜孤救孤」為全劇核心;明刊本的第五折,則出現了「復孤」,包括殺屠岸賈的大報仇。但明刊本第五折也有漏洞,即其事全出現於晉悼公時代,此劇情極不合「挪用歷史」之常習,若非作者不諳歷史本事,便是對劇本創作時之歷史劇效應認知不足;或是第五折與前四折本非出於一人之手。但無論是四折還是五折本,均已可見其將情節(戲)重心集中於「搜孤救孤」過程中的諸義士上,雖然第五折加上了「復孤」之大結局,但仍舊是沿著以「義士」為主軸的敘事進行。因此,承襲著這一敘事主軸的立意,方有後來之《八義記》之傳奇版本,此八義為:鉏麑、提彌明、靈輒、卜鳳、程嬰、公孫杵臼、韓厥、魏絳,或去靈輒而包括了趙孤本人。題名為「八義」者,已正式將〈趙世家〉、《新序》、《說苑》以來的「趙氏孤兒」立意著眼之主調標出,意謂著劇情雖仍環繞以「趙孤」為中心,貫穿整個敘事,但在每一階段,卻皆有著「義士」來為「趙孤」赴義。以對待「趙孤」的態度為分界,一方是襄助趙孤的「義士」集團,一方則是反面欲加害趙孤的「屠岸賈」集團;前者是忠,後者是奸;而〈趙世家〉迄《八義記》的走向即是著意於描繪襄助「趙孤」的義士群角色,及反面主要人物屠岸賈,二分鮮明,非忠即奸,已無原來《左傳》中的複雜性。

---

[18] 元刊本《紀劇》收在《全元雜劇初編》(台北:世界書局,1968),冊十三,元刊本有曲文無科白提示。明刊本則有兩種,一為明孟稱舜評點之《酹江集》本,收在《全元雜劇初編》冊七;一本為明臧晉叔之《元曲選》本(台北:臺灣商務印書館、國學基本叢書本),收在冊九中,題名為《趙氏孤兒大報讎雜劇》。本文所據明刊本則為後者。

[19] 青木正兒著,隋樹森譯:《元人雜劇序說》(台北:長安出版社,1981),頁95。

[20] 古川幸次郎著,鄭清茂譯:《元雜劇研究》(台北:藝文印書館,1987),頁192。

根據近人之研究，元代出現此一劇本，並不偶然，它出現於元初漢人思宋的氛圍當中，而宋代皇室自神宗以來，即已不斷地有著為程嬰等人修祠封爵的舉措，北宋末年時，徽、欽二宗為金人所俘，「存趙孤」便成為一極具民族大義、復仇意識的口號，南宋高宗即位，汪藻於所撰〈群臣上皇帝勸發第一表〉中即有言「輒慕周勃安劉之計，庶幾程嬰存趙之忠，」高宗不僅於臨安設位望祭程嬰與公孫杵臼，且更為彼等在臨安建廟，加封爵號。宋亡之際，「存趙」意識自然存於志復社稷之遺民心中，如文天祥之詩〈自嘆〉中即云：「夜讀程嬰存趙事，一回惆悵一沾巾，」[21]這亦可解釋紀君祥何以擴大忠奸衝突「保社稷」。總之，《紀劇》的文述中有幾個特點值得提出：（１）它將晉靈公與晉景公兩個時代之事併在一起，將原來《左傳》中之跨二公間的二十年差距拉近，並且只用了一個「編年」——晉靈公。晉靈公在劇中不僅是一個「昏君」角色，而且更起著「劇情時間」之呈示作用。（２）這樣，便更有利於編劇者將此劇情安排為——晉靈公之下的二要臣——趙盾、屠岸賈之間的忠、奸對立之走向，從而使後來以「趙孤」為中心的事件，更可以成為一種「述義」敘事；而且，義與忠（存趙孤與保社稷）之間是可以畫上等號的。（３）它交待了趙盾的下落。在《左傳》中或《史記》中，趙盾如何亡故，不得而知；景公是在趙盾生前或死後方默許「下宮之難」的發動，亦不得而知。但在《紀劇》中，由於將「滅趙」時間提前於靈公時代，所以對趙盾之下落也作了交待，在元刊本中，屠岸賈誅趙氏滿門是包括了趙盾在內的，雖然明世德堂本南戲《趙氏孤兒記》已改為趙

---

[21] 以上所述，參見張庚、郭漢城：《中國戲曲通史》（北京：中國戲劇出版社，1992），頁 214-221。鄧紹基、麼書儀：〈紀君祥的《趙氏孤兒》〉，《中華戲曲》第二輯（1986），頁 194-209。另外，江武昌所撰之〈趙氏孤兒雜劇本事探討及其比較〉一文中則更擴充比較至於明余邵魚之《東周列國志》中趙氏孤兒事，亦可參考。江文收在《中國戲曲集刊》第 5 期（1984 年 5 月），頁 55-60。

盾係由靈輒救入深山後，因得知趙氏滿門抄斬而氣憤致死。[22] 因而關於趙朔，也就繼承了《史記‧趙世家》中將趙朔、莊姬、趙孤三者結合為一家庭關係的處理。(4)《紀劇》實已更從民間的仰角，不再是以宮廷政變為敘事中心，而真正以程嬰、公孫杵臼、韓厥三義士為全劇靈魂之敘事走向，假「趙孤」之敘事，而成就此三人之「義」。這可由雜劇搬演角色安排上看出：依雜劇體制，應由一人擔任唱角至尾，而《趙氏孤兒》是末本，理應選擇一人擔任正末貫局主唱，但在明刊本《紀劇》中，卻是在第一折中以韓厥為主（正末），第二、三折以公孫杵臼（正末）為主，第四、五折則以程勃（正末）為主，而程嬰則第二折開始以「外末」出場至終。而元刊本中雖看不出此一體製，但其「正名」則云：

韓厥救捨命烈士　　陳英說妒賢送子
義逢義公孫杵臼　　冤報冤趙氏孤兒

可見原也正是一種韓厥、陳英（程嬰）、公孫杵臼諸義環繞趙孤的安排。尤其最具戲劇性張力的，是安排了程嬰與親子間的描繪，替代了原來在〈趙世家〉中的以他人子替之；一場程子與趙孤間的換置，屠岸賈殺趙孤，刀刀落在程嬰心上，程嬰猶須演出賣友之表情，以配合公孫杵臼之罵奸。而此點，實際上也正符合趙宋以來由皇室所主導的尊崇程嬰之風氣，及遺民字裡行間喚起的對程嬰之記憶。唯明刊本之第五折中對程嬰結局之描寫，則似乎較為失敗，如其云：

---

[22] 不著撰人：《重訂出像附釋標註趙氏孤兒記》（台北：明繡谷唐氏世德堂刊本，收在繡刻演劇四十五種中，明金陵書坊分刊合印本，國家圖書館藏本）卷之下，第二十六、二十七折所述。案：世德堂刊本《趙氏孤兒記》中，不僅交待了趙盾如何致死，抑且，還「存活」了趙朔，並於趙盾死後，與當初救出趙盾的靈輒有一場相會。

小主人，你今日報了冤仇，復了本姓，則可憐老漢一家兒皆無所靠世。

又云：

我有什麼恩德在那裡，勞小主人這等費心？

以及終場之謝恩，何恩？「韓厥後仍為上將，給程嬰十頃田莊。老公孫立碑造墓，彌明輩概與褒揚。」似乎描繪出程嬰果是一老漢田夫，平平淡淡，只圖十頃田莊以終老，而全無〈趙世家〉中以下報描繪程嬰以死報友的慷慨雲天。據此，推測第五折與前四折本不出一人之手似乎亦不無道理。另外，值得注意的是第五折所出現的魏絳，是悼公在位時之上卿，是一個代表義士集團來執行復孤復仇的人物，在裘派《趙氏孤兒》劇中由裘盛戎飾演，[23] 作為京劇劇本中的一個主要角色而登場。

三、文述與演述中的「莊姬」

演述最大的特色，就是它包含了兩階段的工作：（1）編寫劇情，以供搬演，此一階段之成品，可以稱之為劇本。（2）搬演劇本，將文述轉換為演述。《紀劇》現存雖有無賓白之四折元刊本及臧晉叔之五折《元曲選》本，也完全可以看出此一劇本係為搬演而存在。但是，無論如何完整，劇本總是缺了什麼，這就是「演」的實況，劇本縱然包括了劇情敘事、賓白、唱詞（曲），也交待了演員的角色類型，但是含「科」在內的「演」，及將曲唱出、將詞唸出，卻是作為底本的劇本無法交待及傳達給吾人的。而劇本的產生，卻又是以演為目的，透過演來傳達給

---

[23] 此一錄影帶係原音配像帶，「音」是 1960 年由裘盛戎、譚富英、張君秋、馬連良等名角演出；「像」則係 1995 年由北京京劇團對音配像演出，魏絳一角，係由裘盛戎之子裘少戎扮演。

觀眾，而非透過劇本傳達，否則便不能成其為演述，而只能是文述。因之，站在演員的立場，之所以迄今尚維持一種心傳口授的師徒制之傳統者，即是因為這些負責擔綱「演」的師徒當事人，迄今尚認為劇本是次要、是輔助，第一首要的是習演。因之，由師所傳，到徒自我揣摩，能否成家，關鍵不在於文述而在於演述。也因此，演者多持有一觀念，真正的「演」中，有許多是文述所不易甚或是不能傳達出的情境，能否「演」出「文述」之外存在者，常是「演」的一個關鍵。但是，吾人也發現，無論是台灣現存的兩劇校——國光、復興，或大學的科班——中國戲劇系中，在師徒傳授時，仍然用了錄音帶，而演出時也常錄下了錄影帶，其關鍵便在於錄影／錄音之保存性較強，科技在此處的影響，是顯明的。錄音帶或錄影帶在聲音、影像上的全程傳真，與曩昔書寫文本運用文字來作劇情傳真，有何不同？或許劇本使吾人注意其文字性格；錄音帶使吾人注意其聲音演唱性格；而錄影帶，則讓吾人注意其演之性格，更迫近於演述的直接本質。

　　在現存的資料中，《紀劇》僅剩文述性的劇本，並無當時現場演出的任何一場照相、錄音之影視史料，雖然由觀眾的角度，我們實可以發掘出一些觀後印象的所感、殘憶之鱗爪，但對「演」而言，由前者之文述來還原或想像原演較佳，抑是經由觀者之殘留印象之滋味臆想原演較佳，也是一個課題。無論如何，源於《紀劇》之所出，現存的全程演出錄影帶中，最早的似乎為1995年錄製的原音配像《趙氏孤兒》，是有關《趙氏孤兒》演述的最早之資料。所謂原音者，指1960年由王倫所新編的《趙氏孤兒》，曾經盛大公演，集一時名角，由裘盛戎、譚富英、馬連良、張君秋合作演出，這件事已被文字記載下來，也存留有當時實況演出的錄音，但亦僅有錄音。因此，後來便由北京京劇院以原音配像方式由裘少戎、張學津等重新錄影，意在使觀眾能透過演而聽到上述裘、張等名角之唱。

　　此一錄影新編本的劇情及演出結構，大體上合明刊本《紀劇》與明南戲《八義記》改編而成；「趙孤」仍然是劇情環繞的主軸。在立意

著眼上，也仍然是忠奸對立與義士赴義，但其並未刻意強調出義士有「八」。在《紀劇》開頭的楔子中原本由屠岸賈以賓白唸出的鉏麑、提彌明等義士護趙盾之倒敘，則全改為演出；而在結尾中，則無〈趙世家〉中程嬰之下報，也改為明刊本《紀劇》中的魏絳傳旨賜程嬰田千頃；而強調了趙氏母子對程嬰作揖下拜之感恩。最大的差異，則在於原《紀劇》中莊姬在託孤程嬰後即自縊而死，而「裘劇」中則仍存活，且目睹了趙孤親弒屠岸賈。

透過對裘派《趙氏孤兒》的觀察，筆者發現，「情境」與「歷歷如繪」兩種不同的演述方式，其實是交錯其間的。如馬以鞭象徵之，但其中神獒則由真人象形演之。後者或稱寫實，前者或稱寫意、抽象。中國的劇評家們往往重劇意，喜強調寫意高於寫形，即因舞台、搬演、唱工藝術，往往是一種以有限寓無限的藝術。看戲觀劇最好是能對其本事或劇情熟悉，而後方能觀賞其演述，聽其唱出心情，演出真情，得其實情。如「裘劇」開場第一折由晉靈公、屠岸賈上場，而後才續由趙盾出場，為的是要表現出在忠奸對立上，其實晉靈公與屠岸賈是一國，而趙盾則是另一國。在晉靈公與屠岸賈的一場戲中，也描繪出了靈公之昏與屠氏之奸，此幕藉靈公及屠氏彈射百姓娛樂而表現出，但顯然在戲中，不可能真演出實彈實射實中及百姓之實傷，但作為觀眾的我們，也能會意其在「演」什麼。而更深一層的演，則不僅在於演員之藉我以演彼，也更在於藉此以演彼，藉靈公之射以演出靈公之荒政不道。由於演者在其投射進入所表演的對象中時，除了寫實，還有寫意，如果僅僅以還原來構想其現場實景，顯然便會走上「歷歷如繪」的搬演方式，這就是我所說的，是否一定要實彈、實射、實中、實傷？因之，靈公彈玩，是一種抽象式的寫意；換一個角度，如果能激起觀者對現實之想像，又何嘗不是歷歷如繪？更重要者，在於靈公彈玩固有本身技術面的象徵演法，而演出此一靈公彈玩其意在於什麼，則才更是演出上的大事，作為編

者、演者、觀者,都於此處匯歸。

其中,演述中聲音的腔調與演者的表情以及整個劇場時空,我們雖不能說其必定有文述中下筆所未易或不能到者,但比較地說,其各有所擅勝則確然也。尤其京劇中演員多半是直接面對台下觀眾而作訴求,掌聲的響起就是存在於演述中的一個不可少的程式,因為在戲劇表演時,「照面」的就是演者與觀者;此所以在裴派《趙劇》中,刺客鉏麑藏藏躲躲不欲被趙盾發現,其躲的動作與表情,是演給觀眾看的,而不是趙盾。這均可見在京劇演述中,常欲通過某種非歷歷如繪的方式來演出其「情境」,使觀眾能真正進入劇情中,這時,在照面中,演員的演出能否放電,就非常重要,李開先曾在其書《詞謔》中描述過當時名伶顏容演《趙氏孤兒》中之公孫杵臼的片斷回憶:

> 顏容,字可觀,鎮江丹徒人,……嘗與眾扮《趙氏孤兒》戲文,容為公孫杵臼,見聽者無戚容,歸即左手將鬚,右手打其兩頰盡赤,取一穿衣鏡,抱一木雕孤兒,說一番,唱一番,哭一番,其孤苦感愴,真有可憐之色,難已之情。異日復為此戲,千百人皆哭失聲。歸,又至鏡前,含笑深揖曰:「顏容,真可觀矣!」[24]

張岱也在其《陶庵夢憶》中描繪過名角彭天錫的「演」:

> 彭天錫串戲妙天下,……天錫多扮丑、淨,千古之奸雄佞倖,經天錫之心肝而愈狠,借天錫之面目而愈刁,出天錫之口角而愈險,設身處地,恐紂之惡不如是之甚也。[25]

---

[24] 轉引自譚帆、陸煒:《中國古典戲劇理論史》(北京:中國社會科學出版社,1993),頁 262。
[25] 張岱:《陶庵夢憶》(台北:台灣商務印書館,叢書集成簡編之 145,1965),卷 6〈彭天錫串戲〉條,頁 47。

當演曹操像曹操,入木三分,觀眾也許從來不知何謂亂世奸雄,然而透過台上紅幔輕啟、人物登場時,彷彿已進入三國時的曹操跟前,親眼目睹曹操之奸、狠、雄、猜時,這意謂著什麼?(當我們在「史學方法」中教導學生須揣度當時情勢,移情融身當事人心境以作合情入理之客觀描述時,這又意味著什麼?)透過寫實,觀眾開始知道演員扮演什麼角色;透過精湛的演出,觀眾才進入由演者所營造的情景,而進入劇情,進入劇境,得其劇意。這一點,潘之恆說得非常清楚,從頭到尾,就是一個「劇」,也從頭到尾,都是一次「演述」,其云:

> 神何以觀也?蓋由劇而進於觀也,合於化矣。然則劇之合也有次乎?曰有。技先聲,技先神。……余觀劇數十年,而後發此論也。其少也,以技觀,……及其壯也,知審音而後中節得度者,可以觀世;……今垂老,乃以神遇。[26]

「演」,其實是與「劇情」的推展及「戲意」是否能演出,以及觀眾是否能進入其所擬之情境中,是息息相關的。

從本文前面一路寫來,吾人可以發現,歷來在「趙氏孤兒」之敘事中,對於程嬰、公孫杵臼、屠岸賈等人的關注其實較多,而關於晉景公(或晉靈公)、屠岸賈的另一面則較少被注意。尤其是「趙莊姬」這名女子,更多的是被忽略。雖然在「裘劇」中原是由名旦張君秋飾演,但並未賦與其特殊性的角色描繪。但筆者以為,莊姬的角色極為特別,因為,全劇的中心——孤兒,便是由她所生,這點,自《左傳》以來,一直到今日,倒都還算是一個「事實」,不曾變過。因此,從來編演「趙氏孤兒」者,都不會少了這個角色,但也不曾將重點著墨於她;也因此,孤兒之母,到底是如何的一個「史」中人物、「劇」中角色,似乎值得分析。

「莊姬」在「裘劇」中其實並不是被強調的一個劇中角色,「裘

---

[26] 潘之恆:《秦淮劇品》序言,收入陶宗儀編:《說郛》(清順治李際期刊本,國家圖書館藏本),續集續卷第四十四。

劇」中更動於《紀劇》的，在於讓她活了下來，目睹親子弒屠復仇；而在《紀劇》中，則早在其託孤給程嬰後，便立即自縊身亡，似乎有沒有她皆無甚特別。但是，如果我們再將《左傳》中之敘事及〈趙世家〉中之敘事取與比對，就會發現其中一些頗有意思之處。我認為，這也使得《趙氏孤兒》在將來尚有可能進行新編上，預留了一伏筆。在《左傳》中，如所述，在莊姬進行發動復仇之後，趙武是被莊姬畜於宮中的，因為她是景公之姊，所以當然有此能力護子。而且據前所推測，趙武也有可能是趙嬰之子，關於這一情節下的趙莊姬母子，有著什麼樣的細部情節，可以掘出什麼樣的人間面與劇情，顯然並未被後世人留意。到了〈趙世家〉中，司馬遷一轉筆調，將趙朔、莊姬、孤兒給合為一家庭結構，而且有一小段情節刻意突顯地描繪了莊姬，其文如下：

生男，屠岸賈聞之，索於宮中，夫人置兒絝中，祝曰：「趙宗滅乎，若號；即不滅，若無聲。」及索兒，竟無聲。

也許吾人可以這樣說一句話，無論〈趙世家〉是否為歷史，至少司馬遷在考慮將什麼史實放入歷史敘述中時，他確實是諸人中唯一思量到莊姬為趙孤之母者，他也著實描繪了為人母之所以為人母。但在《紀劇》與「裘劇」中，這一救孤護孤已改為走向「義」的表現行動，由韓厥、公孫、程嬰等人合力完成，在二劇中，莊姬能作的只是揮淚別子的無奈、無助。吾人並無指謫之意，而只是想表出，觀歷史、觀劇情，寫歷史、寫劇情，可以觀察的面相與視野仍然有很多種；而且均為原來的本事或寫就的歷史所已蘊就。由此延伸，吾人遂可進一步論及另一個話題：「觀卷：程嬰抑母語」。這話題的意思是：究竟是誰告訴趙孤真相的？在〈趙世家〉中，負責將孤兒撫養成人的是程嬰，《史記》云程嬰與趙孤匿居於山中十五年，可見其身世當也係由程嬰所傳達。《紀劇》中亦然，由於莊姬託孤後已自縊，因此，趙孤之身世也必是由程嬰所傳達，但《紀劇》中更多了一曲折，即程嬰因賣友有功，得屠岸賈之喜，

遂將趙孤亦收為義子，取名「屠成」；至此，趙孤有了三種身分：程勃、屠成與趙孤。因此，《紀劇》中特別作了一個安排：展卷觀畫。藉著卷中的畫面，程嬰一步步以說故事的方式將屠成拉回為程勃；接著，再成功地將程勃轉換為「趙氏孤兒」的自我認同，從而展開其劇情終局中的屠賊復仇的情節。趙孤的觀畫及程嬰的說故事是重要的，這表示趙孤在屠成與程勃之間，程嬰與屠岸賈有一場拉鋸戰，最後，由趙孤的認同故事（身世），程嬰是一勝利者。但在「裘劇」中，莊姬則並未死，且有一場十五年後母子巧遇的情節。顯然，編劇者又忽略了莊姬「為人母」的一面，而僅僅是表達莊姬十五年來的感傷；當然，對觀眾而言，又有著子在面而母不識的悲憫。也許還有另外的側面沒有演出，這十五年，屠岸賈在對屠成的教養中，說了些什麼義父的話？這些對他有什麼影響？一個人面對殺父仇人卻又是養己且相處十五年的義父時，在決定下手復仇前，有無躑躅，有無一層更深的心境？其次，程嬰的話真的能敵過屠岸賈的話麼？但我們可以料想的是，在人世間，「母語」——莊姬作為一個母親的話卻的的確確有可能高過於義父的話。如果莊姬未死，這十五年來，其為人母的一面在做什麼？顯然是沒有被描繪的一面。我的意思是，「展卷觀畫」是一個告訴趙孤真相的情節，當敘事者安排以程嬰說故事的方式登場時，即已同時說出了「程語」與「母語」的比較。

四、結論——兼論何謂「歷史／劇」

藉著本文的討論，凸顯了與歷史相關涉的戲劇中所存在的，並不是史實真假的問題，而是一種本事與新編的對待。它與所謂的歷史之間的聯繫，在於「挪用歷史」以進入內容中的有機結合而成為「劇情」，而擴大了歷史中想像、創造的成分到不受約束，同樣也是一種「詩學」性格，不能輕易就被客觀主義的還原事件觀所排除；尤其在中國，戲曲敘

事正是取代了正史文述的一種「歷史亞敘述」，擔負著一種歷史說教的功能範型。[27] 即使是在正史中的歷史敘述，本來也就存有一種「歷史詩學」的詩性，錢鍾書稱之為「史筆詩心」者，[28] 即指此；道通於「戲劇」文述與演述中的詩學本質，也通於「小說」虛構中的敘事性。在一個歷史敘述的作品中，不盡然只是真實與虛構、文與史、詩學與科學的二分觀而已；以此為「史」，以彼為「非史」，本就是一種盤據中心的自我看待，應當還有其他可能性、可能的歷史可以言述。否則，「文述」之外，以「演述」談「歷史」，以「影視史學」談「歷史」，便不啻口耳捫談，全無可行之意義，殆非向前邁步之道。而呼應此意，在文末結論中提出「歷史劇」的討論，便正好重啟此一二分議題──「歷史劇」是什麼？它的本質是歸屬於歷史還是藝術（詩、戲劇）？抑且，不論其歸屬於誰，其中可值討論者，都不僅僅是「歷史」，也不僅僅是「戲劇」。

關於「史」與「劇」的比較，西哲早已啟其端，亞里斯多德《詩學》常是引述上的源頭：

> 詩人所描述者，不是已發生之事，而是一種可能發生之事，亦即一種概然的或必然的可能性。歷史家與詩人間的區別，並非一寫散文，一用韻文；你可以將希羅多塔斯之作改為韻文，它仍然為一種歷史，……二者真正之區別為：歷史家所描述者為已發生之事，而詩人所描述者為可能發生之事，故詩比歷史更哲學與更莊重；蓋詩所陳述者毋寧為具普遍性質者，而歷史所陳述則為特殊的。[29]

---

[27] 這個觀點參考趙毅衡：《苦惱的敘述者──中國小說的敘事形式與中國文化》（北京：十月文藝出版社，1994），第三章中國小說的文化範型，第二節說教範型，頁238。

[28] 參筆者：〈何謂歷史〉，《史學專業課程教學研討會》（台中：中興大學歷史系，1994），頁53。對錢氏之言所引所述。

[29] 亞里斯多德著，姚一葦譯註：《詩學箋註》（台北：台灣中華書局，1993），頁85。

誠如一位學者所言,這是引了又再引的一段文字。[30]文藝復興以來,此一話題不斷重開,比較著名的當屬萊辛(Gotthold Ephraim Lessing, 1729-1781)與溫克爾曼(Johann Joachim Winckelmann, 1717-1768)對古希臘雕像「拉奧孔」(Laocoön)所呈現出的歷史美,是從屬於「歷史的」抑「美學的」為第一義的爭論;在此一論戰中,赫爾德(Johann Gottfried Herder, 1744-1803)、歌德(Johann Wolfgang von Coethe, 1749-1832)的加入,益顯此一議題重開之意涵豐富性。[31]不僅是兩種認知類型的比較:或文／史,或小說／歷史,或詩／史,或史／劇,而其實更也是歷史本身內部的質性之探析。在歷史學領域中,也曾展開同樣的類似議題之爭:歷史是科學的?抑藝術的?其實便反映了歷史作為一種敘述性文本,其中有著真實論的領域,也有著詩學論的本質。不唯西哲,中哲也老早就有過類似的比較,談論了史與小說、戲劇的比較。如清初金聖歎便曾假《水滸》與《史記》,提出了「文」之史性、「史」之文性的問題,其實已觸及了歷史劇本質的核心地帶,其云:

> 某常道《水滸》勝似《史記》,人都不肯相信。殊不知某卻不是亂說,其實《史記》是以文運事,《水滸》是因文生事。以文運事是先有事生成如此如此,卻要算計出一篇文字來,雖是史公高才,也畢竟是吃苦事。因文生事即不然,只是順著筆性去,削高補低都繇我。[32]

其實已點出了小說的因文生事之本質,然而史又何嘗無有因文生

---

[30] 參鄭波光:〈試論史劇理論與悲劇理論的區別〉,《文學評論》(1983年5月),頁61。鄭氏的結論觀點傾向於「歷史劇」從屬於「史」。

[31] 參 Siegfried Heinz Begenau 著,張玉能譯:〈美是萊辛與溫克爾曼爭論中的歷史問題〉,《論德國古典美學》(上海:上海譯文出版社,1988),頁35。

[32] 轉引自趙毅衡:《苦惱的敘述者——中國小說的敘事形式與中國文化》,頁231。

事之本質?一種詩學的想像成分運入歷史寫作中,本文中的由《左》至《史》之例,已充分反映了此點。民初陶家鶴寫〈綠野仙蹤序〉一文時,已將思慮由小說擴及於敘事之祖——《左傳》,正反映了古來稱史書者之可重作思考,及與小說本質關係之構詞,其云:

> 世之讀說部者,動曰「謊耳謊耳」。彼所謂謊者固謊矣。彼所謂真者,果能盡書而讀之否?左丘明即千秋謊祖也,而世之讀左丘明文字,方且童而習之,至齒搖髮禿而不已者,為其文字謊到家也。夫文字謊到家,雖謊亦不可不讀矣。[33]

其意謂「謊」亦為一種論述(discourse),謊到家即稱之為史,從修辭學的觀點,謊到家即使人信以為真,這是一種很有意思的構詞與言說。而錢鍾書更藉著史書/歷史敘述中的代言體為例,謂即與金元院本、雜劇中之賓、白同科,指出了史與劇中的詩學同質性。[34] 不獨小說,戲劇中亦有類似的言論,如《曲律》作者明王驥德云:

> 戲劇之道,出之貴實,而用之貴虛。[35]

明謝肇淛《五雜俎》中云:

> 必事事考之正史,年月不合,姓字不同,不敢作也。如此,則看史傳足矣,何名為戲。[36]

清焦循《劇說》亦引《莊嶽委談》之文云「戲」:

---

[33] 同前註,頁 232。
[34] 錢鍾書:《管錐篇》(台北:蘭馨室書齋翻印,出版年不詳),冊一,頁 166。
[35] 轉引自戴德源:〈戲蒙正與史蒙正〉,《戲曲研究》第四輯(1981),頁 105。
[36] 謝肇淛:《五雜俎》(台北:明萬曆間刊本,國家圖書館藏本)序。

凡傳奇以戲文為稱也，無往而非戲文也。故其事欲謬悠而無根也，其名欲顛倒而無實也，反是而求其當焉，非戲也。[37]

這樣的比較性議論還有很多，顯見此一議題是中、西傳統中所皆具的。關於「歷史劇」本質屬性的討論，便正好係上述議題的承接引入。以六〇年代在大陸引發的一場歷史劇討論的論戰為例，意見雖多，其實不外乎兩種流派：（1）歷史劇是劇，是戲。轉換一下戲的另一詞義，即戲者，非真也，故曰戲作。（2）歷史劇是史。[38] 但以上兩種皆不能在理論上解決歷史／劇的拆解與縫合問題，雖然在大體傾向上提出了歷史真實與藝術真實兩個概念而走上調和論傾向，以及作出三七、四六、五五等的合作愉快之分帳結論，但此顯然正反映出對歷史劇看法的尚未解決，也反映歷史劇的確值得討論，以及還可以繼續討論，便是因為其背後所凸顯的，正是此一中西皆有的議題傳統。雖然早期一些著名的歷史劇作家如郭沫若、吳晗、田漢等，皆屬史學家或兼具史學素養者，從《屈原》、《孔雀膽》、《關漢卿》到《海瑞罷官》都以兼顧史實與劇情為其目標，但那是創作過程，在理論上並不能掩蓋這些歷史劇仍然是一個劇的本質、企圖搬演的事實。關於歷史劇中的歷史成分，究竟應如何定位，仍然困擾著批評家與理論家，乃至於創作家。大陸的《戲曲研究》第十六輯（1985年9月）曾出了一個「歷史劇筆談」之專號，多篇論文中，仍然不外乎上述兩個走向，介乎史／劇、小說／史、詩／史之間的歷史劇之本質及定位，仍然是一個有趣的話題。但是，有一個可能性可能是全然沒有被構想到的，即是歷史劇此一名詞所可能蘊涵的兩個方向：其一、作為詩學、戲劇創作本質的走向，其中被挪用的歷史是現成的劇情之思考。其二、歷史劇作為一種演述式的歷史呈現。這時，

---

[37] 焦循：《劇說》（台北：台灣商務印書館，國學基本叢書本），卷1，頁11。
[38] 許逸之在〈歷史、傳說與戲劇〉一文中，則將戲劇與歷史之關係區分為三種，而較傾向於以「歷史劇」為「劇」，認為反之者往往「錯認劇情為史實」。見許逸之：《劇戲雜談》（台北：台灣商務印書館，1996），頁3。

歷史是道道地地的與文述同質的歷史，作為此一種走向，問題的意義已轉向為思考一種在文述之外，歷史如何透過演述的形式而呈現的問題。特別是後一思考走向，似乎是較多地被遮蓋在歷史劇之以演述為劇的思考中。

數年前，美國的史景遷（Jonathan D. Spence, 1936- ）之著作《胡若望的疑問》（*The Question of Hu*）之中譯本在台出版，似乎又重啟此一古老議題之波瀾，史氏之英文原著出版於 1988 年（紐約），稍後《歷史與理論》期刊（*History and Theory*）即刊出了馬茲利希（Bruce Mazlish）的一篇書評〈《胡若望的疑問》之疑問〉（"The Question of The Question of Hu"），此一書評，提出了許多尖銳之問題，同時評者尚引用了盧卡奇（Georg Lukács, 1855-1928）的觀點，認為史氏之書仍然是歷史小說（historical novel）。[39] 此一評斷反映的是，即使史氏之書是通過認真的考證了大量的歷史檔案與文件，其書仍然還是歷史小說，是貌似歷史的小說，從屬於小說的本質。

這樣看來，歷史小說、歷史劇果然仍值討論。本文中所提出的本事觀，或可以為我們重啟一些視域；而演述則為戲劇呈現歷史的可能，找出一條敘事理論上的可能通達。當李翰祥導演的黃梅調古裝電影《萬古流芳》及中國電視公司的連續劇《萬古流芳》在此間上映播出時，都曾因其劇情之不合史實，更動太多，而招來一些批評意見。這些意見，仍然不免流露出一些教條旨意。為生民請命的教育觀點之出現，本是常

---

[39] 史氏之書中譯本由黃秀吟、林芳梧合譯（台北：唐山出版社，1996）。Bruce Mazlish 的評論刊於《歷史與理論》（*History and Theory*）1992, pp. 143-152。Mazlish 的最重要切問點及衡準處，在於史氏之書沒有通過「歷史敘事」回答一個"why"，而僅能回答胡是否為一瘋子的性格描述，因此，是「小說」。姑不論其論式是否令人信服——如敘事是否能解釋「為何如此」。至少 Mazlish 的書評反映了他是從文、史之對立觀來區判史氏一書之屬性的思路，仍然是一個西方議題傳統的延續。Mazlish 的書評中譯本，見林素芬、貝克合譯：〈《胡若望的疑問》的疑問〉，《歷史：理論與批評》創刊號（1999），頁 153-168。

事,無可說是非。值得注意的是這些歷史中心論以學術姿態出現時,其實是皆忽略了在劇中所自成一局的劇情觀點,以及在劇情中自古以來即有的「挪用歷史」現象——其實即為一種剪接本事的現象。

這一點,筆者想先引述一段清李漁〈審虛實〉的文字,其云:

> 若謂古事皆實,則《西廂》、《琵琶》,推為曲中之祖,鶯鶯果嫁君瑞乎?蔡邕之餓莩其親,五娘之干蠱其夫,見於何書?……非用古人姓字為難,使與滿場角色同時共事之為難也;非審查古人事實為難,使與本等情由貫串合一之為難也。[40]

李漁的觀點在筆者看來是極其深刻也饒富意義的,他問的是:如果忠於元稹的《會真記》,是否即為歷史?顯然李漁認為那只是誤將忠於本事等於忠於歷史了。因之忠於《左傳》,亦然,是否即必謂是忠於史實?原事件在何處?李漁所云「非審查古人事實為難,使與本等情由貫串合一之為難也,」道出了歷史劇之以劇為創作之眼所在,在劇情而不在於本事之合乎與否為成規也。以古為實,其實是本事觀念,就《西廂》之改編而言,原本《西廂》是否即為歷史了?以《趙氏孤兒》而言,以《左》為史實,然則《紀劇》中所演述,亦為劇實,因其為此下趙劇之祖,其劇文已為劇本事,因之,究竟《左》是史,還是《史》為史,抑或《紀劇》竟也是一種史?李漁的觀點,給通常所謂的歷史劇帶出了一種以劇為本質的確定方向,即創作或編寫歷史劇時,要考慮的,應是劇情而不是歷史。在挪用本事時,是否合乎歷史並非考慮之眼;要考慮的,應是劇本本身所內具的,在戲、在情節、人物、搬演上,是否達到了劇本本身之劇情已串聯成一創作整體,成為一完整的故事、戲,而不是劇情外涉到歷史或本事時是否相合。

其次,關於在歷史劇中,挪用歷史此一現象,筆者亦有一些意見。

---

[40] 轉引自註 35 引文,頁 107。

凡是歷史劇，必有沿革，此所以有本事與新編之概念，而既有本事，即有新編，則挪用歷史之現象必在其中，此挪用歷史之可以提出成為一個概念或術語以討論之也。被挪用之歷史因其本身之歷史內涵而被放置入新的文脈中，作用於歷史指涉與象徵。而歷史劇——吾人通常所稱之歷史劇，就是挪用歷史，這個歷史被挪用過來之後，在編者、作者甚至是演者那裏，是否可以因任意書寫或任意表演，而在「劇」之屬性上，基於「傳奇貴幻」的理由，由「挪用」形式轉向更大的「虛構性」，這是一個可討論的議題，同時也是主張歷史劇是「史」的意見流派所最為反對者。但至少，在挪用「歷史」中，評論者或讀者（觀者）往往會因為對歷史的熟悉感而以此為中心樹立標準，進而批評挪用歷史中的指涉是非歷史的，在一種非歷史本質的劇中，甚至是歷史劇中，這種型態的指責屢見不鮮；[41] 對於非屬歷史領域，且具藝術本質的科別，是否能從歷史出發作出此種指責，也是值得再思的。在歷史劇中，穿對衣服或穿錯衣服，演對情節或演錯歷史，[42] 並不是「歷史『劇』」中的「劇」之規定或成規，而是因為觀賞歷史劇的讀者／觀眾從另外的管道熟悉了歷史，覺得不協有以致之。總之，歷史劇是一個劇的挪用歷史之現象／行為的生產品自不待言，如何看待此一現象，討論此一名目下的劇種，恐怕絕非僅僅站在歷史的中心論發言之單向思考而已，創作者本身的思考以及它的挪用歷史以成歷史劇的本身，恐怕才是更值得切入的角度及議題、焦點。這是筆者對於一般所謂歷史劇的思考中，所持的一個以「劇」為本的立場。在此立場下，似乎又可以延伸另一可供思考的概念：歷史劇

---

[41] 更有趣的，是反過來說，從文學界來反駁歷史學界的此種議論批評，顯示出文學界對此種歷史中心觀的壓迫之感冒與不平，張大春在《文學不安》（台北：聯合文學出版社，1995）中對高陽「歷史小說」的闡釋（頁77-92），及郭箏在《如煙消逝的高祖皇帝》（台北：食貨出版社，1994）中以第一人稱敘述者作為史官而書寫實錄，對歷史書法及圖表為證多所諷刺，都反映了來自非歷史學界的另一種聲音的對抗。

[42] 最典型的就是可否在歷史劇中出現「張飛戰岳飛」的議題。關於此，劇界有一齣《秦王李世民》之接觸秦俑的戲，似乎耐人尋思。

就是以劇為本質，此外沒有本質。上面加個歷史二字，只是讓人習於進入一個參照世界——歷史世界，以對照出它的作為劇的本質，正是在於它不同於、更動於、新編於「本事／歷史」的那些部分，以見其匠心、獨運及作者性的創作處。

換一個思考立場，說歷史劇是歷史的，從史學本身去看待歷史劇，當然也可以成立。這自然意味著另一種解讀方式之成立，那便是去思考歷史劇如何從屬於我自己的學科——歷史學的立場。我們不妨以「『歷史』劇」作為一種關於如何透過「演述」去呈現「歷史」可能性的思考，以此來貼合當今稱為影視史學的西學之新方向；而在此之外，亦另有「歷史劇」一詞用義之可能性在。將歷史學上的運作原則及程序轉換帶入演述中，思考「演述」歷史的可能性，對史學界而言，這似乎也是一個學術的思考走向；在文述之外，尋求呈現歷史的多義之途。但卻不必然要用外行的歷史話頭去批判藝術創作的心思——無論是巧思還是拙思之作品，以歷史中心論去強佔原本屬於藝術／詩／劇的那種「歷史劇」的地域，也不必強使第一種意義下的「歷史『劇』」成為歷史文本的分支；如果要成立「『歷史』劇」為「歷史文本」，則正如影視史學一樣，尚方興未艾，如何在演述上，重新啟步，討論演述如何是歷史的：從劇本到搬演，從劇情到史實，從書寫到表演，都有著觀念與實際轉換的問題；並且要能與書寫的歷史文述有著同步的歷史學規定性。關於兩種「歷史／劇」的討論，可談之處應仍甚多，筆者所學有限，就此作結。

中國史學中的兩種「實錄」傳統：
「鑒式實錄」與「興式實錄」

中國史學之要義，厥在「彰善顯惡」，此可以「實錄」一詞當之。然自近代史學以降，對此多持貶義，以為史官之筆，不當有主觀之評斷涉入。顯然在兩套不同的史學世界中，近代史學在天平上與傳統史學相比，是不相稱的加碼。我們在五四激情已過的今日，已經可以重新對西方史學、傳統史學，乃而自身所處的近代史學，作出比較持平的研究、回顧與反省。從而也可以再對傳統史學中何以強調史官的「實錄」之意義在於「當世性」與「彰善顯惡」上，作出更深入的理解，也應當能在今日對此種「實錄」史學中的道德關懷，再度予以正視。

另外，本文也從劉知幾對《史記》的批評中，看出另一種「愛奇」說的興式實錄觀，被遮蓋在以「官史」為主的鑒式實錄觀之史學主流中。由此，本文遂提出兩種「實錄」類型的觀點：「鑒式實錄」與「興式實錄」。

一、前言

　　什麼是「中國史學傳統」？這個問題對不同身分的人，可能皆會有不同的認知與回答。舉例而言，對在 1902 年寫出〈新史學〉的梁啟超（1873-1929）而言，「中國史學」就是「傳統上相砍書的歷史」；[1] 很顯然，梁氏對「新」的「未來」之召喚，此時尚建立在他對「傳統史學」認知之基礎上。然而，對錢穆而言，「傳統史學」卻不必是一種與自身相對立、斷裂，也不必是一種必須要去反對的「史學」，而是一種須要「溫情與敬意」去了解的史學世界；抑且，這個世界不但不是未來的阻礙，反而是一種「源頭活水」。[2]

　　這已顯示出了對「中國史學傳統」的認知，可以因著認知者本身的體知情境、身分的不同，而有不同的理解；反過來說，「中國史學傳統」也在「近代」以來，因著「認知者」的不同認知，而呈現出紛歧的「多元圖貌」；此現象本身就是一次「大歷史事件」，緣於在西方文化輸入、衝擊之後，所產生的變化現象，而尚在解體與重建交替的變遷現象中，對「中國史學傳統」的重新認知，亦是其過程中的一環。

　　重新認知的過程，其本身就記錄著中國近代史學史的變遷圖貌，到現在為止，我們對此圖貌所作的建構及其反省，都還十分有限。但可以大致看到，有以「考古學」的地下挖掘而填補「中國歷史」者；有以西方社會科學的輸入而以之為「方法（論）」訓練的架構去重建與認知「中國歷史」者；有以「史觀」去打破原有的「朝代」相續去建立與畫分「中國歷史」的「發展階段」，從而為「革命」提供立論依據者；也有企圖在大量受到西方影響的「近代化」中，希望能免於西方文化的宰

---

[1] 見梁啟超：〈新史學〉，《飲冰室文集》之 9，收入《飲冰室合集》（北京：中華書局，1989 年 3 月），冊一，頁 1-5。

[2] 見錢穆：〈凡讀本書請先具下列諸信念〉第 2 條；〈引論〉，《國史大綱》（臺北：台灣商務印書館，1940 年初版，1988 年 12 月修訂 16 版），冊上，頁 1-32。

制或影響，意圖尋求一種出路，重新恢復「中國史學的傳統」者，對於這一種方向的努力者，過去學界曾經以「民族主義」或「保守主義」稱之，或多或少，有其「貶」義。但隨著時間的繼續推移，長期以來對西方文化的吸收、消化，以及對自身傳統的不再拒斥等，冀望西方史學之外，尋求中國史學的獨特性之學術取向，亦逐漸形成；換言之，「中國史學」與「西方史學」已經未必是一種「過去＝中國→西方＝未來」的「現代化發展」式的舊論調，而是一種「中國 vs. 西方」的平行式比較；研究「中國史學」，是認定其在「西方史學」之外，容或有著不同的傳統、學術型態，而能提供出另一種不同的史學價值。

本文的寫作，無疑地受到此種思維的影響，既不是十九、二十世紀之交及五四時期北方學界的「反傳統」心態，也未必是一種全然為「祖國」說好話的自尊心態，而是站在一種如何能平心理解這個相對於「我」而存在於「過去」的「中國傳統史學」，有什麼特色，進而理解之、表述之。尤其是在一種已為我們所體認到的情勢之下：在西方史學之外，有著中國史學的存在；反之，在中國史學之外，也尚有來自其他文明傳統的非中國史學的存在。彼此皆應相互交流，相互理解。

眾所周知，劉知幾（661-721）的《史通》是中國第一部有系統對唐前史書作出總評，並且提出正史應當如何撰述、歷史寫作的核心價值應在何處等等史學觀與史學批評的專著；因此，透過《史通》來闡述與理解「中國史學」，或許不失為一條可行之路。由於中國史學傳統綿延歷時甚久，且史書數量眾多，我們實很難任取一兩個詞彙，任選一種脈絡，便能展開重新且全面的進窺與傳釋。因此筆者也只能在本文中選取其一端，就本身學力之所能及，及以往所累積的些許認識，論其所知之片面，作出一些探索及反思，也傳達一點筆者在回顧與省思中的個人感受與觀點。誠然，在《史通》所理解的世界之內及其世界之外，都還有著《史通》所不能達以及不能進入的中國史學之世界存在；譬如在其後

而成於清代的章學誠（1738-1801）《文史通義》，便認為《史通》所談者，只能是「史法」，只能是「館局著述」；而對於「史意」、對於孔子《春秋》的大義，以及相對於「一代大典」的「通史」之要義，則必須留給自己這部書以一席之地。[3]

但本文選擇《史通》，則主要尚有下列考量與關懷的取向，便是因為不論是透過若干近人研究的專著，或是劉知幾自己的文字，都提供了一條重要的、理解中國傳統史學之主要精神、價值的線索主軸，這個主軸便是「實錄」。[4] 再者，「實錄」中的主要意涵，既與「道德呈現」有關，也與「歷史事實」有關，這就牽涉到了近代史料學派中的主流價值思維取向──以客觀／實證為主導的近代史學，正是這種「客觀」思維的有形無形之主導，使得近代史學家常認為傳統史學是一種喜將「善惡／道德」導入「歷史事實」中的史學，從而傳統史學便是一種不能「為學術而學術」的史學，也不是那種能追求科學上客觀真理的純粹學問。這樣，由「史以載道」來說，中國史學傳統中對「道」的使命感，便成了一種負面的印象與評價。「史以載道」，事實上，就是「實錄」；這種史學是否就一如客觀主義者所批評的，姑且不論；我們此刻所應做的，似乎便是先擱置此種「對錯」模式，而用理解的方式，先嘗試進入《史通》的「實錄」世界之中，理解「實錄」是什麼。

---

[3] 章學誠曾自我比較過他與劉知幾的史學工作旨趣之不同，其云：

> 吾於史學，蓋有天授，而人乃擬吾於劉知幾。不知劉言史法，吾言史意；劉議館局纂修，吾議一家著述。截然兩途，不相入也。

見章學誠：《章學誠遺書》（北京：文物出版社，1985 年 8 月），外篇，卷 9，〈家書〉二，頁 92。

[4] 如許冠三：《劉知幾的實錄史學》（香港：中文大學出版社，1983）；雷家驥：《中古史學觀念史》（台北：台灣學生書局，1990 年 10 月），第 10、11、12 章。

二、「實錄」一詞的出現及其史學意涵的形成

「實錄」一詞的首次出現，與司馬遷（145-86 B.C.）的《太史公書》有關，係揚雄（3 B.C.-A.D. 18）在《法言》中談論「太史公」之語，《法言・重黎》篇云：

> 問太史遷，曰：實錄。[5]

〈君子〉篇云：

> 淮南說之用，不如太史公之用。太史公，聖人有取焉。[6]

其次則見之於班固（32-92）的《漢書・司馬遷傳贊》，云：

> 自劉向、揚雄博極群書，皆稱遷有良史之材，服其善序事理，辨而不華，質而不俚；其文直，其事核，不虛美、不隱惡，故謂之實錄。[7]

班固此處直以「史」與「實錄」相聯繫，已與揚雄《法言》中以「太史公」與「淮南」相較之言，略有不同。班固謂「實錄」係出於「良史」所記。應邵注云：「言其錄事實」，則更以「實」為「事實」之謂。若是，則此事實之錄，必須「文直、事核」以及「不虛美、不隱惡」，方得謂之「實錄」。故「實錄」一詞的出現，已有多項含義蘊之：或指向史文，應「直」；或指向史事，應「核」；或指向史義，「不虛美、不隱惡」。

吾人若以近代客觀史學來作對比理解，則此「實錄」之義顯然並非如客觀史學之所意欲客觀呈顯的過去事實之謂，客觀精神與實錄精

---

[5] 見汪寶榮、陳仲夫點校：《法言義疏》（北京：中華書局，1997年三刷），卷15，頁413。

[6] 同前註引書，卷18，頁506。

[7] 見百衲本《漢書》（杭州：浙江古籍出版社，1998），卷32，頁488。

神顯然在對比之後是兩套說法,「實錄」正是相對於「近代史學」的另一套,吾人若稱其為「傳統史學」亦無不可。「實錄」雖然是「錄事實」,但其「事實」卻並不是「過去歷史的真相」,而是在於「事實」的「彰善顯惡」的「美／惡」不虛與不隱。近代史學中所爭議的「道德判斷」,顯然在「實錄」一詞的意涵中,是與「事實」既相渾為一又是「事實」之首要義的。

　　由上述的「實錄」義之解析,可以說,後世史學中的「實錄」之義,除了作為書名與文類之外,在班固的言論中俱已概括。自漢末六朝以來,「實錄」不僅成為史官書寫紀錄的觀念準則,同時也成為一種對史官書寫之優良狀態及其優秀成品的稱美之詞。西魏、北周之際的柳虯,《北周書》〈柳虯傳〉即記載了其言論,云:

> 虯以史官密書善惡,未足懲勸,乃上疏曰:
> 古者人君立史官,非但記事而已,蓋所以為監誡也。動則左史書之,言則右史書之,彰善癉惡,以樹風聲。故南史抗節,表崔杼之罪;董狐書法,明趙盾之愆;是知直筆於朝,其來久矣。而漢、魏以還,密為記、注,徒聞後世,無益當時,非所謂將順其美,匡救其惡者也。[8]

「非但記事而已」句特值注意,「所以為監誡」「彰善癉惡,以樹風聲」尤為史官職司書史之義所在。而其云「古者」以及「其來久矣」,可見在柳虯認知中,「直筆於朝」對他就是一種自古以來的「史學傳統」。可見吾國傳統史學,本非以客觀認知「過去」為其終極,故所謂「史官」之以「實錄」為一種自我期許者,正在於作者必須帶有主觀褒貶性之敘事文字,以錄史事也;良史與否,即在此處。又,在柳虯文中,另一值得注意者,則在於「徒聞後世,無益當時」一句,更顯出一種史官以

---

[8] 見百衲本《北周書》(杭州:浙江古籍出版社,1998),卷 38,頁 590。

「司善惡,樹風聲」為職的意涵,而顯出一種「當世」與「後世」的相較下,在「當世」樹立風聲才是「實錄」首要的義旨;而不是徒以「文字」流傳而僅僅成為「述史」之性質而已;顯然,史官的職能,本身即參與著一種當代人間的政教風化。

梁武帝時,首以「實錄」一名成立為史書撰寫中的一種體裁專名。《郡齋讀書志》云:

> 實錄者,其名起於蕭梁,至唐為盛,雜取紀傳、編年之法而為之,以備史官採擇而已。[9]

《文獻通考》亦記云:

> 實錄即是做編年之法,唯《唐志》專立實錄一門;《隋史》以實錄附雜史;《宋志》以實錄附編年,今從《宋志》。[10]

案、《隋書‧經籍志》(《五代史志》)「雜史類」著錄「梁皇帝實錄三卷,周興嗣撰,記武帝事。」及「梁皇帝實錄五卷,梁中書郎謝吳撰,記元帝事。」[11]因此,自梁武帝起,「實錄」便正式經由皇帝之授權而成為一種新興體裁之名;此後漸成常制,歷代君主均修有「實錄」,直至清代,仍然如此。逮於民國,雖設有「國史館」,然已以修《清史》為務,對於「國史」或「本朝史」撰修之大方向,已失其定位,仍在變遷

---

[9] 《郡齋讀書志》,卷二(宋淳祐袁州刊本),頁1。

[10] 馬端臨:《文獻通考》(台北:台灣商務印書館,1987),卷191,頁1620-1621。案、馬端臨所著錄謂「實錄即是編年之法」,其起源與首見並皆以為係從《梁皇帝實錄》而來,故其體則編年,其類亦入「編年類」中,其初在《宋志》中即當如此。敦煌卷子中已發現有更早之《實錄》,猶在《梁皇帝實錄》之前,亦是「編年之法」。何以首見以「實錄」為書名者,其體為「編年」之法,而非揚雄、班固以「實錄」形容《太史公書》之「紀傳之體」,此中詳情,尚有待進一步探究。要之,則《實錄》轉成為書名,形成為一種史體文類,顯然與皇帝之起居紀實有關。

[11] 百衲本《隋書》(杭州:浙江古籍出版社,1998年),卷33,頁1063。

之摸索中。然而，對於「實錄」一詞，能夠經由揚雄對《太史公書》的描述用語，從而逐漸在漢魏六朝以來，注入史學上的關懷，終而形成了一種由梁皇帝自交付的史書修撰之名稱，這也就意謂著：代表著官方、王朝的政治權力，已經關注並直接介入了史官的「歷史書寫」之中，而且因此而提升了此種「歷史書寫」的層次與地位，並要求以「實錄」的價值為其內涵而稱名之；在一種既冀望其是「實錄」而又不放心其真的彰善「顯惡」的情形下，遂有監修制度之產生，俾史官之書史能在自己監視之下，掌控其書寫之自主性。

入唐以後，「實錄」仍然繼承六朝以來的發展，作為一種官修體制中的歷史記錄之專名，唐代史官先後撰成高祖、太宗等《實錄》。著名的《史通》作者，以提倡「實錄」精神為職志的劉知幾，本身即任職史官，也曾參預高宗、武后、中宗、睿宗等《實錄》之修撰。由其《史通》所述，可知在唐代，不僅「實錄」已具體化為一種史書體裁之名稱，且有專司之職；抑且，「實錄」亦已成為一種理念，作為一個史官，對此種理念，亦有其懷抱與崇高之理想；此一理想便使「實錄」轉成為一種對史官作品的讚美之詞；同時，此一史官執筆的懷抱，亦投射在古代史官典型人物的懸揭上，此即「董狐」與「南史」。[12] 在唐代史

---

[12] 在《左傳》中係引述孔子之言，稱董狐為「古之良史」；《公羊傳》則稱其為「晉史董狐」；《穀梁傳》則稱之為「史狐」。《公》、《穀》對此事的引述及轉錄方式的不同，隱藏了一種對「董狐」之「史筆直書」的「實錄」，究竟是古代史官的傳統，還是經孔子轉化後注入《春秋》的「經義」，事實上還有著究竟什麼是「中國史學傳統」的界說問題；不只存在於近現代，也存在於古代。范寧在《穀梁傳》的「注」中，常以「實錄」一詞美稱孔子《春秋》書法之義，就已顯示了一種以六朝新形成在「史學」傳統中的用詞——實錄——去言說「經義」的「經」與「史」之糾葛現象。但無論如何，六朝以來，在談到「史官」時，總是以「董、南」為典型的，則無置疑；孔子則顯然仍是層次更高的「聖人」或「素王」之位階。另外值得被一提的是，近代以來，尤其是「古史辨運動」之後，除了《左傳》，《公》、《穀》是絕少被當作「歷史學」學科範疇內的作品來讀的。這仍然蘊藏著近代「歷史學」中自我認知上的潛意識座標定位，及由此而投射於傳統史學的視域光譜。此中所述，可參

官的筆下,「實錄」被稱道作為美詞的意義,不僅在於書寫的成品,抑且亦在於書寫本身作為一種實踐行動的體察。此種實踐行動被置於事件交織的世局之中,與被書寫的對象同牽涉在一個世界之內,權貴要臣尚在,事件是如此的複雜多端,史官身置世局中,職司全局之記錄,此種職司如何可能成為一具體化的實踐行動?質言之,如何書寫當代歷史事件?實踐行動及其結果如何能被稱為「實錄」?劉知幾顯然從自身經歷中經驗到了此點,並且也意在探討此點。於是,彰善顯惡不僅成為實踐行動本身存在的意義,也成為在史書成品中反映此一意義實踐本身就是當世事件彰善顯惡的凝聚,由是書寫不僅成就著一部史書作品,抑且成就著一個人的人格、學養之完成;史官所職所司之要義,定名為「實錄」者,必須要從這樣的角度來抉發,才能呈現中國史學傳統的精神,何以便凝聚在「彰善顯惡」這簡單卻在近代以來長期遭到批評與誤解的四個字上。由是吾人亦已可看出,對中國史學傳統的理解,僅將「實錄」一詞置於史書作品中考察尚是不夠的,必須要恢復「實錄」一詞指謂中「作者性」的一面,才能直指「實錄史學」的核心:史官的生命經驗是與他的書寫與書寫成品緊緊交融在一起的。因之,知幾在撰寫《史通》的過程中,必定已體察過:史官如何能做到彰善顯惡,又如何能洞察善惡?史官身處世局之中,如何能做到一種當然書寫的狀態,即「直書」?一者為「實錄」,作為史書的價值義,一者為「直書」──史書撰寫者的史官義或作者義;所以「實錄」與「董狐」成為實錄史學中的一組重要觀念之代稱;唐代人用此二語時,隱在其中所指向的,就是「不虛美、不隱惡」與「彰善顯惡」的理想與執行此一理想者的人物典型之義涵。

拙文:〈以「史」為學與以「歷史」為學〉,《華岡文科學報》第 23 期(臺北:中國文化大學文學院,1992 年 12 月),頁 201-218。

三、「實錄」一詞的「當世」義涵

　　劉知幾雖然繼承了漢魏六朝發展中緣於帝王提倡，也緣於史官們的自覺，所肇致的「實錄」一詞的豐富義涵。但是，當劉知幾在面對他的「中國史學傳統」而將「實錄」一詞懸為「史學」或「正史撰述」的之核心概念時，卻是將之置於「官方史學」中來論述的。從而，在劉知幾對「實錄」的史學義涵之表述中，不時可以看到一種「史官」與「官史」之間不可避免的一種緊張結構在；也因此，對職司與從事「歷史書寫」責任所在的「史官」，必須不時強調與揭櫫一種「直書」與「錄實」的道德勇氣，才能將「官史」達臻於「實錄」的理想水平。為什麼緊張結構會存於「史官」與「官史」之間呢？對這點而言，官方史學顯然亦有其矛盾情結在，也可以說正是「官方」的特色，既要將「史」納入「官」之制度化結構中，又要使此「官」所撰之「史」能符其標準；然而，當「史官」經過自覺而湧現出一種自主性的理想與自我懸揭的古代典型以為期待時，這種「史官」與「官史」之間的矛盾與衝突就形成了。官方既要以「實錄」作為「史書」之命名，亦復倡導「實錄」作為官方所懸的標準；卻又深懼此一「實錄」真令史官們以「不虛美、不隱惡」來撰寫「實錄」時，必將肇致此種「官方」所不能樂見也不能承擔者在；這還不盡然是「史書文字」流傳後世的問題，重點在於作為「實錄」的史官書寫，一如今日的「新聞」一般，很快地便會流傳出來，這正是被書寫之當局者──特別是所謂的「官方」尚在世時之所必然在意者，由是柳虬所云的「徒聞後世，無益當時」及極力反對「密書」者，也就有了落處。以是官方要設立「監修」以涉入「史權」。「史權」者，近人柳詒徵在《國史要義》中將之視為一種應當隸屬於「史官」能夠自主、忠實於一種「實錄」的「史學傳統」的秉筆書寫之權力；之上再沒有權力。柳氏雖生當西學傳入的近代，但他談的，無疑正是切入吾國史學傳統中欲提醒當代何謂「歷史寫作」的一種態度之表露，一種歷史寫

作必須由「史官自主」的立場之傾向。[13]而這種「史權」,是「史官的」;但「官方」顯然認為「史權」應是「官方的」或是「官方的代表——監修的」;雖然「官方」與「史官」皆承認與懸出一種「實錄」精神,自梁迄唐,每朝皇帝且皆有《實錄》之修撰;但顯然雙方對「實錄」的理念卻恰好正是在一種相同的大傳統中而顯出了結構上的緊張與衝突。作為「史官」的劉知幾,顯然在《史通》中大書特書的「史學」中之「實錄」,是以「史官修史」為中心的,所以他在〈辨職〉篇中提出的典型也是來自於史官本身——即董狐與南史;而不是倡將「實錄」轉為《實錄》修撰的梁武帝。正是因為如此,劉知幾筆下的「實錄」精神之實踐者,才特別須要一種道德勇氣,並正與此一道德勇氣之筆下所形成的「善惡之歷史世界」形成一種相映——歷史與人間的相映。而此一道德勇氣,又正是在一種與賦予其「史官」之職權的權力來源的緊張結構與氛圍關係中形成;由是,一種作為史學上「實錄」義涵之首要,以及最難能可貴者,就並不是在於對「過去」的「實錄」,也不是對「過去」的學術研究;而是一種「當世」的「實錄」之南、董式的義涵;一種為了「彰善顯惡」能呈現於「當世」——反過來說,即是一種能令「當世」呈現其「彰善顯惡」的義涵,顯然便是傳統史學中「史官」們的職責,也是他們自我的期許與自我的要求——史學、史才、史識,傳統上所謂「史有三長」者,正在此處匯歸為一種「中國史學傳統」中的「實錄」精神與價值取向。

當「書寫者」與「被書寫者」兩造俱在「當世」的狀態中時,其間所需要養成的一種道德勇氣與道德判斷能力,吾人確實可以體會「史識」與「直書」等詞彙的實有義涵;唯其「直書」,才能「彰顯善惡」,其作品、其史述,才能是一種「實錄」。由是我人才能理解《史通・辨

---

[13] 見柳詒徵:《國史要義》(台北:台灣中華書局,1884年10月),〈史權〉第二,頁19-35所述。

職篇》中之所區分史官為三種月旦流品,劉知幾何以將董狐、南史置於最上,而一反我人所成習之印象,近代以來歷史教學中的第一流史學家太史公司馬遷,反被置於第二等之故。〈辨職篇〉云:

> 史之為務,厥途有三焉。何則?彰善貶惡,不避強禦,若晉之董狐、齊之南史,此其上也。編次勒成,鬱為不朽,若魯之丘明、漢之子長,此其次也。高才博學,名重一時,若周之史佚、楚之倚相,此其下也。[14]

然而,「實錄」的實現確乎是「難」,否則劉知幾便不必在《史通》中直指此義為其核心,而難處所在,也正就是「實錄」核心義之所在。劉知幾所推崇的董狐或是南史,是從屬於趙盾或崔氏,因而曲筆偽錄;還是直書實錄?這也正是史筆書寫之難,難處所及,真實義頓現。劉知幾書寫《武后實錄》,是「忤時」還是「順從」?是「順從」為現實,還是「忤時」而追求真實?〈忤時〉正是《史通》中的一篇篇名。當「順從」作為史官自身置身局中存在的一種現實時,「歷史敘述」也就成了一種「曲筆偽錄」,顯然這並不是史學上的「真實」,從而也是應當批判的一種「現實」,就像劉知幾批判魏收一樣;當「忤時」成為一種自身存在的實現時,從而「實錄」也就有可能出現,雖然環顧與逼臨的,正是一種「威脅」性的現實。「實錄」因而是和自身所在的現實中的一種道德勇氣的行動聯繫在一起的。但在人的現實性中,卻很難也很少出現此種勇敢的行動,因而對過往歷史人物的行為認知,也就由自身所在的現實世界中,產生了一種陌生感,「夫人不知善之為善,則亦不知惡之為惡」[15],即便是對「過去」的歷史人物之彰善貶惡,要達乎「實

---

[14] 參見劉知幾著,浦起龍通釋:《史通通釋》(台北:里仁書局,1993年),卷10〈辨職〉,頁282。

[15] 劉知幾著,浦起龍通釋:《史通通釋》,卷10〈辨職〉,頁282。

錄」，亦是多麼地不易！因此，知幾認為必須從現實性出發，才能對「褒」或「貶」有所體知，而褒或貶亦正就是其對「現實性」中所蘊含的「真實性」的一種認知、一種體悟、一種批判、一種贊揚或貶抑；因而「實錄」之「難」，正在於現實與真實中原有一種張力、一種相互遮撥的存在；這不僅是「歷史」如此，而更應是「人」即是如此。

「現實」的重要意義，在於它是我們活生生的當下與生存場域，由於「現實性」的喪失，使得歷史在一昧追求「真實」時，淪為一種僅能稱之為「歷史哲學」者，一昧以「褒貶」為「真實」，使「現實」僅僅淪為素材，因而抹殺漢唐，使得「三代」成為一種虛懸的架空設想，成為僵化的敘事；反之，則由於一昧追求「現實」，導致歷史中真實性的被剝落，人的存在遂僅成為一種「無可能性」的狀態，成為一種僅僅存在於「被描繪」狀態中的「人」；當歷史敘述提出忠於客觀現實的描述之藍圖時，並未能提出什麼關於「人」的反思、反省，因而歷史中真實的一面將被剝落，而中國史學傳統中向「道」的一面，也遂喪失，在近代性的解釋之下，不僅被遮蓋了其向道性，甚且被批判為不夠客觀。但顯然實情並非如此，我們頂多只能說，以「彰善顯惡」為核心的實錄史學，與近代的客觀研究之學院式史學，是兩套不同的史學世界之存在。如果中國史學傳統是相對於「近代」以來的另一套史學世界時，我們能否前去理解另一套史學世界的義涵呢？

總而言之，「現實」與「真實」是作為「歷史敘述」形態存在的「實錄」所同時攝含之兩境，與「人間中現實與真實的相互顯現」。將真實剝離出來單獨存在，傳統的歷史敘述所走的顯然並非這樣的一條路；反之亦然；既不是了解「人」的路，也不是了解「過去的人」的路。而中國史學傳統中的「實錄」，則是同時兼賅與俱攝「真實」與「現實」於「一」的；這就是因為「實錄」的寫作，緣於史官／執筆者，而史官／執筆者，又緣於一種「當世」而來的道德實踐之勇氣。緣於「現實」雖然是一種根本性生活的場域，但又不能滿足於它，我們

的現實存在的生命本身並不能使我們滿足,想要更深地追求點什麼,「道」的關懷與理想性、自省性就注入了。而「人」本身對於「現實」所產生的趨向「真實」之體驗、反省與感知,經過自覺而在執筆之文字呈現後,在史筆下已成為歷史敘述的書面文字中,才能總會讓人覺得在所謂的「事」中,似乎還多了些什麼!因此,當我們閱讀《史通》中的〈惑經篇〉時,便須特別注意其「傳真」的用詞及其較深一層的意涵,不能因為此篇中的「鏡喻」論說,便誤讀了劉知幾的以「鏡」為「傳真」之喻,也誤讀向西方或近代客觀史學中的「鏡」與「真」的理解,近代學人中解釋此段「鏡喻論」中之「真」者不少,惟問題在於:什麼是「真」?要之,〈惑經篇〉中所提出的重點是在於「妍媸必露」,以此比為「善惡必書」,至此方能謂之「實錄」,也方是劉知幾所謂的「傳真」;既然劉知幾重視的是「妍媸必露」、「清濁必聞」、「善惡必書」,則其傳真之「真」的意涵,顯然就不獨是「真假」意義下的「真」,而是「是非」意義下的「真」![16] 我們不妨便視此種狀態正是「實錄」史學傳統中的史官們想要追求與臻至的境界──彰善顯惡的「實錄」境界,與自我要求在人世中作為「人的行動」的境界。

四、「愛奇說」的世界與「興式實錄」

揚雄在《法言・君子》篇中,除了稱司馬遷之著作為一種「實錄」外,同時還提出了另一種觀察,即「愛奇」說。在《法言・君子》篇云:

多愛不忍,子長也。仲尼多愛,愛義也;子長多愛,愛奇也。[17]

---

[16] 參見浦起龍:《史通通釋・惑經》,頁368-369。
[17] 參見汪寶榮、陳仲夫點校:《法言義疏》,卷18,頁507。

這一觀察的提出，後來有繼，形成了一個議論的脈絡傳統，可以「愛奇說」稱之。如漢末譙周即在《史記・孟荀列傳》下注云：「觀太史公此論，是其愛奇之甚。」[18] 至梁，劉勰則更進一步將「愛奇」與「反經」聯繫起來，稱其為「『愛奇反經』之尤，條例踳落之失，叔皮論之詳矣。」[19] 將司馬遷在《史記》中的歷史世界作了一個「反經」式負面意義之界說。劉知幾在《史通》中對《史記》的諸多批評中也有此種傾向。如《史通・探賾》篇即評云：

> 遷之紕繆，其流甚多。夫陳勝之為世家，既云無據；項羽之稱本紀，何必有憑。必須彼遭腐刑，怨刺孝武，故書違凡例，志存激切；若先黃老而後六經，進奸雄而退處士，此之乖剌，復何為乎！[20]

說《史記》「怨刺孝武，書違凡例」，不僅就「人」而言，與「漢武」相對；而其「書」也在史書體裁上多違「凡」例。前者尚官方，後者言常；吾人已可看到在此類議論脈絡中，與司馬遷的對揚面在何處了。這種將太史公之「愛奇」打到負面的評比，在揚雄那裡已露端倪，但是真正提升上來，將「愛奇說」視為是一種「非官方」論述的，正是官方論述者班彪父子；劉勰與劉知幾的言論，均是受到了班氏父子的影響。班彪云：

> 至於采經摭傳，分散百家之事，甚多疏略，不如其本，務欲以多聞廣載為功，論議淺而不篤。其論術學，則崇黃老而薄五經；序貨殖，則輕仁義而羞貧窮；道游俠，則賤守節而貴

---

[18] 見百衲本《史記》（杭州：浙江古籍出版社，1998），卷74，頁201。

[19] 見范文瀾注：《文心雕龍注》（台北：開明書店，1958年台一版），卷4〈史傳〉，頁2。

[20] 浦起龍：《史通通釋》，卷7〈探賾〉，頁211。

俗功。此其大蔽傷道，所以遇極刑之咎也。[21]

而其子班固更云司馬遷所建構的歷史世界係「是非頗繆於聖人」，其云：

> 又其是非頗繆於聖人，論大道則先黃老而後六經，序遊俠則處士而近姦雄，述貨殖則崇勢利而羞貧賤，此其迹蔽也。[22]

這樣，就把在《法言》那裡只呈現為「仲尼／子長」的對比，轉成了「官方論述／愛奇反經」的對比。二劉對《史記》的評語，自班氏父子而來的痕跡至為明顯。蓋班氏父子正是站在漢代官方立場對《太史公書》作出史書式批評的第一人。其「是非頗繆於聖人」的真正意思其實就是「是非頗繆於漢代官方」！這點，也顯示出《史》、《漢》在傳統史學上雖因紀傳體之故而往往並稱，然而在並稱中仍可以作出「官史」與「私史家言」的區辨；因而一種寫作時所站立的位置及其所顯示出的歷史視野，從而也有其異。當「愛奇」說從史公世界被抉發出時，「奇」字實已被置在一種議論脈絡中賦予了意含，並被制約為「反經」──一種非正統、非官方的負面評價；「奇」字既與官方相戾，故其書被視為多違凡例：以項羽為本紀、以陳勝為世家，通古今之變的「通史」成了「側漢家於百王之末」；則其所以違「常」例，不正因其「常」是來自官方的視野麼！以是此種「非常」「非凡」，便被賦予一種「反經」式的排擯。那麼，我們如何撥開此種「反經」的遮蔽，去理解被上述議論脈絡作為中心、作為主流而排擯到邊陲的「愛奇」與「傳奇」之世界呢？尤其是在揚雄的〈君子〉篇中同時將「實錄」與「愛奇」賦予太史公的情形下，「愛奇」又如何能是一種「實錄」呢！

也許由「序貨殖、道游俠」進場較好。傳奇與愛奇，若用史公自

---

[21] 見百衲本《後漢書》，卷29〈班彪傳〉，頁765，班彪《後傳》所述。
[22] 見百衲本《漢書》（杭州：浙江古籍出版社，1998年），卷32〈司馬遷傳贊〉，頁488。

己的話來說,就是為「倜儻非常之人」作傳。史公之所以會投向關注於此,穿透至下層、邊緣或世人難以理解的卓然不群或特異人物之世界,穿透至其現實之深層面去掘出生命之真實,正是因為這等人物的生命真實,對史公而言,往往就是隱藏在歷史現實深層中的歷史真實,而歷史真實也就是人的真實,生命世界中盡性淋漓的真實典型。這種對於「倜儻非常之人」的敘述客體之關注,其實皆與他自己的內心世界有關,正是在有關處,才從筆下向外轉出為歷史世界;例如常為後世官方論述史家所批評其非正統性的〈刺客〉、〈游俠〉、〈貨殖〉等諸列傳,都是被批評為「愛奇」之諸「傳奇」列傳,這種傳奇的傾向,顯然不僅是傳主的指涉,它同時指涉了司馬遷自己。因此,「愛奇」說的本質,也就可以說明在這個歷史世界中的選人入傳性上,史公有他自己的角度,有其所「愛」,因之以「傳」;史公自己開了一扇門,選擇了所謂「畸人」並傳其「奇」,呈現出了他們置身在歷史洪流中的生命與時代之真實。此點,已與劉知幾自先秦以來史官與官史大傳統中所反省的「實錄」意涵有所不同;在選人入傳的標準性上,《史通》的實錄觀顯然放眼於足堪楷模的彰善貶惡之典型,足以垂訓,足堪垂鑒;這顯然是一種「鑒」式的意涵。用劉知幾自己在《史通‧惑經》篇中的說法,即是「鏡喻論」;「鏡」者,可以「傳真」也;然此「真」猶非僅是「真假」層次上的「真」,而更須是「照見妍媸」的「善惡」之「真」。《史通》以「鏡喻論」言「實」言「錄」,這正是一種「鑒」式形態的實錄觀。而太史公的《太史公書》如果也是一種「實錄」的話,那麼這種「實錄」更多的是「愛奇」「傳奇」性格的「實錄」;相對對官史傳統的「鑒式實錄」,已經是不同的類型了。一個人從「怨刺」、「問天道之是耶非耶」、「躑躅於江邊思賈誼、弔屈原」出發,從〈報任少卿書〉之一系列受刑人系譜的堪相憐、同激勵而轉出的生命同型之觀察與投射,就不再只是著眼於官史心態的垂鑒示訓,而更多的應是一種以興感、抒懷、寫意為

中心,穿透至人的感性生命世界的真實之觀照;這也是一種「傳真」的「真實」之「實錄」。究其實,在「興式實錄」的歷史書寫與歷史敘述中,作為傳主的敘述客體與撰作的敘述主體早已經由「興式」的書寫而交感為一了。被太史公立傳的人物,其中又何嘗不是充滿了因他人而來的自感。即便是自述,作為敘述主體的太史公筆下的敘述客體「太史公」,也仍然經由「興」而動盪出雄渾的殘照,與由此而來立即可以察覺的歷史聖賢人物之列舉。〈報任少卿書〉云:

> 若僕大值已虧缺矣!雖才懷隨和,行若由夷,終不可以為榮,……故禍莫憯於欲利,悲莫痛於傷心,行莫醜於辱先,詬莫大於宮刑。刑餘之人,無所比數,非一世也,所從未遠矣。……所以隱忍苟活,憂於糞土之中而不辭者,恨私心有所不盡,鄙陋沒世而文采不表於後世也。[23]

遂興觀歷史,列舉人物,成就自己的定位,其繼云:

> 古者富貴而名磨滅,不可勝記,唯倜儻非常之人稱焉。蓋文王拘而演周易,仲尼厄而作春秋,屈原放逐,乃賦離騷,左丘失明,厥有國語,孫子臏腳,兵法修列,不韋遷蜀,世傳呂覽,韓非囚秦,說難、孤憤,詩三百篇,大氐聖賢發憤之所為作也,此人皆意有所鬱結,不得通其道,故述往事,思來者。[24]

而在其列為七十傳之首的〈伯夷列傳〉中,由不平而來的對「現實」之鬱結發憤及述往事思來者中對「真實」之追究,不斷質疑究深,更是直接與〈報任少卿書〉斐然照應。這一篇作為列傳第一的大氣文章,徹底

---

[23] 蕭統編:《昭明文選》(台北:文化圖書公司,1971),卷41,頁574-574。
[24] 同前註,卷41,頁578-579。

表現了史公的興式實錄之典型;全篇中直接敘述伯夷、叔齊事蹟的,事實上只有一小段文字,以「其傳曰」開頭,以「由此觀之,怨耶非耶?」作結,僅佔全傳文三分之一;且敘本事尚非全傳的主要成分,重點還在傳主事蹟內蘊了什麼,與主筆者內心世界外感了什麼。於是「其傳曰」遂成為設問憑藉之所在地,引出「或曰……由此觀之,怨耶非耶?」而人之所以會產生「怨耶?非耶!」的命運觀,究竟是來自於天道的無常或有常?還是人本身所遭遇的「現實」?人的現實之際遇與從來便被信仰的天道「真實」有了衝突,「真實」與「現實」不能歸一,天道與人間有了裂縫,由文王、孔子、夷齊、屈原以至於自己,莫不如此,「實錄」之「實」,究竟在記「現實」呢?還是在記「真實」?天人有際,古今有變,史公有此一問!非僅〈伯夷列傳〉,其他各畸人之傳及傳末的「太史公曰」,亦莫不各自充滿「興式」的筆調。

〈刺客列傳〉末「太史公曰」云:

> 太史公曰:……自曹沫至荊軻五人,此其義或成或不成,然其立義較然,不欺其志,名垂後世,豈妄也哉![25]

〈游俠列傳〉則記曰:

> 太史公曰:……古布衣之俠,靡得而聞已。……然儒、墨皆排擯不載。自秦以前,匹夫之俠,湮滅不見,余甚恨之。[26]

〈屈原賈生列傳〉云:

> 太史公曰:余讀離騷、天問、招魂、哀郢,悲其志。適長沙,觀屈原所自沉淵,未嘗不垂涕,想見其為人。及見賈生弔之,

---

[25] 百衲本《史記》(杭州:浙江古籍出版社,1998年),卷86〈刺客列傳〉,頁221。
[26] 同前註,卷124〈遊俠列傳〉,頁284。

又怪屈原以彼其材，游諸侯，何國不容，而自令若是。讀服鳥賦，同死生，輕去就，又爽然自失矣。[27]

一種以詩入史的敘事筆法實隱然現形，這絕不是後世所遵以褒貶善惡為主的「鑑」式實錄之性格，而毋寧是呈現了另一種所謂「愛奇」、「傳奇」的「興」式實錄之類型。孔子曰：「詩，可以興，可以觀，可以群，可以怨。」[28] 史公的抒懷寫意，正是他的「一家之言」，所謂「恨私心有所未盡」、「垂空文以自見」者。然在劉知幾的《史通》那裡，顯然便有不同的取向，對其興式的筆調，也有不同的看法。〈探賾〉篇云：

> 葛洪有云：「司馬遷發憤作史記百三十篇，伯夷居列傳之首，以為善而無報也，項羽列於本紀，以為居高位者非關有德也。」案史之於書也，有其事則記，無其事則缺。尋遷之馳騖古今，上下數千載，春秋已往，得其遺事者，蓋為首陽之二子而已。然適使夷齊生於秦代，死於漢日，而乃升之傳首，庸謂有情，今者考其先後，隨而編次，斯則理之恆也，烏可怪乎！[29]

〈人物〉篇則所評更重，云：

> 又子長著《史記》也，馳騖窮古今上下數千載，至如皋陶、伊尹、傅說、仲山甫之流，並列經誥，名存子史，功烈猶顯，事蹟居多，蓋各採而編之，以為列傳之始，而斷以夷齊居首，何齟齬之甚乎！[30]

---

[27] 同前註，卷 84〈屈原賈生列傳〉，頁 217。
[28] 朱熹：《論語集注》（北京：中華書局，2001 年 11 月 6 刷），卷 9〈陽貨〉，頁 178。
[29] 浦起龍：《史通通釋》，卷 7〈探賾〉，頁 210。
[30] 同前註，卷 8〈人物〉，頁 238。

此由《史通・書事》篇所言「立典五志三科」者，即可以知兩造之不同：

> 昔荀悅有云：立典有五志焉。一曰達道義，二曰彰法式，三曰通古今，四曰著功勳，五曰表賢能。……今更廣以三科，用增前目，一曰敘沿革，二曰明罪惡，三曰旌怪異。……於是以此三科，參諸五志，則史氏所載，庶幾無闕，求諸筆削，何莫由斯！[31]

蓋其所重，在「鑒」不在「興」也，故浦起龍注釋此義曰：「以書善書惡植史體，以勸善懲惡宏史才。」評之不可謂不深苛，然猶不能釋揚雄、劉向何以謂《太史公書》所記為「實錄」。兩者相較，鑒式的「歷史／立典」與興式的「歷史／人間」處，正有可作為類別典型的區分指標。

在《史通》的〈論贊〉篇中，對史書作者的現身發言，以及其發言的內容，作出了可否的臧否；而對其所認可的《左傳》中之「君子曰」，及其所不認可的《史記》中之「太史公曰」，也正好顯示出了這兩種類型的對比傾向。「君子曰」顯然仍是一種史官書寫以司善惡褒貶為主的「鑒」式發言，取古君子或本師之言論作為「事」之殷鑒的垂訓類型；而史公的「太史公曰」，卻處處充滿著「興」式的筆調發話。因此，我們至此似乎已經可以為「實錄」區分出兩種型態：一是以揚善貶惡為主的「鑒式實錄」；另一種則是以寫盡歷史人物的生命淋漓，以現實生命中的盡性、不平處去照見歷史真實的「興式實錄」。前者的「歷史」，是令人作鏡以知鑒；後者的「歷史」，則讀來讓人盪氣不忍，心生感懷，更知生命真實往往不在「善者恆善」，而更在於「善者早夭」的（現實）不平之處尚有人間（真實）。

---

[31] 同前註，卷8〈書事〉，頁229。

因此，司馬遷的「愛奇」說之意義，似乎便應從這樣的角度來理解，才能越過揚雄——班固——劉知幾以來，以「鑑」式實錄觀為中心，對「奇」的世界之遮蔽。這種將「奇」的歷史敘述打入（排擯至）邊陲與非正統、非官方實錄的論調，顯然忽略了「傳奇」是另一種以人間的現實性作為立足點的歷史觀照，由是以此作為視角進入所能再現與窺見的歷史真實、人的真實之強度，往往有可能超越了政治——帝紀主軸歷史敘述所能「傳真」的程度。作為李陵事件的兩造：漢武帝與司馬遷，司馬遷是作為入獄的一方，「最下則為腐刑矣」，羞再為人，至少現實上是如此。但若「李陵」是作為一個值得書寫歷史真實的人物，那麼〈李將軍列傳〉作為一篇歷史敘述的書寫，就傳達了李陵事件的歷史真實，是究竟在漢武帝的宮中內廷之諭令旨意的官方權力，還是在司馬遷史筆下的一家之言呢！〈報任少卿書〉云：

> 僕與李陵，俱居門下，素非能相善也；趣舍異路，未嘗銜盃酒、接慇勤之餘懽。……悲夫，悲夫！事未易一二為俗人言也。[32]

〈李將軍列傳〉云：

> 太史公曰：……余睹李將軍恂恂如鄙人，口不能道辭。及死之日，天下知與不知，皆為盡哀。彼其忠實心誠信於是大夫也！諺曰：「桃李不言，下自成蹊」，此言雖小，可以諭大也。[33]

〈匈奴列傳〉末則云：

---

[32] 蕭統編：《昭明文選》，卷41，頁575。

[33] 百衲本《史記》，卷109〈李將軍列傳〉，頁255。

太史公曰:孔氏著春秋,隱桓之間則章,至定哀之際則隱,為其切當世之文而罔褒,忌諱之辭也。世俗之言匈奴者,……人主因以決策,是以建功不深。堯雖賢,興事業不成,得禹而九州寧。且欲興聖統,惟在擇任將相哉!惟在擇任將相哉![34]

〈佞幸列傳〉末更云:

自是之後,內寵嬖臣大抵外戚之家,然不足數也。衛青、霍去病亦以外戚貴幸,然頗用材能自進。[35]

至此,李廣與衛青、霍去病在「大將軍」列傳上的對比,以及其與李陵征伐匈奴事件的糾涉,在司馬遷筆下已完全顯露出來。彼之心事何等曲折,這種表達是詩的、興的。這種書寫歷史的情懷,決非「鑒」式實錄性的,反而是「興」式的筆法。明代文章家將其視為至文,有其道理。至於金聖嘆所云問者,史遷之筆是「為文計」的「文筆」,還是「為事計」的「史筆」?則或者以詩入史在史公之「興式實錄」那裡,本來就是合一的。范文瀾於《文心雕龍・史傳》篇注中云:

史遷為紀傳之祖,發憤著書,辭多寄托。……彼本自成一家之言,體史而義詩,貴能言志云爾。[36]

「<u>體史而義詩</u>」,其言誠先發我意。總之,通過歷史人物的立傳及傳述方式,我們可以看到兩種不同的歷史書寫類型,分別以展現歷史人物的生命淋漓與行為善惡為傳述之主調;這兩種類型作為典型,就是「興」式實錄與「鑒」式實錄。

---

[34] 同前註,卷110〈匈奴列傳〉,頁259。
[35] 同前註,卷125〈佞幸列傳〉,頁285。
[36] 范文瀾:《文心雕龍注》,卷4〈史傳〉,頁15。

五、結論

　　由上所述,很顯然地,劉知幾所揭櫫的「實錄」之史學意涵,是以「彰善貶惡」為主,其中一種道德關懷的價值取向,尤著重在「當世」性上,以是才須要一種如董、南為典型般的「直書行動」之人格與勇氣。這又與他的另一組觀念息息相關,即「當時簡」與「後來筆」。《史通》外篇〈史官建置〉篇云:

> 夫為史之道,其流有二,何者?書事記言,出自當時之簡;勒成刪定,歸於後來之筆。然則當時草創者,資乎傳聞實錄,若董狐、南史是也。後來經始者,貴乎俊識通才,若班固、陳壽是也。必論其事業,前後不同,然相須相成,其歸一揆。[37]

劉知幾雖然有著兩者不可偏廢一邊的提法,但顯然「當時簡」才是與他突顯的「董狐」「直書」「實錄」相應的。史官如何寫作歷史,既是劉知幾所關注的重心,則圍繞於「寫作」的當世大環境中諸多足以干涉「寫作良知」的變數,厥在於史官自己對本身的道德、識見、學養的陶冶與鍛練,由是「寫作」才真能進入「當時簡」而成為當世之實錄。這種「當時簡」的要義,以及史官能否使之提升至「實錄」的境界,便在《新唐書》所載的一段劉知幾與禮部尚書鄭惟忠之談話中顯示無疑。《新唐書‧劉知幾傳》載云:

> 子玄領國史且三十年,官雖徙,職常如舊。禮部尚書鄭惟忠嘗問:「自古文士多,史才少,何耶?」對曰:「史有三長:才、學、識,世罕兼之,故史者少。夫有學無才,猶愚賈操金,不能殖貨;有才無學,猶巧匠無楩柟斧斤,弗能成室。

---

[37] 劉知幾著、浦起龍釋、呂思勉評:《史通釋評》(台北:華世出版社本),卷11〈史官建置〉,頁325。

‧‧‧‧‧‧‧‧‧‧‧‧
猶須好是正直,善惡必書,使驕君賊臣知懼,此為無可加
者。」時以為篤論。³⁸

這便是後世所稱的「史家三長」。³⁹「三長」指向的「史家」,正是由「當時簡」入手去思考「史官」一職的「在世性」及「寫作性」二者如何臻於昇華,甚至以生命來印證的「董狐」世界之穿透。

近代史學因為重視對「過去」的學術研究取向,強調的是「過去的真相」而非「現在的真相」,加之「史料」主義之上山下海、考古掘地、無邊擴編的強調,使得「歷史」一詞偏向於「多」而不在其「深」;因之,在今日「當時簡」的職司,就讓給了「新聞」之「筆」;也因為如此,廿世紀的中國史學家往往從學科取向的學術態度出發,以「史料／史著」的一組概念來類比於劉知幾的「當時簡／後來筆」,而認為劉知幾的「當時簡」就是今日史學中的「史料」,是一種有待學術加工方能成為「史著」的「待加工物」。譬如前輩學人呂思勉先生、為《文史通義》作注的葉瑛先生、以及翻譯魯賓遜（James H. Robinson）《新史學》並撰《通史新義》的何炳松氏等,都有此種「誤讀」的傾向,以「當時簡」為一種「記注」式的原始史料,而「後來筆」方為一種「學術程序」加工過的「成品」;⁴⁰ 這顯然是從近代史學的眼鏡中去觀看《史

---

38 百衲本《新唐書》,卷132,頁644。

39 關於「三長」,由「史有三長」到梁啟超的「史家三長」、「史家四長」,仍然有著近代與傳統的不同解讀背景;梁啟超在《中國歷史研究法補編》中提出的「史家四長」,實是一種針對「新史家」的近代新構想。參拙撰:〈臺灣地區《史通》研究之回顧（1949-1994）〉,《國立編譯館館刊》25卷1期（臺北:1996年6月）,頁122-123,「史才三長的問題」節中所述。

40 如呂思勉氏於《史通評》中即有云:

「草創者資乎博聞實錄」,謂蒐輯史料,以備作史者之用也;「經始者貴乎雋識通才」,謂據史料以作史著。（見劉知幾撰,浦起龍釋,呂思勉評:《史通釋評》,卷11,頁278。臺北:華世出版社,1775年4月。）

通》史學中的「實錄」而擺落了其「當世性」的道德義涵。固然近代史學亦有其自身立於「當世」的切身關懷及主題，然而其「誤讀」當時簡，誤解實錄史學於另一種知識框架及背景中，卻也是一不可否認之事；總之，傳統史學中的精神是在「近代」中被遮蔽了。

關於此種「實錄」史學的道德關懷，近人胡昌智曾以「鑒戒式」史學稱之，來研究一種近代史學中由傳統鑒戒式轉向近代演化式史學型態的變遷過程。[41]胡氏思想資源來自於其師余琛（Jorn Rüsen）分析西方史學的思索。余琛將西方史學從歷史敘述（historical narration）上區別為四種類型，即傳統式（traditional narrative）、例證式（exemplary narrative）、批判式（critical narrative）、演化式（genetical narrative），他指出：（1）這四種基本類型是互存的，且在每一時代的歷史文本中均可發現；（2）從傳統式到例證式、例證式到演化式，有一個自然的進展（a natural progression）；（3）其中批判式所扮演的，是促其轉變

即以近代「史料」與「史著」之二分概念以比擬劉知幾之「當時簡」與「後來筆」。又葉瑛注章學誠《文史通義》〈書教篇〉文中，亦見種比附，葉注云：

> 按、記注與撰述之分，劉知幾已啟其旨。《史通》〈史官建置〉篇：「（略）」此所謂當時之簡，屬於記注史料。所謂後來之筆，屬於撰述之史著。（見章學誠撰，葉瑛注：《文史通義》，臺北：仰哲出版社翻印，冊上。）

何炳松氏〈通史新義・自序〉亦云：

> 劉氏於此所謂「當時之簡」，非即吾人今日所謂之「史料」乎？故資乎博聞實錄。所謂「後來之筆」，非即吾人今日所謂「著作」乎？故貴乎儁識通才。而以「當時」「後日」二詞表明史料與著作在時間中之關係，尤為深入淺出，有裨實用（見何炳松：《通史新義》自序，頁4。台北：台灣商務印書館，1965年11月臺1版。）

皆有此種「誤讀」傾向。彼等與古人容或所視所指相同，然用語不同，其所顯示在傳統史學與近代史學中之兩套底蘊者，其意義旨趣，亦實大有同異可別。

[41] 見胡昌智：〈由鑒戒式的歷史思想到演化式的歷史思想〉，收入《中西史學史研討會論文集》（台中：中興大學歷史學系，1986年1月），頁141-180。

的催化劑,因為,它能向傳統說「不」,而引致促使轉變的反省。[42] 一如波蘭的史家 Jerzy Topolski,[43] 他也認為由例證式至演化式,乃是一個發展或歷史現象,這仍預設了例證式較諸演化式,乃是一種更為樸型的歷史敘述。很顯然地,由這種分析西方史學的視野出發,而轉向中國近代史學,則胡昌智所稱的「鑒戒式」史學就是一種尚不完備、有待演化的「前近代史學」階段。這種近代史學中以自身的「近代性」為座標中心去回顧過往並朝向現在作一種「發展式」、「演化式」的思考,也即正是中國近代史學在接受西方近代史學之後,對傳統思考的特徵之一端;由是,傳統史學中的「實錄」史學,便是一種前近代的史學,必須朝向「演化式」史學而向之作「演化」。

我們此刻所作的,則似乎正好相反,近代史學與傳統史學是兩套不同的史學世界,實錄史學的價值在近代被作更進一步的「演化」之前,我們似乎應當先去理解「實錄」在史學中的意涵及特色;說不定回

---

[42] Jorn Rüsen, "Historical narration: Foundation, Types, Reason," *History and Theory* 35(1996), pp.87-97.

[43] 波蘭的歷史理論學者 Jerzy Topolski 曾從歷史內容的時間呈現形式上,將歷史敘事(historical narratives)區分成三種理想型(ideal-type):年鑑(annals)、編年史(chronicles)、及一種更為嚴謹的歷史敘事——編史學(historiography);Topolski 其實仍認為 annals 是較初始的,它在結構上由單一事件(isolated event or single record)構成;相較於此,chronicles 便具有條與條之間的因果相續性質,關鍵在於年與年之間的相互為序,使 chronicles 更具敘事性。雖然 Topolski 也強調這僅是一種韋伯(Max Waber)義下的理想型區分,而在實際上這三種類型皆是互存的。但是,明顯地,他確實將 annals 視為僅是記錄的單純屬性,在型態上也較為原始。如果以這樣的視點來向中國歷史敘述的文本類型投射,則顯然我們便不能解釋孔子之《春秋》的「書法」及其「大義」何以豐富到足為一「經」,並成為典範,須要歷代這麼多的傳注來向其中掘取孔子的思想或理想,因為《春秋》的敘事型態正是所謂的 "annals" 的,其條與條之間非「義例」不能釋,在形式上,連 chronicles 都還稱不上。Topolski 的論文其實也正好對比了另一種文化傳統中的敘事文本的類型、意涵及歷史取向。參 Jerzy Topolski, "Historical Narratives: Toward a Coherent Structure," *History and Theory* 35(1996), pp.75-86.

歸傳統史學才是我們此下須要的大方向，而不是令其「演化」至「演化式史學」。如果「史學」本身也是人間文化現象中的一環，「歷史敘述的文本」——即史官寫作的史書，本身又即是人在當世間的一種行動的話；那麼，一種強調「當世」意涵的「實錄」，在史學或歷史學（historiography）中被彰顯出來的要義，還是應當被正視的。

中國史學傳統中的「實錄」，以不同於近代學科化史學的形態，呈示了另一種歷史敘述的典型。歷史敘述如果是同時召喚兩個世界——過去世界與現在世界的執筆行動，那麼歷史的寫作本身就是置身於所在世的生命理想之探尋；一種對「人世」的書寫記錄之職責之承擔：對「當世」的「當時簡」式之承擔，與對「過往」的「後來筆」式之承擔。然而，歷史敘述在召喚世界進入的同時，本身也會因著行動者的在世性而被「現實化」。中國的史書常成為人間非理性化、非詩性化的副本，便是緣於此；也緣於官史與史官的人間結構之衝突與激盪，本身即已滲透成為史筆書寫之一環。由此點切入的反省，首先就必須是執筆者對自我的在世性之反省，然後歷史之書寫才能有反省之深度；無論是詩性的感悟興懷，或是理性批判的嚴峻不苟；從而昇華至「興式實錄」與「鑒式實錄」的層次，「實錄」才能具有不朽性，「實錄」中的「人」也才能不朽。

司馬遷的在世性中，與官方論述之對揚，反映的正是他在《太史公書》中非主流的選擇，被目為「傳奇」的書寫性格，我們已在上述中以「興式實錄」——體史而義詩——稱之；而劉知幾則直接進入官方體系中，批判官方論述所展現的史權在史之要求與呼籲，以先秦史官董狐、南史而自期，意圖還原官史的正當性；史官寫史的本義，正在於成就「世界」在進入「歷史」時，能轉化成為一種以「彰善貶惡」為其義涵的「實錄」；因此，批評「官方」之介入對「善／惡」的判斷及「彰／顯」的書寫史權，劉知幾的反省毋寧也是極其深刻的。他雖然揚「漢書

家」而黜「史記家」，多方面地批判司馬遷之「愛奇」與「失序」；但劉知幾努力批評與論述官方史學中的「實錄」意涵及價值，則正與司馬遷的私史家言傳統，兩造殊途而同歸；無論是「興式」還是「鑒式」，這兩種意涵下的史學傳統，無非皆是想透過彼等所體察感知的世界之「真實」，自人間的「現實」中去「寫作」出真正可資不朽的「實錄」！

劉知幾的史體論與備體觀

劉知幾在《史通》中通過「六家」之流別辨體，總結了上古迄唐初的「史體」之發展，提出了「新二體論」作為「正史撰述」的體裁典範觀點。編年體與紀傳體即是其所論述的「新二體」。這種「新二體論」不僅低度評價漢魏六朝以來其他史體的新發展；抑且也取代了漢代以來的舊二體論之認知傳統——以《春秋》與《尚書》為代表的記言體與記事體。爾後的史書體裁論皆不能溢此。須待「紀事本末體」的概念出現，才再度產生了一體、二體、三體的重新討論。

另外，劉知幾在「六家」中因為以《左傳》、《漢書》為「二體正宗」，所以對《春秋》、《史記》是否能納入「備體」，有了模糊的論述。本文則從「年序」與「事敍」兩種理論上的史體原型進行觀照，以察見劉知幾的「備體觀」中的一種悖論，實源自於其自身在理論與批評間的糾葛，對於「六家」篇的源流式辨體與「二體」篇的典型式辨體未能釐清之故。

一、六家與六體

劉知幾（661-721）在《史通》中首先於〈六家〉篇提出了「史體」產生的歷史觀，從以「家」論「體」的方式來討論史書與史體的產生關係。《史通・六家》篇云：

> 古往今來，質文遞變，諸史之作，不恆厥體，權而為論，其流有六：一曰尚書家，二曰春秋家，三曰左傳家，四曰國語家，五曰史記家，六曰漢書家。[1]

這裡的「史」指的是史書，「諸史之作，不恆厥體」故曰家而不曰體，劉知幾是將史體放在〈二體〉篇中用史學批評法討論，本篇則僅為對史體的歷史觀察，推論史書源流，得六種，稱「六家」。此一「家」字，浦起龍（1679-卒年不詳）以為是吃緊字，故曰「注家認家字不清，要領全沒。」浦氏所云諸家，指的是明代校注《史通》的諸家。[2] 案：劉知幾討論史體的方式實有二種，即史體論的歷史觀與史體論的批評觀，前者集中在〈六家〉篇中展現，後者則在〈二體〉篇中闡義，因此，劉知幾討論史體實以《史通》中之此二篇文字為最主要，〈六家〉以歷史觀論史體源流，〈二體〉則以批評方式論史體典型，《史通》即以此架構了史體論的主軸。由於〈六家〉係以史書六種的提取為之，劉知幾在通過歷史觀將先秦以下史書考察後，再提取六種史書散開平列，稱此六種史書型態為「六家」。由上以觀，劉知幾未免對先秦以來的史學背景與史書、史體產生之關係，未能縷析詳盡，這是因他的目的不在暢論史學史背景，而在成立史書的型態——史體，因此，在通過源流式的歷史觀考察之後，便將具有史體的史書六種採散開平列的展現，此乃表明六部

---

[1] 浦起龍釋，呂思勉評：《史通釋評》（台北：華世出版社，1975），頁1。

[2] 同前註，頁1。

書為「六家」的開山之作。浦起龍以為六家之所以成「家」，係因此六部史書各書各具有一體，各有特徵，不可互亂，所以浦氏實際上即認為〈六家〉篇的要旨，就是劉知幾要從源流與發生上，從歷史觀來談中國史書的六種體裁，這六種體裁分別是：

　　尚書家：記言家
　　春秋家：記事家
　　左傳家：編年家
　　國語家：國別家
　　史記家：通古紀傳家
　　漢書家：斷代紀傳家

唯其中浦氏以編年體歸「左傳家」，記事體歸「春秋家」，此中辨明，筆者將於下節申說。案：劉知幾《史通‧六家》正文中，其實並未如此標明自述，但本諸劉知幾「諸史之作，不恆厥體，權而為論，其流有六」等語，劉知幾的確是通過歷史觀而成立六種史體而論六家，浦氏依正文所標出之六家所具六體，大體無差，然而劉知幾何以不曰六體而言「六家」，依筆者見，劉氏係將「史體」之「體」置於〈二體〉篇中言，故於篇名即用〈二體〉，此處則用「家」字；且六家固為已各具一體之六種史書，然而此體尚非「備體」，只是一種源流之體，乃歷史的「體」，非批評觀上足具典範的「體」，史書之有備體，須待二體之成立，即〈二體〉篇所討論之史體，故六僅稱家，而不名體，這是劉知幾在術語的使用上命名「家」所反映的意識。故雖曰「家」，而實論六種史體，並分以六種史書代表此種史體之蠶叢開山，故即依此六種史書之名稱其家為某某家。「體」字之義，如「人體」，人為一泛稱、抽象稱，加一「體」字，即有「具形」之義，形具而可以為型制，則稱「體」。家與體字在〈六家〉篇中實互為關係，如「尚書家」之成立，即因《尚

書》之表現一種「記言」的體裁,則後世凡屬記言體裁之史書,均統歸其家,「尚書體有家」,凡屬記言之體,即屬尚書家,故《尚書》在此處,其能成一家者,在其「記言之體」也;故劉知幾以史體論六家,〈六家〉篇從史書源流權而為六,稱「六家」,以其各具一種史體;以體制流別論往古史書,乃得此六種類型,然此六家雖各具一體,但皆非「備體」,劉知幾在〈二體〉篇中所討論的史體,實際上已轉從史學批評上立言,談論他心目中理想的備體——二體,與〈六家〉篇從歷史觀點上來成立「六家」的做法是不一樣的。總之,從對「史體」的掌握,去體認六家之「家」字一義,浦起龍以為是吃緊關鍵處,這點筆者是相當認同於浦氏的。程千帆則謂:

> 昌案:古人著書,初無定體。後世以便歸類,強為立名,然標準不一,檢括為難,則不如就本書稱之,轉較明晰。子玄立名以稱尚書家而不稱記言家,稱春秋家而不稱記事家,固由推其所自出,亦未必不以記言記事之難於概括二書也。浦氏顧斤斤從而指實之,自命顯說,豈謂子玄慮不及此乎?[3]

其言亦極近是,批評浦氏摘出六體之失,然尚書名家,記言稱體,非以記言稱家,此是家與體用字之不同;然家、體互有關係,前已論之,程氏似乎未能理解到從「六體」入手去體會「六家」之意旨。〈六家〉篇中言「體」字處,不一而見,如「諸史之作,不恆厥體」、「是史漢之體大行,而國語之風替矣」、「東觀曰記,三國曰志,然稱謂難別,而體制皆同」、「尚書等四家,其體久廢」諸所云云,皆可以見〈六家〉篇旨,仍在以「史體」言「六家」也,唯此六家之體,有廢有存,故於〈二體〉中論「備體」觀,並命之曰「體」,此兩篇「家」與「體」有別名之故,然若論旨歸,則〈六家〉、〈二體〉須一體同看,蓋皆論「史體」。故程氏批評浦氏之言,未便為得。

---

[3] 程千帆:《史通箋記》(北京:中華書局,1980),頁4。

二、從六朝文體到《史通》之史體

　　根據近人彭雅玲的研究指出,《史通》辨析史體的觀念,乃是受到六朝「文體」觀念的影響,[4] 先有六朝文學批評的發展與文體辨析,才有唐代的史學批評及史體辨析,特別是成立在六朝文學批評風氣中的劉勰《文心雕龍》中的〈史傳〉一篇,雖然還不能視為獨立的史學批評及史體成立的理念,但是畢竟是唐代《史通》之前的專門討論史書的一篇文字。傅振倫、范文瀾、王更生等人甚至認為《史通》全書所受〈史傳〉篇的影響至大,乃而有《史通》為〈史傳〉篇的擴充之看法,[5] 許冠三也認為《文心雕龍》對《史通》的影響深遠,[6] 但清代紀昀則認為史學實非劉勰所當行,要針對史書談史學批評,還是得看《史通》,因而專門針對《史通》之偏頗度進行削刪,做了刪節本《史通削繁》。[7] 吾人則認為,這些觀點都要放在六朝評風氣脈絡中,才能得其實解。要之《史通》中成立史體的觀念,確乎是直承六朝辨體立體的影響而來,雖然他刻意自區別文、史入手,而在意於單獨成立史體,使史學學科化,並與文學、文體區別開來,想擺脫六朝以來文人修史與文史不分的籠罩氣氛,劃清文史界限,但此反而是劉知幾受到影響的確證。《史通‧覈才》篇云:

> 文之與史,較然異轍,故張衡之文,而不閑於史,以陳壽之史,而不習於文。其有賦述兩都,詩裁八詠,而能編次漢冊,勒成荣典,若斯人者,其流幾何。

---

[4] 參彭雅玲:《史通的歷史敘述理論》(台北:文史哲出版社,1993),第四章第一節所述。

[5] 傅振倫:〈劉彥和之史學〉,收入陳新雄、于大成編:《文心雕龍文集》(台北:西南書局,1979 再版),頁 157-166。王更生:〈文心雕龍之史學〉,《文心雕龍研究》(台北:文史哲出版社,1976),第七章。范文瀾:《文心雕龍注》(台北:開明書店,1958 台一版),頁 3-4。

[6] 許冠三:《劉知幾的實錄史學》(台北:仲信出版社翻印),頁 6-70。

[7] 紀昀:《史通削繁》(台北:廣文書局,1963)。

又曰：

> 是以觀近代，有齒跡文章而兼修史傳，其為式也，羅含謝客，宛為歌頌之文，蕭繹江淹，直成銘贊之序，溫子昇尤工複語，盧思道雅好麗詞，江總猖獗以沉迷，庾信輕薄而流宕，此其大較也；然向之數子所撰者，蓋不過偏記雜說小卷短書而已，猶且乖濫踳駁，一至於斯。而況責之以刊勒一家，彌綸一代，使其始末圓備，表裡無咎，蓋亦難矣。

非僅殫六朝文士修史，才不堪任，亦以批評「唐初文尚麗體，以入史局，則非其偏也。」[8] 故本篇特言「史才」之難及文士不可以叨居史任，然觀其言云：

> 歷觀古之作者，若蔡邕、劉峻、徐陵、劉炫之後，各自謂長於著書，達於史體，然觀侏儒一節，而他事可知。……嗟乎，以徐公文體而施諸史傳，亦猶灞上兒戲，異乎真將軍也，幸而量力不為，可謂自卜者審矣。

此處猶見「史體」、「文體」對舉之言式，亦可見劉知幾亟欲區別文史，論文才、史才之不同，文筆、史筆之相異，文體、史體更各有天地；然終難掩唐初修史任職乃受六朝文風影響的史實，亦不能免去他想獨立畫區而論的「史通」，正是想從文學之影響下獨立出來，在這種情形下，劉知幾「史體」的觀念有無受到六朝以來文體論的影響，是很顯明的。〈載言〉篇云：

> 古者言為尚書，事為春秋，左右二史，分尸其職，……夫能使史體如是，庶幾春秋、尚書之道備矣。

---

[8] 見浦起龍釋語，《史通釋評》，頁212。

古書不過以「言、事」或「左、右」論《尚書》與《春秋》之為史書義，《史通》則以「史體」論史書，可見劉知幾確乎是橫亙一史體觀念成於胸中，去區別出「六家」，提煉「二體」的。故〈自敘〉篇云：

> 《史通》之為書也，蓋傷當時載筆之士，其義不純，思欲辨其旨歸，殫其體統。

「體統」二字與「史體」相應。然有體統，不必一定成立「史體」觀，故由此而知劉知幾緣何成立「史體」觀以討論史書之體統，則不得不自六朝的文學批評中去考察。案：以劉知幾橫亙心中的史體觀之，確實是自六朝的文體而來，在史實發展上，是先有六朝的「文體」，而後方有唐代之「史體」，則《文心雕龍》這一部文體論專門著作對劉知幾之影響自不待言，恐怕劉知幾也正是從六朝或《文心》的文體論轉手而思欲成立史部自己的史體論，所以劉知幾才亟亟於批判文士之文、亟亟於區別文史。而思欲成立史體論，是否也可以視為劉知幾欲將史書納入專門範疇——史學與史學批評中的一種表現呢？不僅從反對文人修史上，也想從「修史」的本身來立言，擺脫六朝以來「文」對「史」的影響。因此，簡單地回顧一下六朝的文體論應是有必要的。

六朝時文論特盛，據《四庫全書總目提要》的說法，乃是因「體裁」漸備之故，其云：

> 文章莫盛於兩漢，渾渾灝灝，文成法立，無格律之可拘。建安黃初，體裁漸備，故論文之說出焉，典論其首也。[9]

文學上作品的體裁漸備，才會出現討論文體的批評論述，而漢唐以來，史學上的體裁也早已漸備，可惜除了《文心‧史傳》篇外，無人對此

---

[9] 《四庫全書總目提要》（台北：台灣商務印書館，1971 增訂初版），冊五，〈集部詩文評類序〉，頁 4349-4350。

作出討論,這也是劉知幾受六朝文學批評之啟示,欲就史學作品作出史體論述的討論之故。這些討論文體的「論文之說」,今所知當以曹丕的《典論・論文》為首出,〈論文〉云:

> 蓋文章,經國之大業,不朽之盛事。

標誌著文學、文章邁向獨立自期。繼之者則有陸機(261-303)之〈文賦〉及已經散失而為後人所輯佚的摯虞之〈文章流別論〉、李充之〈翰林論〉等。逮蕭統(501-531)之《昭明文選》與劉勰之《文心雕龍》,則不但文學、文章作品已經獨立,亦標誌著文學已為一範疇、畛域,可自為「分類」、「辨體」之事。然吾人今日研究一現象,亦出現一名稱上的歧異(義)性問題,即今日吾人所謂「文類」、「文體」者,是否即為六朝人之文體、文類觀念?近人在研究六朝文論時,即出現了此一問題,何謂文體?文體與文類應當是有區分的,但在六朝人本身的表達中,不僅「文體」一詞指涉呈現模糊,就連「文類」一詞也同時模糊起來,由是而產生了近人在論述文體、文類時的糾纏,同時也出現了若干研究上的紛歧爭議,[10]此種爭議反映了在文學批評研究上運用「文體」與「文類」概念時古今接榫的困難。同樣地,在中國的史學批評中,尤其是在劉知幾《史通》那裡,也有史體與史類的區分概念,但是這兩者之間卻並未像六朝之文體／文類那般引起後人議論上的紛歧;我們如果兩般皆分途考察一下,也許能有助於我們明瞭文、史兩途在發展過程中,為何前者有紛歧與模糊,而後者卻無。

在《昭明文選》中,區分「文」之種類為三十七:賦、詩、騷、

---

[10] 有三篇近人的論文可以反映此種歧義性的討論:徐復觀:〈文心雕龍的文體論〉,《中國文學論集》(台北:台灣學生書局,1990 增補六版),頁 183;龔鵬程:〈文心雕龍的文體論〉,《文學批評的視野》(台北:大安出版社,1990),頁 105-122;顏崑陽:〈論文心雕龍「辨證性」的文體觀念架構〉,收入中國古典文學研究會主編:《文心雕龍綜論》(台北:台灣學生書局,1988),頁 73-124。

七、詔冊、令、教、策文、表、上書、啓、彈事、牋、奏記、書、檄、對問、設論、辭、序、頌、贊、符命、史論、史述贊、論、連珠、箴、銘、誄、哀、碑文、墓誌、行狀、弔文、祭文等。蕭統自云這些乃是「次文之體」，但他又言「各以彙聚」、「以類分類」，則所彙聚之三十七應當是「文類」。[11]《文心》則條舉為辨騷、明詩、樂府、詮賦、頌贊、祝盟、銘箴、誄碑、哀弔、雜文、諧讔、史傳、論說、詔策、檄移、封禪、章表、奏啓、議對、書記等二十種「文筆類」。[12]然而此種稱之為「文類」者，實則古人與今人更多是目之為「文體」。《梁書‧劉勰傳》稱「勰撰文心雕龍五十篇，論古今文體，引而次之」，以為是討論「文體」之書，然本傳又稱沈約（441-517）觀其書後，「大重之，謂為源得文理」，又意謂《文心》討論的是「文理」之書。其實無論《文選》或《文心》，他們只將「天下之文」作了一種「總」的整合，以獨立自期於經、史、子之外；另一方面，對於「文」世界的內部，也開始萌發種種區別或辨明性的討論，這種區分，不一定完全是從「類」出發，或全從「體」出發，也有從「理」出發的。總之，無論是外在型制或內在質性，他們都想從一個新成立的角度與世界──「文」，作出一番辨明觀察，也嘗試以各種不同的言說以切入這個「文」的世界。掌握它的本質、現象、條理等，只是《文選》為選「文」而偏向了「分類」，無論蕭統以此為「類」或「體」，都反映某一個目錄學上進路的嘗試；而《文心》則理論多些；但其總的目標在「文」，則是無疑的。因此，對於何以劉勰不能以現代清楚的「分類」、「分體」、「理論」、

---

[11] 蕭統編：《昭明文選》（台北：文化圖書公司，1974 再版），蕭統〈序〉。
[12] 范文瀾：《文心雕龍注》，頁 2-3。亦有以〈辨騷〉為與〈原道〉、〈徵聖〉、〈宗經〉、〈正緯〉同屬《文心》之文原論者，而將〈明詩〉迄〈雜文〉歸為「論有韻之文」，〈史傳〉迄〈書記〉歸為「敘無韻之筆」，同屬《文心》之文類論，參李曰剛：〈序言〉，《文心雕龍斠詮》（台北：國立編譯館中華叢書編審委員會，1982），頁 7。

「論風格」等來區別他的十卷五十篇，也就比較可以有相應的了解，無論體、類、性、聲律、才、器、比興、原道、宗經、史傳、諸子、書記，皆是他從「文」的角度，外在的、內在的、歷史的、傳統的、本質的、技術面的、作者的等等之類所嘗試的對「文」之諸般進路的考察及其立言，「文」才是第一序的，其他皆是第二序的，在此種位階之下，他是否刻意自覺到「體」、「類」等術語字眼在使用上的區分，不僅與他自己的措詞狀態有關，也與整個時代的文風措詞能否成為專門術語有關。在曹丕的〈論文〉中云：

奏議宜雅，書論宜理，詔誄尚實，詩賦欲麗。

實將當世之「文」分為四科八類，其中四科：雅、理、實、麗已被後世目為談論文體的風格；則奏議書論等八類亦可被視作後世的「文類」。如以曹丕在〈論文〉中的體類觀為討論的出發點，則《文選》與《文心》中的三十七與二十種體製類別者，也應視為文類。陸機在〈文賦〉中云：

體有萬殊，物無一量，紛紛揮霍，形難為狀，……
詩緣情而綺靡，賦體物而瀏亮，碑披文以相質，誄纏綿而悽愴，銘博約而溫潤，箴頓挫而清壯，頌優遊以彬蔚，論精微朗暢，奏平徹以閑雅，說煒曄而譎誑。雖區分之在茲，亦禁邪而制放。要辭達而理舉，故無取乎冗長。[13]

其中詩、賦、碑、誄、銘、箴、頌、論、奏、說稱之為「十體」，而綺靡、瀏亮、相質、悽愴等便為十體的特性，陸機顯然也是從「文」論的角度，將先秦以來已有的十種文類（體）納入「文」世界中，並分別以

---

[13] 楊牧：《陸機文賦校釋》（台北：洪範書店，1985），頁41。

綺靡由緣情角度定為詩之體,從體物角度定瀏亮為賦之體,詩賦等十體實為十種文類,而綺靡瀏亮等則為十種文類之體,此種「體」,可稱之為「文體」;[14] 徐復觀便是由此立論,以為上述《文選》、《文心》應當被視為「文類」者,卻被一般人稱為「文體」,且沿誤已久,習莫能察,故為文以辨之,認為《典論‧論文》中的雅理實麗四科、《文賦》中的綺靡瀏亮這類指稱者,才能被稱作「文體」,文體講的就是「文」的區別特性,徐復觀立言實本此義用法。[15] 沈約《宋書‧謝靈運傳》云:

> 自漢至魏,四百餘年,辭人才子,文體三變。相如為形似之言,二班長於情理之說,子建仲宣以氣質為體。

這裡的「文體三變」及「以氣質為體」,特可以見出六朝人「文體」之用字與措詞,本於傾向以涉指雅理實麗、綺靡瀏亮之類為多,與「形似」、「情理」、「氣質」之用詞相同;但若如摯虞之〈文章流別論〉輯佚文中所區分的八種文章流別,則顯然是辨別文章為八類之意,[16] 與後人將《文選》中的分三十七種、《文心》中的二十種皆視為「文類」之意相同,因此,後人將對文章之區分軫域,名之曰「文類」的概念,便從此而出,如歐陽詢之〈藝文類聚序〉云:

---

[14] 同前註,頁 41。

[15] 徐復觀:〈文心雕龍的文體論〉,《中國文學論集》,頁 183。

[16] 嚴可均輯:《全上古秦漢三國六朝文》(京都:中文出版社,1981),冊三,卷77,全晉文。案:摯虞原〈論〉分古今文章為幾種流別,我們並不清楚,但自嚴可均存在的殘文中,提到的共有詩、賦、七發、箴、銘、哀辭、解嘲、圖讖等八種流別,這個流別顯然是一種「類」概念,即目錄學上「部次流別」之義。但摯虞之所以分出流別,則不僅在於以形式為據,而同時以「體」為言,如:

> 哀辭之體,以哀痛為主。

很明顯地,「流別」係從形式區分類聚而成為流別,而「體」則說明各個「流別」的特質及其所以。則摯虞此〈論〉,似乎主要的還是在於成立文章的「類」區別——流別。

金箱玉印,以類相從,號曰藝文類聚。

姚炫〈唐文粹序〉云:

得古賦樂章歌詩贊頌文論箴表傳錄書序,凡為一百卷,命之曰文粹,以類相從。

元陳旅〈國朝文類序〉曰:

乃蒐擴國初至今名人所作,若詩歌賦頌銘贊序記奏議雜著書說議論銘誌碑傳,皆類而集之。

明程敏政〈皇明文衡序〉曰:

走因取諸大家之梓行者,仍加博采,……以類相從。

但曹學佺、黃叔琳對《文心》上篇之各篇所論者,則視為「文體」,曹學佺〈文心雕龍序〉云:

雕龍上二十五篇,詮次文體;下二十五篇,駐引筆術。[17]

黃叔琳〈文心雕龍注例〉云:

上篇備列各體,下篇極論文術。[18]

但在《文心》的〈體性〉篇中,則云:

若總歸其途,則數窮八體:一曰典雅,二曰遠奧,三曰精約,四曰顯附,五曰繁縟,六曰狀麗,七曰新奇,八曰輕靡。

---

[17] 徐復觀:〈文心雕龍的文體論〉,《中國文學論集》,頁11。
[18] 黃叔琳:《文心雕龍輯注》收入《四部備要》(台北:中華書局,據上海中華書局1936年聚珍仿宋版影印,1966),例言一。

這八體云云顯然明說的是文之「體」,與《典論》的四科及《文賦》的綺靡瀏亮之類詞語相同,也與〈謝靈運傳〉的「以氣質為體」相同,若「文體」指的是這類術語,則賦詩碑誄箴銘之類,當然指的就是「文類」;若「文體」指的是賦詩碑誄,則雅理實麗、典雅遠奧指的是什麼?可否即用以指文章體制的風格?[19] 可見對於六朝人「文體」、「文類」的觀念,古人既尚未有一共識與定解,今人亦頗多爭議。但古人重點在「文」,由體以言文,不過立論顯義途徑之一端,這點卻是可以肯定的。另外,《典論・論文》此篇的特色與要義,除了其一,在於提出「文」的獨立性概念,是一種「作者」的「寄身於翰墨,見意於篇籍」外,也能自期於「不假良史之辭,不託飛馳之勢,而聲名自傳于後」。在史家取得「流傳後世」的文字署權之外,又提出了另一種「不朽性」——「文」。其二,「文」既為一獨立的概念與文化活動範疇,則能屬文者,便稱之為「文人」。作「文」活動,則稱之為「屬文」。〈論文〉云:

> 夫文人相輕,自古而然。傅毅之于班固,伯仲之間耳,而固小之,與弟超書:武仲以能屬文為蘭台令史,下筆不能休矣。
>
> 夫人善於自見,文非一體,鮮能備善,是以各以所長,相輕所短。

也透露出了文「人」與文「體」之間的關係。李充的〈翰林論〉云:

---

[19] 最早將「體」義為「風格」者為郭紹虞,其云:

> 此所謂八體,不是指文章的體製,而是指文章的風格。就文章的風格而加以區分,這應當算是最早的材料。

見氏著《中國文學批評史》(上海:上海古籍出版社,1979 新一版),頁 75。近人詹瑛則有《文心雕龍的風格學》(台北:木鐸出版社,1988)極力主張以「風格」(Style)為研究上的詮釋術語,從「文體風格論」的角度去理解與彰顯《文心》的文體論。

或問曰：如何斯可謂之文？答曰：孔文舉之書、陸士衡之議，斯可謂成文矣。[20]

可見李充〈翰林論〉實主在論「文」，以下數則亦可見之：

潘安之為文也，猶翔禽之羽色，衣被之綃縠。

表宜以遠大為本，不以華藻為先，若曹子建之表，可謂文矣。

論貴于允理，不求支離，若嵇康之論，文矣。

雖然六朝有「文」、「筆」之分，但文、筆還是可以總稱為「文」的，並非以有韻、無韻之分為一定之專言，否則上述諸人之文，分明為筆；可見總稱之則為「文」，次稱則有文、筆。李充此論的意義在於他論各家之所以「成文」時，提出了「不以華藻為先」、「不求支離」、「論貴于允理」等理據原則，允理、華藻等措詞，皆表示已經以風格特質來論成「文」之故，與他家以「體」論文的方式相近。徐復觀〈文心雕龍的文體論〉一文發表的意義，在於使吾人能從文學批評的角度重新省視何謂文體與文類，他以前述曹丕之四科、陸機之十體，以及劉勰之八體等為六朝人之文體詞義，並批評俗說以《文心》、《文選》中區分類聚為詔命、奏議、史傳……等為文體者觀念之錯誤，這點的確對於一些人在文體、文類的術語使用上還未釐清，就將之帶入六朝「文」世界中去進行研究，指稱某某的情形，有所糾殫。吾人這樣引申其意，倒不是以為徐氏已經提出了什麼定見已足說明六朝人的「文體」觀，而是說當我們借用六朝人的措詞成為我們的研究術語，或我們以今日的術語去研究六朝人的文論或文體論時，在詮釋表意上，我與對象之間之相合與區別，是要注意其間分際的。從這裡作出的討論，筆者以為現代的許多文章，都是以現代性意涵下成立的「文體」觀念，去討論六朝人的「文」

---

[20] 嚴可均輯：《全上古秦漢三國六朝文》，卷53，全晉文。

體,如果這可以成立的話,則把六朝人論「文」所用的「體」字上加一「文」字,視作文體義,則以「文體」指涉為曹丕的四科,陸機的十體、《文心》的八體,也確有其妥切之處;陸機在〈文賦〉中自己也用「體有萬殊」之「體」字義,《文心》中則有「數窮八體」之「八體」的措詞,而在《典論・論文》中更提到「唯通才能備其體」,故知其「體」字一義,以分類為體義,確是不妥,此外堪注意曹丕〈論文〉中已出現的「備其體」之語句,此亦見到劉知幾〈二體〉篇中所提出的「備體」觀念並非無其淵源。

　　進一步說,徐復觀氏抨殫舊說,固有其是,然僅以雅理實麗綺靡瀏亮者為「文體」,便真能釐清現代文學批評術語使用上之概念?亦不然。上述六朝人所使用之典雅、遠奧、綺靡……等詞語,雖曰為「體」,但亦實僅為一種風格、樣態的形容措詞,其流不能居一,形成有法可效的文章體制也甚顯然,所謂「文體」者,當由內而外,有其體製,方可以稱文體。因此,不僅在《文心》的〈體性〉篇中闡明了人之性與文之體的關係,而且更指向性體為一、性內體外的關係,劉勰在此篇中表出了性比體更根本,人比文更根本的意見,特別是性內體外一節,使得以「體性」之「體」為文體說的論點難以成立,此篇中雖以「體」為外顯,但並未以「體」為客觀批評上所可掌握的「文章體製」,而僅為能與人(作者)與性交融的主觀外顯,〈體性〉篇云:

賈生俊發,故文潔而體清。

長卿傲誕,故理侈而辭溢。

除了此二人之外,〈體性〉篇同時以相同之筆法論列了揚子雲、劉子政等八人。戶田浩曉以為「賈生俊發」是論「性」,「文潔而體清」是論「相」,由作家的性與作品的相成一「表裡相符」的關係時,才會形成

「文」之「體」，然後劉勰才能歸納出典雅、遠奧等「八體」。[21] 但吾人以劉勰在〈體性〉篇中所論，正可以顯出「體」論並非劉勰論「文」的核心，也不可單獨論列，因為還有人的因素、性的因素比「體」更為內在、更為本然。所以從〈體性〉篇看來，劉勰所論文章之體，實僅為一種由各人之「特質」，而形顯諸於「文」的外在風格、樣態，尚非現代術語上的文「體」之涵有「體制」可以「法式」之義；而《宋書・謝靈運傳》之所謂「文體凡三變」者，亦實僅指一種「文風」凡三變而言，皆非指今日文論上所謂「文體」也。因之，以雅理實麗等為「文體」之內容，便實彷彷彿彿，除了「心領神會」外，對文學批評之研究，實有羚羊掛角無轍可尋之感，黃侃《文心雕龍札記》云：

> 體斥文章形狀，性謂人性氣有殊，緣性氣之殊，所為之文異狀。……惟是人情萬端，文體亦多遷變，拘者或執一文而定人品，則其語文又滯礙而不通。[22]

文學批評之所以成立，便在於能找到客觀的術語以研究主觀的創作及作品，「在無限變化中，仍有共同地條件與要求，……體裁一經成立，它是客觀的存在，即有由這種客觀的存在，向作者發出適合自性目地的要求。」[23] 況且，在《文心》與《文選》同時，已有鍾嶸（469-518）論詩之作《詩品》出，一般人習慣分別研究《文選》、《文心》與《詩品》，而少將這幾部作品置入同一大環境時代中來同觀比論，因此，筆者以為：此種「體」字用義，實可以詩品中所用之一「品」字來替換可也；[24] 品字義不僅為一動詞，亦為一名詞，更為一兼指人性相表裡與內

---

[21] 戶田浩曉著，曹旭譯：〈文心雕龍體性篇篇名探源〉，《文心雕龍研究》（上海：上海古籍出版社，1992）第三章，頁 77-78。

[22] 黃侃：《文心雕龍札記》（台北：文史哲出版社，1971 再版），頁 96-97。

[23] 楊牧：《陸機文賦校釋》，頁 46-47。

[24] 青木正兒在《中國文學思想史》（鄭樑生、張仁青譯，台北：台灣開明書店，

外如一的「作品」。從文學批評的角度來看,文學上的體、類、品三者便可各有分際,既有區域,義亦各自諦當。《國語・鄭語》:「以品處庶類者也。」韋昭注云::「高下之品也。」《漢書・揚雄傳》:「稱述品藻。」顏師古注云:「定其差品。」愚謂「品」除了品第高下,定其等差之外,尚有品其特性,摘顯其風格形塑,及品味品藻等意涵在內。因此,不論是詩品,還是文或人品,皆既指其人之特質,亦同指其人之文學作品之特質。即使是「人品」,也含有把「人」當作一個自我鍛鍊的「作品」來看待,因而人也有其「人品」。鍾嶸之《詩品》遠紹班固之〈古今人表〉,近承六朝九品之時代風氣,其所謂:

> 左思:文典以怨,頗為精切,得諷諭之致。
>
> 謝靈運:尚巧似,而逸蕩過之。
>
> 張華:其體華豔,興託不奇,巧用文字,務為妍冶,雖名高曩代,而疏亮之士,猶恨其兒女情多,風雲氣少。謝康樂云:「張公雖復千篇,猶一體耳。」[25]

案:由鍾嶸所云之「文典以怨」、「其體華豔」看來,其所謂「體」者,

1977)中云:

> 總將文體分為二十一類;每類各以一篇詳加論述。其論作文之基礎則謂因文有典雅、遠奧、精約、題附、繁縟、壯麗、新奇、輕靡等八品,皆為作者性格之有所表現,故宜學適其性之文。(頁54)

又謂「自辨騷至書記凡二十一篇,分述文章諸體之流別」(頁54),是其本以《文心》上篇為論「文體」,故〈體性篇〉之「八體」,其即易之以「八品」,這從青木正兒在書中將《文心》與《詩品》並譽為「文學批評之雙璧」,吾人便可以對其由「品」以通「體」的一字之易,有所瞭然。雖然徐復觀稱此為硬套(見註10引文,頁13),且有所評,但吾人認為,將《詩品》與《文心》並列的討論,以「品」、「體」互觀的方式,對我們理解六朝人的「文」論、「體」論、「品」論的方式,仍是有所助益的一種途徑。

[25] 陳延傑:《詩品注》(台北:里仁書局,1992),頁28-29、33。

與《典論》、《文賦》、《文心》之用法實相類似，皆指其詩其文之特質、風格而言，要皆以風格凝聚在體中而言。至唐司空圖（837-908）之《二十四詩品》，則已將此類六朝人所謂「體」者，凝鑄為「品第」之專用術語，這便是他「二十四」詩品之由來，其二十四品為：

> 雄渾、沖淡、勁健、豪放、悲觀、高古、起詣、曠達、疏野、清奇、飄逸、纖穠、綺麗、典範、沉著、縝密、洗鍊、實境、形容、含蓄、委屈、自然、精神、流動。

宋嚴羽之《滄浪詩話》中則分詩九品：

> 曰高、曰古、曰深、曰遠、曰長、曰雄渾、曰飄逸、曰悲壯、曰淒婉。

明呂天成《曲品》則分曲之品為四：

> 神品、妙品、能品、真品。

這些言品及置品，與六朝人言「體」者何相類似，不同的只是《典論》用「科」，《文賦》、《文心》用「體」，但皆不如《詩品》此一傳統用一「品」為得，易一「品」字，正是要探究人性與詩文相融之所在，故指此而謂之「文體」，則實不若謂「品」，品其特性、特質、風格、樣態，而這一類「品」式之學的發展，上承《漢書》之〈古今人表〉，東漢以來人物月旦及六朝九品之風，魏晉時代的這類著作，除了《詩品》外，見諸著錄的，尚有曹丕的《士品》、晉范汪的《棋品》、齊謝赫《畫品》、梁庾肩吾的《書品》，見於人物品鑑的，尚有《世說新語》。[26] 因此這種品藻、品鑑、品第之風，自然也影響了論詩、論文的方式，上述

---

[26] 王夢鷗：〈鍾嶸評詩的態度與方法〉，《古典文學論探索》（台北：正中書局，1991），頁220。

諸書中討論文之體的，其實正可以從此種品式風氣的感染與影響下來窺究，故筆者謂與其將「體」視為「文體」，實不若將之視為「文品」下的文徵為得。而這一脈絡的發展，自《詩品》以下迄於《二十四詩品》、《曲品》等，在文學批評上「品」的觀念，亦漸成立，而亦因此種「品」的方式之出現使得「風格批評」此一路線有了明確的途徑及措詞術語。吾人若將「體」義中言風貌特性者交給「品」來取代，則文學批評中的「體」、「類」或者不致於混淆竟致引起爭端，聚訟未決。至少文之「體」義也不必在風格上捉摸，渺渺無的，而可以有踏實的途徑去尋求何謂「文體」，或至少在後來「史體」觀念的明確發展與提出中得到啟示。而且，這樣的「品」式用法，不僅使內在於人的特性與外在於文的特色得以並顯，用時也能符合《文心‧體性》篇論文著作所寓含的「文如其人」、「學如其人」之合一性與相融性。則所謂「文體」者，應泛指每一時代或階段之特殊風格凝聚所形成的文學「型式」而言，此一文學「形體」自成一範疇畛域，有特殊之表達法，特殊之型式、規律……等，此即「漢賦」、「唐詩」、「宋詞」、「元曲」、「古文」、「駢文」等「文」之各種型態，而詩復有詩體、曲有曲體等；至於詔令、奏議、七言、五言、絕句、律詩、大曲、小曲、散曲、套曲、小令、傳奇、南戲等，則皆為其門類，門類下復可以有門類。

　　從上述「文體」指涉義的糾纏中可予以吾人對照啟示的，便是劉知幾從史書作品的體製、型制入手成立「史體」的觀念，是清晰明確的，他並未糾纏在六朝「文體」是指風格還是型制、或類別的混亂不清中，這一點是可以肯定的。他雖然在史體之「體」與「備體」的構詞上沿承六朝而來，但他顯然從自己體察史書的作品與體制中出發，去探究何謂史體，企圖擺脫六朝人談文體不清的一面，而直接從史學史的角度去探討史書的體。吾人若從此處再轉入《史通》的〈六家〉、〈二體〉篇，對他既受六朝文論的影響又企圖擺脫影響的一面，當更能會意。至此，可

轉入史學，《史通》中之史「體」概念，由六「家」而來，六家的「家」雖是一種史書類型，每一種類型即蘊有一「體」，但並非每一種史書類型都可自稱為家，稱家必須要在起源成立，《尚書》、《春秋》等書都是各自在類型上占有起源的位置，因此《史通》論「家」並未有強烈的理論意識，他自認是通過歷史觀點，是先有現象而後再加以區分區別，作出認識而成的，就此而言，劉知幾可謂第一人。他突破了《漢書・藝文志》的「左史記言、右史記事」的二類論法，並將部分經典「史學化」，對《尚書》與《春秋》，不僅將之史學化，而且視為史書之源流，承襲了〈藝文志〉的傳統講法而又更進一步，實下啟明清時代的「五經為史」、「六經皆史」之先河。〈藝文志〉中所謂言為《尚書》、事為《春秋》的論點，顯然便是浦起龍注釋〈六家〉篇時，以「春秋家」為「記事家」之所以。總之，劉知幾先從歷史的、已有的、源流的方式去區分出史書有「六家」，尤其更企圖使《左傳》脫離經學傳統，別開生面地從「敘事」角度來定位《左傳》，使其成為史學源頭之一。劉知幾既定「家」，復依據自己的識見，判出「二體」，此即「史體」之成立，劉知幾並有種種觀點、意見、撰史技術與注意事項等去發揮「二體」之言論。是以浦起龍謂「六家舉史體大全，二體定史家之正用」，[27] 意謂〈六家〉、〈二體〉兩篇管照《史通》全書，而一般也多如此認為。然堪注意者，為諸本《史通》皆以〈六家〉篇為卷一，〈二體〉則與〈載言〉、〈本紀〉、〈世家〉、〈列傳〉並置卷二，卷三為〈表歷〉、〈書志〉，此從明代陸深蜀本以來皆如此安置篇卷，將〈六家〉與〈二體〉分卷，並未以之〈六家〉、〈二體〉篇共置一卷，如果此種卷數安排是《史通》原本流傳以來即如此，那麼劉知幾之原意何在？以筆者所揣摩，《史通》原意，亦仍可用〈六家〉、〈二體〉篇管照全書綱領之解釋觀點，這樣的篇卷安排，並未破壞由〈六家〉、〈二體〉二篇撐起的「史體論」。如

---

[27] 浦起龍：《史通釋評》案語，頁 29。

劉知幾原本果以〈六家〉單獨為卷一之篇，則顯是將卷一視作一個前言或總論，明揭出古今史書（上古迄唐）不出此「六家」之謂，而後始轉入正文，正文以〈二體〉起首，下即接正史諸體與諸法〈六家〉作為〈二體〉成立的歷史性因緣，〈二體〉篇則真正管照全書，全書所論，不出編年、紀傳二體正史史書之各種體制形式等，對於〈六家〉、〈二體〉之分置卷一、卷二，筆者之揣度解釋係如此；〈載言〉之體例，是劉知幾自己獨創的意見，所以便緊隨〈二體〉之後；〈載言〉之後，方接以〈本紀〉、〈世家〉等《史》、《漢》正史書之紀傳體例。

劉知幾所開創的史體觀，後世雖續有發展，但不易成立，多牢籠在「二體」中不能別出新局，須逮「紀事本末體」型制之出現，才有了新局，雖然對成為「第三體」吾人尚有意見，但在史學上，「紀事本末」成為史體中的第三體，已是為近代以來多數史學家所認可的。

史書中的「類」，在魏晉以來也逐漸趨於繁多而有發展，終於導致目錄學上「史」部的成立，阮孝緒《七錄》中的〈紀傳錄〉、《隋書·經籍志》的史部及劉知幾的《史通》，相繼在目錄學上、史學上，發展出了以「正史」為主軸基調的史部分類，見下表：

荀勗 新簿	阮孝緒 七錄	隋書 經籍志	劉知幾 史通	舊唐書 經籍志	新唐書 藝文志
丙部：	紀傳錄：	史部：	古正史（編年）	乙部為史， 其類十有三：	乙部史錄， 其類十三：
史記	國史部	正史	今正史（紀傳）	正史類	正史類
舊事	注歷部	古史	偽史	編年史類	編年類
皇覽部	舊事部	舊事	小錄	偽史類	偽史類
雜事	職官部	職官	逸事	雜史類	雜史類
	儀典部	儀注	瑣記	起居注類	起居注類
	法制部	刑法	雜記	故事類	故事類
	偽史部	霸史	別傳	職官類	職官類
	雜傳部	雜傳	郡書	雜傳類 儀注類	雜傳類
	鬼神部	地理	地理書	刑法類	儀注類

	土地部	譜系	都邑簿	目錄類	刑法類
	譜狀部	簿錄	家史	譜牒類	目錄類
	簿錄部	雜史 起居注	地理類	地理類	譜牒類 地理類

這些分類名目,很顯然是一種類聚區分的「史類」概念,吾人並不會當他是「史體」。雖然在《隋書‧經籍志》中的第一、二類「正史」及「古史」,著錄的實際就是紀傳體的史書與編年體的史書,但在稱名上,〈隋志〉用的是目錄學上的「類」概念稱名,〈隋志〉的這兩種類別在其前的阮孝緒〈紀傳錄〉中則尚統而未分,均稱為「國史」,蓋當時「國史」與「偽史」之正統化區分,尤較之國史本身之撰成是用紀傳還是編年的「二體角力爭先」為重要也。雖然在梁代同時先後的《文心雕龍‧史傳》篇中,劉勰已云:「紀傳為式,編年綴事」,紀傳與編年並提,並各自以太史公《史記》及鄧粲《晉紀》為宗,但仍未揭出以紀傳為體、以編年為體之義,換言之,「體」字之義,很明顯在此時尚未在概念上落入「史」中成立「史體」,史體概念是劉知幾在《史通》之〈六家〉篇提出、〈二體〉篇論定的。逮《舊唐書》的〈經籍志〉,則第一、二類已變為「正史」與「編年」,其中「編年」之以「體」命名「類」的痕跡非常明顯,而其受到《史通‧二體》篇的影響也毋庸置疑,雖然自〈隋志〉以來迄於清代的《四庫全書總目提要》,官方著錄的史部分類中,第一、二類皆稱為「正史」、「古史」或「編年」,而劉知幾則不贊同〈隋志〉之僅以紀傳體史書為「正史」類,他在《史通》外篇中的〈古今正史〉一篇,便與內篇的〈二體〉篇遙相呼應,在史體上的編年與紀傳二體,就是史類上的古正史與今正史。雖然自兩唐書以來,歷代正史之〈經籍志〉、〈藝文志〉皆追隨〈隋志〉及《舊唐書》著錄法,僅以「紀傳體」史書為正史類,清代《四庫全書總目提要》亦然,但《總目提要》在編年類小序中的一段話還是呼應了劉知幾的看法:

> 司馬遷改編年為紀傳，荀悅又改紀傳為編年。劉知幾深通史法，而史通分敘六家，統歸二體。則編年、紀傳，均正史也，其不列正史者，以班馬舊裁，歷朝繼作，編年一體，則或有或無，不能使時相續，故姑置焉，無他義也。[28]

「史體」的概念自劉知幾提出以來，它和「史類」的區分就很明顯，但上述〈隋志〉以下的官方之著錄史部分類，第一、二類不論僅以「紀傳」為正史，或二體同為正史，均顯示了史部的首二類實際上就是劉知幾成立「史體」的關鍵，「史體」只有在這二類──正史類中才產生了與「史體」交疊的情形，反映了吾國史學批評在討論史體時，還是集中在「正史」此一門類，隱含了以「正史」為主軸、大宗的基調與格局，從這點來說，又不能謂「史體」與「史類」無關。因此，除了「正史」類外，其他的史部類別多處於邊陲性，屬於一種「不成體」之史類，係為「正史」存在而產生的「次類別」，雖然像別史、雜史、詔令等類別，在《總目提要》中也分別給予了成了其「類」的理由，但這些成立「史類」的理由還不足以讓編纂史目者去關懷其類是否應有其體的問題，除非因邊陲性史類產生了移動現象，或出現了新的變化，比如《總目提要》中的第三類為「紀事本末」類，恰巧便反映了南宋以來以「紀事本末」為「體」的史書之相繼出現之新變化現象，袁樞（1131-1205）之《通鑑紀事本末》，本當隨《資治通鑑》而入類，但袁樞別以「事」為主的編史方式，隨著《宋史紀事本末》、《元史紀事本末》、《明史紀事本末》、《左傳紀事本末》的相繼出現，均法袁樞編史之方式，遂使袁樞之書由邊陲而向中心移動，受到編史者與編史目者的注意。特別是從「史體」角度，袁樞之書及其體便成為編纂正史時的第三種候選考量，由是袁樞之書也在史類上擠入第三類。《總目提要》云：

---

[28]《四庫全書總目提要》，冊二，史部編年類，頁 1022。

> 至宋袁樞，以通鑑舊文每事為篇，各排比其次第，而詳敘其始終，命曰紀事本末，史遂又有此一體。……因者既眾，遂於二體之外，別立一家。今亦以類區分，使自為門目，凡一書備諸事之本末，與一書具一事之本末者，總彙於此，其不標紀事本末之名，而實為紀事本末者，亦併著錄。[29]

已充分反映了「史體」的成立與「史類」的關係，及其須以「正史基調」為底限的體、類關係。但在稱名上，類概念與體概念仍不至相混，前三類中，類稱「正史」，體則「紀傳」；編年之體則類稱「古史」或「編年」；「紀事本末」則一稱二用，既稱體，或稱家，又稱類。因此，討論《史通》的史體論時，便應當注意他所受到「正史」之類概念的影響，由於此種影響，使《史通》中對史體的討論，便全係集中在「正史」上，但由後來「紀事本末」的體、類成立之例看來，在「正史」類之外的邊陲性史類，還是有其成立「史體」的可能，以作為「史類」分類的依據與基礎。由此看來，在《史通》中的「史體」與「史類」雖然區分清楚，但也不能謂史體與史類沒有牽涉與互為關係，這方面還值得繼續研究。

三、劉知幾的備體觀及其商榷

劉知幾從歷史的角度來為「六家」描繪出各具一「史體」的特色之後，他接著要做的工作便是成立一種批評上的史體典型，來進行史書的批評分析，他將此種史體典型，用「備體」的概念來表示，緊接〈六家〉篇後，他在〈二體〉篇中所想表達以及處理的就是這個工作。他將此篇稱為〈二體〉，是因為「備體」有二種，因此在劉知幾那裡「備

---

[29] 同前註，冊二，史部，紀事本末類。

體」與「二體」應當是可以互換的兩個術語與概念;不僅如此,二體與備體也是從歷史的流變發展中形成的,因此,它必須與「六家」有關。換言之,備體觀不僅為劉知幾從批評的角度所成立的史體典型之概念,同時也是與「六家」相關的一種由歷史角度而來的推導觀察。但是在「二體」是什麼的指稱上,劉知幾在〈二體〉篇中卻從未直接用到「編年」與「紀傳」的稱名,但在《史通》其他篇章中,「紀傳」與「編年」卻經常出現,例如〈列傳〉篇:

> 夫紀傳之興,肇於史、漢。蓋紀者,編年也;傳者,列事也。

〈古今正史〉篇云:

> 隋史,當開皇、仁壽時,王邵為書八十卷,以類相從,定其篇目。至於編年、紀傳,並闕其體。

又云:

> 逮於齊滅,隋秘書監王邵、內史令李德林並少仕鄴中,多識故事。王乃憑述起居注,廣以異聞,造編年書,號曰《齊志》,十有六卷。李在齊預修國史,創紀傳書二十七卷。

可見「紀傳」與「編年」被用來作為史體的稱名,自范曄、劉勰使用以來,已是一個很普遍的名稱。但劉知幾在〈二體〉篇中卻何以未用「紀傳」與「編年」來稱名二種史體之「二體」,我認為這實與他用一種「備體」觀來看待「二體」的思路有關,劉知幾既想賦予「二體」以典型的身分,又想落實於實存的「六家」中,換言之,劉知幾所以擺盪在二家與二體之間者,正是與他的「備體」觀有關;有了這樣的背景了解,我們便可以對他在〈六家〉與〈二體〉篇中「備體」稱名的悖論進行論析。劉知幾於《史通‧二體》篇中云:

> 三五之代，書有典墳，悠哉邈矣！不可得而詳，自唐虞以下迄於周，是為古文尚書，然世猶淳質，文從簡略，求諸備體，固已闕如。

是劉知幾首先於〈二體〉篇中揭出「備體」之觀念，可見其〈二體〉篇中之「體」，即「備體」。劉氏復曰：

> 既而丘明傳春秋，子長著史記，載筆之體，於斯備矣。

這是說到了左丘明、司馬遷二人，史體方算全備，這段話緊接上文而來，更見劉氏意在提出一「備體」觀。但在這段話中，還不能看出劉氏所謂的「二體」之「備體」究竟何所指？再由下文看來：

> 後來繼作，相與因循，假有改張，變其名目，區域有限，孰能踰此。蓋荀悅、張璠，丘明之黨也，班固、華嶠、子長之流也。

很明確地表示了丘明之《左傳》、子長之《史記》為其體已備之「備體」。本篇後文一段敘述文字，也可為證：

> 考茲勝負，互有得失，而晉世干寶著書，乃盛譽丘明，而深抑子長。

其行文中仍明顯以丘明、子長之著書為「二體」。但劉知幾在它處——即使是同篇文字中，卻又傳達了別種型態的「二體」觀。在〈二體〉篇中作為舉例的兩部書，是《春秋》與《史記》，劉知幾分別敘述《春秋》與《史記》之短長，意在表明史筆之備體有二：編年體與紀傳體，實不可偏廢，故其各有短長；但在此處，不用丘明而用《春秋》，不用子長而用《史記》。這是在同一篇文字中的第二種「二體」觀——《春

秋》與《史記》。而在〈二體〉篇末，劉知幾又以另外兩家作為範例，等於提出了第三種「二體觀」。〈二體〉篇云：

> 然則班、荀二體，角力爭先，欲廢其一，固亦難矣，後來作者，不出二途。

班固化《史記》為「斷代紀傳體」書，荀悅剪裁《漢書》，依左氏之法，成新編年史書。故劉氏在此，實不啻提出了第三種「二體」觀；班固《漢書》與荀悅《漢紀》。劉氏在一篇文字之內，分別提出了三種「二體」之說，顯有矛盾與語意曖昧之處，此等處唯有從二體為編年、紀傳來看方能圓融而得理解，浦起龍亦看出此點，故其云：

> 以左荀等字當編年字觀，以班馬等當紀傳字觀，會此替身，乃得縣（懸）解。

但如果會同〈六家〉篇勘驗，則劉知幾對此顯然本身亦未能釐清。在〈六家〉篇中，已可看出，劉知幾崇《漢書》在《史記》之上，於編年則隱然可見其推崇左丘明之《左傳》，且更於〈六家〉篇中明白言之：六家中唯存「左傳家」與「漢書家」而已。其云：

> 於是考茲六家，商榷千載，蓋史之流品亦窮之於此矣。而朴散淳銷，時移世異，尚書等四家，其體久廢，所可祖述者，唯左氏及漢書家而已。

浦注云四家係「尚書、春秋、國語、史記」。更應注意者，為「其體久廢」等字，故順此而言，劉知幾之「二體」不僅為一抽象煉出之「備體」，而且更為一可以具體落實在「六家」中「漢書家」與「左傳家」的「二體」；如此，則顯然與〈二體〉篇中的三種說法皆相矛盾不合；這是吾人通觀〈六家〉、〈二體〉篇來考察劉知幾的二體及備體觀，所

見劉氏文字中語詞交待未清之處。案：由上述兩篇文字看來，劉氏確有一「備體」觀念在心中，否則當不會開出〈二體〉篇篇目，且於起首即言「求諸備體」、「載筆之體，於斯備矣」、「區域」、「孰能踰此」等語句；但劉氏何以在〈六家〉篇中要言四家久廢，可祖述者唯存二家等語，曰：此正所以〈六家〉篇在前，〈二體〉篇在後，六家廢四家，唯存二家，復由此二家可導出二響，形成一典型之「備體」觀，由此備體觀而成立諸準則，俾以為據進行史學批評。由此可知，唯因劉氏心中已存有一備體觀念，所以才會藉由排斥其他諸家，而由左、班二家導出「二體」之備體典型來，左、班二家本僅為「二家」，尚非「二體」，亦非「備體」，此由〈二體〉篇中三種指措二體之稱名可以看出，但劉氏亦不免因指稱二體與備體時，未能明揭紀傳與編年之措詞，而改採史書作品或作者之代稱，加之「六家廢四家」的影響，遂致「二體」所指，未能明晰。先說「漢書家」，其何以為「備體」？《漢書》與《史記》皆為紀傳體，則「史記家」何以不能為「備體」？曰《史記》未斷代也。《史記》為通代史書，非一代書，故非「備體」。顯然由此看來，備體之一，即應為「斷代型」（一代型）之紀傳體，是以劉氏強烈抨擊《史記》通代之非，及梁武帝「通史」撰修之蕪累無功，〈六家〉篇云：

> 史記家者，其先出於司馬遷。
>
> 尋史記疆宇遼闊，年月遐長，而分以紀傳，散以書表。每論家國一致，而胡越相懸；敘君臣一時，而參商是隔。此為其體之失者也。兼其所載，多聚舊記，時採雜言，故使覽之者事罕異聞，而語饒重出，此撰錄之煩者也。況通史以降，蕪累尤深，遂使學者，寧習本書，而怠窺新錄，且撰次無幾，而殘缺逾多，可謂勞而無功，述者所宜深誡也。

「史記家」之史體，既為「述者所宜深誡」，若「漢書家」則可法述，「迄今，無改斯道」，《史通‧六家‧漢書家》云：

> 漢書家者,其先出於班固。……如漢書者,究西都之首末,窮劉氏之廢興,包舉一代,撰成一書,言皆精練,事甚該密,故學者尋討,易為其功,自爾迄今,無改斯道。

如是,則劉知幾所云之「漢書家」,其體應為「斷代紀傳體」,且為「備體」之一,而「史記家」之「通代紀傳體」則非「備體」。但劉氏原文中並無此一稱名,二體依浦起龍所揭,應是一為「紀傳」,一為「編年」;「紀傳」之體則應含該《史》、《漢》二家,《史通・六家・國語家》所云:

> 自魏都許、洛,三方鼎峙;晉宅江、淮,四海幅裂。其君雖號同王者,而地實諸侯。所在史官,記其國事,為紀傳者則規模班、馬,創編年者則議荀、袁。是史、漢之體大行,而國語之風替矣。

是為其證。「史、漢之體大行」者,言「紀傳體」也,可見「史記家」與「漢書家」均同為「紀傳體」,故浦注云「二體」為「紀傳」與「編年」。但細觀《史通》原文,又隱隱可見劉知幾心目中的「備體」,實是寓含以「一代」為式的紀傳體,而非「通代」的紀傳體,但斷代(一代)與通代紀傳體,既然史體同為紀傳,則「史記家」與「漢書家」之差異,應當不在「二體」之「體」上,而在於「通代」與「一代」之型態上,《史記》與《漢書》為一體之分型,分型不分體;但劉知幾顯然以分型為分體,以「六家」中「漢書家」的「體」,轉為〈二體〉篇中的「體」,但〈二體〉之〈體〉應為「備體」,與「六家」之「六體」不同,劉氏以「漢書家」之「斷代紀傳體」為「二體」之一,顯然是使〈二體〉篇文字無法圓融的關鍵,而〈二體〉篇以下〈載言〉、〈本紀〉、〈世家〉等卷二諸篇通論《史》、《漢》紀傳體之批評文字,其作義安排,也就殊不可解。因此,筆者以為,在以劉氏的看法為基礎上,

《漢書》比《史記》走得更遠的一步，不在於紀傳體制，而在於改通代為一代。在「二體」的「備體」觀上，討論的應為「紀傳體」何以為「備體」，而在「紀傳體」之下，若依劉知幾的觀點，「一代」型的「漢書家」又較「通代」型的「史記家」為善，「學者甌討，易為其功」，且不至於蕪累無功。分型與分體，劉知幾顯然沒有區分清楚。如果我們設擬劉知幾在〈六家〉篇中只列出「五家」，列「五家」的原因是以《史記》所開出的史體為「紀傳體」，而《史記》亦因此而稱名為「紀傳家」，則《史記》以「紀傳體」而成家，這也是可以成立的。浦起龍在〈六家〉篇注釋中也有此一名稱之提出：

> 紀傳家自隋唐以來，經籍、藝文諸志，皆列史部首科，謂之正史，先馬次班，此定例也。劉氏以時近者易為功，代遠者難為力，……故特標舉「斷限」，借史、漢二家以示適從云爾。

若《史記》為「紀傳家」之祖，則《漢書》顯然便不能成家，而只能歸入於以《史記》為首的「紀傳家」中，這可以證明《漢書》是以「斷代」而不是以「紀傳」成家的。但在劉氏〈六家〉篇中，其顯然未以「紀傳體」成家，而是以《漢書》成家，劉氏予《漢書》別出成家的理由是「一代之紀傳」，以此與《史記》之「通代之紀傳」別異。但是，貫穿《史》、《漢》的是「紀傳體」，因此，如果我們對〈二體〉篇的理解是沿襲六朝以來的史實──二體角力爭先的觀點，即紀傳與編年，[30]即便是以劉知幾《史通》外篇的〈古今正史〉篇為據，那麼《史通》中以「史記家」不可祖述的看法，顯然便只能在「分型」──即「一代」與「通代」上成立，而不能在「紀傳體」上成立。因為「紀傳家」的概念，使得只要《漢書》之體仍被紹述，那麼《史記》就有存在的必要，而不能在史體論上輕言其廢。

---

[30] 關於六朝時二體角力爭先的史學史，參雷家驥：〈正史及其形成理念（下）〉，《中古史學觀念史》（台北：台灣學生書局，1990）第十章，對此有詳細的論述。

同理,《春秋》何以非「備體」?曰:《春秋》僅有編年,尚無「敘事」也。則劉氏心目中的「編年體備」與「編年備體」,實當為已寓含「敘事式」在內的「編年體」,即「左傳家」所呈現之史體。《史通‧六家‧左傳家》云:

左傳家者,其先出於左丘明。

觀左傳之釋經也,言見經文而事詳傳內,或傳無而經有,或經闕而傳存,其言簡而要,其事詳而博,信聖人之羽翮,而述者之冠冕也。

當漢代史書,以遷、固為主,而紀傳互出,表志相重,於文為煩,頗難周覽。至孝獻帝,始命荀悅攝其書為編年,體依左傳,著漢紀三十篇。自是每代國史,皆有斯作,起自後漢,至於高齊,……雖名各異,大抵皆依左傳以為的準焉。

故六家在劉知幾而言,為僅二家可存,而其餘四家皆可廢,〈二體〉篇所謂「班荀二體,角力爭先,……後來作者,不出二途」之義即在此。此二家能存之故,以其史體已「備體」——「斷代紀傳」與「敘事編年」,而史體之「體備」,也是至《漢書》與《左傳》方發展完成。劉氏大膽地摒棄了傳統上以《春秋》、《史記》為二體的說法,而於〈六家〉、〈二體〉篇中,提出了以《左傳》、《漢書》為二體典範的諭示。從〈六家〉篇中吾人已可得一印象,劉氏實是推崇《左傳》在《春秋》之上,崇《漢書》又在《史記》之上。換言之,「編年體」由《春秋》發軔,至《左傳》而成,《左傳》這一步,當為「敘事」;而「紀傳體」則由《史記》肇始,至《漢書》發展完成,《漢書》這一步則當為結合當朝為「一代」,即改「通史」為「斷代」。故《春秋》雖為「編年」,但非「備體」;《史記》雖為「紀傳」,亦非「備體」。「備體」者,唯《左傳》、《漢書》二家足當之,故曰「二體」,以「備體」為言,則

二體是「斷代紀年體」與「敘事編年體」。以上是筆者據〈六家〉、〈二體〉篇文所推述出的劉氏之「備體」觀。唯其中尚有一須辨析者，為「春秋家」之史體，浦起龍以為是「記事」，「左傳家」之史體，浦氏亦以為是「編年」，此看法恰與筆者相反。浦氏注「左傳家」云：「是為編年正家」，而注「春秋家」則云：「此一家是言記事家」。事實上，劉知幾僅在「國語家」文字中提到「編年」與「紀傳」，〈六家〉篇中其他文字並未一一明指六家之六體的名稱，〈二體〉中也未明言「二體」的名稱。因此，浦氏於〈二體〉篇篇題下便直接注明：「二體者，一編年，一紀傳也。」吾人用此來分疏釐清劉知幾的「備體」、「二體」觀，的確有其當處。但如此一來，二體觀便與上述吾人所推導出的劉知幾之二體不符。復次，浦氏因以「編年」為「備體」之一，又執於劉知幾於〈六家〉篇所云「六家剩二家」的說法，因此，非要以《左傳》之體為「編年」不可，遂置《春秋》為「記事之家」，《史通》釋中遂多處可見浦氏之圓說，如《史通‧二體》篇原文本云：

> 夫春秋者，係日月而為次，列時歲以相續，中國外夷，同年共世，莫不備載其事，形於目前，理盡一言，語無重出，此其所以為長也。

明是以《春秋》為言編年體義，浦氏偏要注云「謂左傳也。此一扇論編年。」便係因為劉知幾本《春秋》以論「編年」義，與浦氏在〈六家〉篇所言《春秋》為「記事家」不合，浦氏認為《左傳》才是「編年家」。又浦氏於〈六家〉篇末案語云：

> 記言（尚書），而不著歲序也，記事（春秋經），而不詳顛末也，國別（國語），而不歸典式也（非編年，非紀傳），代遠（史記），而不立限斷也，此所謂四家體廢者也。若乃經年緯月，敘時事則詮次分明（左傳），紀、志、表、傳，譽一朝則起訖完具（漢書），此則所謂祖述惟有二家者矣。

故浦氏依從劉氏「六家廢四家」之說,必以「編年」歸「左傳家」不可。又浦氏於〈六家・左傳家〉案云:

> 春秋經以提綱,傳以述事,事必繫年,編年之法,由是興焉。然編年之義,史通不以繫經而繫傳者,事待傳而顯也。……故左傳一家,為編年家法之祖。

仍以「編年」歸「左傳家」。其中「編年之義,史通不以繫經而繫傳」云云,顯然只是浦氏自己的看法,然推浦氏之案,實本於《史通》在「左傳家」正文中有「至孝獻帝,始命荀悅撮其書為編年體,依左傳著漢紀三十篇。」等語,此段文字之斷句,上海古籍出版社本與台北里仁書局本等諸本均斷為「始命荀悅撮其書為編年體,依左傳著漢紀三十篇」,顯然是順著浦注的脈絡而斷出「編年體」三字,[31] 筆者則依華世出版社所據的商務印書館國學基本叢書本為據,重新斷為「撮其書為編年,體依左傳,漢紀三十篇」,[32] 語義已有不同。但明顯浦起龍乃是以此為據,執於原文中的「編年」二字,而一意以「左傳家」為「編年體」、「春秋家」為「記事體」,事實上,劉知幾並未言六家所立之六體一一為何,但吾人若依〈六家・春秋家〉的一段文字所述:

> 又案儒者之說春秋也,以事繫日,以日繫月;言春以包夏,舉秋之兼冬,年有四時,故錯舉以為所記之名也。

「春秋家」之體實是編年體。而依「左傳家」所述文義看來,《左傳》「其言簡而要,其事詳而博,信聖人之羽翮,而述者之冠冕」,其體才應為「記事」之體;《史通》外篇中之〈申左〉,即以「事」義來揚

---

[31] 台北里仁書局本《史通通釋》(1980),頁11。案:台北里仁本係據1978年上海古籍出版社印行本排印,見里仁本〈出版說明〉。

[32] 見台北華世出版社印行《史通釋評》(1975),頁8。原文亦是依浦起龍之意,斷為「始命荀悅撮其書為編年體,依左傳著漢紀三十篇。」

《左》之三長，而擯《公》、《穀》之五短。又〈二體〉篇言《春秋》云：

> 夫春秋者，繫日月而為次，列時歲以相續。

說的正是《春秋》編年之義，《左傳》為長的當是編年之下的敘事之義。

筆者以為，劉知幾在〈六家〉篇所云的「六家剩二家」，是造成「備體」觀念在〈二體〉篇中敘述上混淆的主要原因。劉氏之「備體」觀，確有可議之處。事實上，六家應當剩四家：春秋、左傳、史記、漢書方是，而四家中又煉出二體：編年體與紀傳體。就前者而言，《春秋》與《左傳》皆為編年體史書；就後者而言，《史記》與《漢書》皆為紀傳體史書。劉知幾實不應於〈六家〉中輕言「春秋家」與「史記家」已廢，致與〈二體〉篇中舉《春秋》、《史記》為例言二體相牴牾。《史記》所開出的「紀傳」一體，為《漢書》所繼承，而《漢書》成「家」者，在「斷代」不在「紀傳」，也就是說，《漢書》比《史記》走得更遠的是結合朝代為一代的記史模式。因此，「紀傳」之體，體實成立於《史記》，只要〈二體〉篇中之「二體」是指編年與紀傳，那麼就不應輕言「史記家」或《史記》之體已廢，更何況，劉氏於《史通》中立篇目討論《史記》之體例者正多。復次，「編年」之體，也是由《春秋》所成立的，《左傳》既是以史解經，自然在型式上也繼承了編年之體，因此，《左傳》所進於《春秋》者，在於敘事，而不在於編年。從「編年」的型式上看，《春秋》中的大事記型式：「時間＋事件」實已具型，用杜預的話來說，即「以事繫日，以日繫月，以月繫時，以時繫年。」[33] 則編年體的型式至《春秋》時已經形成，因此，《左傳》比《春秋》走得更遠的不在於繫年的方式，而在於敘事。《左傳》在三傳解經中，相較於《公》、《穀》之解義，也恰是以敘事一路為長，而非《公》、

---

[33] 見杜預：〈春秋左氏經傳集解序〉，收入程元敏疏證：《春秋左氏經傳集解序疏證》（台北：台灣學生書局，1991），頁11。

《穀》所標舉的《春秋》記事之法，專以書法、褒貶為寓的明義一路。要知道《左》、《公》、《穀》皆是因解經而成立的「傳」，本身皆已先在地預含了「經」的編年形式作為其「傳」能存在的基礎，因此，三傳的差異，就只能成立在《春秋》經的體裁——編年之下成為敘事與明義的分立。《春秋》中關於歷史事件的情節，及情節間連繫的敘事性格，還不足以為後代史書敘事之法式，這點恰是《左傳》所彌補及凸顯的，《左傳》作為一部解經者的《傳》，其「解」之意義與型態，皆凸顯在敘事性格上，而這點也恰好是劉知幾在《史通》中的〈申左〉、〈敘事〉等篇所特意強調的，所以〈六家〉中劉知幾特立《左傳》別為一家，足以成其開山者，也應在此。因之一方面，浦起龍所說的「記事家」便應轉指「左傳家」而非「春秋家」；另一方面，劉知幾若將「備體」落在由「六家」而來的「二家」之一——《左傳》上，則《左傳》之體便應為「敘事編年體」，如此仍與〈二體〉篇所云有所牴牾，因為就「編年」體而言，《春秋》與《左傳》固同為編年體也。總之，吾人論證出六家中四家：春秋、左傳、史記、漢書與二體之關係，便更能看出劉知幾在論述二體與備體時語詞上的夾纏不清及觀念上的混淆，主要皆是為了凸顯出他所極稱賞稱道的二家：左傳家與漢書家，這與他在《史通》全書議論的思路與思想中心皆有關係；凸顯《左傳》，是為了敘事理論之簡賅詳瞻；凸顯《漢書》，是為了實錄直書與官史格局——即如何修一代之史的基調。

四、二體變論與敘事原型

對於「尚書家」，劉知幾認為是一種已經廢棄的史體，《尚書》一家雖自具其體，浦起龍以為是「記言」之體，古來即有此說，班固〈藝文志〉云：

> 左史記言，右史記事，言為尚書，事為春秋。

《史通‧六家》篇云：

> 蓋書之所主，本於號令，所以宣王道之正義，發話於臣下，故其所載，皆典、謨、訓、誥、誓、命之文。

浦起龍按云：

> 朱子嘗言，古史之體可見者，《書》、《春秋》而已。《史通》首此二家，皆談史不談經。注家執經言經，繁引義疏，都無交涉。其首尚書家者，劉氏特以記言之體當之云爾。家不類，族不備，人非其倫，書是其體，則以其族歸之。不特七十一篇之《周書》為其緒餘，若衍若邵等書，皆是記言之族，故亦以類相從。
>
> 《尚書》故是史家開體，然不編年、不紀傳。原非史體正宗，故後世難為其繼，亦不必有繼。

雖曰其體久廢，亦云當廢，但劉知幾關於「尚書家」的問題，依然沒有解決。他在〈六家〉篇中主張「尚書家」其廢已久，認為後世《魏尚書》、《隋尚書》之類以「記言」為歷史敘述的體裁者，均為畫虎不成之舉。劉知幾在述古體之源時，是將《尚書》與《春秋》並列為兩家的：尚書家與春秋家；但他在釋其義的鋪陳中，顯然又僅以《春秋》為古史之源，另外一線脈絡則並未由《尚書》開始，而是從《史》、《漢》成立紀傳體講下，這是他的古今正史觀，也是他的二體觀。他雖然在〈六家〉中能將《尚書》史學化，與《春秋》並置，同作為古史之源頭，但我們可以看到，在《尚書》史學化之後，在史學源頭上，它的意義與位置究竟何在？知幾並未作詳細討論，也沒有留給我們啟示性的線

索,除了說《尚書》是「記言之體」以及以「其體久廢」一言輕輕帶過之外。

隋代的魏澹曾有史學之原源於《尚書》的倡議,其云:

> 尚書者隆平之典,春秋者撥亂之法,興衰理亂,制作亦殊,治定則直敘明,世亂則辭兼顯晦,分路命家,不相依放。故云:周道廢,春秋作焉;堯舜盛,尚書載之是也。……然則紀傳之體出自尚書、不學春秋明矣。[34]

雖然他倡議此論的背景,是在為紀傳體史書找尋一個較編年體史書的源頭──《春秋》更早更古的淵源,仍然是二體之爭的延續;但有這樣的言論,也就反過來凸顯了上述的論題:劉知幾史學化《尚書》、《春秋》成為史書中並立的二個源頭,但劉知幾卻只闡述了《春秋》作為源頭的意義,並未解釋《尚書》作為源頭的意義是什麼,那並非用「左史記言,右史記事」的片言論述就能成功達到使《尚書》轉為史書的意義詮釋;他僅是從「尚書家」之體的流向上,說尚書家體廢不立而已,同時魏澹的意見,也能突顯知幾在這方面的缺失。不論是從紀傳與《尚書》的聯繫出發,則魏澹之論反能別開新局;或是從劉知幾之安置《尚書》為史書之源的立場出發;或是近代史學上把《尚書》及《春秋》並列為上古史的「史料」立場出發;總之,這個《尚書》史學化的論題可以再度成為問題,重新展開討論,是不待言的。這樣,如果我們將清人章學誠的議論帶入,重新審視清代章學誠關於《文史通義‧書教》篇中關於《尚書》史體的言論,也就不僅僅是一個關於「紀事本末體」史體的意見,而且是一個有著歷史脈絡的,關於「尚書家」之史體性質及應否當廢此一議題的重新開啟。

在劉知幾以為其體久廢的「尚書家」,到章學誠手中已有完全不同

---

[34] 見《隋書‧魏澹傳》。

之看法，章氏不僅不認為書體當廢，而且還認為應當恢復它的「圓而神」原義，從「因事命篇」的書體勝義來改善救正《史》、《漢》以下久已僵化的史書體裁，《文史通義・書教下》云：

> 按本末之為體也，因事命篇，不為常格；非深知古今大體，天下經編，不能網羅隱括，無遺無濫。文省於紀傳，事豁於編年，決斷去取，體圓用神，斯真《尚書》之遺也。在袁氏初無其意，且其學亦未足與此，書亦不無合於所稱。故歷代著錄諸家，次其書於雜史，自屬纂錄之家，便觀覽耳。但即其成法，沉思冥索，加以神明變化，則古史之原，隱然可見。書有作者甚淺，而觀者甚深，此類是也。
>
> 夫史為記事之書。事萬變而不齊，史文屈曲而適如其事，則必因事命篇，不為常例所拘，而後能起訖自如，無一言之成遺而或溢也。此《尚書》之所以神明變化，不可方物。降而左氏之傳，已不免於以文徇例，理勢不得不然也。以上古神聖之制作，而責於晚近之史官，豈不懸絕歟！……且《尚書》固有不可盡學者也，即《紀事本末》，不過纂錄小書，亦不盡取以為史法，而特以義有所近，不得以辭害意也。斟酌古今之史，而定文質之中，則師《尚書》之意，而以遷《史》義例，通左氏之裁制焉，所以救紀傳之極弊，非好為更張也。[35]

然則章氏似乎確有單獨為「紀事本末」成立為一史體概念與編年、紀傳鼎立為三之意，持此論者，謂之三體論；然而〈書教〉篇亦可有另一種讀法，即無論紀傳、編年二體，皆莫不原於《尚書》之體，章氏〈書教〉篇云：

---

[35] 章學誠著，葉瑛校注：《文史通義校注》（台北：仰哲出版社翻印），〈書教〉下，冊上，頁 5-52。

《尚書》、《春秋》皆聖人之典也。《尚書》無定法,而《春秋》有成例。故《書》之支裔,折入《春秋》,而《書》無嗣音。……史氏繼《春秋》而有作,莫不馬、班。

《尚書》變而為春秋,則因事命篇,不為常例者,得從比事屬辭為精密矣。《左》、《國》便而為紀傳,則年經事緯,不能旁通者,得從類別區分為益密矣。……不知紀傳原本《春秋》,《春秋》原合《尚書》之初意也。[36]

持此論者,則可謂《春秋》之編年、《史》、《漢》之紀傳,既皆源於《尚書》,故可成一歷時性之歷史發展關係:

《尚書》→《春秋》→《史記》、《漢書》

此可謂之為「一體論」的觀點。實則章氏之外,清人汪之昌亦有類似之論:

嘗就知幾之說而考之,六家中若尚書、春秋兩家,但言出於太古三代,無從明揭源由,即所舉為某家流派者,今已佚不可見居多。即此並數之,六家體例,誠非一律,要以尚書家為最古。世人徒見漢以後史繫年斷代,體例所遵守,不越左傳、班書之成規,遂以尚書家與春秋、國語、史記三家等類齊觀。考漢書藝文志序尚書曰:「書之所起遠矣,至孔子纂焉,上斷於堯,下訖於秦,凡百篇。」又云:「漢興,亡失,求得二十九篇。」是尚書有百篇之多。尚書家通行之二十九篇,不及全經三分之一。而即此二十九篇中所謂典、謨、訓、

---

[36] 同前註,頁49、51。

誥、誓、命等文，持較春秋以下五家之書，體例炳然，何嘗不各自名家？試為之沿流溯源。藝文志：「事為春秋，言為尚書。」論者以記事記言分屬二家。然而禹貢一篇，全為記事之作。左傳以編年紀月為體例，而漢律曆志引伊訓：「維太甲元年十二月乙丑朔。」以日繫月，以月繫年之義瞭如。國語以列國分篇為體例，而事詳八國，無異虞、夏、商、周之序次：題別一篇，猶是百篇之標目。史記百三十篇，終以自序，臚舉各篇作意，與尚書百篇古敘正同。漢書斷代為限，一朝之典章咸在：而尚書分題書若干篇，周書若干篇。費誓、秦誓即附周書末。斷代體例，略見於斯。然則尚書雖非完書，而彼五家之體例，即二十九篇中已備大概。是以體例言，尚書一家，實五家所同源：五家之作，莫非尚書之流別矣。知幾所舉各書分係諸六家之支流者，其體例何一不班班可考哉。[37]

另外一種「一體論」的言論，則從比較編年、紀傳、紀事本末之優劣著眼，謂三體俱可貶於「紀傳」一體中，後面將會談到的張爾田氏之論即屬此類型之一體論。浦起龍於《史通‧二體》篇中案語則謂：

> 人言自袁機仲樞紀事本末出，史體參而三矣。余曰：「亦從二體出，非別出也。」且降史書為類書，法不參立，故其書不由史館，不奉敕亦編。

顯然仍意在維持《史通》二體論的局面，浦氏〈六家〉篇案語云：「知幾是篇，誠百代之質的也。」「二體兩字，貫徹全書，綱維群史。」故不認可「紀事本末」為可成立之第三體，謂其乃自「二體」化出，並不具有史體典範上的獨立意義。

---

[37] 程千帆：《史通箋記》，頁 6-7。

筆者擬從另一角度切入去閱讀章氏的〈書教〉篇，認為除了「紀事本末」是否已被視為第三種史體的關懷之外，章氏〈書教〉篇還有另一層意思，應當成為閱讀的重點。即章氏一方面提倡「紀事本末」，一方面又不使功歸於袁樞，故導源《尚書》，並且在《尚書》之體這個議題上，與劉知幾針鋒相對，重新討論《尚書》作為史體之原的意義。其於〈書教〉篇中批評劉知幾云：

> 事屢變而復初，文飾窮而反質，天下自然之理也。《尚書》圓而神，其於史也，可謂天之至矣。非其人不行，故折入左氏，而又合流於馬、班，蓋自劉知幾以還，莫不以謂書教中絕，史官不得衍其緒矣。[38]

故其〈書教〉篇中所突出的幾個論點：記注方以智、撰述圓而神，書無定體，因事命篇等諸義，確乎迥異於前人論《尚書》之體義，和僅僅窄化於「左史記言」的僵化觀點。章氏此篇成於晚年五十五歲時（乾隆五十七年，1792），其〈與邵二雲論修宋史書〉云：

> 近撰〈書教〉之篇，所見較前似有進境，與〈方志三書〉之議，同出新著。[39]

故此篇在章氏諸經教的寫作時間上最為晚出，應當具有成熟性與代表性，有著章氏想超越傳統論述在史學之源上僅止於《春秋》、《史記》限界的意圖，以及對史學化後的《尚書》不能解釋其意義難題的克服，意在開出新局，他開出新局的方法顯然受到「紀事本末」體裁的啟發，並將其對「紀事本末」的領會融入到《尚書》體義的論述中。當然關於

---

[38] 章學誠著，葉瑛校注：《文史通義校注》，頁51。
[39] 章學誠：〈與邵二雲論修《宋史》書〉，收入倉修良主編：《文史通義新編》（上海：上海古籍出版社，1993），外篇三，頁542。

〈書教〉篇可談的甚多，吾人不擬在此繼續延伸。值得注意的是，章氏注意到「紀事本末」這類型史書的體裁，並開始予以重視，絕非孤明先發，乾隆時官方編纂的《四庫全書》之史部中已有「紀事本末」一類。章氏友人邵晉涵亦云：

> 紀傳史裁，參仿袁樞，是貌同心異。以之上接《尚書》家言，是貌異心同。是篇所推，於六藝為支子，於史學為大宗；於前史為中流砥柱，於後學為蠶叢開山。[40]

可見與章氏同時，官方與私人皆已注意到此一新的史書體裁，但究係孰先為之，抑或互相影響，還是一種承繼前人而來的發展？至少有幾點是我們可以確定的：（1）在前引浦起龍〈六家〉篇的案語中，有「人言袁樞紀事本末，史體參而三」之語，可見當時已有將「紀事本末」視為史體的觀念與言論出現，浦氏此條案語彌為珍貴，蓋其《史通通釋》之初刻在乾隆十七年（1730），不僅早於章學誠，且亦早於《四庫全書》之開館，至少可證章氏之前已有「紀事本末」為史體的觀點。（2）關於《四庫全書》的開館，其典藏書籍之法是參考了當時南方最大的私人藏書之所范氏天一閣，而後來文淵閣之建造也全倣天一閣而建，其它文源、文津、文溯、文瀾、文匯等閣也莫不參用了天一閣之閣式，當時並特派杭州織造寅著親往寧波查看參考房宇造法及書架款示，乾隆三十九年（1774）六月廿四日之上諭云：

> 浙江寧波范氏所進之書最多，因加惠賞古今圖書集成一部，以示嘉獎，聞其家藏書處曰天一閣，純用甎秋瓦，不畏火燭，自前明相傳至今，並無損壞，其法甚精。著諭寅著親往該處，看其房間製造之法若何？是否專用甎石，不用木植，並其書

---

[40] 此文收在《文史通義‧書教》下篇之末中為章氏引錄。

架款式若何？詳細詢察，燙具準樣，開明丈尺呈覽。寅著未到其家之前，可預邀范懋柱與之相見，告以奉旨。因聞其家藏書房屋、書架造作甚佳，留傳經久，今辦四庫全書，卷帙浩繁，欲仿其藏書之法，以垂久遠。[41]

既然典藏書籍之法係參考天一閣式，則天一閣之圖書編目法或有可能一體並參，而在今傳之《天一閣書目》中即列有「紀事本末」一類，則《四庫全書》史部中的「紀事本末」一類即有可能正是承此而來。當然，此處吾人只僅意在於證明「紀事本末」成為一個「史類」或「史體」的概念，並非章學誠所首出，其前更有歷史的脈絡可言。雖然，但對於「紀事本末」之所以能成立為一個史體概念的意義之闡發上，章氏則確然較他家更有獨到精闢之見，特別是他導源於《尚書》的說法。

史學家柳詒徵撰〈中國史學之雙軌〉一文，論吾國史學之二本、二宗、二源，當在《世本》與《春秋》，柳氏以為《世本》不僅較《史記》成書為早，且《史記》所創之本紀、列傳、世家、書、表等諸分體，實皆已含攝於《世本》中，故當以《世本》定為紀傳史祖，而《春秋》則為編年史祖。其言曰：

吾觀近製，冥符古誼，剖析未來，標曰雙軌。一則類舉件繫，原於世本。一則以時屬事，本之春秋。視劉氏所陳，六家二體，尤為簡要，貫通古今焉。夫史域雖廣，類例無多，較其大凡，不越二轍，甲則分類，乙則斷代，分類縱貫，斷代橫通，解此科條，自明屬別。[42]

---

[41] 轉引自任松如：《四庫全書答問》（天津：天津古籍書店，1991），頁102。
[42] 柳詒徵：〈中國史學之雙軌〉，收入杜維運、黃進興編：《中國史學史論集》（台北：華世出版社，1979），冊二，頁1070-1071。

自謂貫通今古、融會新舊，標雙軌以陳史體之新論，曰分類，曰斷代，分類縱貫，斷代橫通。其又云：

> 世本一書，屬之譜牒，然帝系世譜，本紀世家，氏姓作居，其類孔夥，匪同家乘，惟著昭穆，若如隋書，目以譜系，則鄭氏通志，亦陳氏族。馬氏通考，兼載世繫，舉一蔽餘，殊非通識。今別定為分類史祖。

> 春秋為書，始隱終哀。雖有尚書，別為卷帙。明乎斷代，非始蘭臺。子玄所言，殆皮相耳。惟其所述，遠起夏殷。羊舌所傳，墨翟所見，厥書蓁眾，匪僅魯國。則根值原始，洞該體裁。……隋唐史志，及諸目錄，釽離史類，有正有偽。或標雜霸，或稱古史。比之晉乘，若楚檮杌，則凡雜偽，皆春秋也。歷朝正史，紀必書年，表譜旁行。列傳敘事，亦有年月，皆本鱗經。別子為祖，遂忘高曾。後之錄者，復立編年。支裔流衍，名類愈瑣。紀事本末，後亦獨立，苟援其朔，旁括附庸。馬袁諸作（資治通鑑及通鑑紀事本末），亦同筆削。故吾妄謂，斯為一轍。上肇端門，近逮清季，操觚之輩，莫之能違。[43]

柳氏以紀事本末體為附於編年，隸本《春秋》為原，故其「雙軌」說亦可視為一種新二體論。

張爾田氏於〈史傳文研究法〉一文中，探研史體，將「史傳文」區別為二種，曰成體之文與不成體之文，其「體」者，史體也。張氏曰：

> 史文雖博，可以兩言約之，一曰成體之文，二曰不成體之文而已。成體之文，所謂史也；不成體之文，則類乎史而不得謂之史者也。雖不得謂之史，而實為史上所取資，則其重要

---

[43] 同前註，頁 1071-1073。

且與史等。蓋苟無不成體之文,則雖欲為成體之文,亦無所憑藉矣。[44]

鄭鶴聲於所著《中國史部目錄學》一書中闡之曰:「由此論之,史稿、史纂、史考,而不得為史也,章章明矣。惟其不得為史,是以謂之不成體之文。」又曰:「成體之文者,則此之謂也。史之大別,約有六家,而就其流析之,可分為三體,三體又可總歸為一體。」[45]

附表:鄭鶴聲所擬之張爾田「史體表」[46]

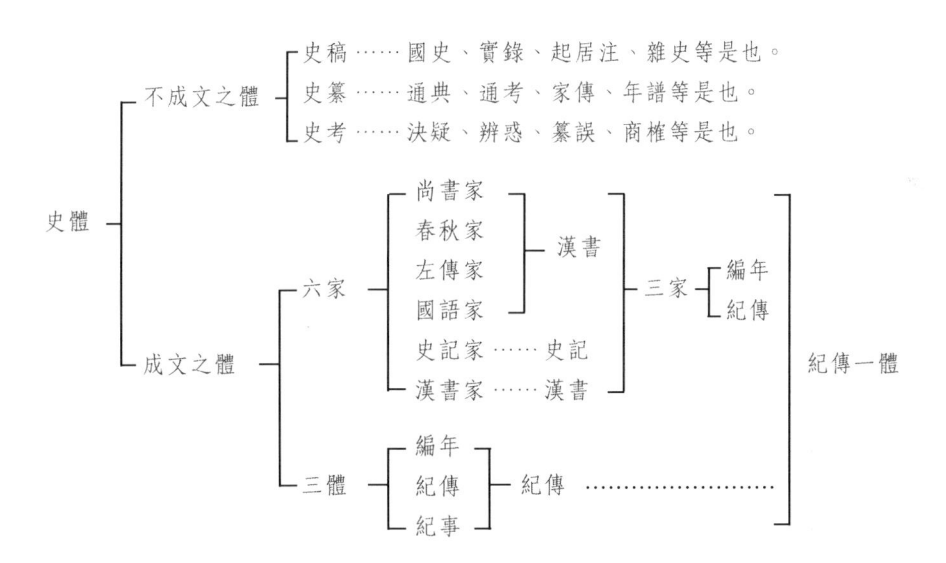

```
                ┌ 史稿 …… 國史、實錄、起居注、雜史等是也。
       ┌ 不成文之體 ┤ 史纂 …… 通典、通考、家傳、年譜等是也。
       │        └ 史考 …… 決疑、辨惑、纂誤、商榷等是也。
       │
       │        ┌ 尚書家 ┐
       │        │ 春秋家 │
史體 ──┤        │ 左傳家 ├ 漢書 ┐       ┌ 編年
       │    ┌ 六家 ┤ 國語家 │      ├ 三家 ┤
       │    │   │ 史記家 …… 史記     └ 紀傳        ┐
       └ 成文之體 ┤   └ 漢書家 …… 漢書                 ├ 紀傳一體
            │                                      │
            │   ┌ 編年                              │
            └ 三體 ┤ 紀傳 ── 紀傳 ………………………………  ┘
                └ 紀事
```

則張爾田所謂「成體」與「不成體」史傳文之區分,明是出自於章學誠〈書教〉篇所言「記注」與「撰述」之區分矣。另外,張氏以「六家三體」論「成體之文」,是於「六家二體」之體外,多一第三體,其所謂第三體者,即「紀事本末體」,其調亦是受章學誠之啟發,其云:

---

[44] 張爾田:〈史傳文研究法〉,《學衡》第 39 期(1925),頁 7。
[45] 鄭鶴聲:《中國史部目錄學》(臺北:華世出版社),頁 221。
[46] 同前註,頁 224-225。

惟此外則尚有一體，是曰紀事本末體，章實齋嘗謂其合於尚書，……則古史之原，隱然可見。其推挹斯體也可謂至矣。[47]

然張氏又宗「紀傳體」，謂三體當總歸於一體，則或與章學誠異調，其云：

雖然，吾則謂編年也、紀事也，紀傳一體皆足以賅之，何則？紀以包舉大端，傳以委曲細事，表以譜列年爵，志以總括遺漏。觀夫本紀之為體也，繫日月而為次，列時歲以相續，一朝大政纂要鉤元，擬諸邱明，豈非同軌。故劉知幾有言，紀者編年也，傳者列事也。編年者，歷帝王之歲月，猶春秋之經，列事者，錄人臣之行狀，猶春秋之傳，春秋則傳以解經，史漢則傳以釋紀。至於天文以下諸志，或以大致沿革為始終，或以庶績廢興為經緯，言行並載，本末畢賅，袁樞紀事，又何足矜。若謂諸志但詳典章掌故，而於行事首尾或嫌太略，則司馬遷本有秦楚之際月表，專詳劉項大事，而漢興以來將相名臣年表，亦列大事記一欄，神而明之，非無前準，若乃事當衝要，必盱衡而備言，跡在沉冥，不枉道而詳說，論其細則纖芥無遺，語其粗則邱山是棄，斯又編年紀事二體之所未周，而必假紀傳始能曲備者矣。故歷代以來，皆以馬班為正史之宗，而以編年紀事為別子。雖知幾嘗謂紀傳編年，不可偏廢，然觀其糾彈，皆以史漢為鵠，則固仍摯不祧之統以與班馬也。[48]

故張爾田謂雖有三體，然馬、班「紀傳體」仍摯不祧之統，古今不能別

---

[47] 張爾田：〈史傳文研究法〉，頁 15。
[48] 同前註，頁 15-16。

出,其論調自亦與劉知幾之二體論相異,可視為一體論調之主張者。其又引清趙翼之言云:

> 紀事者,以一篇紀一事,而不能統貫一代之全;編年者,又不能即一人而如見其本末。司馬遷參酌古今,發凡起例,創為全史。本紀以序帝王,世家以紀侯國,十表以繫時事,八書以詳制度,列傳以誌人物,然後一代君臣、政事、賢否得失,總彙於一編之中,自此例一定,歷代作史者,遂不能出其範圍。[49]

趙氏之言亦可視為一體論調,顯為針對當時正興起之「紀事本末」可別為一體主張者而發。

案:關於成立第三體「紀事本末體」的考察意見,自以章學誠為最精闢,見於《文史通義》之〈書教〉等篇;但他究竟僅以「紀事本末」為史體改革論的依據,還是認可其為第三體,則尚有待進一步釐清。章學誠在討論史體論與改革論時,意見並不一致,例如在〈史篇別錄例議〉中,他傾向於將「紀事本末」的優點融入紀傳、編年二體中來進行史體改革,則他仍然以「二體」為主。但其中的一段文字,又顯示出他的改革論是偏向於以史學之源的《春秋》之編年體為主,其云:

> 紀傳之初,蓋分編年之事實而區之以類者也。類則事有適從而尋求便易,故相沿不廢;而紀傳一體,遂超編年而為史氏之大宗焉。今之編年,則又合紀傳之類,從而齊之以年者也。「春秋經世,編年實史之正體」;而世以紀傳為大宗,蓋取門類分而學者知所倫別耳。既合紀傳為編年,而徇編年者遂忘其倫別,何以異於嘗酒而忘黍麴歟![50]

---

[49] 同前註,頁 16。
[50] 章學誠:〈史篇別錄例議〉,《文史通義新編》外篇一,頁 317。

而在〈書教〉篇中，則較為明確地傾向於成立「紀事本末」為一種獨立的史體。〈書教〉篇為《文史通義》內篇文字中最晚出的幾篇之一，〈史篇別錄例議〉一篇文字則僅收於《章氏遺書》本中，一般通行本——即章氏的次子章華紱所刊刻的大梁本中則未收此篇，坊間通行的葉瑛校注本即屬於這個系統的本子；[51] 另外，在討論方志體例的〈方志三書例議〉中，又有許多與上述不同的史體改革意見，到底僅僅是方志史體還是可以逕視為國史體裁的補充改革意見，則尚待研析。但過去討論章氏關於「紀事本末」體的論點時，大多僅偏重根據〈書教〉篇發言，現在看來，還有重新再作進一步的釐清與研究的必要。

　　史學家朱希祖則認為，吾國史傳文之記載實有三式，皆可以謂「體」，曰記年，曰記事，曰記人；記年者為編年體，記事者為本末體，記人者為傳記體，混合之則為紀傳體，這又可視為另一種史體變論。[52] 案：歷史為「人」的學科，因此，記述「人」的方式有二種，即：

$$\text{歷史} = \text{人} \begin{cases} \nearrow \text{事} \longrightarrow \text{「敘」事} \\ \searrow \text{年（時）} \longrightarrow \text{「序」事} \end{cases}$$

無論是年或事，皆有人在內，人不當與事、年平行列舉，故記載人的歷史應當僅有二種基元，即年與事。浦起龍在《史通通釋》中亦有片言隻語散見出此種火花，例如〈二體〉篇案語即云：

　　二體既立：一以詮歲時，一以管事行，國史乃無偏缺耳。

---

[51] 參葉瑛校注本《文史通義校注》，《例言》說明；倉修良編《文史通義新編》之〈前言〉；張述祖：〈文史通義版本考〉，《史學年報》第3卷第1期（燕京大學，1939），頁71-98。據以上諸人所述可知，章學誠《文史通義》的版本實有兩個系統，即章氏友人王宗炎的刻本（遺書本）與章氏次子章華紱的刻本（大梁本），兩種系統的篇目並不相同，這種差異使得章氏思想的研究有時會缺少「定本」的依據。

[52] 朱希祖：《中國史學通論》（重慶：獨立出版社，1943），頁32-35。

但究竟只是零星散語，而且不是浦氏通釋《史通》的主要思路重點。吾人以為要重新討論這個一體、二體、三體的問題，則似應從「傳體」考察的角度切入，筆者擬從概念上成立二種歷史敘述的原型，並且略陳個人之淺見。此二種歷史敘述之原型，即「傳體」與「年體」，前者為「事敘」，後者為「年序」；「敘」與「序」為二種史述原型，分別表現為對「事」與「時」的掌握，來記錄人的「曾在」。在「年體」中，以「時間先後性」為表現的第一義；「傳體」中，則以「敘事先後性」為表現的第一義，「傳體」的「敘事先後性」當然目的在於呈現「事之本末」，因此也蘊含著「時間先後」性，但它與「年體」的一個基本差異在於：「傳體」的「敘事」可以有「倒敘」，倒敘就是時間上先發生的事挪於後發生的事之後的敘述方式，因此雖然在發生時間上，先發生的事時間在前，但是在作者敘事的時間上，卻是後書寫者。至於「倒序」這種形式，在「年體」中則是不可能出現的，因為「年體」是以時間（年）序為第一義的編年行為，誠然可以在第二年中將第一年發生的事件作一補敘，但這也是一種「敘事的倒敘」，而不是第一義的「年序」，是在第二義下的將「傳體」的敘述方式帶入「年體」的補充。這就是「傳體」與「年體」在「敘」與「序」上的基本差異，因而也就形成了二種歷史敘述的原型。我們從敘事原型的概念來考察劉知幾的二體論──編年、紀傳，以及第三體「紀事本末」的話，便會發現，其實「紀傳體」正是傳體與年體的混合；後來「紀事本末體」的成立，則是在編年體之外，找到了一種以事件本末為主的「敘」法，這種敘事體裁，其實就是「傳體」。但這種傳體的歷史敘述原型，早在《左傳》與《史記》中就已出現了，只是《左傳》中的敘事，依附於《春秋》的「年序」之下，還未獨立出來；而《史記》則在「列傳」中已可見到「傳體」的成形，但《史記》卻在《春秋》之繼承性上，混合了二種原型，成為傳體與年體的混合體，這種混合體，同樣表現出一種與《春秋》編年體裁差異性格的不同型制，因此被賦予另外的名稱，稱之為「紀傳

體」;劉知幾所謂的二體,就是指此二種實際上在歷史中出現的史體型制,這二種型雖然是中國歷史上的史書體裁之典型,而且被劉知幾賦予批評層次上的意義,但卻非理論上的原型。理論上的原型,應從它的本質:事與年(時),以及呈現方式:敘與序來掌握才是。案:就劉知幾的《史通》所推導成立出的二體論而言,應當是:

(1)編年體
　　經─編年
　　傳─敘事
(2)紀傳體
　　紀─編年
　　傳─敘事

可見《史通》所欲成就的二體典型,不論是編年體還是紀傳體,都是由傳體與年體之二種敘事原型落實在歷史的實際史書體裁中而具現者,劉知幾嘗試從歷史層上提為批評層,而更欲上提為理論層的意向也隱隱可見。雖然,他終究只能由歷史觀成立史體的〈六家〉論,及從批評觀成立史體的〈二體〉論;只能由《春秋》、《史記》或《左傳》、《漢書》等實際在歷史上實存的史書,透過史學批評之進路,而提煉出一種有利於史學批評進行的「備體」觀,但畢竟仍未能從各史書間存在的原型觀入手,去作理論層面的考察,因而才會出現在後世引起爭議的「二體」究竟能否牢籠「紀事本末」的問題。筆者的看法是,不論第三體在理論層面上是一個什麼樣的問題,畢竟「紀事本末體」成為中國史書體裁上編年、紀傳二體之外的第三體,已經是一個史學上的事實,而且章氏闡揚抉義之功,確不可掩。但也正因如此,吾人便忽視了「何謂史體」的老舊問題,及以此來重新省視編年體、紀傳體、紀事本末體之

所以為「體」者之基礎與本義何在？因而筆者上述看法的提出，即從敘事原型的概念入手，提出「事」與「年」（時）為歷史的本質，「敘」與「序」則為歷史敘述的二種基型（原型）。但史書體制的形成，卻並不一定單就某種原型而成立，無論是編年還是紀傳，其中都有「序事」與「敘事」的原型在內。通過理論層原型概念的提出，應當有助於我們理解知幾在批評層所提出的二種史體典型，特別是此種二體式的備體觀，在後世遭遇到「紀事本末體」的出現之後的各式整合言論，如上述之一體論、二體論、三體論等，其實都可以從敘事原型概念上去釐清。雖然史學史實的發展，並不一定就是史學理論鋪陳的歷史，但後者有助於我們認識並解釋前者，卻是無疑的。因此，劉知幾在〈二體〉篇中的「備體」，不僅是一種批評層次上的典型，抑且更可以由其中提煉到理論層的二種原型，而經由此二種原型觀照下來，才可以見出《史通》之編年體應當是涵蓋《春秋》、《左傳》為說，紀傳體是涵蓋《史記》、《漢書》為說，《史通》中以「六家剩四家」為推導二體成立的概念與方式，是站不住腳的，也是自相矛盾的悖論。

袁樞《通鑑記事本末》與「紀事本末體」

本文認為「紀事本末」之「事」字一義是歧義的,並企圖自史體論的角度切入,作一個考察論述。文中指出袁樞製作《通鑑紀事本末》的原因,除了前人已指出的「史學經世」之外,為著「重讀」《資治通鑑》而「重編／重寫」的因素也不可忽略。在「紀事本末」的繼承與發展中,明末清初是一個重要時期,其中尤以谷應泰的《明史紀事本末》之成書方式最值得注意,已牽涉到是否將「紀事本末」視為一「史體」。章學誠對於「紀事本末」能否成立為一個「史體」概念的討論,決非如近人所言為孤明先發,而是前有所承,並且與劉知幾之論《尚書》史體有關。

一、前言

本文擬從「史體論」的角度,以南宋袁樞(1130-1250)之《通鑑紀事本末》及其後繼者為主軸,進行研討與論述。從「史體論」的角度而言,《通鑑紀事本末》必須要結合「紀事本末體」來考察,袁書方有

其意義，否則《本末》一書便僅能視為《通鑑》之支亞。而且，這種考察，是一種「回顧」式的，也就是說，僅自袁書的當世存在性入場，還不足以看出袁書之價值與意義，必須要透過流傳歷史的角度，從袁書的繼承與發展脈絡上，才能回看出它的意義。從南宋以來迄於明清，袁書因為有其繼承者，如《宋史紀事本末》、《元史紀事本末》、《明史紀事本末》等，所以可以在史書流別上，成立其「紀事本末」之「家」，也只有在這個「家」的概念與傳統上，才能進行對於「紀事本末」之史體的討論。關於「紀事本末體」的討論出現於明清之際及入清以後，正是源於此種「紀事本末家」的史學史實；沒有繼承者，沒有紀事本末家的史實做背景，紀事本末體的概念能否開出且與袁樞之《通鑑紀事本末》結合，殆成疑問。因此，袁書在吾國史學上是否佔有一席之地，就應當從其是否成就了一種新的史體──紀事本末體上來考察，方有其意義。

　　近人研究袁書及「紀事本末體」的論文，筆者疏聞，手中僅有數篇，[1]對於袁書之《通鑑紀事本末》及「紀事本末」之旨義，已從各方面加以闡述，至為詳盡，唯猶有剩義未發；本文即思在前人之基礎上，從「史體論」角度立言以補充餘蘊。如對章學誠以《尚書》結合「本末」之義的溯古工作，及關於「紀事本末」之「事」字指涉之義為何等，前賢或近人似均鮮有論次者，是否「事」字一義有其自明性，或自袁樞使用以來便人人通用，毫無區別與歧義；凡此，本文皆將於行文中論述之。至於前人所述已詳盡者，則不再重覆，主要論述主軸，仍環繞在「史體論」此一議題上。

---

[1] 筆者所蒐輯者，分別為蔡學海：〈紀事本末史研究〉，《淡江學報》第 19 期（1982 年 5 月），頁 131-149。王德毅：〈袁樞與通鑑紀事本末〉，《臺灣大學歷史學報》第 12、13 期合刊（1986 年 8 月），頁 75-93。崔文印：〈紀事本末體史書的特點及其發展〉，《史學史研究》，1981 年第 3 期，頁 9-13、18。王義耀：〈左傳事緯與左傳紀事本末〉，《史學研究》，1982 年第 4 期，頁 44-48。陳光崇：〈袁樞與《通鑑紀事本末》〉，《史學史資料》1979 年第 3 期，頁 15-18。

二、《通鑑紀事本末》與《春秋左氏傳事類始末》

（一）《通鑑紀事本末》

　　南宋孝宗朝之《通鑑》是一門顯學，有三本著作在孝宗朝出現，其一為乾道八年（1172）之朱熹的《通鑑綱目》，其二為乾道九年之袁樞的《通鑑紀事本末》，其三為淳熙十年（1183）之李燾的《續資治通鑑長編》；孝宗朝對《通鑑》之關注，應是《通鑑紀事本末》出現的背景之一。

　　袁樞字機仲，建州建安人，隆興元年（1163）進士，調溫州判官，歷任禮部試官、嚴州教授、太府丞兼國史院編修、大理寺少卿、工部侍郎兼國子祭酒、右文殿修撰、江陵知府等。在嚴州教授任內，成《本末》一書，《宋史》有傳。除《本末》外，另有《易學索引》、《易傳解義》、《周易辨易》等書。

　　關於袁樞的著書緣由，據《宋史》本傳的記載：

> 求外補，出為嚴州教授，樞常善誦司馬光《資治通鑑》，苦其浩博，乃區別其事而貫通之，號《通鑑紀事本末》。

重點在「善誦《通鑑》，苦其浩博」，乃「區別其事而貫通之」，這是《宋史》所記載的成書之因緣。在袁樞當時，為其作序與書後的共有三人，分別是楊萬里、呂祖謙與朱熹。楊萬里與袁樞最為知好，互有書牘討論學問。楊氏之序云：

> 初，予與子袁子同為太學官，子袁子錄也，予博士也，志同志，行同行，言同言也。後一年，子袁子分教嚴陵，後一年，予出守臨漳，相見於嚴陵，相勞苦，相樂，且相諗以學。子袁子因出書一編，蓋《通鑑》之本末也。予讀之，大抵擎事之成以後於其萌，提事之微以先於其明，其情匿而泄，其故

悠而約，其作窊而撫，其究遐而邇，其治亂存亡，蓋病之源，醫之方也。

予每讀《通鑑》之書，見其事之肇於斯，則惜其事之不竟於斯，蓋事以年隔，年以事析，遭其初莫繹其終，攬其終莫志其初，如山之峨，如海之茫，蓋編年繫日，其體然也。

有國者不可無此書，先有姦而不察，後有邪而不悟；學者不可無此書，進有行而無徵，退有蓄而無宗。此書也，其入《通鑑》之戶歟！[2]

鄭鶴聲《袁樞年譜》繫此序於淳熙元年（1174），時樞四十四歲。[3] 呂祖謙之跋袁書則云：

《通鑑》之行，百年矣，綜理經緯，尟或知之，習其讀而不識其綱，則所同病也。今袁子掇其體大者，區別終始，使司馬公之微旨，自是可考。

若袁子之紀本末，亦自其昔年玩繹參訂，本之以經術，驗之以世故，廣之以四方賢士大夫之議論，而後部居條流，較然易見矣。[4]

朱熹之《跋通鑑紀事本末》則云：

自漢以來為史書，一用太史公紀傳之法，此意固不復講，至司馬溫公受詔纂述《資治通鑑》，然後千三百六十二年之事，

---

[2] 楊萬里：〈袁機仲通鑑本末序〉，《誠齋集》，收入《四部叢刊初編》（台北：台灣商務印書館景印宋寫本，1967），卷78，頁10-11。

[3] 鄭鶴聲：《袁樞年譜》（台北：台灣商務印書館，1980），頁52。

[4] 呂祖謙：〈書袁機仲國錄通鑑紀事本末後〉，《呂東萊文集》冊二，收入《叢書集成簡編》（台北：台灣商務印書館，1966），卷6，頁155-156。

編年繫日，如指諸掌，雖託始於三晉之侯，而追其本原，起於智伯，上系左氏之卒章，實相受授，偉哉書乎！自漢以來，未始有也！然一事之首尾，或散出於數十百年之間，不相綴屬，讀者病之。今建安袁君機仲，乃以暇日作為此書，以便學者，其部居門目，始終離合之間，又皆曲有微意，於以錯綜溫公之書，其亦《國語》之流矣。或乃病其於古無初，而區別之外，無發明者，顧第弗深考耳。機仲以摹本見寄，熹始得而讀之，為之撫卷太息，因記其後如此，以曉觀者。[5]

可見楊、呂、朱三人對袁樞此書皆有推許之意。袁氏書成，經由參知政事龔茂良之推薦，得以上聞於孝宗，據《宋史》本傳的記載，「孝宗讀而嘉嘆，以賜東宮及分賜江上諸帥，且令熟讀，曰：治道盡在是矣。」本傳又載云：

參知政事龔茂良得其書，奏上。……他日，上問袁樞今何官？茂良以實對。上曰：可予寺監簿。於是以大宗正簿召登對，即因史書以言曰：臣竊聞陛下嘗讀《通鑑》，屢有訓詞，見諸葛亮論兩漢所以興衰，有小人不可不去之戒，大哉王言，垂法萬世。

本傳所載孝宗「嘗讀《通鑑》，屢有訓詞」云云者，正以見孝宗朝《通鑑》學興，非僅與時局，亦與朝廷之倡有關也。

　　一方面從袁書之進呈後孝宗之嘉嘆賞識的過程來看，一方面則從楊、呂、朱三子書序、跋中所提到的「部居條流、較然易見」、「提事之微以先於其明」及「部居門目，始終離合之間」之類的語句來看，袁

---

[5] 朱熹：〈跋通鑑紀事本末〉，《朱子大全》（台北：中華書局影印四部備要本），卷81。

樞之著書旨趣與「有益治道」有關，而書名「本末」不僅表出其成書性，同時也是當時人好友輩第一手閱讀時所掌握到的其書之特色。後世章學誠雖然於《文史通義》中極度推崇「紀事本末體」，但在連繫此「體」與袁書之關係時，卻又僅云作者無心，「在袁氏初無其意，且其學亦未足與此，書亦不盡合於所稱。」[6] 梁啟超雖極推崇袁樞，但亦言其係「善鈔書」而致成功。[7] 因此，章氏不免有貶抑袁樞史學位置之意向，所言未必公允；梁氏則僅從「鈔書」二字之措詞來言其方法特徵，是否能比較明白地闡述了袁樞之著書緣由與史學位置，不無疑問。章、梁之意，劉咸炘亦言之，其《史學述林》之〈史體論〉篇中云：

> 自六家二體之論出，人皆沿之，若五星五岳之不可增減矣，不意至宋，乃有異物出焉，曰袁樞之紀事本末，彼不過分鈔通鑑以便觀覽，而不覺於六家二體之外，別為一體。[8]

雖曰「別為一體」，然又稱袁書為「異物」，云為「分鈔」，顯然劉氏予袁書之評價甚低；劉氏之學宗章學誠，其批評袁書之觀點，與梁氏相同，均是繼承章學誠而來。上述三人從袁樞著書緣由角度發言，對袁氏正面評價雖然不高，但「別為一體」、「善鈔書」、「初無其意」之類的說法，卻亦道出了我在前言中所云的，袁氏之書的史學位置，應從史體的角度及其後繼性上回看才能成立的觀點。以筆者之意，袁樞《本末》著述之由，與《本末》本身初成書後被視為《通鑑》的門戶之屬有關，但根本性的成書原因，我認為還是應當從「閱讀」《通鑑》此一角度上來理解。袁氏憂時憂國自不待言，而司馬光《資治通鑑》之著述要旨本就在於「治道」之詳，特詳於理亂興衰一路，此點，馬端臨《文獻通考

---

[6] 葉瑛校注：《文史通義校注》（台北：仰哲出版社翻印），〈書教〉下，冊上，頁52。

[7] 梁啟超：《中國歷史研究法》（台北：中華書局，1980台十四版），頁20。

[8] 劉咸炘：《史學述林》，葉3下，收入《推十書》（台北：三人行出版社，1974）。

序》中已言之,甚云:

> 詩書春秋之後,惟太史公號稱良史,作為紀傳書表,紀傳以述理亂興衰,八書以述典章經制,後之執筆操簡牘者,亦不易其體。然自班孟堅而後,斷代為史,無會通因仍之道,讀者病之。至司馬溫公作《通鑑》,取千三百餘年之事跡,十七史之紀述,萃為一書,然後學者開卷之餘,古今咸在。然公之書詳於理亂興衰而略於典章經制,非公之智有所不逮也,編籍浩如煙埃,著述自有體要,其勢不能以兩得也。[9]

已道出了司馬光《通鑑》之「治道」在於理亂興衰之一路,而己之《文獻通考》之「治道」則在於典章經制一路。因此,袁樞選擇《通鑑》來進行「閱讀」,本就含有經世、治道之動機在內,在這一點上,《本末》與《通鑑》是一貫的。袁氏因為要「閱讀」《通鑑》,而「苦其浩博」,因而有「重讀」之構想,而又因為欲得其「便覽」,遂進行了「重編」的工作——梁啟超稱之為「善鈔書」者,其意義當從此處會解。這種因「重讀」而來的「重編/重寫」之舉,並非毫無前例,荀悅之為能使漢獻帝重讀《漢書》而以編年進行重編,遂成《漢紀》;司馬光亦因欲重讀《史記》以下之十七史,亦以荀悅之例「重編」而遂成《通鑑》;皆是其前例。因此,袁氏為了重讀《通鑑》而進行重編工作,而成《本末》一書,也正應當視為袁氏成書動機之解釋。

至於袁氏書在內容方面的價值評價,即孝宗所云的「有益治道」,也即朱子跋文中所云的「曲有微意」,其懷有史學經世的意念自不待言,在這點上,他顯然是繼承了《通鑑》的「資治」性格而貫穿於《本末》全書之間。換言之,袁樞著書的「作者性」應有兩點,(1)經世,(2)重讀/重編;雖然不論前者還是後者皆使袁書在初期性格上列屬

---

[9] 馬端臨:《文獻通考》(北京:中華書局本),自序。

於《通鑑》的門戶支流,但唯後者卻才是使後世逐漸認識到袁氏的重讀／重編中有著獨立一家、別為一體的所在。這點,楊萬里的序文已露其痕跡,其云「事以年隔,年以事析」,已道出了袁樞重編的因緣,正是與編年體史書在閱讀上的缺失有關,而袁書之特色也與此失之彌補有關。因此,我認為袁書的價值意義,可以從他為了要「閱讀」《通鑑》這點上來理解,顯然袁氏創造了一種新的編寫與閱讀方式。其全書之二百三十九個標題,幾乎全為「事件」概念,特詳於亂世與華夷之辨,沒有以制度、思想、人物傳記為中心的標目。另外,由形式上看,亦尚未脫離《通鑑》的寄生狀態,所有的事件,由《通鑑》本文歸納而出,首尾自「三家分晉」迄於「世宗征淮南」,亦未脫出《通鑑》斷限,從這點上言,袁書的作者性似乎確如章學誠所評尚不夠強,但若我們從楊萬里序所提示的角度「事以年隔」來看,則又不然,此一角度,正中編年體之缺失。宋理宗時趙與籌重刊《本末》大字本之序中即云:

> 《通鑑》以編年為宗,《本末》以比事為體。編年則一事而歲月遼隔,比事則雖累載而脈絡貫連,故讀《通鑑》者如登高山,泛巨海,未易遽覩其津涯,得《本末》而讀之,則根幹枝葉繩繩相生,不待反覆它卷,而瞭然在目中矣。[10]

因此,要將打散在編年中的敘事重組為另一種型態:以「事」為中心的敘事,自必須作者能以手眼,從分散的事件中,去挑選每一年之下可能有聯繫的事件,重新加以組合,再賦與一個總標題。而這種重新挑選,又不能脫離原書所本有的資料,因此,新的「紀事」之組合重點,自然就會落在縱向性組合上,而且,編年體性格的原書之編年縱向性,顯然就先天性地制約了《本末》一書在聚合事件上,必須是以時間之縱向性

---

[10] 宋寶祐大字本《通鑑紀事本末》趙與籌序,四部叢刊本(台北:台灣商務印書館景印)。

為主軸,而缺少了在結構上的事件擴大性及資料外加性,這點,從袁樞之以「本末」立為書名接於「紀事」之下,就可以反映出作者原先進行重讀／重編的思考格局是一種縱向型態。另一方面,編年中的事件既然原是散列的,設無袁樞之深於史事之根柢,亦不可能為之進行重編工作中的挑選、聯繫、表出,以成就其「本末」之「紀事」,而這些工作之進行與標題之擬定,皆可顯示出袁樞作為一個「作者」或「編者」之所在,若如章學誠之所云「初無其意」,作者無心,不免抹殺了其作者性的一面;而梁氏說其為「鈔書」此一措詞,也同樣不能彰顯袁氏在「本末」、「紀事」過程中的作者性。

其次,關於袁書之初出,即有朱熹之跋文注意到了它與古書之體——史體的關係,朱熹將袁書視為《國語》之流,雖然是一種立基於丘明《國語》為《春秋》外傳的傳統式說法,也顯示朱子實是視《本末》一書為《通鑑》之外傳,與楊萬里、呂祖謙二氏之視《本末》為《通鑑》之門戶書的看法,若合符契,但朱子的看法顯然更具有「史體」觀點的意味,其跋文云:

> 古史之體,可見者《書》、《春秋》而已,《春秋》編年通紀,以見事之先後;《書》則每事別記,以具事之首尾。意者當時史官,既以編年紀事,至於事之大者,則又揉合而別記之。若二典所記,上下百有餘年,而〈武成〉、〈金縢〉諸篇,其所記載,或更數月,或歷數年,其間豈無異事,蓋必已具於編年之史,而今不復見矣。故左氏於《春秋》,既依經以作傳,復為《國語》二十餘篇,國別事殊,或越數十年而遂成其事,蓋亦近《書》體,以相錯綜云爾。[11]

朱熹關於史書／史體源流的看法有無受到劉知幾六家、二體觀之影響,

---

[11] 同註 5 引朱熹跋文。

此處不易看出,但劉知幾《史通・六家》篇中論「國語家」的意見,似乎與朱子並不相符,〈六家〉篇云:

> 國語家者,其先亦出於左丘明。既為《春秋內傳》,又稽其逸文,纂別其說,分周、魯、齊、晉、鄭、楚、吳、越八國事,起自周穆王,終於魯悼公,別為《春秋外傳國語》。
>
> 當漢世失馭,英雄角力。司馬彪又錄其行事,因為《九州春秋》,州為一篇,何為九卷。尋其體統,亦近代之《國語》也。[12]

如果依知幾「國語家」的觀點,顯然就不太能將《國語》與《本末》二書間作一史體上的聯繫。但在楊萬里的序文中,則已明顯地提到了袁書與編年史書閱讀的關係,楊氏從「事以年隔,年以事析」以及「蓋編年繫日,其體然也」的觀點,顯然已觸及編年體中敘事缺失的核心。雖然,若吾人僅據楊、呂、朱三人之序跋為據,則似乎還不能說袁樞之書已在劉知幾的二體——編年與紀傳之外,有可能已經創出一個新史體的觀點已經被宋人提揭而出,宋人視袁書似乎還僅停留在將其書視為《通鑑》門戶的階段,楊氏的「《通鑑》之本末也」及「入《通鑑》之戶」,呂氏的「使司馬公之微旨自是可考」,及朱子的視袁書為《通鑑》之外傳,殆皆反映了此點;至於其三人所言的「事」義,似乎也僅能聯繫上對於《通鑑》的閱讀之不便覽此點而已。

(二)《春秋左氏傳事類始末》

與袁樞之《本末》同時,亦有另一本其體近似於「事本末」的書出現,此即章沖之《春秋左氏傳事類始末》。章沖,字茂深,章惇之孫,葉夢得之婿,葉氏深於《春秋》,故章沖亦頗究心於《左傳》。章沖此

---

[12] 浦起龍:《史通通釋》(台北:里仁書局,1978),頁 14-15。

書現仍存,《四庫全書》及《通志堂經解》中均有收錄。章書亦是類同於袁書,以標題來貫穿全書,成為另一本打散《左傳》原書再重新編成的史書。現存的《事類始末》共有五卷,書刊於淳熙十二年(1185),已在袁氏成書後十二年、初刊小字本後九年,故《四庫全書總目提要》謂此書乃「踵樞之義例而作」,又云:「沖但以事類裒集,遂變經義為史裁,於筆削之文,渺不相涉,舊列經部,未見其然,今與樞同隸史類,庶稱其實焉。」[13] 雖曰踵繼袁書而作,然二書畢竟稱名有異,所以也有可能二書是在各自的脈絡之下成書。另外,以兩書的事件標題比較而言,章書顯比袁書更純粹是為了「便覽」,章沖於其書〈附錄〉「列國興廢」條之末云:「春秋諸侯名字可知者,百七十餘國,不可盡考,此皆大國,不可不知其始末也。」[14] 很顯然章氏此書也是一種緣於對編年書的記事分散於編年之中有所不滿的重編書,章氏自序云:

> 左氏傳事不傳義,每載一事,或先經以發其端,或後經以終其旨。有越二三君數十年而後備,近者亦或十數年。有一人而數事有關,有一事而先後若異。君臣之名字有數語之間而稱謂不同,間見錯出,常病其不屬。[15]

四庫全書本《事類始末》卷前之館臣提要亦云:

> 《左傳》隨經隸事,體本編年,又加以先經、後經、錯經諸例,端緒彌為紛繁,讀者猝難融貫,沖作是書,一如袁樞《通

---

[13] 紀昀等:《四庫全書總目提要》(台北:台灣商務印書館,1971增訂初版),冊二,史部五,頁1070。

[14] 章沖:《春秋左氏傳事類始末》(文淵閣本四庫全書,台北:台灣商務印書館景印),〈附錄〉,頁24。

[15] 見章沖:〈春秋左氏傳事類始末序〉,章沖此序四庫全書本未收,僅通志堂經解本見錄,見《通志堂經解》(江蘇:廣陵古籍刻印社,1996),冊九,頁536。

鑑紀事本末》之體,連貫排比,使一事自為起迄,雖無關經義,而頗便檢尋。

但章書的事件標目,短長大小頗為瑣碎,甚至只有極短而未必具有意義之事件,亦立一目,這種為瑣碎事而立事目的作法,在史識與經世旨趣上,便大大不如袁樞。章書重編之法,是以十二公為主,其下則次之以年,某年之下才是繫事之標目,因此,章沖的繫事便只能集中於一年之中,往往一年中有好幾個事件標題,顯得過於瑣細,這個缺點其實也正好為後世留下了再編《左傳》「事本末」書籍的空間,而《書目答問》以為章書之不如高世奇的《左傳紀事本末》,顯然也與此點有關。[16]

由南宋孝宗朝出現的兩本《紀事本末》與《事類始末》而言,類似的形式著作出現在同一時期,應當不是偶然,在編年體史的早期著作中,有兩本重要典籍可以為了「閱讀」而進行「重編」工作的敘事排列,此即《左傳》與《通鑑》,為了方便於以「事」為本末式的閱讀,便對於以「年」為主的分散性進行了重新整合,由《本末》與《始末》兩本書皆對原書原文照搬的情形看來,其初的著述動機很可能便是緣於此。但這類型的書雖然有《本末》與《始末》兩部,但後世的繼承性上,顯然卻呈現著單線發展的情形,即以袁樞之《本末》繼承為主,章沖之書幾無繼者。在清初所撰成的兩部《左傳》類書——馬驌(1620-1673)《左傳事緯》與高士奇(1645-1704)之《左傳紀事本末》,雖然與章沖同屬於「事本末」對《左傳》進行重編的著作,但在意識上,兩書似乎皆未以為己書與章書有關連,反而是不諱言自己對於袁書的繼承性格,這似乎更證明了在後世的紀事本末類型之著作上,確實存在著袁書的單線發展與繼承。根據今人王義耀的說法,高書與馬書不同的地方,在於高書是以國別為先,列國大事之「事本末」僅在第二位序,所

---

[16] 見蒙文通校點:《書目答問補正》(台北:漢京文化公司,1984),頁111。

以「列國大事，各從其類，不以時序，而以國序。」[17]而高書確也自言列國之排列原則：「一首王室，尊周也。次魯，重宗國也，《春秋》之所託。次齊、晉，崇霸統也（下略）。」[18]這樣看來，高書與韓席籌之《左傳分國集注》有其類同，「分國紀事」皆當屬於「國語家」之流。因此，高書雖標名為「紀事本末」，但到底是繼承舊的「國語家」之「國別體」，還是新的「紀事本末體」，就值得重新思考了。但《總目提要》則確然認為高書應當是「紀事本末類」，反倒是把馬驌的《左傳事緯》置於經部春秋類中，實則這二部書似乎皆應視為「紀事本末」之繼承者，尤其是高士奇在書之「凡例」中已明白自言「用宋袁樞《紀事本末》例」，其書名也揭示出了其在意識上對袁樞的繼承屬性，為其作序的韓菼在康熙二十九年之序中也已明言高書係「所以仿建安袁氏通鑑紀事本末而有作也。」[19]至於《左傳事緯》，馬氏在書之「例略」中雖未明言它是繼承袁體而來，然其「例略」有言：「易編年為敘事，篇目一百有八，將令讀者一覽即解，且無遺忘之病。」倒也暗示了些許線索。[20]近人則多已將此書視為繼承袁體之作，如張舜徽《中國史學名著解題》便入此書於「紀事本末類」中，且曰「《左傳事緯》是一部把《左傳》由編年改寫成紀事本末體的史學名著。」[21]《左傳事緯》的點校者徐連城也是把此書視作繼承袁體之作；而由馬驌此書名之「事」看來，似乎也確然有此一脈絡可尋。要之，章沖之書雖然與袁樞並時而出，但在後世之影響上，顯然是以袁書之影響為大，而後世在建立「紀事本末體」此一史體概念時，也是結合在袁樞及其書名上。

---

[17] 王義耀：〈左傳事緯與左傳紀事本末〉，《史學史研究》1982年4月，頁46。
[18] 高士奇：《左傳紀事本末》（台北：里仁書局，1981），〈凡例〉。
[19] 同前註，韓菼〈序〉。
[20] 馬驌：《左傳事緯》（山東：齊魯書社，1992），〈例略〉。
[21] 張舜徽：《中國史學名著解題》（北京：中國青年出版社，1984），頁175。

三、「紀事本末」之後繼與發展

（一）《續通鑑紀事本末》與《宋、元紀事本末》

南宋理宗時，除了在寶祐五年（1257）時趙與籌以《通鑑紀事本末》之嚴州初刻本字小且譌，而自出私錢重刊大字本於湖州外；尚有楊仲良踵繼袁樞之書，以李燾之《續資治通鑑長編》為主要依據，兼採他書，撰成《續資治通鑑長編紀事本末》一百五十卷。全書主要是以北宋一代為敘事斷限，從太祖迄於欽宗，而楊仲良又為南宋時人，故其書之著錄亦有題為《皇宋通鑑長編紀事本末》、《皇宋紀事本末》或《皇朝紀事本末》者，[22] 楊書雖步規袁書之體，然實為一代之書，其形式則以帝紀為序，依次為太祖七卷、太宗七卷、真宗十四卷、仁宗廿四卷、英宗四卷、神宗三十四卷、哲宗廿六卷、徽宗廿八卷、欽宗六卷，共一五〇卷；每帝之下，再繫以事件標題，故分目上便有類同於章沖《事類始末》之處，易受限制，故其缺失便同章書，在於太過瑣細，目下復有子目。此書《四庫全書》未收錄，《總目提要》亦未見著錄，故楊書在後世知者尠，影響亦不大。

明代萬曆年間，馮琦（1557-1602）撰有《宋史紀事本末》，欲接續《通鑑紀事本末》，稿未完成而去世；同時人南京侍御史沈越編有《事紀》一書，內容、體例與馮書相仿。後來，馮琦之書稿歸其弟子御史劉曰梧，沈越之書稿則為應天府府丞徐申所得，劉、徐二人共同商定

---

[22] 據今人王德毅所述，「續資治通鑑長編紀事本末，名稱不一，歐陽守道序稱為皇宋紀事本末，宛委別藏本稱為皇宋通鑑長編紀事本末，不著撰人，前題歐陽守道校正，國家圖書館所藏鈔本則改皇宋為皇朝，清光緒間廣雅書局刻本名為通鑑長編紀事本末」。王氏又引吳泳《鶴林集》卷卅二〈答鄰子辯書〉為證，定讞此書為楊仲良所撰。見王氏，前引文，頁91。案：國家圖書館善本書室所藏鈔本，題為《皇朝通鑑長編紀事本末》，為清乾隆四十年至四十一年太倉王氏鈔本，有歐陽守道前序及清王鳴韶、周星詒手書題跋，然已非全本，存142卷。卷5、卷8已殘，缺卷6、卷7及卷114至119。

將二書書稿俱交付陳邦瞻，由陳氏增續訂補，在二書之基礎上成其《宋史紀事本末》一書，故今傳之萬曆本《宋史紀事本末》除了陳邦瞻自序之文外，尚有劉曰梧之序與徐申之後序，即因此故。陳邦瞻撰就《宋史紀事本末》雖有此一段事緣，但據陳氏自序所云，本書由陳氏所自增輯者佔十分之七，本於馮琦與沈越者僅佔十分之三，是故本書題為陳邦瞻所著亦得其實。[23] 陳書之特色頗有可言者，其一，若說《通鑑紀事本末》是以編年體書《通鑑》為據而成的話，那麼陳書在繼承袁書的體裁上，便是第一部用袁書之體而取資紀傳體書──《宋史》而成的「紀事本末」之書。陳氏自序嘗自云其書乃「論次宋事而比之，以續袁氏通鑑之編者也。」[24]《總目提要》則極稱道此書，稱其於「袁書義例，最為貶博，其鎔鑄貫串，亦極精密」。又云「諸史之中，《宋史》最為蕪穢，不似《資治通鑑》本有脈絡可尋，此書部列區分，使一一就緒，其書雖稍亞於樞，其尋繹之功，乃視樞為倍矣。」故曰「讀《通鑑》者不可無袁樞之書，讀《宋史》者，亦不可無此一編也。」[25] 其二，袁樞原本僅詳於理亂興衰一路，陳氏則兼顧到了典章經制，使「紀事本末」之「事」義之指涉有了開創性，能夠拓及於其他如思想、典章的層面，陳書中關於此方面的標題，專記學術思想的，有〈道學崇黜〉、〈北方諸儒之學〉，以典章制度為事件標目的，有〈太祖建隆以來諸政〉、〈禮樂議〉、〈治河〉、〈營田之議〉、〈茶鹽榷罷〉、〈正雅樂〉、〈學校科舉之制〉、〈元豐官制〉、〈建炎紹興諸政〉、〈公田之置〉、〈蒙古立國之制〉等，陳氏於自序中有言：

> 故曰：世變未及，則治不得不相為因，善因者鑒其所以得與其所以失；有微有明，有成有萌，有先有後；則是編者，夫

---

[23] 見陳邦瞻：《宋史紀事本末》（上海：上海古籍出版社，1994），自序。
[24] 見陳邦瞻：《宋史紀事本末》（上海：上海古籍出版社，1994），自序。
[25]《總目提要》，冊二，頁 1073-1074。

亦足以觀矣。[26]

陳氏此段序言實已觸及了作為一個「紀事本末」的編者的「作者性」的問題，也就是運用此一體裁的「史識」應當何在，宜乎《總目提要》要深贊陳書，以為言「宋史」者所不可缺；而明末崇禎之張溥要重加刊刻，並且每篇俱加入自己意見的〈論正〉了。

陳邦瞻又另編撰有《元史紀事本末》一書，陳氏於序中自言成書之由云：

> 先是侍御斗陽劉公既刻《宋史紀事本末》告成事，復以京兆徐公之言，致不佞里中曰：「元實代宋，又我國朝之所代也，其事尤近，不可無述，子其寔重圖之。」不佞敬諾，遂取《元史》稍稍次第其本末，刪繁就約，略細舉鉅，無何，有成帙。[27]

故陳氏此書實繼《宋史紀事本末》之成而作，故其體例皆一規前書，尤以「元代推步之法，科舉學校之制，以及漕運河渠諸大政，措置極詳，邦瞻於此數端，紀載頗為明晰。」[28] 故知陳氏本於《宋史紀事本末》成書之特色，於「元史」紀事中，亦特於典制、漕運、治曆等方面注意留心，標題事目中所佔比例不低，全書廿七卷中，如〈科舉學校之制〉、〈郊議〉、〈廟祀之制〉、〈律合之定〉、〈運漕〉、〈治河〉、〈官制之定〉、〈尚書省之復〉、〈諸儒出處學問之槩〉、〈郭守敬授時曆〉等均屬此類，已佔十篇，並且及於宗教之敘事者亦專有一篇：〈佛教之崇〉。是故此書反而在「紀事本末」之初義——一代之興衰的大事敘述上，有著疏略與簡陋之失。

---

[26] 見陳邦瞻：《宋史紀事本末》（上海：上海古籍出版社，1994），自序。
[27] 陳邦瞻：《元史紀事本末》（上海：上海古籍出版社，1994），自序。
[28] 《總目提要》，冊二，頁1074。

（二）谷應泰《明史紀事本末》

谷應泰（1620-1690），字賡餘，別號霖蒼，直隸豐潤人。清順治四年（1647）進士，歷任戶部主事、員外郎。順治十三年（1656）起任浙江提學僉事，《明史紀事本末》即為任內之成書。

明清鼎革，士人撰史者驟增，清初撰故國史之史——明史者眾，就史體的角度而言，有採用編年者，如談遷之《國榷》；有用紀傳者，如張岱之《石匱書》及後來萬斯同之《明史》；也有用紀事本末者，此即谷應泰之《明史紀事本末》。案清初遺民因故國之情而留意於前朝文獻及史書編纂，不僅表現在「明史」的編著上，連帶地也產生對史體的討論，在史體討論及選擇中，「紀事本末」便參與進來，被視為一個可供修撰正史的可能考量，這便是「紀事本末」成立為史體的契機。因此，谷應泰此書在「紀事本末」之發展上，是具有特殊意義的，主要便在於史體的考量上，正式將「紀事本末」視為一個正式的史體，並用此史體去編纂「明史」；谷氏是考慮與選擇了「紀事本末體」，用此史體為架構，去蒐輯、剪裁與編製史書，與在此之前的紀事本末類史書的不同，在此之前的這類型史書，多半是從編年書化出，陳邦瞻的《宋史紀事本末》則是從紀傳書化出，但皆為先有其主要成書為之據，如《通鑑》、《宋史》、《元史》，因此，從某種意義上言，還只能視為一種有「原書」在的便覽書，只是閱讀「史」的方式改變了，成為以「事本末」為中心的閱讀法；而谷應泰此書則很明顯的，「寫作」的意圖大於「閱讀」，他已把這個新興的「紀事本末」視為一種可用以編纂史書——特別是一代之史考量的史書體裁。

谷氏此書仍然存有過渡的痕跡，主要便於他雖然已以「事」為中心來進行史料之組合排比，但排比的方式卻仍然用年月來貫穿其間，故其型態上仍然與前此之紀事本末類史書相近，每條紀事的抬頭仍然是年月日，而尚不能為「事」之「自為起訖」，真正表現出一種「事本末」與

「年本末」的根本性差異。可以看出谷氏排比史事之方式，仍然有著由袁樞那裡承襲而來由編年化出的痕跡。

　　《通鑑紀事本末》與《左傳事類始末》之書雖然在南宋初便已編成，但實則在清初谷應泰的《明史紀事本末》出現之前，仍然僅能被視為一個「史類」或「史目」，附麗於編年類之下，作為《通鑑》與《左傳》的支系，還不能獨立出來，像《總目提要》那樣，給與它一個獨立的位置；這關鍵性的一步，顯然便成就在「史體」觀念上「事之本末」能否獨立為一個「體」的觀念，而這一「體」之觀念能夠被提揭出來，並結合到袁樞所創「紀事本末」的編輯方法，自然又必須先有個「史體」觀的傳統作為基礎，則劉知幾《史通》中所倡導的史體觀便有其重要影響，劉知幾在《史通》中提揭出的是〈六家〉篇的「六體」與〈二體〉篇的「二體」，特別是後者，與歷代正史編纂深相關連，要在二體之外，成立一個新的史體概念並不容易；然而「紀事本末」的史書在繼承袁樞《通鑑紀事本末》的發展上，畢竟形成了「紀事本末體」的史體概念，這種史體概念成立的歷史性因素應當是什麼呢？（1）筆者認為應當與袁樞的創始行動有關。「紀事本末」成為「紀事本末體」雖然不是在袁樞之世便已形成，但卻須以袁樞為宗，而袁樞之所以能夠自成一家，自然又必須要在其後能有所繼，有繼承者方能成家，成家則形成一歷史傳統，使人可以就此一歷史傳統作出批評或議論的省察及思考，史體論便是這樣地與袁書及其繼承者聯繫在一起的。應當注意的是，後繼者之選擇以「紀事本末」為書名，本身便已反映及參與了對史書的成形化過程，不論是在「紀事本末」之為「史類」或「史體」上。（2）必須有一個可供反省思惟的空間。正史撰述自劉知幾的二體論以來，墨守者多而突破者少，但明清鼎革，清初因欲撰寫亡明之史而引起的史書體裁之注意，正是將「紀事本末」納入「史體」考量的機緣，而袁樞所創「紀事本末家」的出現，顯然使得清廷或遺民在撰述史書上，

於二體之外又多了一重可選擇性。因此，前此的紀事本末書僅僅是以之為一種為「閱讀」而存在的編輯方法，現在則因《明史紀事本末》的出現，而改以為「寫作」意圖而存在，將紀事本末提升到了「史體」的層次。因之，在入清以後，不論是在史部目錄書上，吾人可以看到紀事本末已脫離「編年類」或「雜史類」而自為一類；或者是官方、私人之間對於紀事本末的討論，已由史類而進一步史體成立的討論，贊成的或是反對的意見，皆已反映出對紀事本末家的重視程度，絕非史部中其他類別所能比擬，這可由《總目提要》對「紀事本末類」一經成立便安置於史部第三類，僅次於紀傳與編年之後，即可看出。（3）清初的另外三部在《左傳》範疇內的成書——馬驌的《左傳事緯》與高士奇的《左傳紀事本末》，事實上皆可以視為高舉著對《通鑑紀事本末》繼承的大旗，而幾乎漠視了章沖的《左傳事類始末》，雖然《左傳》有「紀事本末」之類的著述當以章書為最先，但由馬、左二氏之書的繼承性看來，在「紀事本末」的發展主軸上，仍然以袁樞的影響為大，呈現著單線發展與繼承的情形。這二部書其實已反映「紀事本末」確實已作為一種撰述體裁的普及化情形，尤其已經涉入到經書類別的《左傳》。馬驌的另一部著作《繹史》，如果也可以視作是一種「紀事本末」體裁史書的話，[29]

---

[29]《總目提要》算是正式將馬驌《繹史》編於「紀事本末類」的重要目錄書，張之洞的《書目答問》亦置《繹史》於「紀事本末類」中，但馬氏本人則並未言明其書之體裁乃繼承袁樞而來，僅於書前〈徵言〉中云及「爰以敘事易編年」、「紀事則詳其顛末，紀人則備其始終」等語（見文淵閣四庫全書本，臺北：臺灣商務印書館景印）；錢穆亦以為此書當是「紀事本末體」（見錢穆《中國史學名著》，冊下，頁240。台北：三民書局，1988。）張舜徽則據馬氏〈徵言〉中之前引語而言「本書是屬於紀事本末的史書」（張舜徽：《中國史學名著題解》，頁173。）然「紀事則詳其顛末，紀人則備其始終」二語能不能算是明白自言所從來，還得看觀者的解釋角度而定。不過，近代學人中傾向於視《繹史》為踵繼袁書的似乎不少；當然，亦可將《繹史》此書視為「紀傳體」之流，我這樣說乃為因為《總目提要》云：「史例六家，古無此式，與袁樞所撰均可謂卓然特創，自為一家之體者矣。」（冊二，頁1084。）顯然《提要》也不能確認其卓然自為一家之體者為何，這正好反映了馬氏

則顯然「紀事本末體」的適用性已更為普遍，不僅可以用來改編編年史書（《通鑑》），也可以用來改編紀傳史書（《宋史》、《元史》），現在，更可以用來編纂任何一個斷代或長時段通史的史書。錢穆先生曾經批評袁樞之書的「紀事」內容，認為袁書會引發讀者一個不正確的歷史觀，「歷史不能只管突發事項，只載動與亂，不載安與定，使我們只知道有『變』，而不知道有『常』。」以及「所謂的歷史，並不是只有動和變和亂，才算是事。在安定狀態下，更有歷史大事。」[30] 當然這實際上與袁樞身處南宋，緣於時代背景，因而對《通鑑》的選擇、聚合事類上便實以亂世、變世為多；再者，與袁樞因以《通鑑》為宗，所聚成之事便有所受限不能外於《通鑑》也有關係。但是，這正好說明了從《通鑑紀事本末》到《明史紀事本末》，是一個「紀事本末」逐漸發展與獨立的過程。再如果對於《繹史》的看法是一種以「紀事本末體」為主去融入紀傳體優點的史體觀點，那麼，也就正好回應了上述錢先生的批評，即「紀事本末」的「事」，已可以不必僅侷限在袁樞初創時的編書範疇，而可以隨作者之史識而施及於經濟、社會、思想層面，也可以不必僅僅侷限於「事件」之內，而更可以將制度、思想、人物亦均納入「紀事」的考量之中，以符章學誠所闡明的「因事命篇」與「圓而神」之義。根據鄭鶴聲所述，乾隆時有錢塘王介眉者，曾撰有《補通鑑紀事本末》一書，杭世駿（1696-1773）為之序轉述王氏之言云：

> 建安之書，不言田制，則度地居民之法亡；不言漕運，則鑿渠引河之力塞；不言府兵，則耕牧戰守之功墮。漢唐治理一

之書在史體上尚可有重新切入觀察解釋的空間。視之為「紀事本末體」的，則馬書可以為「本末體」的功臣，因為他將「本末體」的適用性增大，使其體可融入圖表與典章；視之為「紀傳體」的，則馬氏可視為紀傳體史書的改革派，其改革紀傳體的作法，即雜糅紀傳與本末二體，猶在章學誠〈書教〉篇下「史體改革論」意見提出之先。

[30] 錢穆：《中國史學名著》，冊下，頁244-246。

也，曷為貞觀之政要詳而文景之太平略也？太子國本也，曷為楊勇、承乾則詳，而東海、臨江之易則略也？后妃大分也，曷為飛燕、武媚則詳，而子夫、麗華之立則略也？不韋以呂易嬴，是秦先周而亡；馮后酖幽文，是魏較晉尤偪；清河逆等劉邵，高陽罪浮蓋主；平津外寬內深，一口蜜腹劍也；弘羊販物求利，一連檣清貨也。或隱而不書，或大書特書，譬之於數，是知一而不知二也，是知二五而不知有十也。[31]

已反映乾隆時人不特是章學誠，如杭氏、王氏之屬，亦皆已能意識到「紀事本末」之作為一種史體的獨立性，意識到述「本末」不能只停留在袁樞原書的事件觀上，而必須要擴充它的可能性、述史性，將「事」擴及於也能充分反映歷史圖貌的典章、制度、思想及「常」的層面上。

（三）編年與敘事：「年本末」到「事本末」

在《史通・六家》篇中，劉知幾分別以「春秋家」與「左傳家」為編年體與記事體；另於〈模擬〉篇中則云：「左式為書，敘事之最。」故可知劉氏實以《左傳》為「敘事」體裁。今人汪榮祖於所著《史傳通說》中引述西人之言云：

敘事之史家異於編年之史家者，由其能連系史實，知所相因耳。[32]

此言已道出「左傳家」之有進於「春秋家」者何在。所謂的「敘事」之義，便是指「事」在編年體中受限於「繫年」方式而被打散者，在《左傳》中則能以「本事」為核心，而聯繫散於年繫之史料，重新「敘事」於「年」下，此謂「連系史實，知所相因」也。但是《左傳》中的敘事

---

[31] 鄭鶴聲：《袁樞年譜》，頁 155-156。
[32] 汪榮祖：《史傳通說》（台北：聯經出版公司，1988），頁 49。

仍然受限於「年」中，仍然有著一個大時代《春秋》的「事」之不相連屬，分散在各年之下的情形，否則在後世也不會出現諸如《左傳事類始末》或《左傳紀事本末》之類的著述；因此，由此點以觀，由編年走向敘事，即由年本末到事本末，確實有個發展趨勢與走向。

年本末與事本末的差別，在於編年書的時間序不一定即為因果之相因序，但在紀事本末書中，這二者卻是合一的，既是時間序，也是因果序。王靖宇在〈中國早期的敘事文學〉一文中曾經指出，《左傳》的敘事是呈現為一種編年──直線型的型態，是先甲後乙的。[33] 南宋章沖之《左傳事類始末》的敘事方式顯然也是如此──先甲而後乙，兩書之間似乎並不存在根本的差異，最多也只能是第二位階的相異，因為《左傳事類始末》的敘事仍然是繫年的，因此，相異之處僅僅是後者的敘事更為緊湊了，也就是「始末」性更強了。

但是從另一個角度來看，兩書之間確也存在著一種根本性的差異，這差異就是在「事類」二字。編年體的意義，主要在於要能顯出「年序」，在以編年為首要之義下，「繫日月而為次，列時歲以相續，中國外夷，同年共世，莫不備載其事，形於目前，」[34]「中外共繫」便主要在以「年」來顯現出一種先後觀，而不管年下所繫的事件本身之敘事性或有無組織性，這種編輯方式，顯然便少了「情節聚合」的可看性；因此，將原來不具「同類」性的繫事打散，重新聚合，冠以標題，並由此標題來作為打散重組的軸心，這就是章沖的「事類」之義。如此，事件的聚合以及它的本末，便成了敘事的主體。從這一角度來說，《左傳事類始末》雖然表面上仍以「年」為次序冠首，但已轉換為以「事類」（注意「事」之下的「類」字）的「始末」為中心的敘事型態，這種型

---

[33] 王靖宇著，丁樹林譯：〈中國早期的敘事文學──以《左傳》為例說明之〉，收入周發祥編：《中外比較文學譯文集》（北京：中國文聯出版公司，1988），頁 70-89。

[34] 《史通通釋》卷二，〈二體〉篇，頁 27。

態在形式呈現上雖未打破它的母書，而實際上卻已轉換為另一種敘事類型的，正是章沖《左傳事類始末》出現的意義。

比章沖書早九年出現的袁樞《通鑑紀事本末》的情形也與上述說法極相類似，第一，它也是在呈現形式上並未打破它的母書——《資治通鑑》之史體類型，即編年；但在實質上已經是以另一種單元為核心——即「事」，所以實際上已是另一種敘事類型。第二，從「本末」來看，《通鑑紀事本末》仍然以「年」為「序」，不脫離編年的法則，但是在「年」下之繫事，卻只有事件的單一性，並未「中外共繫」，所以它也已是一種歷經打散後重組的再呈現，這個再呈現的過程，是以「標題」性大事件為核心而不是以年月為核心來進行的，所以已不能視為編年體。它的標題命名後被冠於編首及所有命名標題之下的小事件全部向此標題匯聚之性格，就已暗示了一個以「事」為中心的新敘事述史型態已然出現。

其實在編年體史書本身已可表明編年與敘事的關係，說明紀事本末的形式，是一種經由作者的選擇、組合後的安排結果，在編年體——曆的繫年繫事之下，並無一種本來的事件之「本末」的連貫形態，純粹是史家類聚組合的連貫結果，這也就注定了編年之下的事件碎片狀態要再進一步走向「事本末」的敘事型態。袁樞與章沖之書，正是在這點上，不再受限於編年體書的第一義例——曆，運用了類聚、組合的手法，成立了以「事」為第一義的「事本末」體，從編年體型制中解放出來。這可以解釋「事本末」體何以是從「年本末」體解放出來而不是從「紀傳體」化出的原因，也許不是巧合，袁樞與章沖的兩部「事本末」之書，恰好均是從原屬編年體型式的《資治通鑑》與《左傳》脫化而出。

但是解放出來的這兩部「事本末」書，由於歷史性的成因是袁樞為了重讀《通鑑》，章沖為了重讀《左傳》，因而在「事」的編排形式上，便仍然呈現了由編年化出的痕跡，即每一個組成標題性大事件——如

「光武平赤眉」、「黃巢之亂」、「藩鎮之亂」——的小事件，在呈現上還仍然由年月日的形式攜帶而出。袁樞之形式為：

```
        標  題
甲年／月   事件
       月   事件
乙年／月   事件
       月   事件
```

章書之形式則為：

```
       甲  年
標題性   事件   甲
標題性   事件   乙
       乙  年
標題性   事件   甲
標題性   事件   乙
```

在這一點上，一直到谷應泰的《明史紀事本末》也都還是如此。馬驌的《左傳事緯》、高士奇的《左傳紀事本末》也莫不如此；唯有馬驌的《繹史》有著不同的呈現樣態，可能是馬氏因敘述上古歷史而受限於文獻史料之故，因而在標題之下，便無以「年」為主的敘事情形，而是以上古各書中之相關史料，以原書引用的方式聚合於此標題大事件之下。

四、「紀事本末」成體析論

（一）「事」之古義

在班固《漢書‧藝文志》中「六藝略」之「春秋類」下有云：

古之王者，必有史官，君舉必書，所以慎言行、昭法式也。

　　左史記言，右史記事，事為春秋，言為尚書，帝王靡不同之。

將古代史官從「王」而區分為左史、右史二種系統，章學誠以為此種二分是一種虛說，[35] 殆由不了解此一左史與右史即為殷周太史、內史系統之故，[36] 但〈藝文志〉中所能理解的古代史官，也僅能推遠於「王權」時代，而不能論及「神權」時代的「史」，這從其本文之中將左史、右史從屬於「古之『王』者」一句，已可以看出。值得注意的是，〈藝文志〉對於古史官所以區分為兩種之故，亦即是左史與右史之所職，〈藝文志〉中是用了「言」與「事」的措詞來作性質概括與指稱，並以《尚書》與《春秋》分別作為「言」、「事」兩種古二體代表的典籍，〈藝文志〉所云的是什麼雖已不可考，但其本文所聯繫的《尚書》與《春秋》，倒是留下了線索。《尚書》與《春秋》都是因儒家之故在漢代才正式成為「經」書的，這在〈藝文志〉中稱之為新「六藝」；但另一方面，〈藝文志〉中的「古之王者，……」這條史料，顯然又反映了漢人對《尚書》與《春秋》的另一種屬性的認知──即是古之王者必有「史記」。很顯然，〈藝文志〉中出現了兩種足以反映漢人對兩書的認知事實，而我們也可以辨知，前者是新觀點，後者則顯示漢人所保留的傳統，再次在漢人言說中提出來，再次的提出中，已經將《書》與《春秋》與上述的太史、內史系統聯繫在一起。

　　關於《尚書》記言的屬性，以及《春秋》記事的屬性，如果用太史、內史的職掌來解釋，則《左傳》中關於「趙盾弒其君」之類的記載屬「事」，故其事由「太史」掌之，《左傳》原文也是記錄了「趙盾弒其君」是由晉太史所記下的；而周王之冊封晉伯為侯，則屬「冊命」、「詔

---

[35] 見葉瑛校注：《文史通義校注》，〈書教〉篇上，頁31。
[36] 見張辛：〈說左史、右史〉，《文獻》第20輯（1984），頁69-92。

告」之類,故由內史掌記之;[37] 這是所謂的「言」、「事」之分的由來。但漢人資料中也有其他二分認知的,如《禮記‧玉藻》篇以「言」、「動」二分為言,鄭玄注《尚書‧酒誥》篇則以「言」、「行」而分。關於〈藝文志〉中的「事」字,我們作如是的理解。

　　以言史學及史書批評著稱的唐人劉知幾之《史通》,在〈六家〉、〈載言〉、〈古今正史〉、〈史官建置〉等諸篇皆有提到〈藝文志〉的這段本文,可見古史之二分也成為劉知幾認知上的一項重要傳統。如〈載言〉篇即云:「言、事有別,斷可知矣。」事實上,如果言／事被用來作為認知古代「史」系統的兩種屬性,代表「史記」分別為《書》與《春秋》,則顯然〈藝文志〉的這段文字不僅可以視為漢人對古「史」系統的掌握,而且從後世所認知的「史書」之義而言,更是一種以「言／事」為屬性的舊(古)二體論。因此,劉知幾將古史區別為六家,將《尚書》與《春秋》包含在內,以及以「紀傳」、「編年」為「備體」的二體論,則不啻是一種已突破古二體論格局的新二體論了。但劉知幾似乎並沒有自覺意識,認識自己的二體論是一種「新」的,而〈藝文志〉所反映的漢人言／事之認知,是一種「舊」的二體論;他仍然不斷地運用這個典故——言為《尚書》、事為《春秋》——在許多《史通》的篇章論述中。因此,如果僅從「六家」來考察劉知幾所理解的何謂「事」,則很可能會落入到清代通釋《史通》的浦起龍所釐析出的體系之中:

尚書家:記言體

春秋家:記事體

左傳家:編年體

國語家:國別體

史記家:通古紀傳體

---

[37] 同前註引文。

漢書家：斷代紀傳體[38]

即唯有「春秋家」是「記事」，而「尚書家」則是「記言」；這樣，「事」就不能是普遍義的，因為「史記家」、「漢書家」的紀傳體所述的，是不是「敘事」呢？還是只能算是「傳人」？但如果從〈二體〉篇來考察，則應當可以提出一種閱讀印象，即《春秋》與《左傳》體雖編年，然皆以「敘事」為主，何以見之？〈載言〉篇以言、事有別為說，然後又繼說《左傳》是言、事相兼，其文云：

> 古者言為《尚書》、事為《春秋》，左右二史，分尸其職。蓋桓、文作霸，九合同盟，春秋之時，事之大者也，而《尚書》闕紀。秦師敗績，繆公誠誓，《尚書》之中，言之大者也，而《春秋》靡錄。此則言、事有別，斷可知矣。逮左氏為書，不遵古法，言之與事，同在傳中。然可言事相兼，煩省合理，故使讀者尋繹不絕，覽諷忘疲。

故《左傳》乃是以「敘事」為其特色，此義劉知幾在〈敘事〉與〈申左〉篇中縷縷為言，可見古義之言、事，劉知幾認為在《左傳》中是已合為一種新的「事」義，這個「事」義之所指涉，如果以古史系統來說，是可以兼貶言、事的。

至於紀傳體，無論在《史》在《漢》，或為書、表、本紀、列傳，或加上世家，無不可曰為「事」，亦皆為劉知幾敘事之義所貶括，故漢世之人曰紹續《太史公書》者，稱為「諸好事者」，此一稱呼已將「事」義貶出，漢人雖仍用《春秋》為「事」之古義典，但在指涉新的紀傳體書——《太史公書》時，「好事者」三字實已將「事」之新義貶出，許

---

[38] 浦起龍：《史通通釋》，卷1，頁1。但浦氏以「春秋家」為「記事體」，而以「左傳家」為「編年體」的說法，我認為是錯誤的認知，他恰好將兩家的史體屬性顛倒了。參見筆者所撰〈劉知幾的史體論與備體觀〉，《史學彙刊》第17期（1995），頁93-130。

慎之《說文解字》稱「史,記事者也。」此一「事」字,恐怕也是出現於東漢的新認知,與「好事者」之「事」義相通,皆與《史》、《漢》這類書籍的「記事」性格有關。《六家・國語》篇云:「所在史官,記其國事,為紀傳……,創編年……。」[39] 故知紀傳、編年兩種史體之所承載對象,皆可以「事」為稱。則劉知幾從紀傳體來論「敘事」,此「事」字應是足以包含人物、事件、制度、年歲為言,其義甚廣甚周,而所以周廣,又不是從古史系統的言/事二分而來,而是從對《史記》的「五體」類分而來。《史通・敘事》篇云:「國史以敘事為工,」〈因習〉篇亦云:「況史書者,紀事之言耳。」此當為劉知幾所理之解「事」義所在。固知其所謂「事」者,非僅指「事件」,而亦兼指古之言、事,以及「今正史」之紀、傳、表、曆等之所書「事」。這也是新二體論的「敘事」之「事」,以及〈載言〉篇所言《左傳》兼有「言/事」之「事」。以上所述皆反映了「事」的義涵隨著新二體論而與古二體論中與「言」相對稱之「事」義已有了變化。

(二)「紀事本末」的「事」

至於袁樞及其後繼者在使用此一「紀事本末」之名稱時,其意識上有無自覺到其義所指涉為何?吾人可以就彼等書中之各事目標題,來分析其意念中隱藏之「事」義為何。從袁樞之《通鑑紀事本末》中二百三十九個事目看來,幾乎全為「事件」之義,尤其袁氏特詳於治亂世,故標題中之用字,「平」、「亂」、「討」、「逆」、「變」、「篡」、「伐」等字特多,可見袁樞的「紀事本末」,確實是指向「事件」之義的。陳邦瞻的《宋史紀事本末》及《元史紀事本末》之「事」義指涉,已如前節分析所述,其標目中的「事」義,已拓及於思想、制度層面的指涉,正如其《元史紀事本末》自序之所云:

---

[39] 同前註引書,頁 16。

> 自宋亡混一且百年，四方民物小康，先王之舊物有不廢於其
> 世者，今設官、定疆、轉漕、治曆，與夫科舉、學校之制，
> 因革損益，猶有取焉。……余於元事亦信。[40]

其自序文中以「元事」指稱設官、定疆、漕運、治曆、科舉、學校等典章層面，故知理亂興衰者可以為「紀事」之「事」，而今陳氏以典章制度者亦可以為「紀事」之「事」，「事」義範疇已有拓寬之變化。

谷應泰之《明史紀事本末》共八十個事目，其中多屬「事件」之目，亦有少數是紀典章經濟本末的，如〈河漕轉運〉、〈治水江南〉、〈大禮議〉、〈更定祀典〉、〈礦稅之弊〉、〈修明曆法〉，然「事」義指涉典章制度的正史「書、志」性格並不強，不若陳邦瞻之《宋史紀事本末》。谷氏自序云：

> 通鑑紀事本末者，創自建安袁樞，而北海馮琦繼之，其法以
> 事類相比附，使讀者審理亂之大趨，述政治之得失，首尾畢
> 具，分部就班，較之盲左之編年，則包舉而該浹，比之班馬
> 之傳志，則簡練而驟括，蓋史外之別例，而溫公之素臣也。[41]

「審理亂之大趨，述政治之得失」二語，亦可道出谷氏之著書旨趣，及其「紀事」之實屬理亂興衰一路。

案、述史行為能不能被「事」概括承受起來？在往昔吾國對「過往」這一類的指稱還沒有「歷史」這一詞語可用之時，似乎用的就是「往事」、「舊事」、「故事」，或者是用古今相對之「古」，如司馬遷的「通古今之變」或「整齊故事」，劉勰的「居今識古」。假如說「紀事本末」的「事」就是這個承擔述史行為的「事」義，那麼，它就應當要

---

[40] 陳邦瞻：《元史紀事本末》，自序。
[41] 谷應泰：《明史紀事本末》，自序。

包含《史記》的五體：人物、制度、年紀、事件等，章學誠在《文史通義》中確實有談到此點，〈書教〉篇下云：

> 以《尚書》之義，為遷《史》之傳，則八書、三十世家，不必分類，皆可倣左氏而統名曰傳。或考典章制作，或敘人事終始，或究一人之行，或合同類之事，或錄一時之言，或者一代之文，因事命篇，以緯本紀。[42]

其所言之「事」義，確實已有承擔史述對象之意。但是，在歷史上，「紀事本末」乃是在南宋以來以「別為一體」的姿態出現的，「別為一體」云者，即在編年與紀傳之外，作為第三體的角色而出現於歷史之舞臺。因此，顯然「紀事本末」的「事」就不是唯一作為「史所記者」，「紀事本末」既不是述史行為在史體上的唯一選擇，其所記之「事」也不是史述對象的全部，這就是為什麼我們要將袁樞的「紀事本末」之「事」，配合其事目標題，統稱其所紀本末者為「事件」，而與人物傳記、典章制度、思想、歲時區分開來的原因。因此，我認為，由於傳統上在思考「紀事本末」時，多是與編年、紀傳二體並題的模式，這種思考模式，自然會避開「年」之一席地給「編年」，也會避開一席地給原有的「紀傳」；因此，此一「紀事本末」的「事」就只能是一種與編年知「年」，紀傳之「本紀」、「列傳」、「書志」、「表曆」劃清界線的本末性之「事件」。此點由歷來凡是編輯「紀事本末」史書的「事」之標題性格可以看出，多半是屬於「事件」的意涵。明代劉曰梧序陳邦瞻之《宋史紀事本末》云：

> 夫古今之有史，皆紀事也，而紀緯不同。左、馬之義例精矣，一以年為經，一以人為經，而建安袁先生復別開戶牖，迺又

---

[42] 葉瑛校注：《文史通義校注》，冊上，頁 52。

以事為經而始末具載。[43]

明張西銘（1444-1496）序萬曆刊本《通鑑紀事本末》亦云：

> 國之有史，史之有《通鑑》，《通鑑》之有《紀事本末》，三者不可缺一也。國史因人，《通鑑》因年，《本末》因事。人非紀傳不顯，年非《通鑑》不序，事非《本末》不明。[44]

三分之義至為明顯。清順治時傅以漸序《明史紀事本末》亦云：

> 編年之史自春王，序傳之史自子長，而紀事之史古無聞焉。……至有宋袁樞紀事始著，自此以來，史體遂三分矣。夫考一代之統系，必在編年；尋一人之終始，必存序傳；若夫捆車載乘，至可汗牛，充棟集帷，尤難衡石；一事而散漫百年之中，一事而縱橫數人之手，斷非紀事不為功。[45]

《總目提要》亦云：

> 古之史策，編年而已，周以前無異軌也。司馬遷作《史記》，遂有紀傳一體，唐以前亦無異軌也。至宋袁樞，以《通鑑》舊文每事為篇，各排比其次第，而詳敘其始終，命曰紀事本末，史遂又有此一體。……遂於二體之外，別立一家。[46]

這些均是一種史體三分的說法，不僅反映著後世思考「紀事本末體」的模式，也打破了古史「言、事」二分觀，更衝擊到了劉知幾以還的編年、紀傳二體觀。

---

[43] 陳邦瞻：《宋史紀事本末》，劉曰梧萬曆三十三年序。
[44] 轉引自王德毅，前引文，頁88。
[45] 谷應泰：《明史紀事本末》，傅以漸序。
[46] 《總目提要》，冊二，史部五，紀事本末類，小序，頁1069。

值得再度予以注意的是劉曰梧的序,不僅是史體三分的觀點,將「紀事本末體」之定位為「事」,而且還提出了「古今之有史,皆紀事也」的說法,一併出現在序的上下行文中。顯然劉曰梧的序引起我們注意的是他是否注意到了「史者記事」的「事」與「紀事本末」的「事」之異同性的問題,如果劉曰梧有留心及此,那麼正不妨看成是劉、徐、陳三人的共識。當然這只是一種揣測,希望從「事」義指涉性的留心聯繫到《宋史紀事本末》中將「事」義涉入思想、制度層面的揣測。後來的馬驌,其《繹史》體裁的改良,所謂「易編年為敘事」云云,應當即屬於此種脈絡下的思考。馬氏在《繹史》中明確以「人物」及「學術思想」化入「紀事本末」的標題名稱,如卷一百四十三之〈荀子著書〉、卷一百四十七之〈韓非刑名之學〉等,這顯然是繼陳邦瞻之後更明確更實際地注意到了「紀事本末」的「事」是什麼的問題;馬氏雖無理論之言,但是,他的書使我們意識到他在史體方面的改良,以及對「事」義指涉的留心,更早在章學誠提出「因事命篇」之前;因此,章學誠未能注意到這一位在清初的重要史家,以及重要的史體著作《繹史》的創新意義,顯然是一個「失策」。

(三)章學誠論「紀事本末體」

章學誠撰〈書教〉三篇,為其談史體之重要著作,彼以《尚書》作為史書之初祖,其體圓而神,此圓而神之義,從「書體」上言,是「因事命篇,本無成法。」值得注意的第一點是,章氏顯然先將「『書』體為何」重新予以問題化,然後即「書」言「體」,由史體論的角度去觀察《尚書》的體裁及其與古史之原的關係,乃有「書體」的觀念產生。如果我的看法不錯,則此處正顯示了章學誠來自於劉知幾《史通》之〈六家〉及〈二體〉篇的影響,劉知幾正是從史體角度將《尚書》史學化的。兩人之不同處,在於劉知幾依從《漢書・藝文志》的古代說法,將《尚書》之體定為「記言」之體,於〈六家・尚書〉篇中,標出了

「書體」，而且也批評了孔衍等人的擬《尚書》體以撰史書的畫虎類犬之舉；而章學誠則將「書體」定為因事命篇的圓而神義。《文史通義・書教》篇上所云：「世儒不達，以謂史家之初祖實在《尚書》，因取後代一成之史書紛紛擬《書》者，皆妄也。」[47] 此中所云之「世儒」，不知是當世之人，抑或即是《史通》中所譏評之孔衍等人。要之，「世儒」二字似乎不當指涉暗諷劉知幾，因為從「書體」角度將《尚書》表述為史書之祖，以及將《尚書》史學化的，劉、章二人唱的是同調。

章氏在〈書教〉篇下中，將「因事命篇」之義與「紀事本末體」聯繫起來，則顯見章氏對於「書體」並未依從《漢書・藝文志》的古說，也未從劉知幾的詮解，而是以新興的，從編年《通鑑》支裔分出的袁樞之《通鑑紀事本末》作為資源，提出新的觀察意見，重開「書體為何」的議題。章氏特別的地方，在於他並未如同時人一般，僅考慮「紀事本末」能否成立為一體的問題，而是將此一問題與「書體」聯繫起來，駁斥了劉知幾《史通》中關於《尚書》體已廢的論斷；換言之，《書》體不僅未廢，而且還折入《春秋》，深深影響了馬、班之紀傳體，章氏云：

> 《尚書》、《春秋》皆聖人之典也。《尚書》無定法而《春秋》有成例，故《書》之支裔折入《春秋》，而《書》無嗣音。有成例者易循，而無定法者難繼，此人之所知也。……史氏繼《春秋》而有作，莫如馬、班，馬則近於圓而神，班則近於方以智也。《尚書》一變而為左氏之《春秋》，《尚書》無成法而左氏有定例，以緯經也；左氏一變而為史遷之紀傳，左氏依年月，而遷書分類例，以搜逸也；遷書一變而班氏之斷代，遷書通變化，而班氏守繩墨，以示包括也。就形貌而言，遷書遠異左氏，而班史近同遷書，蓋左氏體直，自為編年之祖，

---

[47] 葉瑛校注：《文史通義校注》，冊上，頁40。

而馬、班曲備,皆為紀傳之祖也。推精微而言,則遷書之去左氏也近,而班氏之去遷書也遠,蓋遷書體圓用神,多得《尚書》之遺,班氏體方用智,多得官禮之意也。

按本末之為體也,因事命篇,不為常格,非深知古今大體,天下經綸,不能網羅隱括,無疑無濫。文省於紀傳,事豁於編年,決斷去取,體圓用神,斯真《尚書》之遺也。在袁氏初無其意,且其學亦未足與此,書亦不盡合於所稱,故歷代著錄諸家,次其書於雜史,自屬纂錄之家便觀覽耳。但即其成法,沉思冥索,加以神明變化,則古史之原,隱然可見。書有作者甚淺而觀者甚深,此類是也。[48]

「書體」在於「因事命篇」,「本末之為體」也在於「因事命篇」,是故「斯真《尚書》之遺」、「古史之原,隱然可見」也,章氏重提「書體」以及其與「紀事本末體」的連繫意圖已很明顯,袁樞之書,正是啟示他重撰〈書教〉篇,談「書體」,創「因事命篇」、「圓而神」義的重要資源之一。

章氏雖承認「紀事本末」已然成體,「文省於紀傳、事豁於編年,」並重新詮釋其義;但章氏復自命「書有作者甚淺而觀者甚深,」顯然雅不欲將此「紀事本末體」歸於袁樞所創,故曰「初無其意」、「其學亦不足與此」,章氏對「紀事本末體」所做的溯古工作,顯然就是藉著重開書體的議題,將「紀事本末體」聯繫到「書體」與「古史之原」上去,則所觀甚深者,其義自現。

章氏除以「因事命篇」以云「書教」外,又將「紀事本末」也解為「因事命篇」義,是為「本末」之可以成「體」之所由,這個「體」,正是「史體」。其另又有云「夫史為紀事之書,事萬變而不齊,史文屈

---

[48] 同前註引書,頁 49-50、51-52。

曲而適如其事,則必因事命篇,不為常例所拘,而後能起訖自如。」[49]可以斷言,此三個「事」字通於一義,「紀事本末」之「事」,即「因事命篇」之「事」,也即為「史為紀事之書」之「事」。「史為紀事之書」之「事」,既然為一全稱,便不得與古二體論中「言、事」相對稱之「事」同義,故章氏必然要反對〈藝文志〉之古說,〈書教〉篇上云:

《記》曰:「左史記言,右史記動。」其職不見於《周官》,其書不傳於後世,殆禮家之衍文歟?後儒不察,而以《尚書》分屬記言,《春秋》分屬記事,則失之甚也。[50]

故其「事」義,實通貶二體——編年、紀傳之所記,皆可云曰「事」;更可以隨時以通新義,可通之故在「因事命篇」;因此,「因事命篇」義便可以融入史體改革論中,章氏在〈書教〉下所言正是欲以記事本末體的「因事命篇」義來對編年及紀傳二體來作改革,〈書教〉篇下云:

《尚書》為史文之別具,如用左氏之例而合於編年,即傳也。以《尚書》之義為《春秋》之傳,則左氏不致以文徇例,而浮文之刊落者多矣。以《尚書》之義,為遷史之傳,則八書,三十世家不必分類,皆可仿左氏而統名曰傳。或考典章制作,或敘人事終始,或究一人之行,或合同類之事,或錄一時之言,或者一代之文,因事命篇,以緯本紀。則較之左氏翼經,可無局於年月後先之累;較之遷史之分列,可無歧出互見之煩。文省而事益加明,例簡而義益加精,豈非文質之適宜,古今之中道歟!至於人名事類,合於本末之中,難於稽檢,則別編為表以經緯之;天象、地形、輿服、儀器,非可本末該之,且亦難以文字著者,別繪為圖以表明之。蓋通《尚

---

[49] 同前註引書,頁 52。
[50] 同前註引書,頁 31。

書》、《春秋》之本原,而拯馬《史》、班《書》之流弊,其道莫過於此。至於創立新裁,疏別條目,較古今之述作,定一書之規模,別具〈圓通〉之篇,此不具言。[51]

通上所述,章氏在〈書教〉篇中雖然成立「紀事本末」為一體,並且提出所以為「體」之由,在於能通《尚書》神髓。但是,章氏在此處卻並未認為其體可以單獨「撰述」正史,而僅僅是以之為據來改革紀傳與編年之體。另一個理由,即因《尚書》之體,已折入《春秋》,而《春秋》之義又折入紀傳的馬、班之書,但後人撰史,已失馬、班原義,「後史失班史之意,而以紀表志傳,同於科舉之程式,官府之簿書。」[52] 故須裁入「紀事本末體」之義,以返原返本而救正其弊。似乎章氏僅止於成立「紀事本末」之為史體,並未以前節所述的史體三分模式來思考「本末體」,在〈方志立三書議〉篇中,此意更為顯明:

或曰:三書之外,亦有相仍而不廢者,如《通鑑》之編年、本末之紀事,後此相承,當如俎豆之不祧矣。是於六藝,何所衍其流別歟?曰:是皆《春秋》之別支也。蓋紀傳之史,本衍《春秋》家學,而《通鑑》即衍本紀之文,而何其志傳為一也。若夫紀事本末,其源出於《尚書》;而《尚書》中折而入於《春秋》,故亦為《春秋》之別也。馬、班以下,代演《春秋》於紀傳矣,《通鑑》取紀傳之分,而合之編年;《紀事本末》又取《通鑑》之合者,而分之以事類;而因事命篇,不為常例,轉得《尚書》之遺法。所謂事經屢變而反其初,貴飾所為受以剝,剝窮所為受以復也。譬燒丹砂以為水銀,取水銀而燒之,復為丹砂,即其理矣。此說別有專篇討論,

---

[51] 同前註引書,頁 52-53。
[52] 同前註引書,頁 50。

不具詳也。[53]

既曰「尚書為史家之初祖」，又云「春秋為史之大原」；既曰「紀事本末」為《春秋》之支別，又云其源出於《尚書》，看似兩相矛盾矣。揆其故，當與章氏以縱向言《尚書》→《春秋》→《史》→《漢》的方式來闡明史體演變有關，欲證明無論《尚書》迄於《紀事本末》，皆不過是有脈絡可尋的史體變化之史，因此，章氏很少出現將編年、紀傳作並時性排列，或將紀傳、編年、本末三分並列的文字陳述，而喜從縱向演變上言其彼此之間的變化離合之關係。〈方志立三書議〉既與〈書教〉篇同為章氏晚年所成的重要文字，[54] 則其中言及《紀事本末》及「紀事本末體」之處，亦可證明章氏並無將本末體與編年、紀傳二體三分並列之意。民國以來諸家依章氏言論以討論「紀事本末體」者，似皆忽略了章氏言論中的幾個要點，其一，章氏雖然有獨立「紀事本末」為一史體之意，但獨立成體與獨立為與編年、紀傳並稱的第三體，兩種講法是有些許差別的。其二，忽略了章氏切入「紀事本末」的核心用字——「事」的圓而神義。

章氏關於史體改革的言論，在〈史篇別錄例議〉中表述的更為詳明：

> 史以紀事者也，紀傳紀年，區分類別，皆期於事有當而已矣。今於紀傳之史，取其事某傳互見某篇之類，以其繫入正文，隔閡屬辭義例，因而改為子注，洵足正史例矣。而於史之得

---

[53] 同前註引書，卷6，外篇，〈方志立三書議〉，冊下，頁576。
[54] 章學誠〈與邵二雲論修宋史書〉云：

　近撰〈書教〉之篇，所見較前似有進境，與〈方志三書〉之議，同出新著，前已附致其文於足下矣。

　見倉修良：《文史通義新編》（上海：上海古籍出版社，1993），外篇三，頁543。

以稱事而無憾,猶未盡也。一朝大事,不過數端;紀傳名篇,動逾百十,不特傳文互涉,抑且表志載記無不牽連,逐篇散注,不過便人隨事依檢,至於大綱要領,觀者茫然。蓋史至紀傳而義例愈精,文章愈富,而於事之宗要愈難追求,觀者久已患之。故於紀傳之史,必當標舉事目,大書為綱,而於紀表志傳與事連者,各於其類附注篇目於下,定著別錄一編,冠於全書之首,俾覽者如振衣之得領,張網之挈綱。治紀傳之要義,未有加於此也。

夫別錄不特挈紀傳之要,而且救紀傳之窮。蓋史遷創例,非不知紀傳分篇,事多散著,特其書自成家,詳略互見,讀者循熟其文,未嘗不可因此而識彼也。降而《晉》、《隋》,降而《宋》、《元》,史家幾忘書為紀事而作,紀表志傳將以經緯一朝之事,而直視為科舉程式,胥吏案牘,所謂不得不然之律令而已矣。誠得以事為綱,而紀表志傳之與事相貫者,各注於別錄,則詳略可以互糾,而繁複可以檢省。載筆之士,或可因是而恍然有悟於馬、班之家學歟!

紀傳之初,蓋分編年之事實而區之以類者也。類則事有適從而尋求便易,故相沿不廢;而紀傳一體,遂超編年而為史氏之大宗焉。今之編年,則又合於紀傳之類,從而齊之以年者。《春秋》經世,編年實史之正體,而世以紀傳為大宗,蓋取門類分而學者知所倫別耳。既合紀傳之類,而徇編年者遂忘其倫別,何以異於嘗酒而忘黍麴歟!

今為編年而作別錄,則如每帝紀年之首,著其后妃、皇子、公主、宗室、勳戚、將相、節鎮、卿尹、臺諫、侍從、郡縣、守令之屬,區別其名,注其見於某年為始,某年為終,是亦編年之中可尋列傳之規章也。其大制作、大典禮、大刑獄、

大經營,亦可因事定名,區分品目,注其終始年月,是又編年之中可尋書志之矩則也。至於兩國聘盟,兩國爭戰,亦可約舉年月,系事隸名,是又於編年之中可尋表歷之大端也。

是故以編年之法治紀傳則有餘,以紀傳之例治編年則類例不能無所缺矣。儒林列女之篇,文苑隱逸之類,紀傳之所必具,而編年不必皆有其人,別錄但當據其有者而著之,不能取其無者而補之,此則一書自有其義例,毋庸強編年以全同於紀傳也。

「別錄」之名,仿於劉向,乃是取《七略》之書部,撮其篇目,條其得失,錄而奏上之書,以其別於本書,故曰《別錄》。今用其名以治紀傳編年二家之史,亦曰「別錄」,非劉氏之旨也。蓋諸家之史,自有篇卷目錄冠於其首以標其次第;今為提綱挈領,次於本書目錄之後,別為一錄,使與本書目錄相為經緯,斯謂之「別錄」云爾。蓋與劉氏之書,同名而異用者也。[55]

這雖仍是一種將「紀事本末」之體義融入編年、紀傳二體的改革性作法,但以「別錄」為標名例義,所述更詳,不僅已超出了〈書教〉篇之所討論的史體改革論意見,而且以編年、紀傳為正宗的態度也甚昭然,實並未以「紀事本末體」單獨作為撰述正史考量的第三體。〈史篇別錄例義〉在今本葉瑛校注之《文史通義》中並未收錄,因此,關於章氏對「紀事本末體」或史體改革論的解讀,首先便有了版本系統的問題,而這版本系統,主要可以分為二支,即以章氏所託付之人王宗炎為主的《章氏遺書》本,以及章氏後人章華紱不滿意王本,而自行重編刊刻的

---

[55] 同前註引書,頁 314-319。

大梁本;[56] 兩個系統的本子之間的主要差別雖然主要在於章氏方志論文的收錄上,但在其他單篇論文中,也存在著應收未收的差異,而這也就正好與章氏對史體改革意見的解讀發生了關聯。如果我們對章氏史體改革論的意見是依據大梁本,那麼,主要依據便會集中在〈書教〉篇上;如果我們對史體改革論的理解是以遺書本作為依據,則〈史篇別錄例議〉就會出現不同於大梁本所能呈現的言論觀點。章氏另外還有一種明確將《紀事本末》視為「史鈔、史纂」的意見出現於〈與邵二雲論修宋史書〉中,此篇亦僅遺書本有收錄,其云:

> 夫《通鑑》為史節之最粗,而《紀事本末》又為《通鑑》之綱紀奴僕;嘗以為此不足為史學,而止可為史纂史鈔者也。然神奇可化臭腐,臭腐亦復化為神奇,《紀事本末》本無深意,而因事命題,不為成法,則引而伸之,擴而充之,遂覺體圓用神,《尚書》神聖制作,數千年來可仰望而不可接者,至於可以仰追。豈非窮變通久自有其會,紀傳流弊至於極盡,而天誘僕衷,為從此百千年後史學開蠶叢乎!今仍紀傳之體而參本末之法,增圖譜之例而刪書志之名,發凡起例,別具〈圓通〉之篇,推論甚精,造次難盡,須俟脫稿,便當續上奉郢質也。[57]

此文中再度提到了〈圓通〉篇,但〈圓通〉篇今傳本兩個系統均未蒐錄,是否章氏原來就未能撰就,則不得而知。因此,由於章學的研究現存著版本上的「定本」問題,使吾人警惕到不應遽然對其言論妄下定論與定讀,雖然一般皆公認〈書教〉篇是章氏晚年具代表性的一篇文章,而近人研討章氏史體論述也多以此為據,但〈史篇別錄例議〉所反映的

---

[56] 參倉修良:《文史通義新編》,〈前言〉所述。
[57] 同前註引書,頁 542-543。

意見，我們也實不應忽視。在是否必須要考量到以「紀事本末體」為正史撰述的第三種可行之體裁上，則似乎還不能遽為章氏代下一結論性意見。

五、結論

自南宋袁樞撰就《通鑑紀事本末》一書以來，其書在後世逐漸引起史家注意，雖然其先仍然僅被視為《通鑑》之支系，[58] 然而，在明清以來《宋史紀事本末》、《元史紀事本末》、《明史紀事本末》、《左傳紀事本末》、《繹史》之相繼出現，並皆以袁樞為宗，其「紀事本末」之家已確然形成，因而在史家目錄上便有了類別編目上的重新考量，在《明史藝文志》中，其書尚與實錄、通鑑、大政紀等同科登錄，[59] 黃虞稷《千頃堂書目》也尚將《宋史紀事本末》與《元史紀事本末》著類於「編年」之下。[60] 但在《天一閣見存書目》中已出現「紀事本末」單獨著為一類的情形。[61] 乾隆時之《總目提要》，不僅已成立「紀事本末類」次於「編年類」之後，而且還予以高度評價，視之為與編年、紀傳體並列的「別為一體」。

清初諸家因編撰《明史》與鄉邦故國文獻，對「紀事本末」之關注及其成體與否遂討論成風，前引谷應泰、傅以漸等人之言即為其例。黃宗羲留心「明史」，故亦有此類文字之出現，其〈談孺木墓表〉云：

---

[58] 在陳振孫：《直齋書錄解題》（台北：廣文書局，1979）中便被繫於編年類之下，置於《通鑑》目中，次於《通鑑綱目》之前。

[59] 《明史藝文志》（台北：世界書局，1976，四冊）雖將二部紀事本末書入於「正史類」，然實錄、雜史、《通鑑》、《國榷》、《元史節要》等均雜陳此類中，故知《明史藝文志》之編輯實無比類編次之義，不過雜收書目而已。

[60] 黃虞稷：《千頃堂書目》（上海：上海古籍出版社，1990），卷4，編年類，頁121。

[61] 薛福成編：《天一閣見存書目》（台北：古亭書屋，1970），卷2，〈紀事本末類〉。

史之體有三,年經而人與事緯之者編年也,以人經之者列傳也,以事經之者紀事也。[62]

乾隆時之浦起龍,通釋《史通》一書,其亦有關於袁樞「紀事本末」成體與否之意見,附於《史通通釋‧二體》篇之按語中,其云:

人言自袁機仲樞紀事本末出,史體參而三矣。余曰:亦從二體出,非別出也。且降史書為類書,法不參立,故其書不由史館,不奉敕亦編。[63]

這是一種屬於反對「紀事本末」體可以成立且與編年、紀傳並稱的觀點。浦氏之《史通通釋》初刻本刊印於乾隆十七年(1752)時,故其關於「紀事本末體」之意見定在章學誠之前。由以上所述,已可反映出一個事實,即章學誠討論「紀事本末」之成體與否,以及議論「紀事本末體」特色的意見,絕非孤明先發,而是有著歷史的脈絡及時代風會使然。章氏其實是在宋明以來的發展基礎上,參與了關於紀事本末書與紀事本末體的討論,但他僅僅注意到袁樞《紀事本末》在史目上之入類「雜史」,而未注意到其在清初已經成立的「紀事本末類」,顯然又是一項疏略。但他能夠將「紀事本末」之「體」義聯繫上劉知幾對於《書》體的討論,重新對「書體」進行辨認;並且繼陳邦瞻將「紀事本末」之「事」義涉入思想、制度層面之後,以「因事命篇」之義,將「紀事本末」之「事」義的指涉,與「史為紀事之書」之「事」義等同起來,成為一個全稱;章氏並認為,隱藏在「紀事本末」中的精義,就是古史之原。藉著「事」義的闡述,章氏確實發明了前人所未到之處,符合其「觀者甚深」的自負;但其以「作者甚淺」來為袁樞作歷史評

---

[62] 黃宗羲:《南雷詩文集》,收入沈善洪編:《黃宗羲全集》(浙江:浙江古籍出版社,2005),冊十,頁262。

[63] 浦起龍:《史通通釋》,卷2,頁30。

歷史與不朽：在時間中的「在」與「逝」

「不朽」一詞，本不指「三不朽」式的精神意涵，原指「屍身」的「物性」不朽。先民由「死」而冀「不死」，因而有長生、復活、成仙、不朽、宗法等「不死」之意識與行動方案。周代以後，出現了一種新興意識與方案，以「有限性」來完成「無限性」的方案，在此一方案中，並不以擺脫「不死」為重點，而改以重視「精神性」的長久性——此時「不朽」一詞便適用於此，著名的「三不朽」在西元前549年（魯襄公廿四年）提出時，已具此義。

本文透過對「歷史」意識及其古←今、今→未來向度之分析，認為「歷史之意識」正是一種「不朽意識」，而「歷史」也就成為一種「已死者」的「再現」——以第二形式的形態「再現」的場域，在「歷史世界」中，已杇者得以「不朽」，「不朽」與「歷史」的深度的聯繫，是以往研究歷史意識及歷史書寫者所未曾注意到的一個重要層面。

本文共分六節，一、前言；二、朽：傷逝；三、不朽；四、「歷史」作為「不朽」的可能；五、物質性的問題；最後在六、結語中對四十年前胡適的一篇〈中國人的思想中的不朽觀〉作出一回應的看法。

十七年家國久魂銷，猶餘賸水殘山，留與臣供一死；
五千卷牙籤新手觸，待檢□文奇字，謬承遺命倍傷神。
——陳寅恪〈輓王觀堂聯〉

　　這個前偈，為的是要揭示一種由感情而來的聯繫中所出現的人的行動，緣於對「生」的聯繫情感可以延伸到「死」，這種行動以一種「書寫文字」的類型出現，它的使用及出現的場合，在於人死後供人弔祭的場所，由祭司唸出，給在場的弔祭者聽。為的是要表達一個本身的意義：使死者生前事跡種種能經由文字者傳向在場者的眼中、耳中、心中，喚起的「記憶」中——初步的「不朽」已開始了。但死者已「逝」，因此，這個儀式是「不朽」的開始。為何要讓死者「不朽」？因為死者其人已「朽」。

一、前言

　　從「歷史」的角度切入，則在「時間」中的「解放」，應當是緣於「在時間之中的在者／我們」這一事實，告訴了我們兩件事（其實只是一件事）：「在者」會「逝」；因為「時間」在「逝」。因此，關於「解放」時間，或者是自「時間」中解放出來，其實可以有兩個方向，一是向下的，即「不朽性」開出，它在時間上的向度是流傳的；一是向上的，它在時間上的向度是回溯的；後者的向度主要是一種關於「起源」式的解放。我在前言中，即先扣後者來談「解放」與「成形」；到正文中，則將緊扣前者來談「歷史」與「不朽」。

　　「起源」一詞的語義本身，已經指出它是逆向性的，必定在「回顧」中，在為自己找一個「過去」的行為中，才有「起源」二字所意謂的一連串向上聯繫或連續性的逆向活動；為的是要形成一「歷時性」的

到我「現在」之逆向的尋根行為；我們稱之為「起源」。但是，起源的那個原點，有沒有「當下」，有沒有自足自在自明的身分擁有，來宣稱自己「在」那個「點」呢？「原點」之前還有「原點」，「起源」之前仍有「起源」。雖然一種逆時性的「起源」回溯，可以作為「解放」的方式，讓我們自這個現在的「置身」中解放出來，但是由於起源之前仍有起源，則，原來的解放，也只能視為是成功地達到另一個解放的起點而已。這時，「解放」一詞，從「起源」上來說，就不能作為是一個「自足」的語義，而只能指出一個「歷程」。而「歷程」就不是「原點」固定存在之固定義及擁有義的。（占有及永遠的占有——這點其實已透顯出我將要在正文中所論述的，沒有「固定」的「點」能被「永久」的「占有」，人之「生」不可能是「永遠」的，它必須是歷史的，才能開出「不朽性」，永遠占有「原點」的占有權的方式，不能是「不朽」的意義與途徑，而且，它與時間之「逝」相悖，只有在「歷程」中而非在一種固定自足的點中，才能透顯出一個生命或存在的連續不斷運動而且不息的真諦，這也就是解放的真諦。但是，這個逆向性的起源式之解放活動，也告訴了我們一件事——不得不告訴，因為「起源」總是在逆向回溯中操作，而既曰逆向性，也就陳示了另一向度：順時性。在順時性中，一切均在演變，時間的順時性告訴我們並無一成不變。而只有生成變化的事實。也告訴我們，事物正是在演變中「形成」的。順時性就意謂著一種成形、形成過程的理解。因此，「解放」實際上意味著相對於「成形」，從時間之流中給我們的存在之形成所造成的機制中「解放」出來，這時，「解放」的逆向性操作，例如「起源」式的「解放」，就是相對於順時性的逆向性的操作型態，它能使我們對於成形、形成的機制達到一種「解放」。但問題在於：被「解放」的那個「順時性」之「時間」，也正是造成「存在」的「形成」及「成形」之根源所在，則「解放」這一詞要成立，意謂著「解放」這一行為的本身，必須要放在

時間中來，並形成一反諷，因為它自身也在一個「成形化」過程中，也即，在「形成」中去執行「解放」。一旦它完成了使命——解放，「解放」語義中的另一性格便會走出來，它的語義就是：「形成」與「成形」。這時，我們到底是繼續去解放「解放」，還是要依從「解放」已形成的態勢？如果說，「解放」這一行動，在時間中已形成「序」，則它將如何面對「熵」（entropy）——順時性的遷流？又如果說，「解放」正是不願意「序」化，則「解放」應當如何在執行「反序化」此一行動中，避免自己的行動遭到「序」的「成形化」及「形成」呢？問題似乎更尖銳：「解放」必須如何「形成」？因為，更深的思考，存在於「時間」是否能「解放」？因而「永恆」、「不朽」的問題便必須提上來，並且去面對「朽」。「朽」的意思不僅意謂著「死」與「逝」——在時間之中的一種本性揭露的語詞，也意謂著如果我們不能超禁脫錮，那麼就只能在時間之中即生即朽。因此「解放」一詞就似乎在訴說著一種「反朽性」，刀鈍了、生鏽了、心盲了、生病了——這種種的「朽」，同時也正是「解放」的「反朽性」從茲而生處。

一種自「朽」處源生的抗朽性行動，叫做閱讀／寫作，正執行著我們「反朽」的任務，我們從「閱讀」上來說，當我們去思考並觀照閱讀的對象時——這個「對象」是前人或旁人在一種「寫作」行為中執行「反朽」的；因而，我們自身也切認到，欲使「反朽」意義在脫離我們自身之後仍能「延續」——在時間的遷逝之中，這種對時間而言有「解放」意味，卻是一種非正面對抗遷流而係順化操作，用與遷流性同化的方式執行解放時，則我們不僅僅是「閱讀」，也必須「寫作」；畢竟「不朽」的意義不僅仰賴於「閱讀」，在「閱讀」對象之「中」進行「反朽」，也還須仰賴「寫作」，因為「寫作」及寫作而成的書面製品能溢出我們的「身體」及可觸及的「情境」之外，仍然執行著「反朽」的任務；而「閱讀」正是在後世（意謂著身歿之後）參與「前人」這項任

務的合作—參與者,「歷史」藉由「今—古」之「人」的共同參與而構成,一種「不朽」性由斯而滋生。

因此,從「閱讀」與「寫作」中又滋生了另一問題的被提出:到底「存在」或「生命」的意義,是「自我」「當下」性的?還是因「他者」而「存在」——被「閱讀」而「在」?在時間之雙重向度中,由「閱讀、寫作」構成的「反朽」的「不朽性」之提出中,「歷史」能否足構成一個意義的場域——不朽世界。不論是叔孫豹的「立德、立功、立言」三者打破其並列裂分性而同屬「不朽」;或是司馬遷說「立言」傳諸「后世」之「不朽」;或是當曹丕說「文足不朽」時,皆應指向此義。不能僅從字面上來理解「立言」僅僅是與德、功分開並列之殊性義;也不能僅從字面來分別其為「史」之不朽或「文」之不朽;史、文兩者實際上是自同質母體內分裂而出的目錄或部類區分,在本質上都是一種在時間中的「逝」與「在」的自覺,一種「抗朽性」的自覺。

但是,「不朽」本身的「覺」應何在?是在何處而覺?在萬物一體處?——因為「小我」「自身」之「覺」雖遷雖逝,故不在亦可曰在?抑在後世╱他者「閱讀」行動的意義?「生命」一旦盡了,只有存在於他者的回憶或後世的閱讀中,方可謂之為「不朽」;但一個人一旦認定「生命」只「此生」,則如此不可掌控性的「望」於他者或後世,仍不能「自足」,而只能「遷╱牽」寄於後世,因而「歷史」與「不朽」的聯繫便成為一種「神話╱虛構」,仍是一種宗教情懷上的寄託?如此,「不朽」又要再度返回「人身」之「不死」或「靈魂」可以「永在」的信仰體系上?或,如本文主題所喻示,可以承認吾人之不朽,必須立基於與他人╱後世的合作上,則「歷史」可以為「不朽」之場域?通過此種「自覺」與「認識」,一種精密程序以通達並形成的「歷史世界」,便在代代「人生」中擁有了一席位置及一個形式,許多人,許多行為,共同在從事此一「歷史世界」之築成,以便「古」「今」「未來」

的「人」——其「生命」能在「寫作」與「閱讀」中，向時間的「逝」性及「朽」性進行「反朽」行動。當人們已有此意識及自覺或親切的感受之後，就構築了一世界，人們並樂於生活於其中，「歷史」因而「形成」並且「成形」，成為人們生活中存在的「機制」。

二、朽：傷逝

　　時間是流逝的，《論語・子罕》篇：「子在川上，曰：逝者如斯夫，不舍晝夜。」我們的孔子在川上看到的水的現象：「逝」、「不舍」，就是時間的本性，也是時間的顯相。當我們說「時間」時，指的是什麼？我相信不是有一物是時間，而是任何生命、事物的內稟特徵，凡是遷流變化的呈現，就是時間的顯相，而我們自身亦能感知到，因為時間也內在於我們的生命。時間就是「逝者」，不斷的流逝性，表示我們的生命也在其中參與流逝，我們的出生、成長、衰老，最後死亡，都是這個「在時間之中」的性相。不只是生命，一切存在的萬事萬象，都內稟此一時間的特徵：萬事萬物的逝性，源於時間的逝性；而時間的逝性更具有另一特徵：不可還原性，或不可逆性。此不可逆性顯於相中，就代表了我們的生命是隨時而在的本質。當人出生了，就不能再回到生前狀態；當人成長了，就不能再回到童年狀態；當人死亡了，就不能再「不死」。但人為什麼會「死」？或者用另一個陳述就是：生命為什麼有限？回答仍然是時間，時間在逝，即因其不可逆性，時間逝去的方向與不可逆的方向是一致的，人存在於不可逆中，人本身就是時間的不可逆及逝性的顯相。

　　也許我們在「生」的狀態中還不能預知及預感「死亡」狀態之「將來」，但是我們目睹了生命的有限現象，我們回憶著「已逝者」，這都讓我們認知及感知到：和我們一樣的生命，有一個死亡的終點及有限

性。當有限性使有限愈來愈有限時，我們終於體會到：原來有限的「在者」，便顯於身體之生命現象中，一旦身體／生命有一個終點，復歸趨於大化的無限遷逝中時，也就是「有限」被我們用「死亡」的語詞揭示之時——如果我們把生命看成時間之中「生」與「死」兩點之間的「占有」，且有個「占有者」的話。

「死亡」的這一事實，意謂著人的生命之有限，意謂著一個必有終點的不斷「向死」的運動趨向過程。時間的逝性，是人生向死性的根源。因此，人的「生」，是有限的，這在我們出生時就已內具的，我們的身體就是最好的證明，一切生命活動的顯相，都已說出：生命是與時間連繫在一起的。

有限性也就意味著「朽」——生命有著可朽性。「朽」的根源正是來自時間。不僅人、生命，凡存在的萬事萬象，莫不如此，岩石之風化、冰河之溶解、秋葉之凋落，以及我們自身生命的可朽性。生命中向陽的一面固然是「生」，而向陰的一面卻意謂著「朽」；時間給我們以「生」，也就給了我們另一個更大的內稟特徵：有限／朽，這意味著「死」。

雲格爾（Eberhard Jungel）在其《死論》中對「生命」的「一次性」「有限性」作出了闡述：

> 每個人的生命時間都具有自己獨一無二的重要性。它不能被任何東西取代。在每個人扮演的特定角色中，他或許可以被取代，然而，他的曾在始終不可替換，即使他完全虛度了他的時光，他曾是他自己。
>
> 但是，每個人的生命時間的獨一無二的重要性絕不能導致這種誤解，彷彿我們的生命時間必然因此具有無限的重要性，或者本身具有無限性……。

> 人的生命是有限的,它有一個開端和一個終結。當然,時間性的生存踰越自己的開端各終結,它與歷史相關。就此而言,人的生命受到開端和終結的限制,它有一個存在於它的開端之前的過去,和一個形成於它的終結之後的未來。雖然在這個過去之中它已被基本決定,但它不能親自參與過去。雖然它已經以某種方式共同決定了這個未來,但它將不再親自參與未來。[1]

因而人的生命本身便對「逝」特別敏感,因為生命本身便會感應及召喚著在本質上與它同類的——逝的現象。

陳子昂的〈登幽州台歌〉首先在本文中登場為我們示範了此種傷逝感的召喚:

> 前不見古人,後不見來者;
> 念天地之悠悠,獨愴然而涕下。

其次是《晉書》中所記載的羊祜在峴山之傷逝事件,〈羊祜傳〉載:

> 祜樂山水。每風景,必造峴山,置酒言詠,終日不倦。嘗慨然嘆息,顧謂從事中郎鄒湛等曰:「自有宇宙,便有此山。由來賢達勝士,登此遠望,如我與卿者多矣。皆湮滅無聞,使人悲傷。如百歲後有知,魂魄猶應登此也。湛曰:「公德冠四海,道嗣前哲。令聞令望,必與此山俱傳。至若堪輩,乃當如公言耳。」

更有名的是王羲之的〈蘭亭詩序〉:

---

[1] 雲格爾(Eberhard Jungel)著,林克譯:《死論》(Tod / Death: the Riddle and the Mystery)(上海:三聯書店,1995年4月),頁106。

永和九年,歲在癸丑,暮春之初,會於會稽山陰之蘭亭,修禊事也。……情隨事遷,感慨係之矣。向之所欣,俛仰之間已為陳跡,猶不能不以之興懷;況修短隨化,終期於盡。古人云:「死生亦大矣。」豈不痛哉!每覽昔人興感之由,若合一契,未嘗不臨文嗟悼,不能喻之於懷。固知一死生為虛誕,齊彭殤為妄作;後之視今,亦猶今之視昔,悲夫!故列敘時人,錄其所述,雖世殊事異,所以興懷,其致一也。後之覽者,亦將有感於斯文。

在《史記》中,漢代司馬遷更多的記錄了憑弔廢墟、遺址,緬懷昔人的傷感情懷。在〈屈原賈生列傳〉中,不僅司馬遷直接憑弔屈原,而且還以憑弔之情深入了賈誼的弔屈原文,一是如王羲之所云:「後之視今,亦猶今之視昔。」本傳「太史公曰」云:

余讀離騷、天問、招魂、哀郢,悲其志。適長沙,觀屈原所自沈淵,未嘗不垂涕,想見其為之。及見賈生弔之,又怪屈原以彼其材,游諸侯,何國不容,而自令若是。讀服鳥賦,同死生,輕去就,又爽然自失矣。

〈屈原賈生列傳〉之前書寫的正是「傷逝」:

自屈原沈汨羅後百有餘年,漢有賈生,為長沙王太傅,過湘水,投書以弔屈原。

「百有餘年」的今古間隔,寫出的正是以屈原、賈誼「死亡」之探究為傳文敘事的主調,「投書以弔屈原」是司馬遷將兩者「合傳」的主要原因。賈誼弔屈原時,屈原已「逝」,史公撰〈賈生傳〉時,賈誼亦「逝」;生命的有限是弔的根源,也是哀情之源,這是一種「傷逝」,正與前述之陳子昂、羊祜、王羲之一樣,不惟是傷「逝」,也是「傷」

逝。同樣的傷逝弔懷也見諸〈孔子世家〉：

> 太史公曰：詩有之：「高山仰止，景行行止。」雖不能至，然心嚮往之。余讀孔氏書，想見其為人。適魯，觀仲尼廟堂車服禮器，諸生以時習禮其家，余祇迴留之不能去云。

「迴留之」，「不能去」，依然是傷逝懷古貫穿行文。不僅如此，在〈宋微子世家〉中，司馬遷還記載了更早的遠古之憑弔，一種面對興亡之廢墟、殘骸、遺址所對比出來的「人事之皆非」的不可易，是一個必須隨時間的現在而遷流逝去的成「古」成「墟」，在這「今」「古」照面中，已逝的「古」又對人之「生」發出了「召喚」，回憶的，正是「相感」的「傷逝」：

> 其後箕子朝周，過故殷墟，感宮室毀壞，生禾黍，箕子傷之，欲哭則不可，欲泣為其近婦人，乃作〈麥秀之詩〉以歌詠之。其詩曰：「麥秀漸漸兮，禾黍油油。彼狡僮兮，不與我好兮！」所謂狡童者，紂也。殷民聞之，皆為流涕。

司馬遷自身之憑弔，猶是以一種「歷史感」的「傷逝之情」，而箕子則係面對一種置身的分裂情境：我為遺民而殷已為廢墟，廢墟仍在而我也仍在，同此面對真正情何以堪，「傷」之則不可哭，「泣」之則近婦人，則書寫於〈麥秀之詩〉中，無怪同為遺民之殷人，皆「聞」之而泣。遺民——一種遷逝最為強烈下的人生角色類型，面對此種最難堪深受之遷逝變易中的「存在」，當一個供己存在的世界已自現實中活生生拔出，立刻面對一種虛無，而只能在構築一種歷史／故國的書寫世界中「存在」時，傷逝感就更深了。同為「遺民」身分的明黃宗羲便表達出了此種由傷而「恨」的流露：

徘徊家國之故，執筆泫然。[2]

家國之恨，集於筆端，不覺失聲痛哭，棲鳥驚起，後之覽者，亦將有感於斯文。[3]

以不僅是「哭」而「傷」，而更是不再能內斂的失控情緒，以至於「恨」。此種家國的遷逝感，也是時間中的變易──逝性，所造成的「人事皆非」。堪注意者，為哭則哭矣，何必「後之覽者，將有感於斯文」，此句之意識正與本文之主題相關。

家園對照故國，是一種傷逝；面對古人廢墟，亦是一種傷逝。不僅古人已如「禾黍之油油」，亦是唯在「草澤之間」，左思〈詠史〉之七云：

英雄有迍邅，由來自古昔。

何世無英才，遺之在草澤。

以歷史的綿延對照人生的有限，也是一種傷逝，阮籍〈詠懷〉詩云：

駕言發西都，南向望吹臺；

簫管有遺音，梁王安在哉。

以山川之不易來對照今古登臨者之代換易逝，也是一種「朽」的傷逝，如前引《晉書》羊祜登峴山「必與此山俱傳」之例。凡是傷「逝」或懷「古」之作，皆是憑墟弔古，感慨人生之有限及朽性，生命的本身已在此映照中顯其「朽」相：

---

[2] 黃宗羲：《黃宗羲全集》（浙江：浙江古籍出版社，1993年10月），冊十，〈文淵閣大學士文靖朱公墓誌銘〉，頁497。

[3] 同前註引書，〈明司馬澹若張公傳〉，頁568。

> 朱雀橋邊野草花，烏衣巷口夕陽斜。（劉禹錫〈金陵五題〉）
>
> 一去紫台連朔漠，獨留青塚向黃昏。（杜甫〈詠懷古跡〉之三）

這些詩文、史傳之作，皆屬意於傷逝，釋放的正是「朽」的訊息。但是，在傷逝之中，也出現了一種「弔古」式的古—今映照，反而自時間之使人朽、使人事非中「解放」出來，在「弔」與「傷」中，「昔之逝者」儘管多悲多沉，已因「弔」、因「傷」而「再（次映）現」，而有了「不朽性」。

三、不朽

與「朽」根源於「時間」的「流逝」一樣，「不朽」，也根源於此；只是，要談「不朽」還必須加上有一個同是根源於時間之逝性的東西：回溯／回憶。時間的「逝性」固然是人生有限性的來源，也是「朽」的根源，但是，這不斷逝去的逝性，也正是一種可茲其「流」的「流傳性」。依時間原理，我們總是記住剛才發生及已逝之者，這就顯示了記憶以及回憶，是可以證明時間有一個流逝的向度，也有一個反向的向度，這依於時間逝性的向度及反向的記憶向度，就構成了同源生於時間之逝性的兩種向度：流傳性及回溯性。

在，就是人生在時間中的顯相，依於流逝性、依於流傳性、依於回溯性、依於回憶的記憶性，我們可以將「在」區別為「曾在」、「現在」及「將在」（向於未來的可能性），不論是「朽」與「不朽」，都與「在」的狀態有關，我們此處談「不朽」，除了從與「朽」同源處談「不朽」之根源—時間外，也依流傳性、回溯性談「在」，而更從曾在、現在、將在來談「不朽」。

「現在」的語義表明了有一個「曾在」，也表明了「曾在」之「現在」。「曾在」，表示已「逝」，表明了「過去性」，「過去性」表明了「人

生」之「有限」。而「現在」則表明了「曾在」之「現在」，是一個「曾在」之到向性。凡是「曾在」以「現在」之形態出現的，便是「歷史」，表明「歷史」此一形式，具有一種「不朽」的意義。是「人」，力圖自「時間」中「在」的形式與方式。「有限性」使「人」僅能「曾在」，而被我們知道「曾在」這一事實本身則表明了「現在」，以及「曾在」之可以「將在」。透過「歷史」此一「形式」，「曾在」者因而「現在」，「現在」也具有「將在」的可能，即使是一堆枯骨，我們也能說其「曾在」與「現在」，就其「活」著的「生命」意義而言，雖然「曾在」是一種在「現在」的「已逝」，但言說其「曾在」，不啻又以另一種形態昭告其「活」著時候的「現在」，透過「歷史」，我們可以作出此種「昭告」，因而在其「生命」的「已逝」之後，我們也能宣稱，「人」已在精神面達其「不朽」，在「記憶」中，在「緬懷」中，在「懷古」中，「曾在」又再度以第二形式——歷史的狀態——「現在」而「不朽」。

關於「人的精神面之不朽」此一意思，隱含了另一個語句的陳述，即人的身體必須「死」，在身體「死」後，「精神不死」此一語句方告出現。於是，關於「身與精神」之分離便成為一個問題被質疑出來。如果「精神」是從「肉身」那裏，在人的「生」那裏就察覺到的，並且它也區別「肉身」的「物性」存在，只有這個前提被人肯定了，才能說「精神不死」這樣的語句，在雲格爾的《死論》中就談到了這個問題，他顯然是肯定區分的，並且將「不朽」導向鬼魂不死及神學上去。關於此，還可以有許多質疑及對話。但是，對我們來說，有一件事實要先揭示出來，即：一個人「死」後，他的文字作品必然可以——超過他的生命有限——流傳下來，並且賦予他的名字——作品的作者權，這樣，的確表明了「人身死後」，他的作品仍然流傳了下來，我們將「不朽性」及「精神不死」寄託於此類物件上，而轉移了「人身」的問題，也就轉

移了「不朽」的追求──從身之不朽／不死／長生的這條路徑。同理，人死後，我們的「記憶」仍能「記得」他們「生前」的活動，這也顯示，的確有某些東西被意味在「人身」之死外的。但，凡屬這一條路徑去思維「不朽」，就我所談的「死後」這點而言，我認為，如果是「在時間之中」，那麼，「歷史」的形式──無論是文字作品還是記憶或是其他流傳物，都顯示出一件事：關於「歷史」的不朽性，必須要有「來者」──即「現在」的「將來」，與「逝者」──即「現在」的「曾在」。

所謂「身之不朽／不死／長生」，即中國人所謂的「長生」「不死」「成仙」「復活」等這些概念及用語，以及行動的出現及追求，無非皆反映了一件事實：人是有死的。人因向死，緣於人人會死，因此，「歷史」之作為「再存活／不朽」的「形式」之出現，也反映著一件事實：「歷史」與「長生」、「不死」這些概念行動一樣，可以並列在一起：

$$
人 \longrightarrow \begin{array}{l} 長生（在）\\ 成仙（在）\\ 復活（在）\\ 不死（在）\\ 歷史（在）\end{array}
$$

（不朽置於「成仙」左側）

其中尤其有趣，「復活」與「歷史」皆有「再」之「在」的意涵──當然兩者仍是不同。當人們選擇以「歷史」作為「不朽」的形式且逐漸成為多數人的行動時，一個製作「歷史」的民族於焉出現，「歷史」便與「不死」「長生」「復活」等的宗教性／鬼神性意涵相同，也是一種「信仰」，表達出「人」力圖追尋一種自「時間」中「解放」出來，超克時間有限性的一種行動與方式，是被「人」以「不朽」之意識聯繫起來的。因之可以將「歷史」與「不朽」聯繫在一起成為一組相關概念叢，並與「時間」「有限」等詞群一起討論，言說我們之言說。

當孔子說「未知生，焉知死」時，並不是要我們「不言死」──這可以從孔子及儒家論禮及極重視喪禮、祭禮可知──而是在回答子貢，

「知死」必須要在「知生」中才能究徹；人的死，只能在「生的視界之內將死作為它所是的東西來理解」[4]。因此，儒家之論「不朽」義或「死」義，並不自「有限生命」之「長生」「復活」「不死」這些不正面以「生之有限」作為基礎而出發的意圖之論點來討論，而是從正視「生之有限」此一事實來討論「死」，從「有限之生」來討論「不朽」。因此，「歷史」作為「在」的形式與「不朽」的聯繫，正是儒家的。

雲格爾在《死論》中論「死作為肉體與靈魂的分離」節中，有如下的一段敘述：

> 人將死去，因為而且只要他有肉體，確切的說：因為而且只要他是肉體。這一事實可以導致不同的甚至相反的結論：
>
> 1. 只要他不只是肉體，還是其他東西，是靈魂或是精神。所以，人的不朽的靈魂（或不朽的精神），與其必朽的肉體相對立。
>
> 2. 如果人將死去，因為而且只要他是肉體，則同樣可以反推：在肉體上並作為肉體，整個人已被判予死亡。[5]

如果雲格爾的目的在論證人─肉體─死後，還有靈魂或精神──而這是不朽的東西，那麼，他已察覺到，必須要處理「靈魂（精神）」與「肉體」的「分離／對立」還是「合一／俱在俱亡」的問題。

人的不死、長生這條路，顯然走的是「肉體」保存式的「不朽」路線。如果「人─肉體」終歸在「時間」中「朽」去，也就是「人─肉體」終歸一「死」，那麼，這條路線便會被人們體知、察知而宣告失效或失敗，即便代代有人繼起，至少已終歸不是中國人追求「不朽性」

---

[4] 雲格爾：《死論》，頁14。

[5] 同前註引書，頁37。

的主流。而人之「不朽」如果走的是精神不朽這條路線，那麼，在歷史上，必然出現了一個將「不朽」路線由「肉體」而嘗試向另外什麼方向移轉的嘗試，我相信，這應當與「不朽」不指「肉體」而已出現轉指「精神不朽」義的使用有關。我們先看下列幾則出現在先秦及漢晉的中文文獻。《左傳》魯襄公二十四年（549 B.C.）：

> 廿四年春，穆叔如晉，范宣子逆之，問焉，曰：「古人有言曰：『死而不朽』，何謂也？」穆叔未對。宣子曰：「昔之祖，自虞以上為陶唐氏，在夏為御龍氏，在商為豕韋氏，在周為唐杜氏，其是之謂乎！」穆叔曰：「以豹所聞，此之謂世祿，非不朽也。魯有先大夫曰臧文仲，既沒，其言立，其是之謂乎。豹聞之曰：『大上有立德，其次有立功，其次有立言。』雖久不廢，此之謂不朽。若夫保姓受氏，以守宗祊，世不絕祀。無國無之。祿之大者，不可謂不朽。[6]

本段載文，恐有三義，反映了「不朽」義的三階段。首先，范宣子所云之「古人有言」，恐是指原義，原始的「屍身不朽」之義，而范宣子自言之義，則已轉向「子孫永在」的宗法性傳衍的不朽義。而穆叔（叔孫豹）所云之三不朽，則已確定轉為精神之不朽義。叔氏之言，重要的在闡述「宗法傳衍，謂之世祿，不可以謂不朽」，不朽義在「久」「不廢」，也並非列舉式的有那些不朽的項目，項目為三，只是列舉，填入的是特定時空意識到的內容，重要的是指出本質：一種「流傳」向於後世的「久」與「不廢」之意涵，即現在→未來（或古→今）的歷史向度之不朽性義。

漢徐幹《中論》引荀爽之論云：

---

[6] 楊伯峻：《春秋左傳注》（台北：漢京文化事業有限公司，1987年1月），頁107-108。

> 或問孔子稱仁者壽,而顏淵早夭;積善之家必有餘慶,而比干、子胥身陷大禍。豈聖人之言不信而欺後人耶?故司空穎川荀爽論之,以為古人有言,死而不朽,謂太上有立德,其次有立功,其次有立言。其身歿矣,其道猶存,故謂之不朽。夫形體者,人之精魄也德義令聞者,精魄之榮華也。君子愛其形體,故以成其德義也。夫形體固自朽弊消亡之物,壽與不壽,不過數十歲;德義立與不立,差數千歲,豈可同日言也哉。顏淵時有百年之人,今寧復知其姓名耶。[7]

不朽指德義之立,已有與「形體」之「身」相對之義。劉勰《文心雕龍・誄碑》篇云:

> 誄者,累世,累其德行旌之不朽也。[8]

自《左傳》穆叔之「三不朽」出,已表出了一種精神上的「不朽」義,以及此種「不朽性」義與時間及歷史之有關性。三不朽以德、功、言並言,顯示「不朽」已注意內涵的精神性與認知上的分類。秦漢及六朝,雖然仍有「屍身不朽」的事實及「復活」(復活惟有「屍身不朽」方能之)的「史實」記載在《晉書》之類的「正史」敘述中[9],也有出土的馬

---

[7] 徐幹:《中論》(漢魏叢書本,吉林:吉林大學出版社,1992年12月),卷下,〈夭壽〉第十四,頁576。

[8] 范文瀾注:《文心雕龍注》(台北:台灣開明書店,1985年10月),〈誄碑〉第十二,頁13下。

[9] 《晉書・干寶本傳》中就記載了寶父之寵婢及其兄干慶之「復活」事件。又干寶所撰之《搜神記》卷1中,也詳載了干慶之「復活」,且明顯出現「屍」字。干寶是晉代著名當世的「正史」史家,他的《搜神記》撰成後,劉琰且當面稱他為「鬼之董狐」。

王堆之漢代「不朽」之女屍[10]，以及新出土的秦代《墓主記》簡的官方報導——記錄了名為「丹」者之「復活」的事件[11]，都表明了「不朽」仍指「屍身」此一事實。但「不朽」這一精神指涉的用詞特性，顯然在文化走向上愈來愈明確，乃而與「歷史」、與「書寫」、與「文字」連繫性特強，而與不死、屍身指性區分，《文心》之論「誄」——一種敘述／書寫死人生前事跡的文體，殆已反映了此點。

當「不朽」是指人的精神不死性時，就表明了「精神」與「朽」的「肉體／自然生命」是相對立的這個事實，那麼，「不朽」究竟是怎麼回事？如果它是指「精神」不朽，則它具有一種超肉體、超朽的本質，如果人的「精神」可以「不朽」，則當初又何以要和「肉身」一起呱呱墜落這個世間——此生此世／此時此在；而且，更根本的，「精神」顯然也是由「肉體」那裏生產出來的。再者，誰能證明：人的「肉體」不在了之後，他的「精神」還能單獨而「在」？這顯然不能證明，它的本質不是「死者」向「活」著的人的發言的證明；而是「活」著的人對待「死」及死者的態度，未知生，焉知死，孔子的話在此又得到了一次體悟。因此，「歷史」雖然意味著出現的是一條走的是「精神不死／不朽」的路線，但這個路線及形式之所以成立，並不寄託於「肉體」，也不預想一種「靈魂」式的「精神」，而就是人活著時的精神及種種生命活動，能透過「歷史」之「再現」，以「第二形式」的方式而活著；它走的是一條寄託於作品（文字／口語；書寫／口傳）的路線，這就是「歷史」式的「不朽」——並不能像長生／復活那樣，取決於一己之肉身，也不能像靈魂那樣，單獨而存在；它必須寄託於作品面，一種由肉

---

[10] 蘇瑩輝：〈我對長沙漢墓女屍不腐的看法〉，《史學彙刊》第 14 期（1986 年 9 月），頁 157-171。

[11] 參拙文〈甘肅天水放馬灘《墓主記》秦簡所反映的民俗信仰初探〉，收入漢學研究中心編：《民間信仰與中國文化研討會論文集》（台北：漢學研究中心，1994 年 4 月），頁 167-180。

體／生命延伸出去而又可以「斷落」的東西，在「作品」與「歷史」的聯繫上，至少牽涉到兩個方面：其一為物質性，其二為內容性。同時，也還牽涉到另一個重要的第三方面，而這方面，正是「歷史」作為不朽的「形式」最異於不死、復活……等的一點，即是必須牽涉到「讀者」——雖然也是一個「他者」。它必須要有「讀者」參與進來，在自然生命之流逝的向度中。必須要有「讀者」的參與，通過「閱讀」行為的聯繫，「不朽」才能在「人—肉體」「死」後成立。而長生／不死／復活卻不牽涉到「讀者」，但畢竟「長生」之類的語詞／概念會牽涉在「自我」的「肉身」能否「無限—反時間之逝性／朽性」的不可論證之糾纏中。因此，「歷史」此一形式，已澈底通過了一項移轉，使「精神不朽」的可能不再糾纏於——或不再受到「肉身／死」的限制，也不再與宗教上的「靈魂」「彼岸」「天國」——另一個世界的不可論證性糾纏在一起。生命—作品—讀者，在「時間」的本性中，通過其「流逝」而「流傳」，在「流逝」的「有限」中，移轉到「作品」，繼續「流逝」與「流傳」，再因後人——讀者之「閱讀」，而達其流傳／不朽的可能性；上述三者共同構成了一個「人」努力尋索的「不朽」的出路——「歷史」作為一個「文化網路」的「不朽」之型態（形式）。人們充分在此展現自我／精神活動，因為「歷史」的信念，使他（她）相信，「有限的生命」可以盡情展現，無限與不朽的「將來」之可能，大大地鼓舞他（她）。

　　　　　前人→流傳→歷史→ 不朽 ←歷史←回溯←後人

四、「歷史」作為「不朽」的可能：
《周書》與《史記》中的「歷史」意識

　　惟殷人有冊有典，殷革夏命。（《尚書·周書·多士》）

殷人在留下典、冊——文字記錄時,有無「歷史」意識之自覺,吾人尚無法肯切得知;而今傳甲骨文中的諸多「卜辭」記錄,周人是由殷之典冊,認識到殷人革夏命之「往事」,則無可疑。在此種情形下,周人顯然應已認知到典冊對於往事／曾在的作用性,這種「歷史」意識的自覺,產生於一種殷←周之歷史時間向度上,即「今」之「在」者,為「周」,以周為今,而作用於向往古之回溯,周人已具此一回溯性之歷史時間向度,不僅已證之《尚書‧多士》篇,《周書》中之其他各篇也可佐證。[12]

　　〈多士〉篇的載文,告訴我們,周人由殷人典冊中,得知殷先人之「曾在」——湯革夏命之事,這正是通向「歷史」作為一個「逝者」之「在」的早期形式,出現於周人「說話」的意識中,並且被「記言式」的文字書寫保存下來。[13]

---

[12] 但是,周人在另一種向於未來性的歷史向度上,何時產生了一種:「現在的事記錄下來,可以傳至未來,供後人以『史』為鑑,如周人之以殷事為鑑。」的流傳性歷史意識,則不得而知。但至少東周以來的史官書寫記錄及諸子論述,則確然已看到此種向於未來的歷史向度之自覺流露於文字中。在今傳之諸多出土的周代青銅器上,許多刻有文字銘文,其中已出現有「子孫永寶」的字樣。如1976年陝西岐山縣鳳雛開始陸續出土的周代遺物中,號稱周微氏家族銅器103件中刻有銘文的就有74件,可見「文」與「器」之關係。若「文」中所敘的為「事」為「古事」,則「不朽性」的歷史意識之早期之「原」,就更清晰可見,而更有意思的是,多數銅器之銘文後皆有「萬世永寶」等字語,究竟是寶器呢?還是因「文」而「寶」?編號22的「牆盤」,其「銘文」之末刻有:

　　　辟其萬年永寶用〃

編號42的「𤼈」,其「銘文」之末刻有:

　　　𤼈其萬年子〃孫〃其永寶

以上所引銘文,轉引自尹盛平主編:《西周微氏家族青銅器群研究》(北京:文物出版社,1992年6月)一書。

[13] 本節中主要以經過「記言」代保存下來的《周書》之書面成文文獻之分析為主。在正文中筆者所述的關於「周人」的「歷史」觀念與「歷史」意識,在某一個程度

> 王曰：封。我聞惟曰：在昔殷先哲王，迪畏天，顯小民，經德秉哲。自成湯咸至于帝乙，成王畏相。[14]

此「王」（可能是周公）對殷先王的認知，顯然來自「我聞」。此「聞」的本義是「聽覺」，當是源自於早期先民「口傳」的「語詞」，轉為「文字」後，在文字上之字義，實際上應為一「觀者」、「讀者」的「閱讀」殷之「典冊」。又如〈無逸〉篇云：

> 周公曰：嗚呼！我聞曰：昔在殷王中宗，嚴恭寅畏，天命自度，治民祇懼，不敢荒寧。肆中宗之享國，七十有五年。[15]

「我聞」亦是作為一個殷人典冊的「觀者」「讀者」之姿態出現，因此，「聞」實際上是「閱讀」。筆者並無否定「聞」的本義——聽說型態存在之意，兩篇文字中的「我聞」，也有可能就正是「我聽說」。但是，「我聞」二字以書面化出現在《周書》中，本身就已反映了「口語」的書面化。正如「曰」雖然是「說」的意思，但其實已是一種昭告的文獻。因之，〈多士〉篇所云的「惟殷先人有典有冊」被周人以「閱讀」型態「聞」之，不惟是可能的，甚而就是確解。而「昔」之一字，點出

上，與其視為是「周人」的，不如視為是孔子的 一種經由孔子「選編」行動「編輯」出來的《周書》中，所反映的孔子心中的「歷史圖像」，不僅是孔子編輯選擇之後呈現出的；也是孔子的歷史傳統觀，在此一行動中一併呈現出來。周代的史料很多，近代以來出土的地下遺物及遺物上的「文字」不盡其數，不僅是《書》而已；因此，更加深了我們對這種「選擇性」特徵的認識，及其自指涉著孔子的自身行動，反映出他的周代圖像及其歷史觀點。關於孔子在《春秋》中的「以史為法」書寫意識，及其與反映在《周書》中的「以史為鑑」之關係，可參劉家和〈對於中國古典史學形成過程的思考〉（《史學理論》，1987 年第 2 期，頁 15-27）一文所述。

[14] 見孔穎達：《尚書正義》（台北：大化書局影印，阮元刊刻《十三經注疏附校勘記》本），〈酒誥〉篇，頁 19。案：本文之斷句，則參考屈萬里：《尚書釋義》（台北：中國文化大學出版社，1984 年 11 月修訂本）。

[15] 同前註引書，〈無逸〉篇，頁 10。

了「歷史」中的古←今之向度，是周人主要的歷史向度，因為周人「閱讀」或「聞聽」古昔之典的目的，在於「以史／古為鑑」。〈酒誥〉篇中的「在昔」二字亦然。〈君奭〉篇的首語文字更有意思：

> 公曰：君奭！我聞在昔，成湯既受命，時則有若伊尹，格于皇天。在太甲，時則有若保衡。在太戊，時則有若伊陟、臣扈，格于上帝，巫咸，父王家。在祖乙，時則有若巫賢。在武丁，時則有若甘盤。[16]

古←今的歷史意識向度更為顯然。不論如何，「殷」之透過「周人」「聞」或「觀典」而「在」，毋庸置疑。而如何而在，是以「以古為鑑」或其他意識為內容之型態而在，則是另一問題。

《周書》中的「我聞」，到了漢代司馬遷的《太史公書》中，已經有了轉義，在〈高祖功臣侯者年表〉序中，史公陳述云：

> 亦當世得失之林也，何必舊聞。

〈太史公自序〉亦曰：

> 罔羅天下放失舊聞。

此兩處的「舊聞」，顯然已與《周書》之「我聞」，意涵上已有轉變。在周書，「聞」尚是動詞，是一種聽到或已書面化的「閱讀」動作；而此處的「聞」，則已更進一步文獻化，而且是「舊聞」，作為一種指涉「往古」的「歷史」意義的書面型態的「存在」。「舊」與「聞」連繫在一起，就表明了過往與文字書寫的聯繫，及「往昔」之「在」於「舊聞」中的意涵。但司馬遷仍別有所解，這解就在於「今→將來」或「古

---

[16] 同前註引書，〈君奭〉篇，頁20。

→今」的另一「歷史」向度的新不朽性義解上。我們可以說，在司馬遷的「一家之言」中，開出了的正是一種明確清晰的「今→將來」的「歷史」向度，而且是以「不朽性」涉入來掌握此一向度的意義。觀夫史公在《太史公書》之〈高祖功臣侯者年表序〉所云：

> 居今之世，志古之道，所以自鏡也，未必盡同。帝王者各殊禮而異務，要以成功為統紀，豈可緄乎？觀所以得尊寵及所以廢辱，亦當世得失之林也，何必舊聞？

「觀所以得尊寵及所以廢辱，亦當世得失之林也，何必舊聞。」從這句有意識的發言看來，不僅史公表達了一個看法，而且這個看法正是由自己的切身體會出發，自己的存在便是深植於「歷史性」中的，在史公這句話中，「何必舊聞」一句已深切地道出了他的觀點，作為「歷史」意義的「書寫記錄」，不必盡是「為鑑」的供輸者，則吾人免不了要問，史公撰「史」之目的為何？曰：就正是在「存活古人的存在」這點上，能令其「不朽」。至此，史公之「歷史」意識已明顯導向了「不朽性」上，而非「鑑」式的「以古為鏡」而已。這點，從史公在列傳、本紀、世家中所大量抒發的書寫性「太史公曰」，吾人便可以在閱讀時感受到，他往往能深入古人的「當世」情境（在世情境），去書寫古人「活」而「在世」時的深刻生命意義；尤其是與他處境相同，堪為其「憐」的李將軍、刺客、伯夷等列傳及項羽等本紀，並不避諱也不以為只有政治大人物才是書寫在「歷史世界」存活／不朽的對象，那些在戰國以來新興的人物、寒士、布衣，甚至非附青雲之士得夫子而名益彰的顏淵、伯夷之流，他認為即使「文獻」絕少，也應為他們寫出一篇傳來。史公藉著「歷史」以令彼等「不朽」。而其本身，也在使自己的「書」成為一種令「過往」者「存在」的「不朽性」義之書面作品，這種存活古人不朽性的書寫導向，是與他轉化了「以史為鑑」的「歷史」意識有關，將

歷史意識導向到一種存其不朽的向度——即以「歷史」為「不朽」之「在」的「形式」上去，這種書寫意識下的成品，即是後來在歷史的不斷繼承中，稱之為「正史」「史書」義的所指。中國的以「歷史」為「不朽」之傳統，史公是佔有一個重要位置的。而史公之「書」，亦已不同於先秦史官傳統下的「以史為鑑」之義，故史公自稱其書為「家言」，自命書名為《太史公》書，表明了史公乃是創造了一種新的「歷史」觀，凸顯了另一種的歷史意識的向度，將「歷史」與「不朽」深刻地聯繫起來，使「不朽」成為「歷史書寫」的主核，並且創立了「歷史」作為「存在」的形式及書面型制，以容納此一「歷史世界」，這個「形式」上的「型制」範例，即是被晉代范曄及唐代劉知幾稱之為「紀傳」或「紀傳體」者。司馬遷將自己的受刑餘生，全然投入此種「欲令人不朽」的紀傳體之創造中，並將之視為一種「令人不朽」的「不朽行動」，「藏之名山，傳諸後世」的語言，正表出古→今→未來的歷史向度之，欲令古人及自己（及書）存留在「歷史世界」的「不朽」。

我們可以再觀一次上述的〈高祖功臣侯者年表序〉文，其曰「居今之世，志古之道」二句，將「今─古」之間的聯繫與「歷史」的關係已表明出來，「所以自鏡也，未必盡同，帝王者各殊禮而異務，要以成功為統紀，豈可緄乎？」「未必盡同」表明了「以古為鑑」的無標準性，以那一個「歷史時段」為「準」呢？「歷史」是有變化的，每一個「當世」的「生命感受」都不盡相同，因此不能全以「古」為「鏡」，書寫「故事」「舊聞」的意義，應當在於創造一個「歷史世界」，存活古人的不朽，深究「古人」的「在世存在」之意義。他自己也是如此，〈伯夷列傳〉的書寫，已經反映了史公陷入的自我當世存在意義的苦思，其云：

或曰：「天道無親，常與善人。」若伯夷、叔齊，可謂善人者非邪？積仁絜行如此而餓死！且七十子之徒，仲尼獨薦顏淵為好學。然回也屢空，糟糠不厭，而卒蚤夭。天之報施善人，

其何如哉!盜蹠日殺不辜,肝人之肉,暴戾恣睢,聚黨數千人橫行天下,竟以壽終。是遵何德哉!若至近世,操行不軌,專犯忌諱,而終身逸樂,富厚累世不絕。或擇地而蹈之,時然後出言,行不由徑,非公正不發憤,而遇禍災者,不可勝數也。余甚惑焉,儻所謂天道,是耶非邪?

又〈六國年表序〉云:

秦既得意……,惜哉,惜哉!然戰國之權變亦有可頗采者,何必上古秦取天下,然世異變,成功大。傳曰:「法後王」,何也?……學者牽於所聞,見秦在帝位日淺,不察其終始,因舉而笑之,不敢道,此與以耳食者無異,悲夫!

這話自然還另有與漢代官方思想抗衡的味道,然此非本文所究,此處則仍以「歷史」意識來閱讀此段文獻。值得注意的第一點:仍是他的肯定秦與戰國,一反向來「以史為鑑」的歷史傳統,但仍與史公將「歷史」作為「不朽」的存在有關;欲究秦及戰國「已然是一個存在」的深刻意義,並書寫出來,此點顯然就與官方以及「學者」的觀點有了差異,因此,他批評道:「牽於所聞」、「與耳食者無異」,注意此處又出現的一個「聞」字。另外,「然戰國之權變亦有可頗采者,何必上古」、「秦既得意……然……」二句之「然」,轉折出的正是一種深觀之下的「歷史」意識,究其存在之意義,即「不朽」之意義;這二個「然」字,皆表明了與前段引文中相同的意識:反對「歷史」是由「以史為鑑」的主導觀點,而應當是要探究出該時代之「自我深植於當世」者,故須察其「終始」,此二字表明了一種自歷史變化推移中觀存在的方法論,由此以入存在之真味,及其真在,如同列傳中的人物一樣,不以其小、平凡而忽略其真味、真精神照映在「今」之「不朽性」,「人」的生命之品味或時代精神,是史公判斷「采」入「歷史」書寫中的標準,凡不朽者

應讓其不朽，史公用「歷史」作為「形式」來完成，在書寫中開出一個令古人再次存活／不朽的「歷史世界」。「歷史」就是「不朽者」的「存在」，因不朽者意味著已經逝去的逝者，因此，也意謂著第二次存在。

雖然漢魏六朝以來官方史學在「史書」修撰中，主導的仍是「以史為鑑」的意識主流，但在「歷史」的「型制」上，繼承的卻是史公的「紀傳體」──為「不朽」而開創的「歷史」作為存在形式的「書寫體制」，而且，在歷史意識的向度上，官方的以史為鑑，已不僅是在《周書》那裏所顯示的古←今的察照式以史為鑑，抑且也是一種古→今向度上的今後世來者的以史為鑑，這表明漢以來主導著此下中國史書撰述的深層意識──中國的「史部」「史類」是在漢魏晉以來迄於唐代的中古時期生成的──正是一種「歷史」與「不朽」的聯繫。

在「人」與「時間」的相處中，一種「立言不朽」的意識在魏晉時期特別普遍，這種意識，正是一種立基於「歷史」與「不朽」聯繫而來的古→今及今→將來之歷史時間向度。王羲之的〈蘭亭詩序〉中，有兩點值得吾人注意，其一：「後之視今，猶今之視昔」，其二：「列敘時人，錄其所述」「後之覽者，有感於斯文」。無論是「來者之視今」或「今之視昔」，同樣要基於「錄文」，則顯然王羲之已意識到「錄文」的重要意義。在今→來的流傳與昔←今的回溯之中，「不朽」才能尖銳地與令人感傷的「逝者」對立起來，將「逝」轉化為「不朽」。魏晉人在「人」與「時間」的處境中，認識到了時間的逝與人生之逝的同一性，不僅在詩文中表現出一種特有的時間遷逝之深刻感，而且在面對及超克中，玄學及佛學的作用也不可忽視。[17]我們知道，以文字樹立身後的不朽，這種思維在魏晉已甚為普遍，羊祜的峴山懷古及「墮淚碑」的事件，記載在《晉書》正史敘述中，史書中文字所反映的懷古及杜預的製

---

[17] 參考黃河濤：《禪與中國藝術精神的嬗變》（北京：商務印書館，1995 年 3 月）一書中第二章所述的觀點。

碑及鄉人立碑,皆足反映一種逝感與由之而來的面對,是一種普遍存於魏晉時人的意識。但是,若僅將此種面對處境的態度歸之於玄學化及佛學化的解釋,顯然是不夠的,玄佛化可以解釋遷逝感及傷逝的深化,卻不能解釋何以在對「時間」的反朽與解放行動中,會在意識上與不朽、身後及文字(立言意識)結合在一起。我認為,這應與「歷史」作為一種「不朽」的意識之產生有關。歷史──文字──不朽的連繫,才能產生魏晉人如下的言論或詩文:

> 人居一世間,忽若風吹塵。願得展功勤,輸力於明君。……孔氏刪詩書,王業粲已分,聘我逕寸翰,流藻垂華芬。(曹植〈薤露行〉)
>
> 所貴身名存,功烈在簡書,歲時易過曆,日月忽其除。(郭遐周〈贈嵇康詩〉)
>
> 有別廬在河南縣界金谷澗中,……時征西大將軍祭酒王詡當還長安,余與眾賢共送往澗中,晝夜遊宴,屢遷其坐,……感性命之不永,懼凋落之無期;故具列時人官號、姓名、年紀,又寫詩著後。後之好事者,其覽之哉。(石崇〈金谷詩序〉)

更著名及更典型的,是桓溫那「既不能留芳後世,不足復遺臭萬載耶」的激烈言詞所反映出的,正是一種藉「歷史」以「不朽」的一種言說。這種以時間的遷逝轉化為身後名的流傳之資,因而產生了藉文字鑴刻金石竹帛的「書寫」行為,以「傳」諸久長,史書及史官的建制化,使得桓溫意識到:只要在人生舞台上的演出足以合乎標準,就不怕不能留／流名傳世,「遺臭萬年」的「名」意識較諸「流芳百世」毫不多讓,至於那一種才是真正的「不朽」,在史官揚善貶惡的實錄標準之下,已經很難分辨善、惡的「揚」與「貶」與「不朽」有何關係,有關係的是

「善」與「惡」俱可以被「採撰」、「寫入」史書、史冊之中而「青史留名」，這正是桓溫做「大事」不避善、惡的憑仗，因為他知道，關於善、惡之行，兩者史官都要，只要足堪「不朽」。此時史家、史官已經成為一種專門負責聞嗅「不朽」的職官。

魏文帝曹丕的「蓋文章，經國之大業，不朽之盛事」，標誌著文、史之區分，以及「文」可以自為「不朽」之意識的產生，無須「假良史之詞以傳」，因此，梁蕭統編選《昭明文選》時，便有了排擯史傳於「文」之外的依據。但是，還可以再度解讀曹丕之文，並追問，是什麼何以其認為「文」已足可為「不朽」之形式？這個形式──藉「作品」必須深嵌於時間之中，以遷逝為流傳，才能產生對「文」能期於後世閱讀的可能，這點體認，正與王羲之的「後之覽者，亦將有感於斯文」深相呼應。因之，無論是史家之不朽，或是文家之不朽，文、史在此都必須立基於同一種認知體悟：即「歷史」與「不朽」之關係。

其次，從魏晉人士留下的大量詩文著作中，我們固然可以看到在亂世之中，士人藉玄、佛的新視角去看待生死、人生問題的新解與對待，從而也似乎顯示了儒學之退潮及對此種時間遷逝的乏力；在此一觀點中論述者，似乎僅僅注意了新角度下的玄、佛性，卻明顯忽略了儒家通過「歷史」這一形式所表達出來的生死觀之思考路向，上引的桓溫即其一例，而著名的「桓玄之變」中的主角──桓玄，正是桓溫之子，在已瀕潰敗之際，仍茲茲不忘自撰「起居注」，其唯恐身後不知己名，及藉文字流傳的心態，正是一深刻之實例。[18] 因此，如果我們說，魏晉是一個儒學崩解、玄佛文興起的時代，恐怕是僅凸顯了以漢代經學為主的觀察，因為，在魏晉，儒家式的不朽觀，仍然在「歷史」意識中，作為一個深層而存在著，魏晉中古時期的史學之發達及史書之撰述，應當從這裏開啟一個新角度去理解。

---

[18] 參《晉書》卷 99，桓玄本傳。又北朝亦載有此事，見《魏書》卷 97〈島夷桓玄列傳〉。

四、物質性的問題

（一）寫史

　　「寫史」是一個「人生在世」的事件，這一事件的成立，就是緣於它是一種在時間之中的生命活動，雖然是「生」的消耗，換來的卻是可能比人之有限更為久長的「作品」。「作品」顯然因物質性（木／金／石……）的關係而比「人生」久長，因而，在人生的終極有限之處，就必然會發生一種「作品」與「作者—人」的「斷落」（宛如臍帶），作品脫離作者的有限而繼續在時間之中流傳／流逝。「斷落」的本身，就顯示了「人」的「有限」及可以通過「寫史」而向「作品」移轉，趨向於第二次存在。寫史是一個重要的行動。「寫史」耗去的雖是「人」的有限的生命／時間，換來的卻是比「人」久長的「作品」，通過「寫史」，「人」製作了一種比「人」更久長的「作品」，取得了「作者」之地位與文字署權。一方面，時間之流逝本性使生命有限；一方面，有限之生命又因時間之流逝而得以藉「作品」而以「寄寓」的方式而繼續「在」——不論是曾在、現在、將在。人之「身」有限，人之「生」寓於其中，但是，「人之生」不甘於朽／逝，於是，延生、長生成為抗朽任務，最後，歷史作為「存在」的形式出現，「人之生」遂思超克「人之身」，而以「有限生命」來從事「寫作」，既使「自己」、也使「他人」皆寄寓於「作品」中，在那個使自己會朽的時間中，利用時間，利用作品，趨於不朽。

　　語言學家艾米爾・邦弗尼斯特（Emile Benveniste）曾將「文本」（text）區分為「故事」和「言談」二種[19]，但無論是「過去式呈現的

---

[19] 見艾米爾・邦弗尼斯特：《普通語言學問題》，轉引自（法）弗・若斯特著，王國卿譯：〈敘述學：對陳述過程的看法〉一文，頁 425。文收在張紅軍編：《電影與新方法》（北京：中國廣電出版社，1992 年 2 月），頁 424-431。另參廖卓成：〈論傳記文的雙重文本：故事中的言談舉隅〉一文，對此亦有論述。見《中外文學》第 266 期（1994 年 7 月），頁 95-109。

故事」還是「作者直接現身的現在式言談」,或是中國史傳文中的「本傳」與「論贊」,總之,都是「作者」藉「寫作」對「讀者」的一個書面「言談」。說到最後,書寫在本質上仍然是一個「講史」,是一個「說者」對「聽(聞)者」的言談,是一個「作者」對「讀者」的書面言談;但為什麼要以「書寫/成文」的方式為之呢?這是因為作為一個「說者」的「人」,在時間之中,他的生命是有限的,「說」出來的「話語/聲音」也是隨時間之流而稍縱即逝的,唯有轉為具有物質性基礎的文字/書面作品,才能藉時間之流而傳得更久。因此,「文字」通過「書寫」——在「作者」那裏「說話」轉成了「寫作」,「講史」轉為「寫史」。但是,雖然是以「書寫」方式為之的作者言談,目的卻仍是為了要藉「成文作品」的特性——能溢出自己的「身體」與「口」之外,及可觸及的「言談情境」之外,在自己「身歿」之後,繼續流傳,向「後世」(此詞已意味著「身歿」)讀者繼續「言談/說話」;因此,當下的「說話」必須轉化為文字書寫之成品,而說者也就成了作者,行動轉成為「書寫」「寫作」,後世的聽者也轉成為「讀者」,其「傾聽」則轉成為「閱讀」。「閱讀」是主動的,傾聽是「受」的,由「受」轉為「叩」,「閱讀」實已意味著:沒有「讀者」的參與,今—古之間仍不能聯繫,「歷史」世界仍不能建立,則「作者」也不能單向透過「成文作品」向「讀者」去「言談」其「言」,必須要有「閱讀」行動,才能「聽」到「作者」在「說」什麼。在這「不朽」行動的執行中,「當下」的「言談情境」已轉為「歷史」存在的方式。

(二)物質性

在本段中我們又將再度提到羊祜與杜預登峴山之傷逝與求名,這一事件,顯然在後世確然引起觀者的注意,此便是宋代歐陽修及其〈峴山亭記〉,歐陽修對於不朽與留名後世的追求心態,特別是針對杜預之假借「金石」以傳「不朽」的行為,作出了一針見血的批評:

元凱銘功於二石，一置茲山之上，一投漢水之淵。是知陵谷有變，而不知石有時而磨滅也。[20]

歐陽氏此文實點出了一個「不朽性」中的「物質性」問題，又把問題還原回到了先秦時空之下的「子孫永寶」的青銅銘文之「永傳」意識上。但是，這個依附「金石」的「物質性」，隨著在今日殷周青銅器的出土──更多的是湮沒，證明了即便是比「人身」更為久長的金、石，也仍然面對「時間」，仍然有著「朽」的不可免性，在時間中，它們也仍「有限」，仍會因「磨滅」而「逝」。這時，值得被我們感傷其逝的恐怕是「滄海桑田」了；更諷刺的是，金石的經常不變與經久不滅性，並沒有被我們認為它們是「永生」「不朽」，反倒被我們認為它們是「死」的，而那個有限的、會逝的「人生」，才是「活」過的、有生命的。這時，「不朽」究竟何指？倒又興起了再次的質疑？

同樣的，繼北宋歐陽修之後，李清照也質疑了附「金石」以傳「不朽」的行動是否有效？首先是她哀傷地寫下了《金石錄》的〈後序〉──一篇充滿情傷但卻不同於她的丈夫──趙明誠的態度[21]，趙氏保存「金石」的行動是為了保存「金石」的「不朽性」，但這些金石連同保存者自身都一齊在戰亂中消逝；又一次地，物質性受到了挑戰，這一次是歷史現象中的戰爭人禍，毀去／中斷了金石比人長久的「不朽性」。因此，李清照質疑「金石」的「不朽」是否可靠，如同歐陽修看出了「碑石」也會磨銷一般。李清照並且稱像杜預這一類型的人──追求不朽的人為「傳癖」者。[22] 是的，李清照不僅質疑「傳癖」，抑且挑明了

---

[20] 歐陽修：〈峴山亭記〉，收入姚鼐編：《古文辭類纂》（台北：華正書局，1974），雜記類四，葉六上。

[21] 參宇文所安著（Stephen Owen），鄭學勤譯：《追憶》（上海：古籍出版社，1990年10月）一書中，第五節「回憶的引誘」中的分析。

[22] 同前註引書，頁98。

「古→今」及「今→將來」的流傳向度下的「歷史」之「不朽性」的危機，正是通過〈金石錄後序〉的「寫作」，我們「閱讀」到了這個「質疑」，這個「質疑」在我們以「今」而「閱讀」時，至少它仍是「不朽」的，因為至少它迄今仍「在」，在這個「不朽／在」的〈後序〉中，我們讀到了李清照的質疑，對「金石」與「不朽」之間聯繫有多大保證及可能性的質疑！

「歷史」意識下的書寫與作品，是一種生前與死後的聯繫行動，正如我們在本文一開始的偈文所揭。只是，能流傳多久，成為「歷史」要轉義成「不朽」的關鍵，因此，在「物」而言，由竹帛到金石，就是試圖對「文字」作出「不朽性」的捕捉及嘗試，此種由「人」的「身／生」到對「文字─物質性」的注意，正是「歷史不朽性」之追求中必然要抵達的一環。將「文字」書寫為銘文，是一種「鏤刻」，一如在史傳文中（列傳）對傳主的描寫，也正是一種「雕塑」式的「塑像」行為，但是，重要的問題仍在──一切的「歷史世界」構成之要件，在通往「不朽」的路途，俱已備妥，「寫作」、「作品」、「閱讀」、「歷史／不朽」意識，但一個物質性的問題仍在，時間會朽的事實與現實又悄滲了進來，揭開了「不朽」之紗：物質──即便是金、石、不斷印刷的紙張成品、滄海、桑田，也會朽，也會隨時間而逝。「作品」在流傳中必須要能夠「不逝」，通過時間的考驗，「寫作」才能稱為「寫史」，「作品」才能稱為「史傳」；「傳」（株戀切），表示著一篇「傳主」的「不朽性」之書寫的完成；但「傳」（重緣切），卻表示「流傳」才剛剛開始。

在中國的文獻中，最早意識到「物質性」的金、石、竹帛與不朽中的「歷史性」之關係的，是墨子，〈兼愛〉篇下云：

> 子墨子曰：吾非與之並世同時，親聞其聲，見其色也；以其所書於竹帛，鏤於金石，琢於盤盂，傳遺後世子孫者知之。[23]

---

[23] 見孫詒讓：《墨子閒詁》，收入《新編諸子集成》（台北：世界書局，1972），卷4，

如果是「並世同時」，自然也就沒有所謂的「歷史」，必定古今異時，才能有「歷史」，也唯有在「歷史」之中，才能「古今咸在」——雖異時而同在，此其一。雖然有了「歷史」，但不憑藉金石竹帛盤盂，吾人仍然不能與之同「在」，此其二。但僅有金石竹帛，而沒有「歷史／不朽」的精神性者，雖有金石竹帛何為？也僅能是金石竹帛，既不能稱之為「歷史」，也非「不朽」，此其三。引文中之「書」當為「書寫」之意，「鏤」者、「琢」者，在此載文中，與「書」之區別，在於所施及之器／物不同，所產生的動作也有了差異，但其仍可同納於本文的「書寫」之義下；因此，要「不朽」就必須有一個「書寫」行為，此其四。引文中的「傳遺後世」，表明了沒有「流傳」，就沒有「歷史」，不僅是「文字」的流傳，抑且是「物質性」的金石竹帛之「流傳」，沒有流傳，就沒有「歷史」，時間的流逝，既是一種「逝」，也是「流」，換言之，即是「死亡」與「在」，「流傳」作為一個術語，必須要從「時間」之角度才能探究此詞之深蘊及其與歷史／在之關係，此其五。引文中的「後世子孫知之」，其實與「吾非與之並世同時」一句同義，無論是「後世」之於「今」，或「吾─墨子」之於「昔／古」，皆已表出了「知之」之義；「知之」由「閱讀」而來，是故「歷史」中的不朽性，也要有一個「讀者」（墨子）中用「子孫」來作表達語詞，表明了宗法制度

〈兼愛〉下，頁 75。類似的載文還見之於卷 8〈明鬼〉下：

> 又恐後世子孫不能知也，故書之竹帛，傳遺後世子孫。咸恐其腐蠹絕滅，後世子孫，不得而記，故琢之盤盂，鏤之金石以重之。（頁 147）

以及卷 12〈貴義〉：

> 墨子曰：古之聖王，欲傳其道於後世，是故書之竹帛，鏤之金石，傳遺後世子孫，欲後世子孫法之也。（頁 268）

另，有關早期「書於竹帛」的書、書寫、書寫工具的研究。參考錢存訓：《中國古代書史》（台北：藍燈文化事業公司，1987 年 9 月）一書。

也藏有「不朽性」）用「觀」或「閱讀」行動來參與，此其六。在《墨子‧兼愛》篇的此段載文中，可被我們「叩讀」出的有以上這六點。這六點無一不與「歷史／不朽」有關，而在本節中值得重視的，顯然即是其文所強調出的金、石、竹、帛、盤、盂的「物質性」問題的正視，並且與周代傳世銅器之銘文「子孫永寶」反映的意識相同，是採取了一種正面、肯定的立場與態度。

　　但是，呈現在我們眼前的這一問題的實質卻是：肯定了物質性的可選擇及文化技術面的改進，仍然不能免於此一現實：藉「物」之抗朽性而趨於不朽的成功之例雖證明這一方案是正確的；但「物」因其「物質性」也依然會「朽」，所以「作品」在「物質性」之上而成立其「流逝」中的「存在」，在保證「人」的「不朽」行動方案中，也仍然有著由歐陽修、李清照這一線而來的「質疑」。質疑著：書於竹帛、刻於碑銘，就能趨於「不朽」麼？

五、結論

（一）歷史

　　就是「人」力圖自「時間」中「解放」出來，又力圖利用「時間」來達到「不朽」的一種方式與形式。

　　是「人」對「時間」的體會而產生的「有限」向「無限」的嘗試之方案，一種對「不朽」的追求之方案。

　　「歷史」就是這樣的一幅「不朽」之圖景：

1. 典藏在「書」（成文作品）中的，是一個族群中的「人生」之場域。
2. 有人「寫作」。
3. 有人「閱讀」。

4. 有人「生活」。

構成了「歷史」的網絡，作為一種「人」企盼延伸其「存在」之意向，而通往「不朽」的「型制」。

（二）物質性

藉「物」之抗朽性而趨於不朽。但「物」因其「物質性」仍會朽，所以「作品」在「物質性」之上依附而「流傳」（不再依附於人自「身」的「物」），也不能保證「人」在「歷史」中的「不朽」。

物質性代表的是「自然」，人與自然之間，形成人克服「有限」的最大面對者，這個「物」性的自然，是一層義；另一方面，也可以說此「自然」即是「時間」本身，人面對「物質性」的問題，仍然是一個面對「時間」的問題，一切又回到原點：「人」能超克「有限」而「不朽」麼？

（三）不朽

大約在四十年前（1945年），胡適之先生在美國作了一場關於〈中國人思想中的不朽觀〉的演講，中文稿後來刊登在中研院史語所集刊，由楊君實翻譯。在這篇文章中，胡適問了一個文化比較性的問題：

> 就中國知識分子來說，究竟有沒有什麼中國人的概念或信仰可以取代其他宗教人類不朽觀念呢？[24]

胡適提出的回答正是三不朽。但筆者則仍然認為「三不朽」是列舉式的，不足為三，其本質仍為一。胡適也講到了：

> 三不朽論的影響和效果是深厚宏大而不可估計的，而且它本

---

[24] 胡適著，楊君實譯：〈中國人思想中的不朽觀〉，《中央研究院歷史語言研究所集刊》第34本下（1963年12月），頁755。

身就是「言」之不朽的最佳證明。[25]

這「一」者，並不能括為「言」之一字，或「文」之一字，胡適所謂的「言之不朽」指的是叔孫豹關於「三不朽」的「立言」，而非「三不朽」的何以在本質上俱為「言」。因此，我認為，要將「三不朽」從本質上括而為「一」的話，那一字就是「史」。是「歷史」的「古―今」之「一重世界」的開出，鬱結了一種「不朽」的意識與信仰，而非宗教世界裏的「天―人」之「兩重世界」。胡適在其文章中並引用了王陽明師弟答問的例子：

> 公元一五〇八年，偉大的哲學家王守仁的學生問他煉丹術究否可以延年益壽。他答說：「我們孔夫子的學派也有我們不朽的見解，例如孔夫子最嘉愛的弟子顏回三十二歲去世，但他今天仍然活著，你能相信嗎？」[26]

陽明在答問之中，顯示了一個儒家的回答。如何藉由「歷史：古與今」的「不朽」上排擯了佛、道而走向儒家。何謂「顏淵到今天仍然活著」，何謂「你相信嗎？」這不正說明了「歷史」作為一個「古―今」的「一重世界」，正是中國人追求「不朽」的一條重要途徑。如果信，那麼「人生」的走向及登場姿態，就有不一樣的準備及企盼，以及如何當下的生活方式。

---

[25] 同前註引文，頁 755。

[26] 同前註引文，頁 755。

國家圖書館出版品預行編目資料

時間‧歷史‧敘事 / 李紀祥著
-- 初版. – 新北市：華藝學術, 2013. 05
面；公分
ISBN 978-986-88916-8-5（平裝）
1. 史學 2. 史學評論
601.3   102005254

時間‧歷史‧敘事

作　　　者／李紀祥
責任編輯／古曉凌、謝佳珊
美術編輯／薛耀東

發 行 人／陳建安
經　　　理／范雅竹
發行業務／楊子朋
法律顧問／立暘法律事務所　歐宇倫律師
出　　　版／華藝學術出版社（Airiti Press Inc.）
　　　　　　地址：23452 新北市永和區成功路一段80號18樓
　　　　　　電話：(02)2926-6006
　　　　　　傳真：(02)2231-7711
　　　　　　服務信箱：press@airiti.com
發　　　行／華藝數位股份有限公司
　　　　　　郵政／銀行戶名：華藝數位股份有限公司
　　　　　　郵政劃撥帳號：50027465
　　　　　　銀行匯款帳號：045039022102（國泰世華銀行　中和分行）
ISBN ／ 978-986-88916-8-5
出版日期／2013年5月初版
定　　　價／新台幣480元

版權所有‧翻印必究　　Printed in Taiwan
（如有缺頁、破損或倒裝，請寄回本社更換，謝謝）